Histórias da casa velha

Biografia e legado de Ruth Guimarães

Histórias da casa velha – biografia e legado de Ruth Guimarães

Edição: Joaquim Maria Botelho

Capa e editoração: Caio Henrique do Rosario Silva

Fotos: Acervo do Instituto Ruth Guimarães, Botelho Netto, Sérgio S. Barreiros

Coordenação editorial: Marcelo Nocelli

Grafia atualizada segundo o Acordo Ortográfico da Língua Portuguesa que entrou em vigor no Brasil em 2009.

Referência: BOTELHO, Joaquim Maria; BOTELHO, Júnia. Histórias da casa velha: biografia e legado de Ruth Guimarães. São Paulo: Editora Nocelli (Reformatório), 2022.

Dados Internacionais de Catalogação na Publicação – CIP

B748h Botelho, Joaquim Maria

Histórias da casa velha: biografia e legado de Ruth Guimarães / Joaquim Maria Botelho, Júnia Botelho. -- . São Paulo: Reformatório, 2022.

400 p.: 16x23cm

ISBN 978-65-998800-1-8

1. Guimarães, Ruth, 1920-2014 – Biografia. I. Botelho, Júnia. II. Título: biografia e legado de Ruth Guimarães

CDD 920

Bibliotecária responsável: Juliana Farias Motta CRB7/5880

Índice para catálogo sistemático:

1. Guimarães, Ruth, 1920-2014 - Biografia

PROAC PROGRAMA DE AÇÃO CULTURAL SÃO PAULO

GOVERNO DO ESTADO DE SÃO PAULO Secretaria de Cultura e Economia Criativa

SECRETARIA ESPECIAL DA **CULTURA**

MINISTÉRIO DO **TURISMO**

Joaquim Maria Botelho
Júnia Botelho

Histórias da casa velha

Biografia e legado de Ruth Guimarães

NOCELLI

o livro da bruxa
vida inteira literatura, literatura inteira vida

A literatura desenvolve em nós a quota de humanidade na medida em que nos torna mais compreensivos e abertos para a natureza, a sociedade, o semelhante.
Antonio Candido

O talhe do vestido da moça era próprio
de quem morava naquele lugar
bem perto do trovão,
bem perto do arco-da-velha,
bem perto do pote de ouro.
Tarcísio Bregalda *(para a Ruth Guimarães, nossa escritora maior)*

Sentir-me.
Descer ao fundo abismo
para trazer-me à luz cada dia.
Ruth Guimarães

Nos altos da Mantiqueira, em São Bento do Sapucaí, a terceira Capela dos Cacos se abre para a poética da natureza, com mosaicos de arte abstrata que são constelados com inscrições literárias. Uma dessas inscrições é parte de um poema de Ruth Guimarães:

Pelos corredores do tempo, eu fui,
como se soubesse o caminho,
como se houvesse um caminho.

Ruth Guimarães foi uma extraordinária criadora de caminhos, das mais raras. Mesmo lutando contra circunstâncias bastante adversas e muitas tragédias, criou caminhos de literatura, de vida, de cultura, de humanidade, como podemos ler por todas as páginas deste belo livro de Joaquim Maria e de Júnia - a primeira e já definitiva biografia dessa escritora pioneira, que vem sendo redescoberta com admiração, espanto e reverência tanto por sua obra como por sua história vivida.

Uma biografia lúcida e apaixonada. Um imenso e muitas vezes inédito acervo de dados, documentos, testemunhos, cartas, relatos, textos, fotografias, que abarcam mais de um século, de antes do nascimento de Ruth, em 1920, até sua morte, em 2014.

Uma biografia escrita literariamente: na elaboração do enredo não linear nos tempos e espaços, contínuo e descontínuo, com movimentos recorrentes que se voltam sobre si mesmos; no tecido da linguagem, de variados ritmos e diferentes sintaxes; na tessitura das vozes narradoras, que se alternam e se conjugam com a própria voz de Ruth; nas imagens poéticas que ficam ressoando para além da leitura.

Muitos e muitos anos ouvi de d. Ruth – preciso chamar assim minha mestra e amiga, que foi minha professora no curso ginasial, em Cachoeira Paulista – que estava concebendo um romance: **o Livro da Bruxa.**

Muitas e muitas vezes considerei que a própria existência de d. Ruth era um grande romance, um desses romances de formação humanista, que nos ensinam que é possível ir além da dor e constituir uma vida significativa, solidária, livre e criadora. Um desses livros em que aprendemos a humanizar a nossa humanidade, humanizar a história.

Penso e repenso, recomeçadamente: d. Ruth, com o seu existir, junto com Botelho Netto, esposo e companheiro de vida inteira, junto com as filhas e os filhos, junto com tantas amizades que atravessam as décadas, d. Ruth foi sempre escrevendo o **Livro da Bruxa**, que é o próprio texto de sua existência, em que o mágico esteve presente, das plantas e ervas medicinais do quintal da chacrinha mitopoética de Cachoeira às obras de ficção e de ensaios, com inumeráveis linhas e entrelinhas.

Agora nós, os leitores, podemos conhecer e reconhecer várias páginas dessa vida-romance, nessa biografia literariamente pensada e escrita, biografia tão necessária a esse mundo do século XXI, vertiginoso e dilacerado, que precisa desesperadamente de referências humanistas, de dignidade, de beleza, de liberdade, de recriação de sentido.

De minha parte, nunca terei como agradecer ao Joaquim Maria e à Júnia por esse trabalho tão precioso, e por terem me convidado a escrever uma apresentação a esse livro primordial.

Ruth Guimarães – literatura inteira vida, vida inteira literatura.

Severino Antônio*

Cachoeira Paulista/Campinas, primavera de 2022

---

* *Severino Antônio é professor e escritor. Dentre outras obras, autor de Arte em noites de vagalumes- entre a devastação e o reencantamento do mundo; Algumas histórias- encantamentos quase silenciados; A poética da Infância (com Katia Tavares); O voo dos que ensinam e aprendem (com Katia Tavares).*

sumário

parte 1

gênese

Pelo sinal
do bico real,
comi toucinho
não me fez mal.
Se mais tivesse,
mais comia,
adeus compadre,
Até outro dia.

Divertia-se o velho, salmodiando a "reza" e a fazendo acompanhar do sinal da cruz sobre os lábios, o rosto, o peito.

Numa cantilena de missa, tinha outra adaptação herética:

Bacalhau assado
Muito bem batido
Com seus dentes d'alho
É boa resina
Para curar calo.
Cebolorium!

Dava boas risadas. O que nem era bem de seu feitio, de português sisudo. Sério. Espigado, mais alto do que a média, magro e firme. Inquieto, já aposentado da Estrada de Ferro Central do Brasil, teria 73 ou 74 anos, não descuidava da horta. Punha os netos para aguar as hortaliças, dava a ordem. Depois vinha, com uma varinha, cutucar o chão, para conferir se o solo estava úmido até uns três dedos abaixo da superfície.

Nos fundos do terreno, tinha construído um correr de casas, que alugava para famílias de ferroviários. Gente como o Crispim, que antes trabalhava na soca, na manutenção dos dormentes e trilhos, ou alimentando de hulha as fornalhas das locomotivas, que passavam a cada hora, embranquecendo o céu de uma fumaça clara, de olor único. (Depois Crispim foi morar numa das casinhas, e virou o faz-tudo dos velhos.) A criançada largava o que estivesse fazendo, para ver o trem passar. A linha fica imediatamente do outro lado da Rua do Aterro, em nível elevado em relação à rua, então o olhar era de baixo. O maquinista puxava o cordão do apito, cumprimentando, acenava também. Os pequenos disparavam na corrida pela terra quente, querendo acompanhar o trem. O solo queimava as plantas dos pés e era preciso subir num tufo de grama para refrescar. O velho observava. Preferia que o serviço de aguada ficasse pronto antes, mas vá lá. Deixa as crianças. Serviço de criança é pouco, mas quem não aproveita é louco.

Habituado à rotina europeia da economia de recursos, o velho Botelho desligava a chave da energia para as casas dos inquilinos às oito da manhã, precisamente. Achava que todo mundo tinha que sair para trabalhar, e as casas, portanto, não precisavam ter luzes ligadas.

A casa era grande. Modesta, mas com cômodos espaçosos, cozinha de ladrilhos no chão, telhado sem forro, paredes que subiam até meia altura, deixando vazar conversas de um ambiente para outro. O calor insuportável era amenizado pelas muitas árvores frutíferas. A mais antiga, imponente, folhuda, grandalhona, paraíso de pardais e bem-te-vis e corruíras, era a mangueira, que existe ainda, de frutos muito doces, mangas-espada, plantada por volta de 1878 pela mulher, Honória Joaquina de Oliveira, de nome aristocrático e origem escrava. Nasceu liberta, em São José do Picu (atual Itamonte, sul de Minas Gerais), mas viu a mãe e o pai servirem senhores de engenhos de cana-de-açúcar na sua região. Trabalhadeira como o marido, cheia de valores fortes e herdeira da sabedoria ancestral do povo de África. Brava que só vendo! Não fossem mexer nas suas panelas ariadas nem no seu fogão de lenha...

Anoitecer

Dizia Carlos Drummond de Andrade que ele foi um jovem como outro qualquer. Não tinha muita consciência da vida nem sabia o que era a velhice. Olhava para os velhos com pena "coitados dos velhos" e não se dava conta que um dia chegaria a sua vez. A indicação de que certamente sei o que digo é que hoje, velha de noventa anos, vejo a mesma progressão insidiosa que envolvia a velha Honória e o velho guarda-chaves Juca Botelho.

Essa progressão à qual nenhum dos meninos, meus irmãos e eu, sob a sua guarda, prestava atenção, porque ambos envelheciam com uma lentidão que tornava quase insensível o desgaste. Eu vivia na e com a velhice, sem estranhá-la porque a meninice se adapta facilmente. Os meus dois velhos, à medida que a vida continuava, eles a iam perdendo. Ficaram muitos desarvorados e ausentes. Eu, que era a neta mais velha, fui chamada a fazer muitas coisas que não fiz aos meus pais biológicos. Assim, tinha que ler para eles o jornal inteiro, porque a vista não ajudava. E quando minha avó costurava uma interminável colcha de retalhos, enfiava sucessivamente as agulhas de que precisava. Nessa época não havia aparecido a TV e em nossa casa não havia rádio. Também lia contos e romances, sob as árvores, nas horas quentes do dia, enquanto meu avô deitado na rede pensamenteava não sei o quê. Era eu quem tirava o recibo de aluguel de meia dúzia de casinhas que os velhos alugavam a famílias pobres. Fazia recados, pagava contas de luz e água, acompanhava meu avô a compras no armazém e minha avó às visitas de velhas comadres e à costureira. Eu lhes alcançava os óculos e a bengala do avô.

Quando eles precisaram realmente de mim, eu não estava mais em casa. Tinha saído para trabalhar na Capital e meu avô era orgulhoso demais ou dedicado demais a mim, para pedir que não fosse. Entretanto, quando chegava à minha antiga casa e os via, ele na sua rede, ela na sua banqueta, sentia o vago desinteresse com que me recebiam do outro lado do mundo, presas já do processo de desprendimento gradativo próprio do envelhecimento.

Financeiramente não tinham problemas. O trabalho da casa e o cuidado deles era feito por empregados. Com um pouco de despeito, mas indubitavelmente aliviada, eu me dizia: "não faço falta". E nós nos mostrávamos alegres como antes, eles tinham pequenas solicitudes, iam apanhar as primeiras frutas nas mangueiras carregadas e a avó mexia as panelas (que boa cozinheira que era ela!), cantarolando "o pintor que pintou Ana".

Hoje que a emoção não mais me apanha no seu vórtice delirante, mas vem como onda mansa, percebo o ciclo se fechando. E até sei, pelas suas reações, quantos anos tinha a minha velha avó nessa ocasião. Como me casei com um primo da minha idade, eu o vejo com os olhos de ontem e de hoje e me parece estar casada com o meu próprio avô.

Estamos repetindo a vida.

(Crônica de Ruth Guimarães, 2010)

Ruth no colo de Maria, a mãe, Rubem no colo de José Botelho, o avô, Honória, a avó, à direita. Cachoeira Paulista, 1923. (Foto Acervo Instituto Ruth Guimarães)

Honória Joaquina conheceu o marido em Itajubá, quando ele não era ainda o Juca Guarda-Chaves. Era só José. José Botelho. Botelho da Vila Real de Trás-os-Montes, reduto que os mouros não conseguiram conquistar. Consta que tivesse sido sobrinho torto de Camilo Ferreira Botelho Castelo Branco, o mesmo do "Amor de Perdição", primeiro Visconde de Correia Botelho. Assim especulariam, mais tarde, a neta e dois bisnetos. O velho não tinha luzes suficientes para aquilatar a importância de sua provável ascendência. O que tinha, e trouxe de Portugal, foi uma enorme disposição para o trabalho, quando emigrou para o Brasil, aos 14 anos, por volta de 1860, para escapar dos efeitos das revoluções entre liberais e absolutistas que empobreceram o país. Da viagem de navio, contava pouco, quase nada. Sabe-se que desembarcou no Rio de Janeiro e arranjou trabalho numa taberna, foi faxineiro de bar no cais do porto, carregou sacas na estiva, enfrentou o quanto pôde enquanto esperava. E o que esperava era fazer dinheiro para retornar a Portugal e casar-se com a noiva prometida. Cinco anos depois, aos 19 aos, estava pronto. Embarcou, reviu a família, casou-se e trouxe a esposa para o Brasil. Tinha lugar para morar com ela e trabalho garantido para a sustentar. Ela veio. Veio para morrer de febre, ainda no cais do porto do Rio de Janeiro. Chegou e morreu nos braços do amado.

Juca – que era ainda só José, não aguentou a perda. Desesperou-se, enfiou-se no interior de Minas Gerais, região de Alfenas, e virou lenhador. Não prosperava, que de trabalhar pouca gente prospera. Rodou pelas cidades vizinhas, para onde o trabalho o levasse, por quase dois anos. Sua parada mais duradoura foi em Itajubá, centro comercial do sul de Minas Gerais, na zona da Serra da Mantiqueira. Trabalhou em diversos serviços braçais, ocupando corpo e mente, por uns seis anos. Ali conheceu Honória, na época com 17 anos, um precisou do outro, foram morar juntos. Esforçada como ele. Labutaram e mais labutaram.

Viveram como puderam, no trabalho pesado, nos expedientes dobrados, na pouca perspectiva. Souberam, pelas notícias que viajavam pelos sertões em lombos de burros tropeiros, que a Estrada de Ferro D. Pedro II (que depois veio a ser a Estrada de Ferro Central do Brasil) estava inaugurada, apenas 20 anos depois de implantada a via férrea na Europa. Orgulho e fé do imperador e um passo adiante do projeto original do Barão de Mauá, de 1854 – aqueles parcos 15 quilômetros do porto do Rio até os aparados da serra carioca de Petrópolis.

Em 1877, José soube da entrada em operação da estação da Estrada de Ferro Central do Brasil, na então Freguesia de Santo Antonio da Cachoeira, distrito vinculado à cidade de Lorena. Era a maior das estações e ponto de encontro da Estrada de Ferro D. Pedro II, de bitola larga, que vinha do Rio de Janeiro, com a Estrada de Ferro do Norte, de bitola estreita, que vinha de São Paulo. Tinha sido inaugurada pelo próprio imperador Pedro II, dois anos antes. A estação contava com um pátio de manobras para as composições fazerem a troca de trilhos, e servia de entreposto de mercadorias e minérios levados de Minas Gerais em lombo de burro e carroças, e de trem para o Rio e São Paulo. (De freguesia, o lugar foi elevado a Vila de Santo Antonio da Bocaina, em 1880, mudou de nome para Vila de Santo Antônio da Cachoeira, em 1883, depois Vila da Bocaina, em 1895, Bocaina, em 1911, Cachoeira, em 1915, Valparaíba, em 1944 e finalmente Cachoeira Paulista, em 1948.)

José tratou de se informar, candidatou-se e acabou contratado para a função de guarda-chaves. Ficava postado numa guarita e sua tarefa era ficar atento à chegada dos trens, para erguer uma alavanca e desviar um trem para outra linha, no entroncamento, e assim passar uma composição ao lado de outra, vinda da direção contrária.

Para a construção da linha e instalação dos trilhos, tinha sido feito um aterro elevado de mais de três metros. Uma área paralela aos trilhos foi usada como servidão e virou rua. Rua do Aterro. Contígua a essa área, um pasto pertencia a um sitiante. Era praticamente um brejo, um terreno pantanoso, e José juntou os caraminguás que possuía, deu entrada e comprou em parcelas um trecho do pasto, um naco retangular de um quarto de alqueire – coisa de 6.000 metros quadrados – que dava frente para a Rua do Aterro. Construiu, com ajuda de Honória, uma casinha rústica, mambembe, que lhes servia porque ficava praticamente em frente à guarita onde trabalhava. Ia e voltava a pé para o trabalho. Tinha tempo de almoçar em casa. Por 30 anos repartiu seu tempo entre a rotina de guarda-chaves e a formação da chácara, disputando espaço com as capivaras inquilinas das margens do Rio Paraíba do Sul, a cem metros dali, e cobras, e sanguessugas, centopeias e sapos. Lugar úmido, quase o tempo todo. Se chovia, alagava o terreno, era um deus-nos-acuda. Plantaram árvores, para ajudar a secar o terreno. Fizeram hortas. Criavam bichos de asa – marrecos, perus, patos, galinhas. Passarinhos voavam à toa por ali, tendo sempre com que encher o papinho. Honória cuidava da casa. Filhos, foram deixando para tê-los mais tarde. Primeiro se arranjar, arranchar, morar. O brejo foi virando chácara.

Dinheirinho suado, mais tarde foi permitindo construir mais três ou quatro pequenas habitações, nos fundos do terreno, e o aluguelzinho complementava o salário.

Só foram ter filhos mesmo bem mais tarde, quando decidiram se casar oficialmente, José maduro, mais que quarentão, Honória perto dos trinta. O mais velho, Manuel, Maneco apelidado, morreu jovem, com menos de 20 anos, Maria nasceu em 1896, Antonio em 1898. Antonio era o predileto da mãe. Menino arteiro, mandrião, sedutor, conseguia dela quanto quisesse. Maria era Pitota, porque miudinha, apelido dado pelo pai.

Quando Antonio contava perto de oito anos, apareceu na cidade um moço chamado José Inácio. Devia ter uns 30 anos, preto forte, corpulento. Andava ajeitando os cotocos das pernas – tinha perdido as duas, na altura dos joelhos, ao cair debaixo de um trem – em uma espécie de calçado redondo de couro, forrado de algodão. Andava bem, depressa, e a falta dos membros não o impedia de muitas variadas travessuras. Prestou serviços ao velho Botelho, capinou, carregou dormentes que a Central do Brasil jogava fora quando trocava por novos e que na chácara viravam mourões de cerca. Antonio se apegou a ele e os dois se apegaram à farra.

Moleque Zé-Inácio andava com umas calças muito sujas, amarradas com barbante e uma camisa de riscadinho rasgada. No tempo do frio, aparecia com um paletó de brim, do tipo engole-ele, que algum dia fora branco e que, pelo visto, guardava atrás das pilhas de tijolos, na construção em andamento onde dormia. Por ocasião das chuvas, sumia completamente. Sua vida era andar na rua, ora bagunceando, ora vendendo quitandas. Sua especialidade era atirar com bodoque e estilingue. Às vezes o prendiam por desordem, quando riscava com a faquinha algum que bulia com ele. Mas era muito procurado pelas mulheres que faziam doce: cocada, pé-de-moleque, e bala de coco; ou quitanda: pão de ló, biscoito, pão-de-minuto, e brevidade; porque não errava no troco e não comia nada do tabuleiro, embora se soubesse que cortava permanentemente uma fome cachorra. Era o moleque que vendia mais. Apanhava os doces, desaparecia, ninguém sabia dele. À tardinha voltava com o tabuleiro vazio e o dinheiro certo.

- Um dia esse moleque ainda some com a féria. Não tem eira nem beira, anda-andando por aí. Um dia, um dia!... - diziam.

As quitandeiras tinham nele uma obscura confiança. Moleque Zé-Inácio, cheio de vícios, pois até pitava e bebia o seu golinho de pinga (quando alguém dava), tinha lá a sua ética.

Uma vez sumiu mesmo. Passou dois dias fora de circulação. No terceiro, reapareceu com a cabeça raspada, tabuleiro vazio e, fechado na mão, o dinheiro certo da quitanda. Tinha estado na cadeia, por ter quebrado com um tijolo a cabeça de outro moleque brigão.

- Onde é que você faz ponto, moleque?

Ah! isso ele não dizia. Limitava-se a rir, e passava pelo rosto suado a manga do paletó, antigamente branco.

(Ruth Guimarães, Contos de Cidadezinha, p. 157)

Esse era o moleque Zé-Inácio. De certo modo sossegou quando o velho Botelho arranjou para ele um quartinho nos fundos do quintal, aos poucos deixou de vender doces, virou meio agregado, empregado, filho postiço. Era o capitão das traquinagens e Antonio o seu tenente. Abriram a porta de ferro do forno do fogão a lenha, botaram lá dentro umas iscas e ficaram de longe, espiando. Um gato entrou, deu uns miados como que chamando companhia, outro veio, e mais um. Pronto. Fecharam a porta. E tocaram fogo na lenha do fogão. O forno foi esquentando, o berreiro dos gatos também. Ao parecer que os miados desesperados lembravam esturros de onça acuada, empurraram o trinco com a ponta de um bambu e a porta do forno se escancarou. Foi um festival de gatos zunindo forno afora, miando feito loucos. Honória, do outro lado do quintal, estendendo umas roupas, não soube direito do caso, mas já imaginava que havia dedo dos dois moleques.

No meio do pasto, fundos da chácara, um burro solitário, cioso do seu compromisso alimentar. Zé-Inácio e Antonio se juntaram a mais dois tralhas da vizinhança e resolveram passear de montaria. Não cabiam os quatro no lombo do burro, o último escorregava sempre. Foram procurar um pau. O plano era enfiar o pau no fiofó do burro e assim ter mais espaço para a montada. O velho Botelho adivinhou a trampa antes de executada, correu e espaventou os moleques a golpes de vara de amoreira, xingando nomes bonitos lembrados da infância em Portugal.

Davam pedradas nas galinhas, erravam, deixavam marca na roupa branca do varal. Uma vez pegaram uma cobra, prenderam a cabeça no chão com um garfo grande e com o facão foram cortando rodelas do corpo, a partir do rabo. E era um tal de passar a lâmina relando nos pés dos assistentes, porque a cobra coleava sem parar.

Zé-Inácio cismou de convencer Antonio a lamber sabão, para fazer espuma na boca, soprar e fazer bolhas. Sabão marrom escuro, descansando num cesto, produto da decoada: água quente despejada em cima de cinzas de lenha, o caldo escuro de soda que pinga embaixo misturado com mamona esmagada (tem gente que usa pinhão), sebo, gordura de vaca e resto de fritura. Antonio, atrapalhado em segurar o sabão liso para passar a língua, perdeu a pega e a pelotinha ia escorregando goela adentro. Conseguiu meter os dentes a tempo, cuspiu a bola, mas os restos de sabão ficaram grudados e não havia o que tirasse. Gritava, cuspia, espumava, cuspia, gritava. Correu a velha Honória na direção da gritaria e logo viu o moleque esperneando e babando espuma que nem cachorro louco. Mandou chamar o marido, na guarita em frente da casa. Veio ele, correndo, porque era hora de movimento de trens. Antonio escovava e escovava os dentes e não parava de espumar. O velho mandou bater duas claras de ovos e dar pra ele beber. Santo remédio. Voltou rezingando para o trabalho. "Que aporrinhação. Tirar um homem do seu trabalho por causa disso. Deem-lhe clara de ovo batida, e tudo se acaba!" Nunca perdeu o sotaque.

Perambulava a trupe de meninos e moços pela estação, ponto de coleta das riquezas agrícolas mineiras – açúcar e algodão – e paulistas – café, que também era plantado na serra fluminense, em menor escala. E, ainda das Gerais, os minérios que restavam da ganância de Portugal, tudo trazido pelas estradas tortuosas que cortavam a Serra da Mantiqueira. Estação imensa, ampla, servia de centro de armazenamento de produtos que aguardavam embarque. Tempos antes, dissemos, José soubera que a nova estação precisava de gente de braço forte. Veio e ficou. Mandou buscar sua negra depois. Na soca, no eito, labutaram os dois, juntando caraminguás suficientes para comprar... um pedaço de brejo. A trezentos passos da beira do Rio Paraíba do

Sul, era só chover um tico e o terreno alagava. Mas foi bem ali mesmo, na pantanosa Rua do Aterro, sem número, que a casa começou a ser erguida. Com as mãos, literalmente, tijolo em cima de tijolo, barro mesclado de capim e esterco para ganhar solidez, subia a casa como testemunho do impossível tornado real.

Ele virou o Juca, guarda-chaves, o responsável pelo desvio manual dos trilhos para levar a composição a caminho do Rio para a esquerda, deixando passar pela direita a que seguia para São Paulo. A ocupação exigia disciplina, atenção, agilidade, não fosse deixar se encontrarem de frente dois gigantes de ferro resfolegando vapor e soltando fumaça. Menos trabalho pesado na estrada de ferro, mais energia sobrava para irem, ele e a sua negra das sete saias, irem levantando a casa. E plantando árvores, que ajudam a deixar o terreno mais firme. E criando patos e galinhas. E gerando filhos. Zé-Inácio virou o seu administrador da casa – fazia compras, registrava os aluguéis, levava e trazia encomendas.

A casa, testemunha. Mudando, crescendo, umedecida do brejo sepultado debaixo de dezenas de carrinhos de areia e terra, mas brejo ainda. Piolhos de cobra em bandos. Nas enchentes, sanguessugas. Cobras. Galinhas matam cobras. Gambás comem morcegos. Cachorros chupam mangas. Cabritas dão leite para as crianças mais fraquinhas. E a avó tem remédio mortal para despregar sanguessugas da pele: fumo curtido na urina do penico. É banhar o local e a sanguessuga cai, de repente.

A família foi viajar de trem, visitar um compadre, em Jundiaí.

Na véspera ninguém tinha dormido direito, com a excitação da viagem. Antonio, com uns nove anos, desacostumado de andar calçado, sofreu para botar os sapatos de passeio. No trem, foi dormindo. Nem viu as vilas passando, as casas, as vacas nos pastos. Acordou na estação Roosevelt, em São Paulo. Sentia os pés dormentes, crescidos. Na estação da Luz fizeram baldeação para um trem diferente.

Pitota achou esquisito o jeito de Antonio andar. Chamou a atenção da mãe, que o Tonho estava mancando. Honória foi falar com ele. Tá doendo? Ai, mãe! Estou com uma quentura nos pés, um aperto. Honória não se incomodou. "Estranhou os sapatos. Só anda descalço, no quintal." Sapatos novos, de vaqueta, bico fino, lustrosos. Chegou o trem, embarcaram, mais viajaram, desceram em Jundiaí. Cidade grande, cheia de carros. Olha, Tonho, quanto carro! E o menino não via nada. Só pensava nos pés, latejando. Pediu à mãe se podia tirar pelo menos um pé de sapato. Não, que a gente já está chegando. E não chegavam nunca.

Agonia. O padrinho abriu a porta e logo viu a cara feia de Antonio.

- Tá com dor, menino?

- Estranhou o sapato, compadre. Não é nada.

O padrinho foi olhar. Antonio tinha calçado o pé direito no esquerdo e o esquerdo no direito. Trataram de tirar os sapatos dele, rindo muito. O caso virou anedota de família. Cada vez que alguém ameaçava calçar sapatos trocados, já perguntavam:

- Vai viajar pra Jundiaí?

Antonio cresceu. Aos 18 anos conseguiu emprego na Estrada de Ferro Central do Brasil. Fez carreira depressa – aos 22 anos já ocupava função de destaque no escritório da estação, controlando o depósito e o embarque de mercadorias.

Por essa época se enamorou da filha do Moisés pescador. Maria Gonçalves Borges. Moisés era sueco, nem se lembra de como chegou ao Brasil, pequeno, de colo. O escrivão do escritório de imigração, no porto, perguntou ao pai dele o sobrenome, foi dito Bjorgsen ou algo semelhante, ele entendeu Borges e Borges ficou. Que importava? Para pescar no rio Paraíba do Sul não precisava de sobrenome. Nem de falar nada em português, porque peixe não conversa. Moisés teve outro filho, chamado João. Antonio se casou com a irmã de João, filha de Moisés, em 1919. A Primeira Guerra Mundial mal terminara.

Antes desse casamento, houve outro. Depois contamos.

Primeiro é preciso dizer que, por volta de 1911, desceu de um trem, na parada de Cachoeira Paulista (ainda era Bocaina), vindo do Rio de Janeiro, um rapaz chamado Christino. Sobrenome original era Moura. Por razão que não se sabe, tinha sido adotado e ganhou um novo: Guimarães. E por que desceu em Cachoeira Paulista?

Porque a cidade era uma das mais pujantes do Vale do Paraíba paulista. Por ser entroncamento ferroviário e local de embarque de mercadorias, os trens faziam paradas mais longas, e os passageiros desciam para passear pela cidade. Com gente visitando a cidade, o setor de entretenimento também cresceu. Desde 1895 funcionava o teatro municipal, uma belíssima construção, no início financiada por quatro comerciantes da cidade: Luiz Felippe de Franca, Antônio José da Costa Júnior, João Jacynto de Aguiar e José Joaquim Gonçalves. Bem equipado e moderno para a época, recebia as mesmas óperas, concertos e peças que se apresentavam nas capitais. Havia bons restaurantes, lojas e armazéns. Circulando mercadorias, impostos precisavam ser pagos e o governo mandou instalar na cidade, em 1900, a coletoria estadual e a coletoria federal.

Christino era um preto alto, elegante, de inteligência brilhante. Tinha estudo e boa vontade. Logo conseguiu que o chefe da estação, à época, Agostinho Prado, lhe desse trabalho. Agostinho era uma daquelas pessoas de humanidade humilde, que ajudava anonimamente, sem esperar recompensa. Assumiu todos os sobrinhos para criar como filhos: José Índio, Darwin Aymoré, Hacy, Hailton e Inácio. Christino foi também tratado quase como filho adotivo e ele virou companheiro dos rapazes. Impressionado com a capacidade de Christino, mandou-o, quando ele fez 18 anos, estudar Contabilidade no Rio de Janeiro. Voltou, quatro anos mais tarde, guarda-livros formado. Foi quando conheceu Pitota, a Maria Botelho, filha de José e Honória. Casaram-se um ano depois, em meados de 1917. Tiveram dois filhos, que não sobreviveram – naquela época a mortalidade infantil era gigantesca, com a precariedade do sistema público de saúde. "Morriam crianças como cisco", diziam os antigos. Em 1920, na véspera do dia consagrado a Santo Antonio, padroeiro de Cachoeira Paulista, nasceu Ruth.

Para fechar o círculo dessa primeira fase da nossa história, avancemos seis meses. Em 15 de janeiro de 1921, nasceu o terceiro filho de Antonio, e o primeiro a sobreviver, que foi chamado José Botelho, como o avô, e ganhou um sufixo: Netto, com dois tês. Chovia muito e o telhado não suportava o aguaceiro. O casal correu para a casa de Maria e Christino. O único lugar para o bebê ficar era no berço de Ruth. Lá o puseram. José e Ruth dormiram juntos pela primeira vez quando ela contava seis meses de idade e ele dias. Vinte e oito anos depois se casariam, para viver uma vida trágica e feliz, por cinquenta e dois anos.

parte 2

o livro de Ruth

Ruth tinha grandes silêncios. Graves silêncios.
Era o jeito dela. Cada um tem seu jeito,
dizia Graciliano Ramos.
(Severino Antonio)

Ao longo deste livro às vezes sou ela e às vezes sou eu. A filha caçula contando a história da mãe como se fosse a sua. Mergulho nesta personagem tão intensamente que nossas histórias se confundem. Não me decidi por nenhuma das duas. Deixei a história se escrever e fui as duas. Talvez porque mães e filhas às vezes são a continuação da mesma história.

Queria as cinzas dessa casa velha
Espalhadas num rio. No Paraíba. Para viver além da eternidade.

Era um correr de casas, numa cidadezinha do interior. Alugava-as o velho Botelho, português de Trás-os-Montes, menino, aos 14 anos veio buscar sabe-se lá o que no Brasil. Meu avô.

Minha história não é o Velho. Minha história é uma pretinha feia, de olhos arregalados, pixaim penteado em cachos a custo de muitos puxões de dona Honória, minha avó. É também do Velho, que me criou, mimou, de quem fugi para ganhar o mundo. Porque eu tinha medo do que estaria por vir. Sem pai nem mãe, quatro irmãos mais novos, os velhos muito velhos. 1937. Preta, pobre, caipira e mulher. Estas sempre foram minhas credenciais.

O rio Paraíba fica no quintal da casa – quase. Ele corta a cidade em duas: a margem esquerda e o outro lado. Terreno pantanoso, pernilongos, sapos e cobras. Os passos estavam construindo as trilhas, marcando-as, começando a ser caminhadas. Não havia iluminação pública, as noites sempre foram muito escuras no Porto Valparaíba. Continuam sendo. Não gosto do escuro.

A escuridão parecia tão distante.

Esse vago desinteresse podia ser para não sofrer. De novo. Para se proteger. Bem assim como você fez, dando uma de durona, criando uma carapaça, mas amando mais do que queria demonstrar.

O que faz alguém acreditar na areia movediça?

O Velho Botelho nem ligou para o pântano, nem para os pernilongos, ou sapos, ou cobras. Ficou por ali.

Choveu?

Choveu....

Chove na chácara há dias. Janeiro é assim: o quintal atapetado de mangas e primaveras roxas, de folhas, e cheio d'água. Quente. Abafado.

As mangas batem forte no telhado e cada pancada assusta, mas as telhas são resistentes. Este ano as frutas encruaram, a seca no período da floração deixou as árvores sentidas. Mesmo assim elas são generosas e a criançada se lambuza.

Chove também dentro da casa mal protegida, e panelas e baldes estão espalhados, recolhendo a água. Sempre aparece uma goteira nova. A casa brinca de fazer sua gente correr para não se molhar.

Meus pais nasceram aqui. A casa era de outro jeito, neste terreno, mas em outro lugar. Há quase cem anos. Há mais de cem anos.

Vista da casa velha e da chácara. Década de 1990. Cachoeira Paulista. (Foto Botelho Netto)

Ruth e José, filhos de Maria e Antônio, netos do Velho Botelho e da Velha Honória. Maria irmã de Antônio, Ruth prima de José.

Quantas vezes ela contou esta história? Quantas vezes ele olhou para ela como se fosse a única? Gostava de dizer que dormiram juntos pela primeira vez quando ela tinha seis meses. Ele também nasceu nesta casa.

Mas todos eles iam e voltavam, cada um do seu lado, cada um fazendo seu caminho. A casa dos avós, pobrezinha, os esperava. Ali se encontravam todos os primos, o riozinho ainda era limpo, os carros (poucos) andavam a 40 km por hora, dona Honória tinha ascendência cafuza, sentava e espalhava a saia rodada e pedia uns quatro galhinhos de salsinha para temperar seu cozido. A molecada trazia uns quatro, para atormentá-la. Sentava para arear suas panelas - "o que a gente pode fazer sentado, não faz de pé." E ia dando umas varadas de palma de são Jorge na perna da molecada, que mangava dela. Assim iam se gostando.

Maria, mãe de Ruth, se casou com seu Christino e foram morar em Minas. Antônio, pai de José, se casou com Maria e foram morar em São Paulo.

Ruth morou em fazenda. Casa grande, a mãe era modista. Empregadas, cozinheiras, babá. Ah! A fazenda era um pequeno reino. Um mundo onde ela era a sabida, a esperta. Um mundo de música e livros, de histórias de assombração e da mãe dramática interpretando os livros que lia, ou chorando embaixo da mesa com medo dos trovões e da chuva, juntando a filharada.

Foi a superexposição que a enlouqueceu? Ou foi só a sina dessa raça maldita dos Botelho?

Voltou para a casa dos velhos, para viver uma vida simplezinha. A vida foi acostumando a menina a viver com os avós, porque era assim que ia ser. Aos onze anos perdeu o pai. Oligofrênico. Não sei de onde tirou esse diagnóstico, de palavra tão comprida. Os sintomas não se adequam a ele, não exatamente, mas essa doença foi um medo assombrando essa menina para o resto de sua vida. O medo de que ela e todos os seus tivessem herdado essa maldição. Não foi esta, mas outra a assombrou para o resto da vida, e aos seus, por outros motivos. Ela ainda não sabia disso, naquele tempo. Estava ocupada, sendo. Toma um tempo danado, o se fazer!

A casa parece que sente falta de seus antigos habitantes. As árvores estão cheias de ervas-de-passarinho, as goiabas caem apodrecidas antes de amadurecer – como as carambolas. O coqueiro está morrendo. As rosas não vingam. O quintal está zangado, cadê a menina do dedo verde?

A menina escrevinhadeira, contadora de histórias, cheia de imaginação; a negrinha de cabelo de trança, de boca grande e riso largo?

Observa tudo para o seu repertório de acontecências. A história passa reviravolteando, refazendo.

A casa esteve sempre aberta, janelas escancaradas. Houve tempo em que não havia chaves, nem portão de entrada, só mesmo uma cerca viva (mas com arame farpado!).

A casa sempre teve muita luz, recebe o sol o dia todo. É sempre muito cheia, o dia todo um grito na porta: dona Ruuuuuuth! A senhora tem maravilha? A senhora tem rosa branca? Quer comprar uma galinha? Quer comprar um saco de esterco? Pode me arrumar uns limões? A senhora pode falar sobre o dia do folclore? sobre a mão fria? sobre o padre Juca? A senhora escreve uma coisinha para a inauguração da praça? para a feirinha de conhecimentos do colégio? Dá uma mãozinha na revisão da tese? Faz uma palestra em São Francisco dos Pinhais?

E sempre ia, dona Ruth, devagarona, atender o chamado. Fosse quem fosse, era atendido.

Falava pouco, observava muito. Ouvia tudo. E recontava. Várias vezes, e com o mesmo sabor. Saborosas eram suas histórias. A cada vez ouvíamos com a mesma atenção. Para nos deliciarmos com suas expressões, seus gestos e sua risada, que estourava infalivelmente no final como se fosse a primeira vez. Porque era a primeira vez.

Por que não as decorei se as ouvia tanto? Eu gostaria de saber de cor pelo menos aquelas de que eu mais gostava. Eu pedia toda hora a do "se me repugna". Ela não se fazia rogar:

"Os seminaristas estavam tendo sabatina, e um deles não tinha estudado. Um colega, vendo sua preocupação, disse-lhe para prestar atenção nas respostas do companheiro que estava na sua frente e pronto! era só repetir. Era a vez do da frente que tirou das mãos do seu examinador o 'ponto': compaixão. O examinador perguntou:

- Se uma mosca caísse no seu pote de mel, o que o senhor faria?"

- Se me repugna eu pego a mosca com a pontinha dos dedos. Se não me repugna, eu tomo o mel com mosca e tudo!

Muito bem.

É a vez do nosso personagem. Ele tira o 'ponto' e recebe a fraternidade. Sua pergunta foi:

- Se o senhor vê um burro atolado em um barril de melaço, o que faria?

E a resposta, naturalmente, é:

- Se me repugna eu pego o burro com a pontinha dos dedos. Se não me repugna, eu bebo o melaço com burro e tudo!"

E então se emendavam as histórias de padres, verídicas como a do padre José que tomava café de colher, pois só punha uma gotinha na camada de açúcar, a do padre italiano, que no dia da paixão de Cristo homenageava o encontro da "mãe com o filho da mãe", o mesmo padre que saía do confessionário e esbravejava com o seu fiel, querendo saber quem era aquele ordinário que estava roubando o pomar da igreja.

Os dias eram uma festa nessa casa grande, cheia de luz, cheia de gente, cheia de histórias.

Ela atendia a todos, apesar de saber ler nas pessoas suas mazelas e seus desatinos.

Dona Ruth guardava um segredo: ela tinha uma maldição. Absorvia dos homens sua essência. Sabia quem eles eram despidos de seus muitos eus, de suas vestes dominicais. Ela via o de dentro, o que somos para nós mesmos, aqueles que não mostramos para o espelho temendo nossa face mais obscura, a que mostra nossas ambições, nossas invejas, nossos egoísmos, nossos desejos, nossas insanidades, nossas superioridades e inferioridades, nossa baixa autoestima, nossas intenções.

Para nós mesmos, no espelho, acendemos uma luz. Mascaramos quem somos.

Bruxaria é mais do que uma crença, é um saber. Um conhecimento. Dona Ruth não só entendia, mas via. Viu os demônios de cada um de nós e aceitou sua maldição. E por aceitar, ganhou a companhia dos demônios menores, que a divertiam, com quem conversava e brincava. Não eram amigos imaginários, não eram fruto de sua imaginação, não era louca. Apenas via. Sabia. Ela não tentou convencer ninguém – e todos sabiam: sentiam-se pegos na armadilha. E as presas não sabiam como expressar essa sensação, esse estranho sentimento de serem apoderados por si mesmos. Ela se apoderava do que tínhamos de pior e então cozia histórias. Amassava o barro original e colocava o punhado muito encaroçado no caminho. Em personagem. Contava histórias fazendo-se personagem e ria de um riso largo, contagioso, por isso aceitávamos todos, os crentes e os descrentes. Porque verdadeiro. Cheio de magia e encantador e verdadeiro.

Eu queria as cinzas desta casa velha espalhadas no rio Paraíba. Queria eu também fazer um feitiço para recontar da mesma forma, para não morrer ainda.

Eu também recebi a maldição, mas o medo que senti afastou-a de mim para todo o sempre. Eu, hein? Para ganhar essa visão é preciso uma paz infinita, um equilíbrio total e uma perfeita condescendência para com o gênero humano, coisas de dona Ruth. Sabenças de dona Ruth.

Estava cozinhando o livro da bruxa. Não tinha pressa. Teria todo o tempo do mundo. Seria eterna. Faria quantos livros quisesse: o do tio Darwin, o "Um tal de Zé", recolheria os mil contos brasileiros, reuniria suas crônicas, comporia a Medicina Folclórica e Zootecnia que já tem mais de mil páginas grampeadas, coladas, pesquisadas, coletadas. E faria mais algumas outras coisas. Na sua máquina datilográfica.

Mas a vida era um feitiço maior do que o da bruxa. Engelhou seus dedos, embaraçou suas ideias. Aquela que via através das pessoas não sabia mais quem era. Guardou todas as histórias em si, receptáculo fechado pelo tempo.

Qual o motivo dessa risada? Acho que ainda ri do que vê nas pessoas, de suas mazelas, de seus desatinos. Gargalha. Não consegue parar. O que será que viu? Que ouviu?

Teve muito tempo, sim. Mas teve que fazer escolhas. Deixou seus papéis se amontoando, em pilhas, nuns armários enferrujando e passou a cuidar de gente. De formar pessoas.

Ela era contadora de histórias. Seguiu. Para o nada. Com tudo. Consigo e com Deus. Não sei se acreditava em um Deus. Acreditar bastaria?

O rio enche, transborda, invade as ruas e as casas, deixa tudo de perna para o ar. Depois retrocede. Descansa. Na casa as camas vão parar em cima das mesas, com doente e tudo. Alguns livros sofrem perda total. Fotografias boiam nas poças, descolorindo. Histórias desconstruídas.

A casa não tinha portas, só passagens: entradas e saídas. Sempre abertas. A cerca viva não estava ali para proteger, apenas para enfeitar e dizer aos passantes que ali era bom de parar. As crianças e os pássaros bicam as flores para sugar-lhes o melzinho, depois contam um para o outro, entre risadas e cantorias que ali tem, sempre tem, flores.

A casa, que não tinha portas, hoje está fechada. Os portões altos não impedem a visão, mas não são nada acolhedores. Os pássaros ainda cantam, as crianças ainda riem, mas as pessoas pedem licença. Porque há portas. E chaves. E medo.

Medo que está só ali fora, do lado de fora.

A casa velha tem rachaduras, gambás se alojam no teto quentinho, a gente se livra deles fazendo armadilha com frutas e soltando-os na roça, aí vêm os morcegos e a gente joga um punhado de uma mistura de canela e eucalipto, porque dizem que é assim que os espantamos - não gostam do cheiro. Aí vêm os gatos que as pessoas abandonam na chácara, porque nesta casa cheia de mato deve ter gente que os acolhe. A sapucaia e as mangueiras derrubam seus frutos lá do alto com tanta força, quebram as telhas. A seca, esse calor mais quente do que todos os anos neste forno que sempre foi esta terra, faz aparecerem as lagartixas, as baratas, os calangos, as formigas - as bem pequenininhas, vermelhas, que picam doído e fica dolorido e coçando por muito tempo, as grandes, cortadeiras, que furam as folhas das árvores e dos arbustos do quintal, as médias que ficam passeando na cozinha, no banheiro, nas paredes dos quartos, as que viram içá -, os pernilongos, as moscas, as cigarras que cantam e cantam e cantam e cantam e cantam. Até mesmo à noite! Este calor infernal, com esses bichos todos, e a gente na rede, debaixo das árvores frondosas nos contando as histórias dos personagens que já moraram aqui.

> *"Quando esta crônica for lida, já estarei na chácara, em pleno Vale do Sol. É julho. É julho das noites límpidas, de lua líquida, de céu profundo, de estrelas geladas. É julho e a mangueira se enfolhou de novo e se cobriu de flores. Contra o luar, ela parece solene, grandona, misteriosa. Muito alta, toca as nuvens e as galáxias. Por ela roçam os anjos de asas imensas. De dia, ela perde em espessura, despojada da escuridão e ganha em juventude. Não mais joias dos astros, na cama de veludo e sombra. Seu toucado é feito de flores e abelhas. Está enfolhada para a festa nupcial, coberta de verde novo, e de pétalas antigas. O vento aí vem, enamorado, soprando manso, nas tardes finas. Ouro velho forra o chão, suntuoso tapete de desenhos inimitáveis. As abelhas voam zumbindo. Na florada da manga o mel é grosso, é forte, cheira bem.*
>
> *Na chácara o sol se levanta cedo. Às sete da manhã já está de fora, gloriosamente, acabando de esfiapar um resto de neblina. E se reclina sobre a mangueira feliz, reverdecida, tonta. Quem o anuncia é a corruíra, que fez um ninho complicado nos ramos do maricá, depois que brigou com a pitangueira.*
>
> *É julho. Jamais esmaece o verde da grama. Jamais esmaece o verde-oliva das laranjeiras cheirosas. Jamais esfria o raio de sol. Jamais empalidece o azul cobalto do sol. Jamais*

entristece a cançãozinha clara do Paraíba, murmurante entre as pedras, todo revestido de luz.

Mas as bananeiras de tronco roliço e palmas longas soltam grandes cachos, que vão granando e amadurecendo, como se não fosse julho. Mas os limoeiros perfumados têm flores e frutos a um tempo, num desperdício. Mas os sanhaços furam os mamões de casca dourada e polpa doce, macia, escorrendo melado, que os passarinhos desprezam e as vespas aproveitam. Mas as velhas goiabeiras, que já estão meio caducas, não esperam a chuva: as goiabas amadurecem, entre os vivas dos bem-te-vis e a zoeira dos marimbondos.

Há muito tempo, eu não ouvia os sinos. Aqui eu ouço os sinos. Ninguém me acredita. Mas é julho, é inverno, os morros vestem a florada roxa do capim-angola, as maitacas voam cedo para o mato, voltam num clamor, às cinco da tarde. Asas de andorinha riscam (é julho) o céu sereno. Elas daqui não se vão.

Da última vez que cheguei, foi com o repetido suspiro de alívio que me confiei à sovada cadeira de braços, entre paredes bem precisadas de pintura, coitadas! Havia de novo uma goteira. Deixem-me contar de outro jeito: havia uma nova goteira. Lá estava a mancha. À entrada, o degrau parece que me reconhece, estalou devagarinho, cumprimentando. O espelho também me reconheceu. Diante dele não estava a estranha de outros reflexos. Precisei de andar descalça pela casa toda, pois na sapateira, como de costume, nenhum sapato, nem novo nem velho. Estariam por aí. Depois de vasculhar com uma vassoura, embaixo das camas, encontrei dois pés direitos de chinelo.

Qu'importa lá?

Aqui sou rainha, sou czar, sou Deus, e como amo esses chinelos doidos!

Então não é isso a felicidade?
(Ruth Guimarães, crônica "É julho")

José também era daqui, deste quintal. Estavam sempre juntas, essa criançada, e estavam sempre separadas. Iam e voltavam, iam e viam, nem sei quando aconteceu. Foi muito triste quando os meninos embarcaram para a guerra! Saber que iam e não saber se voltavam daqui de perto, daqui para São Paulo, que tinha litorina quase toda hora, o coração já ficava apertado daquele grito agudo do trem, as paredes estão rachadas dos adeuses e das despedidas. Ir para a guerra, José? Por quê? Para quê?

Os gritos todos se confundiram, os pedidos da menina para o Ministério, a raiva silenciosa dos avós, o choro dos irmãos, os céus se compadeceram e a guerra acabou, e ele só foi até o Rio de Janeiro. Porque ele precisava encher a casa de crianças, para a menina contar suas histórias. Para que as histórias pudessem acontecer.

As plantas se entranharam na casa, foram espiar dentro da casa pela janela. Curiosas! A escuridão parecia tão distante. Não sabiam do tempo, mas acompanhavam as histórias.

Partir é quebra de ritmo, muda o jeito de andar e o de ver. A menina caminhava vezes sem conta os mesmos caminhos: nas ruazinhas desta cidade, onde estão a pracinha, o coreto a igreja, o campo de futebol. A cadeia e o mercado. Cidade igual a tantas outras. E igual a tantas outras ela tem água encanada, luz elétrica, ruas asfaltadas. Não tem cinema, mas desta vez escolheu fazer nada. Escolheu ver o rio Paraíba, ouvir suas águas batendo nas pedras, nas ilhas, segui-lo... Passar, ir toda vida para lugar nenhum, sem querer chegar. Na beira do rio as casinhas de pau-a-pique ou de broquete (bloquete), canoas de madeira, redes vazias pescando sol e céu no reflexo das águas. Atravessa o pontilhão em cima do rio que evapora todas as manhãs de inverno sob a bola de fogo vermelha emergindo de suas águas.

Gosta do Vale no inverno.

Passou ali sua infância e é para onde sempre volta. Ali as cores são mais nítidas, o verde das montanhas faz um alto relevo no azul. Ou um azul no azul, depende do dia, da hora, do olhar. O vilarejo por onde passa é guardado por um gigante adormecido. Esse gigante, vítima de magia descuidada, uma gota de sopa que ele quis lamber sei lá por que, virou montanha. Às vezes ela acha que uma nuvem fazendo cócegas no nariz dessa montanha, desse gigante, vai fazê-lo espirrar, e ele vai se levantar, e nós, ele, ela, eu, poderemos brincar de esconde-esconde enquanto todos dormem.

As crianças do lado de lá, as que vivem perto das montanhas, nas costas do gigante, não têm a mesma sorte. Do lado de lá só se pode ver seu dedo que aponta para o céu, o dedo de Deus. Deus é uma figura muito séria, com quem não se brinca. Dizem que foi ele quem fez o mundo, os rios, os risos, as estrelas, pai, mãe e eu, meus pés e meus passos. Então as crianças do lado de lá olham para essas montanhas com muito respeito. Não é uma pena?

Gosto de cidade pequena, de interior. Gosto que nada mude nas mesmas paisagens e nos mesmos entardeceres, sem muralhas cercando meu olhar. Delicio-me ao ver o sol se esfacelar atrás do Gigante que Dorme, respingando seu bigode de nuvens com pedaços de vermelho. Uma cara feita de montanhas...

É bom sentar às sombras das muitas árvores do meu quintal e contar histórias para este meu amigo, este amigo enorme. Ele também me conta histórias, as que ouviu do vento, do rio, dos pássaros, do sino da igreja de Santo Antônio, instalado no alto para tudo ver, ouvir e contar.

Ali nada há que espete o Gigante, tentando acordá-lo.

(Será que trovão acorda gigante? Vai ver que suas orelhas são tão grandes que o trovão vira um barulhinho à toa. Nosso corpo caixa de ressonância recebe o trovão que nem chegou ainda, nosso corpo treme e nem é de medo, não! fugimos do barulho, só isso. E o gigante não acorda!)

As casas mudam de cor e de forma; esticam-se para os lados não para cima, suas fachadas têm um ar risonho, às vezes banguela, às vezes piscando um olho, mas sempre rindo de mim.

Você também ri de mim! Porque ouço as montanhas, as igrejas e as casas. Porque minha cidade me acolhe e me aninha.

Na cidade grande as casas sufocam, estão imundas, rabiscadas, desprezadas, mas se você olhar bem encontrará uma que ainda sorri, e aí sim você estará em casa. Aí eu quero ver quem vai rir de quem...

Ali mais adiante tem a mina da Mão Fria, água boa, sim senhor. Ponha as mãos em concha e lave a poeira do rosto. Só não dá para molhar o sol ardido dessa terra – aqui faz um calor! Mas a volta é só descida, não será tão cansativo, prometo. Quer apostar uma corrida até a ponte? Quem chegar por último é mulher do paaaaaaaadre!

A criançada toda que mora por aqui quer entrar na brincadeira, olha pra gente com um olhar pidão e responde logo ao nosso bom dia, como querendo dizer que sim, querem estar conosco, brincar de brincar. Pegam impulso e logo voltam atrás, por falta de resposta.

Moça, me leva pra casa?

Aquele toquinho de gente no meio da estrada, de vestido parecendo um moleque, estava com pressa medo de chegar. Tinha se atrasado, a avó deixou-o sozinho. Dia claro, iluminado, muita gente por aqui, o rito trazendo misturado em seu cantar um burburinho de vozes, um riso. Tudo isso me faz sorrir, agradecendo sei lá o quê, sei lá pra quem.

O pequenininho na garupa da bicicleta quer atenção para a sua história. Prestar atenção no caminho - ê Pé Preto tortuoso, Deus meu! – desviar de cachorro, de gato, do bebum e mais aquela enxurrada de palavras me afogando, quase ficamos no último buraco lá atrás.

De vez em quando tento ver se a figurinha ainda está lá. Que dúvida! Aquele matraquear não para.

É aqui moça que eu vou ficar. Eu moro aqui, 'brigado.

Onde é que 'ce tava, Zé? A mãe vai bater nocê.

A pessoinha pisa forte, pisa firme, alça os ombros tô nem ligando.

Continuo ainda. Os dias estão curtos, pedalo mais depressa para a noite não me pegar, aqui não tem luz. Saí do meu caminho e preciso escolher por onde volto: a bifurcação leva para a Mão Fria, mesmo se tem mais subidas, dali enxergo o desenho da cidade. Longe. Quando vou me aproximando, a igreja, a estação, vão delineando a chegada.

A bifurcação! escolho seguir em frente, o pontilhão está asfaltado, perdeu aquele ar amedrontador. É dia ainda.

Nesta época do ano as montanhas têm esse relevo extraordinário, as trilhas são veias nesse material bruto, a dois passos de nós, contrastando brutalidade e suavidade.

Será que, se o Gigante acordar, ele levanta e vai embora? Gigante vai embora para onde? Existe um lugar tão grande assim onde Gigante possa morar? Acho que não. Talvez seja por isso que ele não queira acordar.

E, quando ele acordasse, o mundo não seria o mesmo.

Mas a menina vai embora. Para aprender, para trabalhar, para fazer o que tem de fazer. Gosta da cidade grande também. Dos desafios. Da vida que se apresenta. Dos filhos excepcionais que tiveram.

Judá é o quinto filho de Ruth e José. Excepcional.

A deficiência do sistema faz o negro claudicar e o pobre mendigar o resto da vida. A deficiência do sistema faz os homens desesperarem e "irmão desconhece irmão". A deficiência do sistema cria médicos e monstros, habilita homens, mas não capacita hospitais.

As pesquisas no mundo da tecnologia são surpreendentes. Em 20 anos os computadores perderam uma tonelada e cabem no bolso.

O homem eliminou distâncias, a façanha de Jules Vernes de fazer a volta ao mundo em 80 dias tem certa graça, pois é possível fazer Brasil-China em apenas 30 horas. Mas o homem que quer ser deus, inventar um novo mundo ainda olha para outro homem e o que vê é uma incógnita. Não consegue eliminar o que é pré-determinado. Não faz um mudo falar, um cego ver, um surdo ouvir. Existem aparelhos que minimizam as deficiências, aumentam letras, aumentam o som, se o canal auditivo for operante, caso contrário não há o que se fazer. Do nada não se tira nada. A sopa de pedra do Malazarte é fácil de fazer: basta acrescentar água, sal, uns legumes, um pedaço de carne, um punhadinho de salsa, outro de cebolinha, picar umas cebolas e uns dentes de alho e pronto. A pedra? Pois é, a pedra. O homem? Pois é, o homem.

As verdades científicas mudam de orientação o tempo todo. Porque nada é definitivo. A evolução humana modifica o clima, a natureza, a estrutura da cadeia biológica, interfere na camada de ozônio, implica na transformação genética, inibe ou superativa a multiplicação de uma determinada espécie.

A crise econômica pela qual passamos é um reflexo das grandes transformações. Medicina, religião e feitiçaria já andaram juntas um dia. É a pré-história da medicina, da qual não subsistem documentos.

Judá é um caso em um milhão. Ninguém se interessa por um só caso quando há milhares de pessoas morrendo de câncer. Morrendo de Alzheimer. Morrendo de Parkinson. Morrendo de fome. Morrendo de medo.

"Hoje num tem aula, Duna?" "Passiá, comê, Duna?" "Temolada pa mim, mãe." Meu filho mais belo. O que estas palavras significam? Pouco importa. O que este mundo significa? Não sei, é um mistério também para mim. Não consigo penetrar em seu silêncio e desvendar a música do seu olhar. Ele saiu de mim – e está sozinho. Abismo. Meu menino perdeu o rio de água doce, morninha, aconchegante, e caiu no mar. Revolto, gelado, cheio de icebergs, não se vê o fim e a ponta que emerge é enganadora. Sozinho. E eu, quem sou? O que sou para ele? Eu que o quis, quando se recusava a entrar neste mundão de silêncio – e eu já sabia. Ninguém. Sou ninguém.

Manhê, votê vai? Quer saber pra onde, Duda? Trabalhar, volto de noite. Ah! De noite não. Tinco ola, 'tá?

Há pouco forma frases e o seu palavreado é difícil de traduzir até para mim, então canta, dança, dá aquela risadinha de fundo de garganta do Rubem, meu irmão, gesticula, acena. Aquieta-se. Volta para o silêncio do qual nunca saiu. Sua alegria excessiva me preocupa, sua mansidão excessiva me inquieta e o meio termo não existe. Quem é você? Silêncio.

Existia sua história quando eu brincava de vender verdura no mercado, ganhando o dinheiro dos sorvetes na casa do meu avô? Eu não sabia seu nome quando jogava conversa fora no clube dos artistas. Se eu soubesse que era você, faria de novo, tudo de novo.

Judá Botelho. Eu Judá Botelho. Você Ruth, papai Didinho. Didinhoooooo! Vai vê Pelé? Futebol, eu corrijo. Pelé, ele repete. Meu parabém amanhã. Não, seu aniversário mês que vem. Ah! vala-volta? Vai temolá.

Silêncio outra vez. Suas conversas mais longas são com a Rovana, sua igual – sua parecida? Sua semelhante. É para ela que chora e ela se irrita, não quer ouvi-lo.

Por que tenho que ouvir? Por que só eu? Ele precisa falar com a mãe, com o pai, com todo mundo. Eu não vou falar pra ele, ele precisa aprender a se virar sozinho.

É difícil aprender a se virar sozinho, Rovana. Você saiu do seu mundo de silêncio e chegou até nós. Não, não chegou até nós. Suas crises de existência são constantes, briga consigo, comigo e com Deus. Que Deus? Esse, que a fez. E que lhe deu um irmão como o Judá. Ah! Júnia, o Judá não deveria ter nascido surdo-mudo, eu não queria que ele fosse assim. Por que ele é assim? Saber o porquê resolveria? Você é ponto de apoio, é ponte que me faz entrar em contato... com quem?

Ponte? Contato? Você também é iceberg e o fato de estar mais ao largo não a torna mais identificável ou mais reconhecível. Vocês dois são únicos e no entanto não existem. Não sei dizer-lhes, tudo isso é uma incógnita também para mim. Os homens não sabem para que vieram para onde vão o que devem fazer o que é certo o que é errado se é certo se é errado. Como dar-lhes um deus que não possuo?

Eu não queria um irmão como ele, mas isso não significa desafeto, nem rejeição. Essa frase é seca, direta, objetiva, porém não quer dizer o que diz. Na verdade, grita o não dito, grita para o nada:

Apareça você e eu te mostro, você vai ver só. Eu que puxo a tua orelha pra me fazer assim desse jeito. Só o que você não sabe é que eu sou normal. É engraçado ouvir essa briga e é bom ao mesmo tempo ouvir sua coragem de enfrentar Zeus, o deus do Olimpo. A Rovana de dedo em riste, na fuça de um tal de seo Deus, a censurar-lhe. Que cena!

Manhê, e quando a senhora morrer, e eu como é que fico? Ela enfrenta esse deus, em quem não ensinei a confiar. Depois da morte, o quê? Depois sem mim, como? Apreenderia as respostas, se eu as soubesse?

É um caso em um milhão... "milhares de morte são apenas um dado estatístico, e uma morte é sempre uma morte" diz Erich Maria Remarque n'Obelisco Negro. O homem que me interroga com um olhar do fundo de sua dor, pedindo socorro, questionando sua existência e sua maldição, este homem, especificamente, não é um dado estatístico. Ele é meu filho. Ele me pede para agir. E eu tenho os braços cruzados.

Os médicos também cruzaram seus braços! E nenhum de nós deseja essa morte, mas estamos condenados à submissão. Os médicos nos olham e não respondem à nossa súplica.

Impotentes.

E quando descobrem sua ignorância, são pequenos seres esmagados pela ciência. Não sei se acreditam em Deus e nem sei se eu acredito.

Mas isto é o que menos importa. Acreditar ou deixar de acreditar não muda a condição do homem encarcerado em sua doença. Os homens fazem o que podem, não o que querem.

Judá é quase cego, surdo, limítrofe, fala pouquíssimo. E sabe que os médicos são impotentes para seu mal.

Judá não aprendeu a ler, nem a escrever, mal sabe falar. Ele sabe o que é um médico, mas talvez nunca tenha entendido o que uma instituição faz por eles e com eles. Pouco importa. Ele sempre tinha um brilho nos olhos na criança de quase 50 anos e um sorriso bastante zombeteiro. Zombava ele também de nossa ignorância, aquele que não decifrava letras, mas lia o mundo. Lia os homens. Lia a impotência. E sorria. Não um sorriso de escárnio, mas de condescendência. Pobres de nós... não sabíamos ler!

Quando conhecemos o outro, conhecemos também os processos que vivemos, é um diálogo de vidas. Os conceitos não podem ficar só no plano das ideias, precisam também se transformar e ser transformadores, ser luz e construir objetos. A história da luz é a da nossa vontade de olhar, ver, enxergar, e de criar objetos para o olhar. A luz ilumina os objetos e os faz perceptíveis ao olho humano. É o espectador que muda o que antes tinha sido seu olhar. É o espectador que muda a dinâmica.

Judá não aprendeu a ler, não sabia escrever. Assinava seu nome, não se perdia se precisava tomar um ônibus. Ia, fazia compras, a linguagem dos negócios todo mundo entende, voltava. Sempre voltou. Não se perdeu. Conhecia os caminhos, ensinava. Mostrava como fazer, qual a direção. Gostava de rir, de fazer rir: imitava, encenava, zombava e gargalhava.

Os modernos sistemas computadorizados não fizeram nada ainda a favor de novos tratamentos para doenças órfãs. Judá morreu e muitos médicos não vão pesquisar a síndrome de Alport em computadores, mas em um velho livro de sua estante. A pesquisa eletrônica ainda é falha, quem alimenta os computadores são os homens.

Ruth se casou com José porque ele aceitou os "bobinhos". Ou mais ou menos.

Rovana se parecia muito com ele, mas era uma versão torta, distorcida, malformada, caricatura apontando o dedo o tempo todo lembrando quem não queria ser. Afastou-se dela e nem percebeu. "O pai não sabe conversar, só sabe brincar" era a sua queixa. Ele não sabia, coitado! Mas era um amor doido e doído nessas crianças, era um amor nessa nega que quase perdera tantas vezes.

Quase a perdeu porque não entendia toda essa liberdade em uma menina do início do século XX. Porque não queria amar como os seus pais amavam: um velho mulherengo e jogador e uma mulher vaidosíssima e hipocondríaca, que se agrediam mas não se deixavam. E de braços dados se mostravam se exibiam. Ele o chefe de estação, ela a dona de casa. Porque ele não queria amar, Ruth seguiu sua vida. Noivou uma vez com um homem bem mais velho, ciumento feito não sei o quê. A liberdade foi o que a empurrou para os braços desse tal de Zé, casar-se para ser livre nos anos de 1930? O que estavam ensinando na escola para essas crianças?

Ruth e Zizinho... quando foi o começo? No cais? No navio que trouxe Juca Botelho para esta terra inóspita, selvagem, estranha? É, esta história começou no mar, quando o Velho Botelho resolveu inventar nosso futuro.

Era uma vez o guarda-chaves Juca Botelho

A casa está muito diferente e parece que não se acostuma com a nova vizinhança. Era tudo muito escuro, não havia ruas apenas trilhas, não havia casas apenas grandes campos, tudo muito largo, muito longe. Muito barro vermelho da rua invadindo os brejos em volta e de dentro. E a casa sozinha, no meio do nada, não metia medo. Acolhia, mesmo sem trancas nas portas. Às vezes ela esvaziava, os grilos e os sapos cantando incomodavam os pensamentos, tiravam-nos os trilhos, e então.... algo tinha acontecido.

Mãe?

Pai?

Todo mundo?

De repente a escuridão invadia a vida e era preciso espantar aquela sensação sei lá o quê. A casa apertava o coração, expulsava. E corríamos para a rua, para a praça, que alguns chamavam de jardim. Lá estavam todos, lá tinha luz, deixávamos atrás de nós as portas escancaradas, as luzes acesas, fugíamos daquela casa cheia de sombras e de histórias bruxuleando nas paredes, cabeleiras das árvores se mexendo atrás de bichos em cima de galhos se arrastando em algum lugar da despensa. A cerca viva raspa no meu rosto de novo e me arrepia. Por que quando todo mundo estava aqui eu não via nada disso? A imaginação será que é filha do medo? Filha do espanto? Chegando no jardim as luzes me abraçam e não sinto nem medo nem frio nem nada. Vejo as pessoas, não sei quem são, não as reconheço. Não faz mal! Estão ali. Comigo. Rindo de mim. E eu nem ligo. Prefiro os risos aos grilos e sapos. À rua deserta. Ao meu medo.

Hoje está tudo muito diferente.

Será?

Eu ouvia as histórias de meus avós e ficava pensando: como é que se aprende a contar histórias?

As histórias já foram todas contadas, o que muda é o jeito de contá-las. Para que e para quem.

Já tudo foi experimentado, tudo foi vivido, tudo foi dito. A maneira de dizer é que é diferente. A função do artista é despertar a emoção, e o belo, usando de maneira nova o seu modo de expressão. A missão do escritor é renovar o valor das palavras pela maneira peculiar e diferente de a usar. Usá-la, renovando-a. Usá-la, emprestando-lhe outra dignidade. Usá-la, vivificando-a e ampliando-a. Usá-la, indo até o fundo da sua significação e essência. E extrair dela, também, além do significado, o mistério e o silêncio. 'O inexaurível segredo', como diz Ungaretti.

Eu conto assim assim, de qualquer jeito, que contar não se aprende na escola, nas aulas de português com as professorinhas, não. *A escola me ajudou muito... porque me tirou da minha casa. Eu fiquei sem pai e sem mãe cedo e fiquei com a minha avó materna.*

Minha avó era caipira, mineira, contadeira de história. Veja como as coisas vão se acomodando. Quando as coisas têm que ser parece que tudo se encaminha nessa direção. Então, eu fiquei contadeira de história também, e contadeira de história tanto falando como escrevendo. Eu sou contadeira de história até hoje.

É mãe acarinhando antes de adormecermos. Ou que interpreta, chora, se emociona falando com as amigas e a gente ali escutando e não entendendo nada dessa pataquada... E quando ela tem medo de trovão e se esconde com a criançada embaixo da mesa fazendo um drama daqueles! Ou um "eu morro antes de te ver casada com fulano de tal!" Puro teatro!

Temos todos o nosso faz de conta.

Ouvir histórias (nada desse negócio de estória, invenção de algum besta traduzindo o pensamento americano, aqui tudo é história mesmo! Pensamento brasileiro seguiu outro caminho). Ouvir histórias é ganhar a orientação sem nem saber. As histórias têm lição, têm ensinamento, indicam um caminho.

Eu gosto de ouvir. Observar o contador e a contação, como é que começa e como termina, principalmente como termina. O jeito da frase, as expressões, a dança do corpo, os trejeitos desse contador.

Gosto daquele que se fantasia lá na cabeça dele, mas que é completamente ele, despojado. Que se veste do outro sem se despir de si mesmo. Está ali, de chinelinho de dedo, cara limpa, pronto! Onde estiver e em qualquer momento. Pronto. E começa a contar, como quem não quer nada, já aprisionando seu público. Sem querer? Sem saber? Recolho despreocupadamente na fonte, isto é, entre o povo, assim como quem recolhia ouro, no tempo em que o havia.

Eu conto assim assim, sentada na minha varanda, na hora do café, e toda hora que for hora do café, porque um passarinho vem comer com a gente na mesa, bicando as migalhas, sem vergonha de tudo! ou o canto das cigarras me lembra um acontecido. A Pequenina aparece, faz aulas de francês - vai visitar a filha que foi para as estranjas e não voltou, o engasgo da Vanda com a própria risada. Tudo dá um mote. E tudo dá história.

As que estão nos livros não são diferentes. O contador faz o que? Nada de mais. Quer saber? Acho que nem conta para o outro, está lembrando, rindo e lembrando e contando. Conta porque lembrança faz cosquinha na cabeça, a gente vai rindo sozinho, o outro pergunta "o que foi?" e aí já foi. Eu vou proseando a vida deste lugar.

A casa está fria, é quase inverno. As árvores estão cheias de parasitas, subindo pelo tronco e chegando nas copas, trançando os galhos umas das outras, sombreando. A unha-de-gato se infiltra pela janela outra vez, tampa todos os buraquinhos, vai fechando a passagem de luz, impede a chegada do calor do pouco sol de hoje. Está tudo muito quieto, não tem passos, não tem vozes nem risos. Aquele falão alto do Zizinho, que quando conversava lá do viaduto dava para escutar até os erres enrolados de paulistinha aqui dentro de casa. O vozeirão do Judá chamando todos de "Ledão" ou de "Paulo", nome que inventou e nome que aprendeu, tocando a sinetinha de sua bicicleta. A Rovana chamando os empregados para tomar café lá no meio do quintal. As histórias foram todas contadas, os livros escritos, e a menina foi embora. A casa está vazia. Estou com frio e não sei o que dizer, o que pensar, o que fazer, não tenho vontade de ler nem de nada. Cansada. Mas se eu não contar sua história, vai ter sempre alguém perguntando outra vez. Estou contando para não ter que ficar toda hora contando? Estou contando para a história ser contada muito mais vezes...

Aí eu encho a casa de novo: Ruth não gostava de cozinhar. Não sabia e não queria saber. Ia atender a pessoa que estava batendo na porta e deixava queimar a panela no fogo, então raspava, misturava, fazia uma gororoba e dava para os filhos. Mas teve nove filhos e precisava dar de comer para esse povo todo, que às vezes trazia os amigos. E esse bando não era fácil, não! Ruth estava sempre na cozinha: fazendo sopa, fazendo mingau, esquentando água, fazendo um chá. Mandou fazer um fogão a lenha porque gostava de fazer fogo. Quando fazia frio ia sentar perto do fogo com a filharada, cozinhar milho ou pinhão. Inventava. Ela fazia capitão-de-feijão quando sobravam arroz e feijão, misturava farinha e fazia um bolinho que ficava daqui ó! Se não tinha verdura, buscava taiova no quintal. Fazia sopa "à Lavoisier". Tradução: nada se cria, tudo se transforma – ou se mistura, no caso. Teve a moda do vegetariano, foi aprender a fazer comida à base de soja. E tudo virou soja! Fez um pé-de-moleque de feijão soja que ficou um primor. Acredito que até hoje ninguém saiba que tinha comido doce de feijão. Levou a bandeja para o passeio com os guardinhas lá no Rio das Pedras e todo mundo lambeu os beiços. Não tenho a receita, tudo ela fazia lá da cabeça dela. Um pouco disso, um pouco daquilo, mistura tudo e fica .... vou te dizer: nem sempre ficava bom não! Mas esses ficavam. Às vezes a melhor receita é querer bem.

Ela preparava doces todos os dias: mingau de fubá, arroz doce, canjica, abóbora com coco, sagu de leite e sagu de groselha, de casca de laranja, de qualquer fruta do quintal, de feijão de soja, tomava conta de kefir. Paçoca! Escalava um candango qualquer para socar o amendoim no pilão. Acerola está forrando o chão? Faz doce. A criançada não dá conta da banana? Faz doce. Mamão verde não dá tempo de amadurecer porque faz doce. Ralado, em pedaços. E fazia baldes de chá mate. Em dias frios tinha "levanta-defunto", uma sopa à base de fubá e ovos, misturava couve ou taiova, salsinha, cebola, cebolinha e às vezes toucinho defumado. Pensando bem, acho que era a sopa do Pedro Malazarte!

Gostava de descascar. Descascar frutas. A caixa de laranjas que vinha do mercado. As maçãs. Cortava em quadradinhos as canas--de-açúcar que plantava no quintal. As mangas. E os filhos em volta, só estendendo a mão, o tempo todo, esperando a fruta descascada.

Mas o que mata, de verdade, minha sede desta saudade toda é um suquinho de casca de abacaxi! O gosto me leva pra casa, para aquela casa, de novo. Traz o bem-estar, o bem querer, vejo de novo todo mundo junto, ouço as risadas, empurro meu irmão, sei lá qual deles para furar a fila e estender a mão e pegar a cana e sair correndo. Tem uns gostos, uns cheiros que me levam me trazem de volta no tempo no espaço me deixam em casa.

Tudo virava uma diversão para Ruth. Os guardinhas faziam parte disso. A Guarda-Mirim era um centro de educação e lazer, a criançada fazia ordem unida, aprendia a marchar, a bater continência, a manter seu uniforme, a respeitar a hierarquia, a trabalhar, mas também tinha as trilhas, os acampamentos noturnos, os passeios nos rios, as gincanas. Ruth chegou a bater a pé até lá no Brejetuba, quem é aqui do Vale do Paraíba sabe bem o que significa! Até o Rio das Pedras, partindo da sede da Guarda (a casa de Ruth) são oito quilômetros. Dezesseis ida e volta. Iam e voltavam na conversa! E ninguém reclamava da distância, do sol, do pé doendo. Quando estávamos na estação já dava para ver a copa das árvores. O oásis para esse sol ardido desse Vale! Sempre me esqueço desse inferno que é o verão daqui... Um trecho do caminho é beirando os trilhos que levam à velha estação, todos tomam um pouco de fôlego novo e correm para o grande bule de chá que certamente estará à nossa espera no quintal cheio de mato e de flores e de frutas e de armas de guerra infantis, como a mamona.

Casa define um espaço e um volume de forma muito concreta: podemos vê-los, tocar os contornos, sentir seus odores. Então, uma casa, o que é? O lugar para onde voltamos, e voltei muitas vezes, a casa me obriga. A casa memória. É ela quem está falando, porque guardou nossos valores e nossas crenças.

Essa vida é tão múltipla e tão escasso o tempo! Aí está, e quão deliciadamente ainda me vou por esses caminhos! E com que penas os desando! E é por isso que posso falar de cadeira do que há de melhor, quando se vai e se vem. Eu sei. A coisa mais linda nas viagens é voltar para casa.

Tenho procurado saber que doce mistério nos faz suspirar por esse refúgio, seja casa cheia de crianças e de amor, seja sombria e deserta, ou simples quarto de pensão, apertado e impessoal. A casa. Que magia a faz nossa e nos faz dela? O quê, nela, nos conforta e nos consola? Que há com a casa? Os surrados móveis? Novos que fossem e seriam acolhedores. As patinadas paredes? Mas pode ser moradia recente e nós lhe daremos sem regatear o nosso afeto. É, será sempre, muralha, trincheira, esconderijo, âncora, abrigo, sombra. Nela estamos bem. Nela nos entregamos ao nosso eu, sem máscara, com toda a confiança.

Um século.

A casa é arvore e plantas, engolida, engolindo. A natureza se transformou em casa.

A casa não tem memórias, era somente um barraco no meio do nada. Nela estávamos bem. A casa está envelhecendo e alguns têm medo das trepadeiras degradarem suas paredes um dia ou outro, causando rachaduras, talvez. No entanto a parede de tijolo sofre com outros fatores de degradação: os movimentos do solo, a vibração do trem que passa todos os dias e às vezes fica parado com o motor ligado por horas e horas - a parede é obra mutável. O sol, a umidade e as variações de temperatura, a poluição da água da chuva e do ar, a atividade de microrganismos, líquenes e raízes de plantas. Defeitos de construção, infiltração de água através do telhado ou umidade interna da casa.

As trepadeiras usam as paredes como suporte e criam um microclima em sua superfície, regulando assim a temperatura e a umidade relativa. Reduz variações extremas de temperatura e umidade e protege a parede contra diversos fatores de degradação. As plantas trepadeiras impedem que os raios ultravioleta, a chuva e os poluentes atmosféricos atinjam a parede diretamente. Novos brotos e raízes de plantas estão crescendo nas cavidades, mas não danificam os materiais; a umidade constante do terreno promove certos micro-organismos e no caso desta casa as plantas têm um efeito protetor sobre os materiais da parede. Cobri-la com trepadeiras foi uma forma simples de melhorar a qualidade do ambiente e embelezar o local. A ventilação no verão foi uma consequência natural. E a casa ganhou sombra, paz, frescor, tranquilidade, perfume e sonhos. A folhagem se banha de luz no fim da tarde e bebe cada gota de orvalho durante a noite, para amanhecer novamente vestida de verdes claros e escuros. A noite cresce, respira, suspira e os pássaros incomodam o sol, que invade o quintal. A casa foi colocada no meio das flores, cheia de luzes e de sombras, de colorido e de crianças.

Em primeiro lugar, um sítio cheio de árvores. Jabuticabeiras, fruta-de-conde e goiabeiras de folhas ásperas, que amarelecem no outono, e em lugar de portão uma porteira que range. Lá aparece assombração em noite de lua e diz-que tem ouro escondido no pé do moirão, onde nunca ninguém achou, nem acha não. Num renque de pinhão bravo, pulam os serelepes. Mamoeiros (que bem-te-vi gosta de mamão. E fica dentro da fruta, parece que está em casa, sim senhor). Em velhos tocos do fundo do terreiro, tiziu dá cambalhotas. A grama do coradouro, verde o ano inteirinho. E o poejo no chão, cheiroso, tapete, alfombra macia, macia, macia. A gente finca dois bambus, um pra lá outro pra cá, futebol, e bola pode ser de meia. Lá atrás do bambual o riozinho. Claro, cheio de corridinhas, todo estrelado de cintilações. O Príncipe Escamado, o mais príncipe de quantos já existiram, mora ali no fundo, nesse Reino de Águas Claras. A terra é quente e seca. O sol vem cedo sobre as copas de veludo.

Escurecer, escurece.

Se a noite é linda e a brisa sopra de leve, a criançada corre caçando vagalumes. Brinca de pique-sem-fim, e de acusado, enquanto um moço, na viola, canta com voz de apaixonado, tal qual em muito livro bobo. Noite estrelada. Caminho de Santiago, de estrelinha miúda esparramada em algum chão que o céu tem. E as estrelas maiores são verdes, azuis, vermelhas e amarelas. Menos uma que quando se troca de bem com seu bem é branca, enorme, extravagante como uma chama.

- No seu mundo não chove?

- Chove. As noites são frias – as noites de chuva. Venta. O arvoredo sussurra. A preta cozinheira conta histórias. A do Zezinho da Mariquinha. E aquela da Branca Flor. E a da princesa sapa que cantava em noites de lua e tecia rendas de praia. E de quando São Pedro andava no mundo com Jesus. Os tições estalam e brigam no fogão.

Ah! fogo de lenha, pois então?! E as chamas sobem alto, azuis e amarelas, e a cada estalo o ar se enche de estrelinhas. Cheiro bom de café... Chove, mas a casa é acolhedora, quentinha, as histórias embalam os sonhos, e não sei quem frita bolinhos de batata na cozinha toda trêmula de labaredas e chiante das frituras. Diz-que tem até uns meninos para comer os bolinhos e para ouvir as histórias.

- Isso existe?

- Eu sei? Se existe, existe onde? Se existe, existe para quê? Se existiu, por que existiu?

Se não existem mais (existiram?) as noites de chuva, a contadora de histórias, os tições no fogão, o cheiro de café, a casa acolhedora e quentinha, os meninos comendo bolinhos e ouvindo histórias... (existirão?)

Mas diz-que Deus não dá duas vezes, e o velho Adão, para exemplo, foi expulso do Éden uma vez só, para sempre.

A casa não viu muitos batismos, apesar dos nove filhos de Ruth e José. Porque Ruth se perguntava se o batismo realmente importava aos olhos de Deus ou se aos olhos dos homens. Se era um rito ou uma necessidade. Ela gostava dos ritos e via o quanto eram importantes em nossa vida. Mas que diferença faria esse rito especificamente para um bebê de alguns dias ou de alguns meses?

Santo Agostinho é creditado por popularizar o batismo de recém-nascidos em seus escritos no final do século IV e no início do século V d.C. Ele acreditava que as crianças nascem com o "pecado original" e que deviam ser batizadas o mais rápido possível após o nascimento para serem purificadas desse pecado. Martinho Lutero se baseou nos ensinamentos de Agostinho ao afirmar que o batismo muda, limpa e renova o recém-nascido pela fé.

O batismo infantil se tornou popular devido à crença de que se uma criança morresse antes de ser batizada, ela correria o risco de ser condenada ao fogo do inferno.

Diria Ruth que isso faz parte do folclore.

Mas ela não acreditava que seus filhos seriam privados da oportunidade de se tornarem filhos de Deus se não fossem batizados. Sua filosofia ia além da crença. E além das punições.

Se o batismo infantil não requer nenhum arrependimento, nem qualquer compromisso de fé, o que significam as palavras do apóstolo Pedro: "Arrependei-vos, e cada um de vós seja batizado em nome de Jesus Cristo, para perdão dos vossos pecados; e você receberá o dom do Espírito Santo" (Atos 2:38)? Essa declaração nos diz duas coisas. Primeiro, o batismo é essencial para todos os cristãos. Pedro não disse "se arrependa se quiser" ou "você deve considerar ser batizado". Ele ordenou: "arrependam-se e sejam batizados." Em segundo lugar, há um processo em torno do batismo: arrependimento e aceitação de Jesus Cristo como nosso Salvador, então o batismo seguido pela imposição de mãos sobre a pessoa batizada, por um verdadeiro ministro de Jesus Cristo, para Deus conceder a ele Seu Espírito Santo.

A palavra arrependimento vem do grego metanoeo, que significa "pensar diferente, mudar com todo o seu coração, avesso aos pecados passados". O arrependimento significa literalmente dar meia-volta e mudar de direção. Para fazer isso, a pessoa deve ser capaz de se analisar criticamente, a fim de tomar uma decisão informada. O batismo implica agir como adulto maduro, para compreender e assumir compromissos. Judá e Rovana e Juca eram o que chamamos hoje de especiais. Eu continuo a chamá-los de excepcionais, porque esta palavra é fantástica! Eles não podiam compreender Deus, nem Jesus, nem a teoria religiosa, nem aceitavam um Deus que os tinham feito diferentes dos outros, que os fizera surdos, que os estava cegando, que não os capacitara para esta vida. Eles não o aceitaram, então como poderiam ser batizados e se arrepender de seus pecados? Aliás, de quais pecados? Por muito tempo não souberam o que significava a palavra mentira. Inventaram palavrões para falar entre eles, nesta pequena tribo. No dia 20 de abril de 2007, há apenas alguns poucos anos, a Igreja Católica finalmente resolveu revogar oficialmente a existência do limbo, esse terrível não-lugar a que estavam condenadas as crianças que morriam sem serem batizadas e cujos pais enlutados tentaram desenvolver vários ritos ao longo dos séculos para encontrar o apaziguamento.

Sem este precioso "abre-te sésamo" que é o batismo, não há paraíso, portanto, as almas das crianças estavam condenadas a vagar no limbo. Este lugar neutro e intermediário, nem céu nem inferno, foi originalmente imaginado pelos teólogos do século 12 para acalmar os pais. Morte sem batismo e ainda marcada pelo pecado original? a criança certamente não poderia reivindicar o paraíso, mas se não tinha vivido, como poderia merecer as chamas do inferno?

Rovana era uma criança... longe de apaziguar seus medos, o limbo, ao contrário, materializou seus piores pesadelos, torturando-a. Esse mesmo limbo que deu origem a muitas práticas desesperadas de batizar a todo custo – práticas que perduraram por séculos. Ruth não a ensinou a crer, posto que não cria; não a ensinou a rezar, posto que não rezava; não a ensinou a pedir socorro para os céus, posto que nunca pedia socorro, não chorava, não se lamentava, não se queixava, não reclamava. Só lutava, com garra, unhas e dentes. Não sabia que os outros não era ela, esquecia os limites de Rovana. E sua filha se virou do jeito que podia, observando o modelo que tinha. Mas aquele modelo não a protegeu de suas desgraças religiosas, dos infernos terrenos, ela precisou da mãe, mas brigou com Deus e com os irmãos. Conseguiu se libertar depois de um batizado dos três filhos ainda pagãos feito de qualquer jeito, feito somente para libertar a Rovana dessa prisão, para colocá-la junto com todos os outros membros da família no mesmo lugar após a morte. Libertou-se do seu limbo pessoal, porque se revoltou com sua condição, rejeitando a negatividade desde sempre e sendo excepcionalmente positiva. Porque essa recusa de ser diferente a tornou única. Não aceitou que sua imagem ou seu comportamento fossem chamados de outra coisa que não uma humanidade semelhante à nossa. Brigou com Deus, dizendo pra ele que "você está muito enganado se pensa que eu não sou normal." Era engraçado vê-la brigando como se o ser que inventamos fosse de carne e osso! Minha filha...

Corto um pedaço da unha-de-gato que aponta na janela da sala, e outro entre as grades do portão de entrada.

O ser humano não se livra impunemente da questão da diferença e, ao querer recusá-la – negar o outro como diferente – é a si mesmo que corre o risco de perder. Rovana se livrou da diferença negando o outro como diferente, ela era ela e era o outro. E fazia todo mundo se sentir bem à vontade, porque muitas vezes sua diferença (a dela ... a deles) perturbava, mas ela se defendia rejeitando-a, colocando-a entre si e o outro (ou entre si e ela mesma). Forte. Segura de si. Revoltada. Ativista! Mulherzinha de fibra.

As plantas estão morrendo, a cerca viva está cheia de buracos, as árvores cheias de parasita, nosso jardineiro está enlouquecendo, corta tudo no talo, sem nem pensar duas vezes. O chão está esturricado, chove pouco. Mas as mangueiras estão cheias de manguinhas e não ventou demais este ano, já estou prevendo este quintal coberto de mangas e a molecada da rua atirando pedras nas árvores e a gente brigando com ela para não machucar as árvores, pedindo para entrar e ajudar a recolher as mangas do chão. O chão não está morto, apenas precisa de cuidados extras. Removemos todas as raízes mortas, as folhas e os galhos secos, limpamos, regamos. Está tudo bem diferente, e queremos deixar tudo como sempre foi. Impossível? Será?

Quando olhamos, podemos enxergar o que foi, através de nossa própria visão das coisas, nossa sensibilidade, nossa cultura, nossa experiência, nossa idade, nosso tempo de observação, nosso meio de transporte. As árvores cortadas, caídas, mortas, desaparecidas também estão ali, deixando o jardim bonito, no olhar de um tempo, mesmo se esta paisagem nunca mais será exatamente a mesma. Mas a casa, o jardim, são várias vidas, uma percepção e um olhar que trazemos para as coisas que nos rodeiam. Ruth se guardou e aos seus no seu jardim.

Os excepcionais Judá e Rovana tocam as pessoas. Comovem. Atingem um ponto de vulnerabilidade, questionam as certezas que se atribuem ao corpo, à sua realidade, à sua harmonia. O jardim antecipa o tempo de nosso envelhecimento, colide frontalmente com o narcisismo que se baseia na imagem do corpo. O equilíbrio é replantar, refazer. Rever a imagem, com essas crianças especiais com as quais nos identificamos, nas quais nos vemos e nos reconhecemos, nas quais vemos nossa mãe, e que a partir daí se forja um sentimento de identidade pessoal, e não nos surpreendemos quando começamos a querer reviver o chão morto, seco, esturricado: porque essa agressão corporal perturba uma segurança fundamental da casa.

Em um universo cultural focado no prazer e na sedução física, ter um corpo jovem e bonito é um imperativo categórico. É por isso que o corpo disforme abre uma brecha: é culpado de contornar as injunções que exigem o cumprimento dos cânones do gozo. Em todo o caso, os "deficientes" devem ser afastados da vista ou, o que dá no mesmo, transformados em objeto de olhar, num distanciamento que os situa como radicalmente outros.

Cicatrizamos o terreno, fechamos as feridas. E os excepcionais nos curaram. Mãe e pai dançaram várias danças circulares trazendo o equilíbrio. Deram-lhes trabalho, mostraram suas capacidades e competências, exigiram seu esforço igual ao esforço dos outros, chamaram para participar, ofereceram recompensas e amaram e foram amados.

As plantas sentem sua falta, tanto quanto eu. Revivo.

O tempo às vezes passa rápido demais, às vezes lento demais.

A religião é que nos torna melhores?

Platão considera o ateísmo um mal, porque algumas pessoas particularmente egoístas fariam ainda mais mal sem medo da retribuição divina. São os iníquos que mais precisam do medo do inferno, assim como são os mais desesperados os que mais precisam da religião para suportar a vida. Com Platão, a religião é colocada a serviço da moralidade, mas não funda a moralidade. É colocada a serviço do bem da comunidade política.

Ruth era batizada no catolicismo. Ia à igreja, ao templo, ao terreiro, aos encontros dos espíritas, gostava do coral evangélico. Vendeu material de umbanda e de candomblé. "Lia" cartas de baralho ou decifrava letras nas festas da escola. Escreveu sobre os demônios e sobre benzedeiras, rogava pragas. Acreditava nelas! E não batizou seus filhos. Como professora, utilizava as parábolas para ensinar interpretação de texto, mostrando que todo texto serve de base para se perceber relações, e diferenças, e duplas leituras. A religião virou estudo de antropologia, de sociologia, de filosofia, de folclore. Porque a religião é o conjunto de textos, ritos, regras e costumes pelos quais um grupo de homens expressa sua relação com Deus e a vive. A fé é a relação do homem com Deus, o reconhecimento da sua existência e da sua presença, a confiança que o homem expressa no seu pensamento, na sua oração ou nas suas ações.

Ruth não tinha uma religião e não sei se tinha fé. Às vezes ela queria acreditar em algum Deus para ter algo em que se apoiar quando perdia suas bases durante as tempestades. Não sei o que a segurava. Não sei se rezava. Não chorava. Somente seguia em frente.

Para agradar a seu deus, os que creem devem cumprir seus deveres religiosos. Os deuses nos pedem para fazer o que eles gostam. Mas o que os deuses amam é o mesmo inerentemente amável, o mesmo que bom? O amor dos deuses determina o que é bom, ou é o bem que suscita o amor dos deuses?

Com essas perguntas, o Sócrates de Platão nos encoraja a questionar a justificação dos mandamentos prescritos pela religião. Se o que é bom é bom porque é amado pelos deuses, os mandamentos de Deus seriam arbitrários. Mas se os deuses amam o que é bom porque é bom, então a vontade divina está sujeita a padrões de moralidade mais elevados do que ela própria e os mandamentos divinos são apenas mandamentos divinos porque são a expressão de demandas mais altas impostas independentemente das preferências divinas. O deus que comanda está ele mesmo sujeito ao bem e não é o fundamento último da moralidade.

Distinguir entre preferências divinas e boas permite a Platão criticar a religião de sua época. Vários deuses, na verdade, têm um comportamento moralmente duvidoso: Zeus é um marido infiel, Cronos devora seus filhos, vários deuses mentem e conspiram entre si ... Os deuses de Homero e Hesíodo não amam apenas o que é bom; agradar aos deuses, portanto, não é necessariamente fazer o bem.

Ruth não queria agradar os deuses, ela só fazia o bem. Porque sim. Rovana não entendeu nada, e ficou muito confusa. Judá não entendeu nada, mas não estava nem aí! Ia à igreja, experimentou a hóstia, viu o Cristo pregado na cruz, sentava, ajoelhava e levantava quando todos o faziam. Fazia o sinal da cruz para algumas coisas, estava se benzendo. E ficou bem satisfeitinho com isso. Bastava. Rovana se questionou a vida toda. Não somos todos assim? Uns poucos Ruth, outros Judá, outros Rovana? A religião, ou a falta de religião, foi o que os fez assim? Ou já eram assim e por isso se moldaram à religião ou à falta dela? Ruth batizou os meninos para deixá-los mais equilibrados, mais felizes consigo mesmos. Tiveram padrinhos e madrinhas amorosos, uma certa normalidade. A religião os fez se verem mais ou menos como os outros. Fez bem.

Tinha ainda um outro motivo para não ter batizado seus filhos: ela era livre e queria os seus tão livres quanto poderiam e quanto quisessem ser. Queria que eles escolhessem.

E como é ser livre? Ruth era casada, tinha filhos especiais, tinha muitos filhos, era uma profissional responsável, portanto, muitas obrigações. Sua definição de liberdade não era se liberar das obrigações. Ela era livre porque se dava o direito de ser ela mesma, estava se lixando para a opinião alheia, para o que os outros dizem, para o que a sociedade pode pensar; sem, no entanto, desrespeitar as regras dessa mesma sociedade, enfrentando as regras dessa sociedade. Ousava não corresponder às expectativas dos outros. Era livre não porque só fazia o que queria, mas porque era capaz de fazer o que queria. Porque sabia o que queria. Para ser livre, é preciso ser bem-informado. Ela aprendeu línguas estrangeiras, viajou, leu, conheceu pessoas muito diferentes, com opiniões ou estilos de vida totalmente diferentes dos dela – e os respeitava. Às vezes não sei se escutava essas pessoas, nem se lhes dava atenção, acho até que não respeitava nem um pouco, desprezava algumas delas. Mas nunca as rebaixava ou humilhava ou falava com aquele tom, que todos nós já usamos um dia, de arrogância ou de discurso professoral; ela era ela. Falando o que achava que era certo e o que devia ser aprendido. Ela estudou sempre e sempre para conhecer o mundo um pouco melhor e ampliar a todo momento seu leque de possibilidades, dando assim um sentido à liberdade que pretendia. Não lutava contra a liberdade de expressão: se expressava de forma que todos escutassem; não brigou contra os que a difamavam: contava essas histórias e ria delas, até acrescentava outras que tinha ouvido por aí! Sabia quem era e não se importava nem um pouco; não lutou contra o racismo: entrava onde podia - e onde não podia fazia com que a convidassem; não obedecia a ordens tirânicas que a impediam de proteger o meio ambiente; não limitou a liberdade de seus filhos com o pretexto de protegê-los. Ela era livre para o bem das outras pessoas, ela media com precisão a dose de restrições que pontuam nossas vidas diárias e saía da linha, saía do quadrado.

Sua liberdade não estava fundamentalmente no que fazia, mas na maneira como o fazia! Ela tinha a atitude de alguém que se reconhece em sua vida, que aprovava a história do mundo e dos acontecimentos, e não tentava mudar os desejos de ninguém ou a ordem do mundo. Ela se tornou livre quando substituiu as situações vividas por atitudes ativas, quando tomou partido em relação aos acontecimentos de seu tempo: em suma, foi livre quando realizou seu destino trabalhando em vez de somente passar pelas situações ou sofrer. Ela fugiu da fatalidade, fugiu da lei da natureza e também do determinismo. Ela foi livre, mas foi responsável por seus atos e por suas escolhas, porque impôs a si mesma a questão da ética, do dever, da linha a não ser ultrapassada. Para ela, liberdade e ética caminham juntas: ser livre é ser absolutamente responsável pelo que se é e pelo que se faz. A liberdade ia além da escolha: era um fato, uma necessidade. Ser livre é ser o criador de sua própria existência, apesar dos imprevistos que surgem no caminho.

Ela também era livre porque era independente. Existe uma diferença entre o que queremos e o que temos. Quem não consegue se defender não tem uma verdadeira independência, e isso do ponto de vista político, religioso ou financeiro. Aquele que não pode tomar posição, ou que não consegue sair de um argumento, que sofre pressões ideológicas, que tem medo de se expressar, não são independentes. E essa independência é conquistada não pela violência, mas pela força. Não é com a ponta da espada, mas com inteligência e malícia. Para ter essa independência que traduziu um equilíbrio entre os desejos e as possibilidades, Ruth recorreu a dois meios: o primeiro foi reduzir suas necessidades, o segundo aumentar as suas ferramentas - e isso se chama trabalho. Portanto, isso exigiu dela ações, esforços, sacrifícios pessoais e não somente o querer fazer. O que se percebe então é que a independência é cara, ela é um luxo, porque exige uma personalidade muito forte; é preciso ser vigoroso e enérgico. E assim conseguir uma liberdade real, concreta, plena. Ruth quis ser livre e independente, sem se isolar e com um dever de cooperar, com a nobreza da aceitação de uma ação coletiva. Ela olhava, observava, e seus atos reagiam imediatamente sobre o outro. Sem julgamento. Com interdependências. Ela andava devagar, falava devagar, comia devagar, e parecia que seu ritmo era muito mais rápido que de todos. Enxergava antes de todos. Os problemas, as dificuldades, não tinham nenhuma urgência particular, ela inventava uma forma de impor ao mundo a invenção do tudo se resolver, a opção de utilizar os mesmos meios que todos usam há séculos, mas com uma técnica elaborada: a paciência, a condescendência, a tolerância para respeitar sua própria liberdade e independência. O desenvolvimento das pessoas exige um domínio de si mesmos, pela educação. Ela fazia todos se esforçarem para manter o máximo de liberdade possível, de liberdade verdadeira.

Aprendemos com ela que é preciso procurar a organização mais eficaz e menos limitante, a trabalhar juntos sem nos constrangermos mutuamente, a ser simples, a ser modestos, e o que é mais precioso e mais raro, a ser confiantes.

É preciso ver, se liberar de velhas fórmulas, reencontrar um olhar ingênuo, e depois procurar o que está por fazer e não ficar na contemplação do que já foi feito. Cooperar: com todas nossas forças, meios, capacidades, recursos, mesmo sendo muito diversos nossos hábitos, a estrutura de nossos idiomas, nossos ambientes sociais, nossas tradições. Cooperar é trazer alguma coisa.

E o que podemos pedir para aquele que nada tem?

Construindo juntos, a obra acabada será de todos. Ruth tinha o espírito da aventura. E fazia com que todos e cada um se sentisse comprometido e que todos se sentissem úteis. Não adiantava de nada trazer a liberdade que eleva se depois viesse o sentimento de inutilidade que degrada. E qual era a grande obra que estava empreendendo? O fazer juntos. É um pouco vago, mas buscava valores, buscava objetivos, e dividia. Buscava ações imediatas, pois não sofria passivamente os golpes. Encorajava as iniciativas e estava sempre entusiasmada. A verdadeira liberdade é conhecimento. Aprendizagem. Ninguém é livre na ignorância, por isso ela passou a vida ensinando. E aprendendo.

Aprendia, acolhia e ajudava a resolver algumas das questões que nos colocamos sobre o mundo e sobre nós mesmos, somente conversando e contando histórias. Era assim que estava mudando a dimensão de nossos mundos e nosso relacionamento com o mundo ao nosso redor. Incentivava o desejo de aprender fazendo com que o outro quisesse crescer internamente, quisesse expandir seu campo de ação. Ensinando ela abria espaço para o outro crescer, apresentando-lhes algumas das descobertas que fazemos ao longo do nosso próprio caminho, mas que nem sempre enxergamos. Ensinando conta nossas histórias, mostra que agora e aqui é outro personagem e que podemos virar reis ou rainhas (rei capitão soldado ladrão moço bonito do meu coração). Ocupa o papel do espectador, sempre interessada na história que o outro nos conta, suficientemente discreta para fazer crer que é ele o autor. Ensina a amar as histórias contando e ouvindo, principalmente ouvindo. Aprende os outros antes de aprender com os outros. Vê além do óbvio, além do que se esconde, do mistério, acredita de que do outro lado existe algo importante que, uma vez conhecido, nos dotará de maior poder sobre a realidade.

Aprender entrou na sua vida como uma brincadeira, ia para a escola com a babá e ficava ouvindo a lenga-lenga todos os dias "B com A faz BÁ, B com É faz BÉ, B com I faz BI, B com Ó faz BÓ, B com U faz BU." Na brincadeira aprendeu a ler, aos quatro anos era exibida nas festas. Lia, declamava, interpretava e gostava dessa gloriazinha. Estava com seus pais em Minas, na fazenda. Mas sua casa estava chamando e ela não podia resistir. O trabalho intelectual foi exaustivo para a menininha. A casa abraçou-a antes mesmo de seus avós. A casa lhe ofereceu tranquilidade. Uma horta, uns inquilinos nas casinhas de aluguel, a escola com professorinhas limitadas, mas que reconheceram seu potencial sem grandes cobranças. Aprender, saber ou não saber, tanto faz. Vamos à escola para aprender? Que nada! Vamos à escola para nos divertir!

Doce vida na casa do avô: primeira neta, caprichos satisfeitos, brincadeiras, risadas. A vida iludia por ora, brincava de fazê-la feliz, ou melhor: ensinava a ser feliz para que a criança pudesse usar essa felicidade quando precisasse. Encontraria no raio de sol a luz que sempre trouxe consigo. Em si. A pequena deixa tudo acontecer, aprende, inventa.

Ela não sabia o que ia acontecer naquela hora, naquele dia, não sabia dos problemas de todos os dias, não sei se lhe importava como o universo tinha sido inventado, mas utilizava a imaginação. Nem nunca parou para pensar o que era esse seu mundo imaginário, se conhecimento, se saber!

Querer aprender. O conhecimento muitas vezes não nos custa nada, aquela cantilena que ela ouvia todos os dias .... não se comprometia com nada, não se arriscava, não era um desafio, não se deu trabalho, não tomou seu tempo. Ela recolheu, como quem pega as mangas do chão, e guardou, para ser usado um dia.

Eu não sei se estou contando uma história, ou se a história está se contando....

É primavera outra vez, mas este ano.... O final do inverno foi terrivelmente quente, quase quarenta graus em uma terra onde já é difícil suportar o calor em seu período normal. Agora esse frio esquisito! Final de outubro e caem umas manguinhas minguadas, sem graça, as jabuticabeiras quase não deram nada, mal floresceram, e o pouco que deu? maitaca veio aqui em bando e acabou com tudo. Está dando carambola de novo, mas tudo daquele jeito: já cai apodrecida, sem nem ter amadurecido. Não deu pra aproveitar umazinha goiaba da branca, que eu gosto tanto, tudo bichada.

Ruth deu para gostar de roseiras, não sei por quê. Estamos refazendo o roseiral. Tentando. Parece que só ela é que sabia lidar com as plantas. Parece que só ela entendia de tanta coisa! Tudo deu de entristecer depois que ela parou de colocar as mesas embaixo das árvores para escrever na sua máquina de datilografia, com a criançada correndo em volta dela, com a criançada crescendo em volta dela.

Ela disse que aprendeu a ler muito cedo lá em Minas, por causa dessa história de ir para a escola junto com a babá e de ouvir a lengalenga. Não se lembra de quando aprendeu. Acho que ela sempre soube. "Mas que bonitinha!" E declamava um trecho complicado de um poema extenso, em uma festa, ou no sarau de domingo. Deixem essa menina em paz! foi a recomendação do médico da família. Voltou para a casa dos avós e como ainda era muito pequena os professores recomendaram que ela ficasse no primeiro ano, ela que já tinha contado para todo mundo que estava no segundo, que já sabia ler: "eu tive que brigar". É. Ela sempre teve que brigar. Até porque gostava de uma boa briga! Não que as procurasse, não era disso. Mas dava uma boiada para não sair delas.

Não ligava para sua aparência, não procurava se enfeitar, mesmo se vivia dizendo que "velha que não se enfeita, por si se enjeita". Seus cabelos ou estavam cortados bem curtos, ou, quando compridos, presos num coque mal ajambrado. Mas se preocupava que suas roupas tivessem um bom corte, que fossem de boa qualidade, mesmo tendo sido pioneira em comprar roupas "vintage", que sempre chamamos de roupa de brechó, isso sim! Calçar e vestir nove filhos, mais a si mesma e a seu marido. E porque não ligava, as pessoas a julgavam pela aparência. Não davam nada para a "nega da soca", como a chamou um dia uma senhora que depois precisou dela e a procurou para não perder suas propriedades, e para quem ela ajudou a redigir a contestação para o advogado. O final da história foi feliz. E Ruth às vezes se autodenominava a "nega da soca", rindo. Não ligava. Entendeu a mulher; perdoou? Não. Para perdoar é preciso se magoar. Não se ofendeu, não brigou, não respondeu, não tomou uma atitude ativista ou antirracista contra a pobre coitada. Achou engraçado. As amarguras dessa mulher ela contaria nas mulheres que descreveu em suas crônicas, em seus contos, falando da cidadezinha. Achou engraçado, mas sabia quem era essa mulher, tinha visto sua maldição. Como podia Ruth ver as pessoas, enxergar seus demônios, aceitá-los e condescender?

Para quem dá o que tem e faz o que pode, nem Deus pode pedir mais, dizia, citando um desses franceses loucos que não se cansava de ler.

Aprender de verdade é o que se faz com o conhecimento adquirido...

O que não significa que aceitasse tudo e qualquer coisa, ah! Isso, não! Tudo dependia de quem e para quem. Sua tia, que viria a ser sua sogra mais tarde, vivia fazendo promessas para seu filho pagar – José, filho de Maria – que teve até mesmo de ficar amortalhado na igreja por um dia inteiro! Ela se recusou a pagar as promessas que não tinha feito, menina decidida. Aliás, nem acreditava nessas coisas! Vai a senhora pagar suas promessas, tenho mais o que fazer. Vê lá se vou ficar dando atenção pra santo, ara!

Processou o diretor da escola na qual dava aula por assédio moral. Enfrentou o prefeito da cidade, que abusava de autoridade. Fez greve, fugiu da polícia na ditadura militar, protegendo suas reportagens junto com seu fotógrafo, que era seu primo, que seria seu marido. Pai de aluno não queria nem saber de conversa com a dona Ruth em dia de reunião de pais e mestres! Ela era brava? Na verdade, não era não. Pai de aluno não gostava era de ser caçoado. Porque nas brigas, Ruth usava a inteligência, a perspicácia, era muito bem-humorada e ganhava sempre na queda de braço.

"- Dona Ruth, por que a senhora não faz uma prova de múltipla escolha e assim a gente sabe certinho o que nosso filho errou e acertou?

– Como é que o sr. se chama?

– João.

– Seu João, o que o senhor faz? Qual é a sua profissão?

– Eu sou mecânico de automóvel.

- Mecânico de automóvel. Então o senhor, quando está mexendo lá nos carros, e o senhor precisa ligar um fio vermelho no azul, se eu por acaso dissesse que o melhor era colocar o fio vermelho no vermelho e o azul no azul porque era mais bonito, o senhor ia fazer?

- Não, né?

- Por quê?

- Porque a senhora não sabe, a senhora não estudou pra mecânico!

- Então...."

E no então ficava!

"– Dona Ruth, por que o filho de fulano tem nota maior que o meu filho, eu contei e tem o mesmo número de erros".

- Seu Dito, eu vou corrigir de novo as duas provas aqui na sua frente. [pausa]. Eu não costumo fazer uma correção a ferro e fogo, mas desta vez, como o senhor está pedindo, olhei tudo como se deve. O seu filho tem ainda mais erros, como o senhor mesmo pode ver, e vou ter que abaixar a nota dele. Mais alguma observação?

[....]"

"- Dona Ruth, mas pra que ficar falando de oração subordinada e coordenada e análise sintática, essa criançada nunca vai usar isso na vida!

- Como a senhora se chama mesmo?

- Lurdes Maria do Nascimento.

- Pois não, dona Lurdes Maria do Nascimento. Eu vou contar uma historinha: uma vez tinha um pessoal instalando uns postes lá na roça. A senhora já viu como se instala poste, não? [aceno afirmativo com a cabeça]

- Então tá bom, assim não preciso explicar. Dois caipiras estavam vendo o povo trabalhar e um falou pro outro: 'nossa! Que cerca arta! – é mesmo, né compadre? A boiada passa tudo por baixo.'

[...]"

Não tinha medo das palavras, dos homens, de fazer o que deveria ser feito. Educadora. Acreditava que nós, mulheres, temos a função de educar, é o nosso papel. Mas estamos deixando de fazer o nosso trabalho.

Mãe Preta, cantada pelos poetas, trouxe para a formação da sociedade brasileira, com o seu leite de luar, o laço amorável dos braços e a doçura do coração. E porque Mãe Preta foi acima de tudo amor, a forma perfeita da compreensão, quem dela se lembra esquece-lhe o pigmento escuro, a humildade da condição de escrava – e portanto de coisa, de objeto de uso, de animal doméstico – esquece-lhe a ignorância, a origem obscura, o ser aplastrada, resignada, sofredora, relegada à última escala da dignidade humana, para simplesmente amá-la. E tudo está dito. Que melhor reconhecimento encontraríamos do que esse?

Em consequência dos ócios de Sinhá, que se abanava calorentamente em sua rede, as crianças de casa ficavam aos cuidados da ama de leite e de outras escravas de bons sentimentos. E foi assim, que, no escurão da senzala brotou a flor mais bela que poderia surgir de semelhante esterqueira: Mãe Preta, representando o amor fraterno, no que ele tem de mais puro, de mais desinteressado, de redentor e de santo: o sacrifício sem limites e a dedicação sem recompensa.

Esse amor, esse dar-se, esse enternecer-se, esse abrandar-se trouxeram consequências imprevistas. Suavizou-se a língua, suavizaram-se os costumes, suavizou-se o caráter daqueles férreos homens de antanho, duros e inflexíveis, feitos de pedra e aço e impiedade. Do contato do menino da Casa-Grande com a negra mãe-preta da senzala, tornada mucama, a intimidade foi-se estabelecendo em bases suaves. E nunca mais sinhô que teve mãe preta sentiu ojeriza de negro, do bodum de negro, da beiçola do negro, da cara feia e chata do negro, do cabelo encarapinhado do negro.

À Mãe Preta aludiram com ternura, depois de adultos, depois de famosos, homens duros como José Bonifácio, combativos como Sílvio Romero, homens da estatura de um Joaquim Nabuco.

Dela se falou sempre com acentos do mais comovido reconhecimento.

Cadê Mãe Preta? Acabou-se. Mergulhou no passado, onde guardava no aconchego dos braços o ioiozinho, inocente dos crimes que contra os dela perpetrava a frio a outra raça.

E agora? E agora, José?

É claro que encontramos nesta vida de hoje sucedâneos para a mãe preta, até que muito mais higiênicos, mais bonitos. Mais em conformidade com a vida moderna. Temos uma série de enganos preparados para todas as idades, de doze anos para baixo. As mães naturais, ditas biológicas, não precisam se preocupar e nem lamentar a ausência de possíveis mães pretas. Quem se acaba não faz falta, porque quem fica se arranja.

É só usar a mamadeira estilizada. A chupeta, para a criança chupar o vento. Depois a pré-escola. E junto com a pré-escola, para completar o horário, a aulinha de natação, o balé, o cursinho de inglês. E mais tarde a inefável amansa criança: a Televisão que ensina tanta coisa antes do tempo.

Pra quê Mãe Preta?

Pra quê Mãe Preta de qualquer qualidade e de qualquer cor?

Acontece que qualquer tipo de mãe também está em extinção.

Onde estão as mães quando as meninas precisam delas?

Nem sempre por perto. Nem sempre atentas. Às vezes não querem ver. E eu não consigo entender isso. Como uma mãe não vê que sua filha está em perigo? Mães deveriam saber de tudo e proteger suas meninas. Porque são suas meninas.

A cada vez que eu vejo uma notícia no jornal falando que um homem, um pai, um padrasto, um irmão, um amante, tirou a alma de uma menina, eu me pergunto: onde estava essa mãe?

Eu tenho uma filha, e não tenho medo de ser castigada pelos deuses. Eu estarei presente e não deixarei que nada lhe aconteça porque eu estriparei, e rasgarei, e arrancarei essa criatura que tentar o que quer que seja contra ela.

Aquelas mães não sabiam? Não souberam por 24 anos? Suas filhas engravidaram 7 vezes e elas não souberam? Em um porão embaixo de sua própria casa? Como não puderam saber? Como não quiseram saber? O que aconteceu com essas mães?

Minha mãe olhava por mim. Eu não sei quanto anos tinha, mas eu era muito pequena e recebi a seguinte ordem: nunca fique sozinha com o seu primo. Eu sabia qual era o primo, apesar de ela não ter dito seu nome. Eu sabia o porquê, e apesar de não entender aquele sentimento, eu sentia aquele medo. Ele se aproximava e eu fugia. E fujo até hoje. E tenho um nojo dele! Nunca me tocou, porque nunca teve a oportunidade – minha mãe me protegeu. Ela sabia.

Então como assim que as mães não sabem?

Tinha também um homem velho, grandalhão, gordo, que passava a mão no meu peito. Eu ainda não tinha peito. Eu também corria dele. Nunca mais o vi nem na rua. Asqueroso!

Mais tarde, não muito mais tarde, eu ia para escola de ônibus, para a cidade vizinha. Teria uns 9 anos, talvez. Iam sempre muitas outras crianças, mas nesse dia eu me atrasei, peguei o ônibus seguinte. Um homem se sentou do meu lado, um velho para a criança que eu era, mas não sei se realmente era velho. "Você não quer ser minha menina? Eu te dou 50 (cruzeiros, cruzados, cruzados novos, cruzeiros novos, sei lá! Tantas moedas...) Eu te dou 50 moedas. Eu tinha uma menina, mas ela ficou doente." Eu me levantei e fui me sentar ao lado do motorista. Morrendo de nojo. De medo. Eu não sabia o que era. Mas que ódio daquele homem! Chegando na rodoviária saí correndo para a escola. Minha mãe tinha me ensinado a escapar.

Quando eu já tinha 16 anos, uma amiga de meu irmão mais velho foi estuprada. Fiquei horrorizada, tristonha por muito tempo. Foi em um assalto. Sua mãe a recebeu em prantos e a única frase que dizia era "minha filha foi desonrada!". Não a abraçou, não a beijou, não a pegou no colo, não a consolou. Ela estava amargurada demais com o fato de ter uma filha sem honra. E eu chorava as duas desgraças da amiga do meu irmão: humilhada, machucada, agredida, violada. E sem mãe.

Por que você foi acordar isso em mim, Natália? Essas histórias estavam meio adormecidas em mim, me incomodavam, mas eu fazia de conta que não tinha nada, eu quase não me mexia, para não as acordar. Ficava quase paralisada. Isso porque nem aconteceu nada. Como ficam essas mulheres que não puderam escapar?

"Vou escrever amanhã". E ia dormir. E todas essas histórias, e outras, ficavam dançando na minha cabeça, danças macabras. Então decidi não deixar mais para amanhã, para ver se esta noite as histórias se apaziguam.

E não sei se vão se apaziguar, porque todos os dias tenho medo.

Por mim,
por minhas irmãs,
por minhas tias,
por minhas primas,
por minhas avós,
por minhas mães,
por minhas cunhadas,
por minhas amigas,
por minhas madrinhas
por minhas filhas.
Pelas mulheres.
Tenho medo todos os dias.

Tive medo todos os dias de minha vida.

Até quando?

As mulheres têm um papel muito novo na sociedade, que é o de trabalhar, mas no padrão clássico dos anos 1960, a vida fora da família era reservada exclusivamente aos homens, os maridos "chefes de família", quando as mulheres - as esposas "donas de casa" - eram vistas como as rainhas do lar. Foram criadas segundo este modelo, no entanto, as gerações de mulheres nascidas depois da guerra vão se libertar e iniciar comportamentos mais autônomos, desenvolvendo novas formas de vida no casal e na família, e também fora desta esfera privada.

Nessas transformações, as mulheres desempenharam um papel preponderante e sem precedentes. Foram elas as principais beneficiárias, mas também as protagonistas do aumento da escolarização, do crescimento da população ativa, da terciarização do emprego, das convulsões demográficas com a queda do casamento, da fecundidade e do parto e aumento de divórcios. Essa geração de mulheres que inaugurou, no final da década de 1960, a liberação da contracepção e do aborto, o surgimento de um movimento feminista radical, a emergência de novos modelos de família e aumento da atividade feminina.

A educação dos filhos ainda é função das mulheres. O trabalho de casa não é compartilhado. Mães fazem jornada dupla, sim. Mulheres inventam seu dia a dia, inventam a forma de unir o casal, os filhos, o trabalho profissional, a formação, a realização dos sonhos – dos seus e de toda a família.

Ruth adiou, de certa forma, sua carreira de escritora para ser mãe. De certa forma porque conciliou. Desistiu da exclusividade total para a carreira e dividiu – a árvore tem uma única raiz, mas diversos ramos. Espalhou-se. Para ter os filhos excepcionais que escolheu ter. A consanguinidade, o pai oligofrênico, a síndrome do pânico. Sabia. Quis seus filhos assim mesmo. Cuidou de seus irmãos, de seus filhos e dos filhos dos seus irmãos, de seus alunos, dos guarda-mirins, da filha da mendiga louca que andava pelas ruas, da mulher que a chamava de nega da soca, do homem que tentou aliciar seus filhos para as drogas, cuidou. Apesar de. Educadora, escritora, folclorista, tradutora, jornalista, leitora de um livro por noite, plantava todos os dias, criou um museu de folclore e atendia escolas, fazia palestras, dava entrevistas, participava de cursos para aprender de novo e ensinar de novo. Não desistiu. Apenas conciliou.

Ruth na Chácara. Cachoeira Paulista, década de 1970. (Foto de Botelho Netto)

Dividiu esse cuidado com o Zizinho. Ele ajudava a cuidar das crianças, a fazer as tarefas domésticas, conversavam. Discutiam longamente. Aceitavam. Respeitavam. Autorizavam. Por muito tempo ele ficou trabalhando em casa e ela trabalhava fora, depois os dois trabalhavam fora, as crianças cresceram e se administravam. Não havia trabalho de menino e de menina nessa casa, todos aprendiam a fazer tudo; trabalhar fora ou em casa tinha o mesmo peso, tudo era importante, todos eram importantes. Todos ajudaram a construir a casa e nela deixaram um pedaço de história. Aqueles que vinham de fora também, sem nem saberem, estavam construindo a casa.

A casa hoje está alegre. Esse sol de primavera é ameno, tem uma cor suave, acaricia os pássaros enamorados beijando as plantas. Ela se lembra desses dois.

Ruth muito reservada sobre os seus sentimentos, Zizinho ciumento, machista, possessivo, mas carinhoso e amoroso. Expressivo. Baixava a guarda. Confiava. Brigaram quando namorados muitas vezes e muitas vezes fizeram as pazes, para depois encontrarem a harmonia. Não eram homem e mulher, eram dois seres que se completavam: ele branco ela preta, eles magros, ela usava a parte de cima do pijama ele a de baixo, depois ele magro ela gorda, ele falante ela ouvinte, ele ouvinte ela menos falante, ele falava alto ela falava baixo, ele ia dançar na terceira idade ela não gostava de velho, ela era professora ele voltou para a escola para acompanhá-la no seu desenvolvimento como profissional e como intelectual – primeiro quis impedi-la, para não precisar ser "o marido da professora". Inteligentemente, decidiu não ficar nem atrás, nem à frente, mas a seu lado. E esse homem, apesar de sua formação, de sua educação, não se achava menos por lavar, passar, cozinhar (muito mal também!) e ajudar a cuidar da educação de seus filhos. Isso nos anos 1950! e ainda hoje ele é uma figura de homem, marido e pai fora dos padrões. Fazia tudo isso pelo bem de sua parceria – pois também eram colegas de trabalho, ela repórter ele fotógrafo da antiga Revista do Globo e do jornal Correio Paulistano. Ela não se achava mais porque trabalhava fora e ajudava a manter financeiramente a família. Não competiam, não tinham papeis pré-definidos, eram duas pessoas mantendo uma família, cada um à sua maneira, cada um contribuindo e ensinando cada membro da família a contribuir com sua folhinha de cebola.

De acordo com a lenda e, em parte, de acordo com os Evangelhos, São Pedro era ignorantão e cabeça dura. Com relação ao folclore, é pior. Correm histórias do bom chaveiro em que ele desempenha mesquinhos papéis. Mas lá está a lição de vida. Por sua fé, dessas que removem montanhas, por sua boa-fé, sua ingênua confiança e por seu amor por Aquele triste Deus, arremessado do céu à derrisão e ao calvário, mereceu o galardão e as alturas a que chegou. No entanto o povo se atreve a tomar com ele certas confianças.

Diz-se que a mãe de São Pedro era avarenta, e mais: tão má que quando morreu, apesar do parentesco real com um dos grandes santos do céu, desses que são assim como Jesus, não pôde participar da bem-aventurança eterna. Lá foi a triste ferver no caldeirão das almas perdidas. Caiu no inferno, acabou. O lugar é de definitiva perda. Até os poetas, que são de quimeras, sabem disso.

"Lasciate ogni speranza voi ch'entrate", ou qualquer aviso nesse sentido.

E então pôs-se o filho a pedir a Deus que lhe salvasse a mãe: Eu no céu e minha mãe no inferno. Tem dó, meu São Bom Jesus!

Sabemos que ele era turrão. E tanto importunou o Mestre e Seu Pai, que o Divino Arcano sentenciou:

- Arre, que você não me dá sossego. Procure um gesto bom, solícito, solidário, um só, e nós vamos dar um jeitinho. (Devia ser um céu brasileiro)

E toca o pessoal celeste a procurar. E tanto devassaram que acharam. Estava a mãe do chefe dos serviços gerais do céu lavando roupa num riacho, quando alguém deixou cair uma folha de cebola no carreiro das formigas. Ela arredou a folha para as formigas passarem. Hosana ao que vem em nome do Senhor! O céu em peso trouxe a folhinha em charola, cantando as aves-marias, inclusive a de Gounot, a Salve Rainha, o Salmo 23, as músicas de Gospel. São Miguel que era da área apareceu para confirmar. A folhinha pesou tanto e enrijeceu de tal forma, que por ela dava para subir ao céu a pecadora. E foi subindo por ela a mãe de São Pedro. Pelo caminho almas esperançosas, mas pobres, que não tinham filho chefe de seção do pessoal, iam pegando carona. A mãe viu aquilo e tremeu. Não fosse a folhinha arrebentar.... E pôs-se a chutar as almas que chegavam mais perto. O filho é meu, a folha é condução minha!...

Ao peso de tais palavras (egoísmo? temor? maldade?) a folha arrebentou, as almas mergulharam novamente no inferno e com elas a mãe de São Pedro.

Apesar de toda essa irreverência com o santo chaveiro, ele é o mais simpático dos santos juninos e julhinos, pois participa do culto do fogo.

Em Suzano, às vésperas do dia de São Pedro, a 28 de junho, há uma prática curiosa. Em toda a extensão das ruas, principalmente na periferia, acendem-se pequenas fogueiras diante das casas. O vento passa, agitando as labaredas. Lindo de se ver! É o recado do resplendor, da luz, do fogo. É principalmente o recado do fogo, que é fé e escolha. O povo escolhe o mais rude dos discípulos, o mais ignaro, o mais turrão, mas que é principalmente amor.

As tradições estão mudando. Os fogos estão se apagando. As cidades crescem, o mundo está virando uma grande vila e não estamos mais dançando as mesmas danças. Os recados de luz, do fogo estão indo para mais longe, se afastando, as luzes elétricas não têm o mesmo calor.

Moramos numa casa grande, cheia de quartos, cheia de gente, rodeada de plantas. Nossa rua não tem nome. É rua de pedras e pedriscos. Bonita... Em frente à casa está a linha de trem, a guarita e o torneirão (com uma água amarelada que só vendo!) onde a gurizada se esbalda quando a água falta na redondeza. É cidade, sim. Com água encanada, luz elétrica e todos os confortos modernos, sim. Mas minha rua é de terra com ipês amarelos ladeando a linha do trem.

A minha rua é de terra...

A minha rua me leva para a ponte da Margem Esquerda, onde tem a bica da Mão Fria. Água fresca, me alivia do calor da hora, é quase meio-dia, quando estou a meio caminho do pontilhão e do Pé Preto. O dia emoldura a estação – que não tem mais trens, a estação tombada patrimônio histórico exala um último suspiro antes de cair. O rio me acompanha, em suas curvas me lança um grito quebrando nos recifes escondidos pelas águas. Nunca fui muito longe. O que será que tem do lado de lá? Onde vai dar esse caminho? Faço meia volta e piso nos meus passos, pegadas lavadas pela chuva passageira. E os passos são outros. Começo outra vez.

Existem histórias que não contei, porque algumas foram feitas para não serem contadas. A gente enxuga os olhos ou deixa os olhos se enxugando no vento, no sol na fresca da tarde e faz outra história mais bonita.

Marta é uma história não contada – eu não saberia começar. De onde ela veio? Para onde ela foi? Queria algo de mim, veio buscar? Sim, veio buscar. Sou o seu reflexo no espelho. Eu sou aquela que morreu. E o que é que tem do lado de lá? Não sei, ela não me contou. Sorri para mim, quando estou experimentando um jeito novo de me maquiar. Aprova com a certeza de que teria feito muito melhor. As linhas que escrevo estão rabiscadas, rejeito-as. Reformulo o parágrafo, jogo fora páginas inteiras, ela brinca soprando as folhas, talvez pensando por que você não se contenta com um soneto? Acha que seria o máximo que eu produziria. A zombaria continua quando perco a palavra que procurava. Você não quer ir embora e eu não quero que você vá. Somos duas partes de uma mesma metade e não formamos um inteiro. Falta-nos um pedaço, a ambas. Falta um pedaço ao Judá, e à Rovana. Somos fragmentos. Pedaços de quase nada.

Somos crianças, brincando com as pedrinhas da rua.

Olhando da janela, Ruth é as crianças chapinhando n'água suja que a chuva da noite empoça.

Era uma vez uma casa com dois telhados e cada telhado com dois arco-íris.

A sua casa sofria com as intempéries, Ruth. Não podíamos brincar com as poças da rua, brinquedo que tinha sido proibido por um dos irmãos mais velhos. Brincávamos então com as panelas espalhadas pelo chão – a música era ensurdecedora! E mesmo assim o tempo era bom. A reforma da casa velha dava um fim à brincadeira...

Na verdade, a casa não era o amontoado de tijolos com portas e janelas, eram as árvores copadas, com os ramos entrelaçados, entrelaçando-se, fechando, aconchegando. Casa cantante de pássaros, grilos, louva-a-deus – louvando a senhora dona da casa fazedora de abrigos.

Esta casa deixava passar o vento nos dias frios e deixava passar, sim, o brilho dos dias, esquentando nossos pés enlameados – dedurando a volta ao brinquedo proibido. Mãe não ligava. E não era ausência, nem desafeto, nem desatenção, nem omissão, o fixador de imagens fez com que você gravasse a figura errada, irmãozinho! Você anoiteceu e não permite o renascer do dia. Mãe deixava porque era livre, lembra? permitia o que poderia ser permitido. Você não entendeu, sentiu-se responsável, ficou magoado, enevoado, resultado da carga pesada demais que se propôs a carregar. Se ninguém fazia, alguém tinha de fazer, então você foi lá e fez. Ainda dá tempo de ir lá no meio da chuva e pisar no barro! Quer não? Mãe não briga, acarinha, vai sim....

A rua não é mais de terra...
Não tem mais o ipê branco na frente da estação.
Quase não tem mais estação.

Caiu um raio na paineira. Ela continua resistindo, mas está muito triste. A jaqueira envelhecendo enfiou as raízes no pântano que era antes da casa existir. Não gosta de muita água, acabou morrendo.

Viver eternamente para quê? se tudo morre, se tudo acaba, se tudo definha, se tudo se esquece, se tudo se vai de uma forma ou de outra.

A fotografia da sala esvaziou a casa toda. É um falso reflexo dos sorrisos que desapareceram. O instante prendeu na moldura meus amores. Segurou para sempre meu abraço no seu. A máquina medusa imobilizou o gesto, congelou o grito, estagnou a poça, interrompeu o trajeto da lágrima, apagou o sol, paralisou o planeta.

Na moldura seremos sempre seis, será sempre domingo, estaremos sempre felizes.

O quadro se espanta ao ver minhas rugas e meus cabelos brancos, se assusta com minhas doenças, tem medo do que não representa. As criaturinhas olham para fora da janela e não se reconhecem. O mundo não é o mesmo e os endereços mudaram de destinatário. Está vazia a sala onde estiveram essas personagens, que rapidamente voltam para seus lugares, com medo de sumirem também, vestígios eternos de um passado imutável. Alguém grita "estátua" e todos os retratos se retesam. Fazem o mesmo brinde: até que a morte nos reúna! Amém!

Ruth se defende das despedidas fingindo não amar. Não se expressa efusivamente. Suas personagens choram, têm raiva, estão magoadas, tristes, cantam, dançam, festejam. Contam o que ela se proíbe. Mas não há defesa para as despedidas.

O homem inventou o avião, inventou deus, o diabo, inventou regras pelo prazer de infringi-las, inventou os instrumentos musicais, inventou a palavra e o palavrão. Descobriu o fogo. Inventou aparelhos, aprendeu a consertá-los depois de quebrá-los. Conserta o corpo, muda a aparência, foi à lua. Inventou o dinheiro e o consumismo. Descobriu o chocolate. Compra sons, compra imagens, compra sonhos. E tem medo da morte.

Da sua, certamente. A morte tem rosto e símbolo – a Indesejada das gentes. Implica sofrer. Ir para sempre. Para onde? O homem inventou o inferno, o paraíso, a prisão e o spa, o guarda-chuva e o guarda-sol.

Ele compra proteção, segurança, conforto, perfume, cores, sabores.

E tem medo da perda.

O outro vai e não volta nunca mais. Para onde? O que faço com a dor que me apunhala o peito, que estoura meus tímpanos, que me cega, que me anestesia, que me enlouquece. O que faço com a ausência? E com o meu egoísmo que não perdoa que tenham me abandonado...

A morte passou por aqui. De novo.

E vai ser assim todos os dias independentemente da busca do homem. Já tentou inventar a vida e está quase conseguindo. Já tentou prolongar a vida. Conseguiu. Ainda não faz o tempo parar passar nem retroceder.

Eu não sei quem é deus, mas a morte é minha amiga. Ela abraçou meus amores e fui eu quem a chamei. Libertei.

Eu não sei para onde eles foram, só sei que moram em mim. A vida que me deram, multiplicando a minha várias vezes, veste a morte principescamente, faz dela uma rainha e eu a reverencio.

A morte passou de novo. Majestosamente. Magnífica. O futuro limpa as feridas e tatua cicatrizes mágicas. Ninguém se vai. Ninguém se foi. Não se pode ir muito longe quando não se sabe para onde.

A morte esteve com ela, pareada. Cecília era o nome da irmã que perdeu quando ainda pequena. Os primos Itaicy – a tia perdia um filho e vinha outro Itaicy. Seu primo-marido quase herdou o nome! Corre lá o seu pai – de Ruth – registrar o Murilo, Cirilo, esqueceu! Ficou José mesmo. Mas antes José do que Itaicy, nome amaldiçoado! Perdeu o pai, a mãe se casou novamente. Vicente e Ruth acabaram ficando amigos "ele amava a minha mãe" foi a resposta ao tolo "por quê?".

Perdeu a mãe. Eram cinco irmãos, o mais novo com dois anos. Seus avós tinham mais de 80 anos. Ruth se preocupava. Foi trabalhar em escritorinhos em São Paulo, não tinha tempo para derramar lágrimas.

Doeu sair daquela casa. Daquele pomar de goiabeiras e mangueiras. Mangueiras.

Dona Honória e o Velho Botelho, os avós, tinham terminado sua missão, ela então precisou cuidar dos seus quatro irmãos mais novos, para o que já vinha se preparando há algum tempo. Não exatamente dos quatro, porque Norinha foi para Portugal com os padrinhos. Mas o professor, seu padrinho, morreu e Norinha veio se juntar ao grupo, com a madrinha.

Perdeu três filhos adultos.

Perder um filho é uma provação dolorosa. Este trágico acontecimento, contrário à ordem natural das coisas, vira a vida de pernas para o ar. Ruth e Zizinho esperavam as mortes dos filhos, tinham sido preparados para as mortes precoces dessas crianças cuja doença ninguém sabia muito bem o que era.

(Só um parêntese que não explica nada, mas só para constar: nefrite hereditária ou Síndrome de Alport é a forma progressiva de doença glomerular, comumente associada a alterações do cristalino e perda da audição. É definida como glomerulonefrite não-imune hematúrica hereditária, caracterizada ultraestruturalmente pela espessura irregular, adelgaçamento e delaminação da membrana basal (MB) glomerular e tubular. É mais frequente em homens. Os sinais clínicos, assim como os critérios diagnósticos, são variáveis, tornando difícil definir exatamente o que é a síndrome).

Os pais, com essa dolorosa experiência, entre a morte de um filho e a vida que, apesar de tudo, devia continuar. A morte de três filhos e as vidas que continuavam. Porque ainda éramos seis. Dois excepcionais, que não poderiam entender as razões de tudo mudar, a menorzinha com 7 anos, que poderia entender, mas não precisava ser agora. Era Natal, e os festejos foram os mesmos, as mesmas cantorias, os mesmos presentes, a mesma gororoba. Eles riram, e é desse riso que me lembro – riso e cantoria que enfrentaram a morte. E que espantaram o medo de meu coração, um medo terrível dessa tal de morte, que descobri não ter razão de ser. Afinal de contas eles riam. E cantavam. Então essa tal de morte não devia ser de nada.

Mas não posso deixar de pensar que a morte de um filho é uma tragédia, a mais terrível das tragédias para seus pais, porque estão perdendo o melhor de si. É uma injustiça. Todo luto traz convulsões e transformações; a morte do filho é um absurdo.

No entanto, a morte é uma realidade objetiva inescapável que não se preocupa com nossos sentimentos de justiça e injustiça e afeta qualquer ser vivo, independentemente da idade. Mas o ciclo da vida que consideramos normal... não aceitamos a morte próxima de nós, temos grande dificuldade em aceitar a morte de qualquer espécie quando nos diz respeito. É natural querer fugir disso. Então, um filho!

Três filhos! Ainda tinham um ao outro. Ainda se apoiavam Ruth e Zizinho. A cada perda estavam juntos e se mantinham vivos para manter a família. Apesar das perdas, fizeram festa, enfeitaram a árvore de natal, Zizinho em sua magreza se vestiu de papai noel e zup! no escuro, se escondendo atrás das árvores, para que víssemos somente sua silhueta, um gorro, uma barba e uma barriga de travesseiro. Riram. Rimos.

Perdeu irmãos. Perdeu o marido.

Ah! O marido.

O primo, o companheiro de brincadeiras na infância, o de escapadas da casa dos avós para bailes e passeios na adolescência e juventude, o amigo que esteve a seu lado na alegria e na tristeza até que a morte os separou. Alguém disse de um amigo: ele é a metade da minha alma. Acho que os dois, Ruth e Zizinho eram assim mesmo minha alma e sua alma apenas uma alma em dois corpos. Acredito que por um tempo ela não quis viver dividida, viver pela metade; por isso talvez tivesse por um período se abandonado, estivesse morrendo, porque aquele que ela tanto amava a estava levando, para ele não morrer inteiramente ela estava morrendo lentamente.

Essa dor penetrou tão profundamente que ela foi indo, se esquecendo do que tinha me prometido. Deveria estar se dizendo, talvez: “não sei por que eu o amava a tal ponto que desejava morrer da sua morte”. Ruth chorou. Chorou. Chorou. Até começar a trabalhar de novo. A escrever de novo. Ainda tinha os dois filhos excepcionais, que não queria deixar sob a responsabilidade da filha mais nova, porque "não são seus filhos. Eu escolhi ser a mãe deles. Eu vou enterrá-los." Lembrou-se de viver para honrar sua palavra. Eu gostaria de ter podido diminuir pelo menos essa dor. Mas, assim como prometeu, enterrou mais esses dois filhos. E, entre as grandes tempestades, desapareceram muitos bons amigos. As grandes dores também passam. Sua máquina de escrever foi a ferramenta que a ajudou a organizar suas lembranças, suas observações, e seus livros eram sua forma de se expressar, de se esvaziar. Por isso nunca tinha chorado antes de perder a metade de sua alma. O dr. Darwin, médico muito seu amigo, um dia lhe perguntou se ela não sentia necessidade de chorar. Ela achou até muita graça alguém achar que chorar fosse uma necessidade.

Em certa cidade havia, há muitos e muitos anos, uma velha e rica senhora que, atacada de estranha loucura, queria se tornar imortal. Quanto mais envelhecia, mais se apossava dela o medo da morte. Rezava todos os dias e todas as noites, pacientemente, e tanto pediu a Deus que lhe concedesse a graça de não morrer, que acabou conseguindo mais ou menos o que queria.

Conseguiu-o para seu mal, como se viu mais tarde.

Não, Ruth não era rica, nem rezava, não era louca – não, isso acho que era, sim! Lúcida demais, isso não é normal - e viveu muito. Mas achava que iria viver para sempre. Para contar as histórias de seus filhos excepcionais, do seu amigo médico, para escrever o livro da bruxa, para fazer a sua enciclopédia de medicina mágica, para terminar o seu segundo romance que se chamaria Um tal de Zé, para contar as histórias do Zé Osvaldo, o farmacêutico da cidade que colecionava os bilhetes de seus clientes. E também para comprar um haras! Até prometeu um pônei para a minha filha! Não deu tempo. Não nesta vida. Como disse muito bem meu amigo e poeta Flávio Augusto: mas a vida não pode ser só isso, onde a gente acabe por perder as coisas e pessoas que mais amamos. Se assim for, Deus que me perdoe, mas pra mim esse Seu projeto não dá.

Para mim "esse seu projeto não dá" qualquer que seja a justificativa desse Deus que nós mesmos inventamos, meu caro amigo! mas queiramos ou não, enquanto não inventamos outro Deus ou esse tal de Deus não inventa outros jeitos de perdermos e aguentarmos firme: que leve à breca! E seja mesmo o que esse tal de deus quiser.

Da primeira vez que levaram minha mãe, eu, a menorzinha da casa, a rapa do tacho, a de número 9, fugia da escola para ir visitá-la. E enfrentava com brabeza quem dizia que eu não podia entrar ali porque era muito pequena! O lugar cheirava forte. Os corredores escuros, imensamente compridos, quase sempre vazios, alongavam as sombras que me acompanhavam quando eu chegava, entardecendo. Nada disso importava quando eu a descobria atrás de uma daquelas portas numeradas e escalava desajeitada sua cama usando a escada engraçada para mostrar-lhe o que tinha feito na escola. Ela sempre me mandava embora de mansinho. Eu ia, e meu coração nem ficava doendo, era só até amanhã. E amanhã não demorava nada pra chegar.

De uma outra vez foi arrancada e levada pra longe; não teve mais amanhã.

Pesa ver o mundo de dentro da dor, mesmo quando se tem uns poucos sete anos. Comecei a olhar tudo muito mais de perto: enfiava o nariz no chão para sentir o cheiro e o gosto da terra; subia na árvore a mais alta para tentar prender o pôr-do-sol e não deixar que os vermelhos, roxos e azuis fossem embora sem se despedir de mim; bebia cada gotinha de mel das florinhas, as do tipo balãozinho, dependuradas nas cercas da vizinhança. Amei todas as coisas dez vezes mais, esperando amanhã.

Enquanto esperávamos, eu e todo mundo, eu e as flores e as árvores e a terra e o céu, vó falava e eu escutava. Vó era mãe da minha tia, esposa do irmão da minha mãe. Os primos a chamavam de vó, eu também. Eu tinha ido morar com os tios enquanto meu pai cuidava de minha mãe em algum outro lugar com cheiro esquisito.

Pai vinha me ver de tempos em tempos e trazia uns pedaços de papel com a letra garatujada de minha mãe, difícil de entender! também porque ela usava palavras bonitas, mas eu não sabia bem o que significavam.

Pai ia embora, aquela casa ficava fria: chão frio de vermelhão, tia escutando rádio, tio dormindo; trabalhava à noite na fábrica e as crianças tinham que ficar quietas para não espantar seu sono fugidio. Meu irmão e minha irmã também estavam lá, em algum lugar. Não me lembro deles...

Vó Itália sempre teve os oitenta anos que tem hoje – oitenta e um, completei em novembro, dia 11. Conheci-a velha, de olhos anuviados – foi quando eu trabalhava na fábrica, "fia", arrematando a história no sotaque cantado denunciando as origens que o nome conta.

Está amarfanhada pelo tempo. Amarga, ressentida com a vida injusta que não a deixa. Amaldiçoa o criador, esfrega um pano não muito limpo na saliva que escorre pelos cantos da boca pregueada.

Morte: inimiga porque não vem; e há quanto tempo espera... clama por ela todos os dias: pede, roga, implora, suplica; mendiga do alívio eterno.

Falo mais alto, ela não me escuta ainda. Os olhos fixos veem a mocinha roceira que foi, pé no chão, os sete filhos encangados na dor. Tira o lenço do bolso, tosse nele todo seu cansaço.

Não quero ir ver a vó, mas não ouso dizê-lo em voz alta. É o ritual da casa, é o meu martírio das 3ªs feiras, quando a tia nos leva para visitá-la. Sua velhice me amedronta, sua amizade com a morte me aterroriza, seus beijos me enojam – tiazinha, deixa eu ficar? Arranco uns raminhos na beira da rua, pois não tenho coragem de me soltar da mão que se lambuza na minha, melada de suor e sorvete...

O tempo acentuou as pregas e os vincos e a rabugice, afiou a língua, enrijeceu os escrúpulos. A perna quebrada tem um pino de platina, talvez, não sabe muito bem, e manquitolando pisa mais forte na miséria – sua – arrastando consigo uma corrente de sete elos. O tempo guardou suas dores, tapou-as num frasco. Curtiram demais, azedaram. Ácida tornou-se vó Itália.

Fiz o que pude, trabalhei no que deu – então por que é tão detestada a avó? Porque negam o amor (amor que) não têm compaixão. Descubro então que a morte não vem amada a morte porque não vem. Grita mais alto a avó, sua surdez não a deixa escutar os próprios lamentos, quer ter certeza de que nós outros escutamos os queixumes. A culpa não é minha se não morro, vocês ouvem? quero deixar de ser um peso, sou uma velha, não presto pra mais nada, mas que é que eu posso fazer? A melopeia se arrasta, martelando em nós o remorso. Odiamos essa mulher, sua fraqueza, seu egoísmo, escondidos escancarados na lamúria. Arrependo-me de ter querido fugir um dia – e se me for dado escolher, ainda prefiro a fuga; tenho vergonha sim do asco que sinto, e, no entanto, é-me impossível não senti-lo. Ah! Você cheira minha repugnância e me abraça cuspindo outra vez um pedaço da sua maldição. Retoma a oração, abençoa a morte, pedindo que venha; e eu (Deus me perdoe) digo amém.

Minha mãe voltou desta vez. E de outras vezes. Fez que nem o Malazarte: enganou a morte, enganou São Pedro, enganou o Diabo, e ia e vinha dando sustos na gente. E cada vez que voltava, trazia uma arte nova.

Ela não era artista porque escrevia versos aos 10 anos. Versos que se perderam e nem sabemos se eram bons. Talvez fossem até medíocres! Todos escrevem uns poeminhas em sua juventude, era o que pensava. Não deu importância. Não dava importância.

Era artista porque incomodava, questionava, ensinava a ver e a ouvir, porque fazia todo mundo ir para a escola: o jardineiro, o capinador, o pedreiro, a diarista. "Agarre o livro. É uma arma". Fazia todo mundo querer ser. Era artista porque se importava.

Essa chuvarada está fazendo limo até nos troncos das árvores! Mas agora, pelo menos, as plantinhas estão ficando bonitas de novo. Acho que não estão mais com raiva de mim, seja lá o que eu tenha feito para elas. Estão florindo. Eu não sei os nomes delas, acho que é por isso. Ruth sabia seus nomes, seus apelidos, seus nomes científicos, seus poderes mágicos e medicinais.

Ela era bruxa, já sabemos. Ela via os demônios. Mas conhecia o valor simbólico, os poderes mágicos das plantas, que são o arsenal dos feiticeiros, das feiticeiras e magos, desde as civilizações mais primitivas, portanto se protegia. Construiu sua própria floresta para ter à mão o que precisasse. Conhecia as virtudes medicinais de suas plantas e de vez em quando fazia uma poção mágica: uma tisana, um chazinho, um cataplasma preventivo ou curativo. Esse saber "médico" empírico a tornava muito misteriosa - em uma época em que a ciência já tinha trazido seu esclarecimento, ela falava de crenças, lendas, superstições. Sabia quais eram as plantas afrodisíacas, purificadoras, as que traziam sorte, as que curavam. Quando se fala em magia ou em feitiçaria as pessoas pensam em coisas escuras, malvadeza, em obrigar o outro a fazer o que eu mando, o poder do controle. Aliás, não existe magia nenhuma nisso, apenas uma falha de caráter. A magia de Ruth tinha como objetivo influenciar favoravelmente o curso das coisas, o comportamento de uma pessoa. Ela era educadora, já sabemos disso também.

Se ela preparava decocção, maceração, infusão era com um saber ancestral. Essas "poções" à base de água e plantas acalmavam a dor do corpo e muitas vezes a da alma. Não sei se aquela mistura de urina, o extrato tirado das bitucas de cigarro, umas folhas de sei lá o que seguros por um pano bem amarrados na minha cabeça tinham o dom de matar os piolhos, que vira e mexe voltavam a passear no meu couro cabeludo, mas eu acreditava naquela sabença. Era mais forte do que ela.

Fazia uns elixires: seus licores de frutas, seus xaropes. Poderíamos dizer que é fitoterapia, e não feitiçaria. Existe uma razão lógica, científica, uma explicação para todas as coisas. Para todas as coisas?

Digamos que qualquer pessoa pode ter o conhecimento das propriedades terapêuticas das plantas e das dosagens adequadas para preparar uma tisana, uma decocção, um cataplasma ou um unguento que sirva para curar. Mas.... para preparar uma poção mágica, escolher as plantas corretas, colhê-las no momento certo e associá-las da melhor forma não é o suficiente! É preciso praticar um ritual de consagração das plantas para otimizar o seu poder, recitar um encantamento quando se colhe ou no processo de preparação (fazer uma reza), ter uma intensa concentração e uma manipulação das plantas com as mãos, sentir, canalizar as vibrações e a energia (reiki) em função do objetivo que se quer alcançar. Tudo tem um nome nas várias crenças e tudo depende do ponto de vista, que pode ser radicalmente distorcido às vezes.

Ruth acreditava na energia, na dinamização. Para se preparar uma poção mágica, é preciso ser bruxo: se não há o dom da feitiçaria, não há poder, não há magia e nem poção, é somente um chazinho de camomila. As plantas são mágicas somente se aquele que prepara a poção sabe o que está fazendo. O raminho de arruda atrás da orelha, porque para dominar o Demônio é bastante conseguir apanhar a arruda florescida, à meia-noite, em ponto, de sexta-feira santa; e os feiticeiros se reúnem na Cruz do Patrão, em Pernambuco, na noite de São João, levando cachos de flores de arruda; achar um trevo de quatro folhas, plantar comigo-ninguém-pode na frente da casa não são considerados magias ou feitiçarias, é uma proteção, para espantar o mau-olhado e atrair coisas positivas. Todos queremos acreditar nesse poder mágico.

Ruth sabia, porque ouvia e observava, mas também porque estudava. Lia. Demais.

Ruth lendo. (Foto de Botelho Netto)

Dormia pouquíssimo, umas 3 horas por noite. Lia um livro por noite. Lia qualquer coisa – queria saber como a história iria ser contada. Todas as histórias já foram contadas, dizia, agora o que resta é o jeito de contar. Eu já disse isso? É, eu já disse isso. Mas contar histórias é assim mesmo: a gente vai, volta, esquece um pedaço, acrescenta outro, uma voz aparece atrás da outra, uma voz se confunde com a outra – e de vez em quando a gente se pega falando tudo de novo.

Lia todos os dias. Jornal, revista, livros, menos gibi, porque é tudo a mesma coisa! Tio Patinhas e a moedinha número um, Mônica batendo no Cebolinha, falta enredo, criatividade, trama, e... era para ser engraçado? Quando conversa e fala sobre o conto da tradição oral, acredita que teríamos de esquecer o uso da escrita e da leitura, tentar imaginar uma história só conhecida pela escuta, a memorizamos por ouvi-la uma dúzia de vezes, e nunca exatamente da mesma forma, e a repetimos tão fielmente quanto for possível. A transmissão oral estabelece mecanismos próprios de elaboração narrativa, distintos da criação literária escrita.

O texto literário é definitivo depois de escrito e publicado, diferentemente das palavras contadas que se movem o tempo todo. Os contadores contam com suas próprias palavras o que memorizaram como fio condutor, respeitando regras implícitas, mas não contarão exatamente da mesma maneira duas vezes. Portanto, o contador segue uma forma com suas regras e uma realização comovente, às vezes desempenhando um papel, se empolga, ri, entristece, tem uma energia sempre renovada. Muitas vezes parte da obra literária, com um final fechado, fixado pela escrita. Ou a obra escrita fez várias tentativas quando contada muitas vezes até encontrar a sua forma final. Ou o escritor ouviu tantas vezes a mesma coisa que sem querer, ou querendo, precisou expressar definitivamente. Ela estava nesse círculo: escrevia o que ouvia, contava o que ouvia, contava para escrever, escrevia e contava, ouvia, observava, lia, e recontava, e escrevia. E relia. Liberdade total para escolher. As mudanças que faz nas histórias que recebe são testadas em sua comunidade. Na sua varanda, no café da tarde com bolo de fubá e café. Se a comunidade gosta, farão parte da tradição, contadas e recontadas e não nos cansamos de ouvi-las. Senão: desaparecem...

Seu contar é literatura, sua forma de dizer ganha importância, o discurso é objeto de cuidadosa elaboração, é mais do que uma simples informação, tem efeito estético por meio da repetição, das assonâncias, do comprimento das frases, amplifica certas coisas, seleciona outras para produzir um efeito, faz literatura oral; seu contar é digno de ser transmitido. Usa literariamente a oralidade, individualmente, recebendo a literatura oral tradicional - produção coletiva, a longo prazo - contos sem autor identificável, passados de boca a boca com a preocupação somente de uma boa prosa.

E lia. E relia. Para entender a estrutura do popular e falar de forma erudita o que estava sendo feito tão espontaneamente. Estudava.

Era ela a mesma a que contava de improviso, que começava assim do nada, lembrando de uma anedota ou por que tínhamos falado do aumento do açúcar? Cantava assim sem mais nem menos a "Maria dos Anzóis Pereira"... Quando escrevia, falava primeiramente sobre o estilo (marcado pela necessidade de lembrar e transmitir, de marcar a memória). Daí as repetições (a "triplicação": um herói falha duas vezes antes de passar em um teste ou então os dois mais velhos falham enquanto o terceiro é bem-sucedido), as fórmulas de entrada (Era uma vez...

- Há muitos e muitos anos...
- Certa vez...
- Há muito tempo...
- Houve um tempo em que...
- Agora minha gente

Uma história vou contar,
Uma história bem bonita,
Toda gente vai gostar.)

e saída (Entrou por uma porta e saiu por outra. Quem quiser que conte outra.) e as cantigas e fórmulas que marcam as etapas da ação e também estruturam a memória do contador de histórias.

Compara as versões de um mesmo conto em suas diferenças culturais, nas diversas regiões, ou na mesma região, ou na mesma cultura. Não a separa de quem a carrega e mostra que o indivíduo a reativa ao dizê-la; comenta que varia de acordo com o tempo e as condições particulares em que acontece. E usava fulano de tal, sicrano e beltrano para fundamentar que tudo depende também do destinatário (G. Calame-Griaule diz que o ouvinte é o parceiro do contador de histórias).

E quando fala desse jeito, ouvimos como quem ouve uma história, porque tudo vira um algo não só para ser lido, não é somente uma transcrição, mas também é feito para ser ouvido e visto.

A variabilidade é uma característica da tradição oral. E como pode esse texto literário ser tão diferente a cada vez que o lemos? Como consegue escrever como quem fala e trazer alguma coisa nova a cada vez que lemos o texto que deveria ser fixo e imutável, mas na verdade ganha vida e comove e se move? Talvez pelo fato de ser uma questão de conhecimento comum e compartilhado, que foi muito repetido e ao mesmo tempo variado para chegar no texto literário à mesma liberdade do contador de histórias, que passou pela comunidade que se reconhece no dito e valida no processo de transmissão o que é aceitável para todos.

Será que esse dilúvio vai parar? A água está escorrendo pelas paredes, molhando os livros! Corremos para tentar salvar alguma coisa, porque não temos onde pôr tanto papel velho, tanto papel precioso, fragilizado. Histórias escritas à mão. Essas histórias não terminadas, rascunhadas, que precisam dela para continuar e não sabemos, não temos a mínima ideia do que fazer. A história ficou prisioneira na imaginação da autora, aquela que certamente ela viveu de alguma forma. Como se segue uma trilha que não existe? Não para nós.

Estou no mesmo lugar, embaixo das mesmas árvores e tenho até a mesma máquina datilográfica, mas não posso continuar as páginas molhadas, rasgadas, com palavras escondidas se escondendo talvez no meio do mato, junto com os sacizinhos. Se eu conseguir pegar um saci, posso perguntar para ele onde fica o reino das ideias, das histórias não acabadas? Posso perguntar para a minha mãe como é que a história termina? Parece que vou ter que me contentar com um "será?"

No quintal as árvores têm muitos sotaques: a mangabeira é nordestina, a sapucaia e o abieiro são amazônidas, mas nenhuma delas me ajuda a entender o que ficou por dizer.

Para ela parecia ser fácil entender o que fazer. Não dá de um jeito? Então vamos fazer de outro. Queria fazer Direito, estudar as leis, ou ser atriz. Queria muito saber tocar piano! Fez algumas aulas, fazendo escambo porque dinheiro não tinha. Mas não durou muito tempo. Foi ser professora, apesar de seu teste de fôlego assegurar que ela não ia viver muito (talvez 93 anos não sejam muito....), quase foi reprovada. Foi uma escolha? Tinha que sobreviver e ensinar era uma vocação. Porque somos independentes dentro de sala de aula, porque temos liberdade de cátedra, ela escolhia oferecer para seus alunos o que eles precisavam. Não tinha metodologia nenhuma, não seguia livros didáticos, debochava dos livros que vêm com respostas para as questões, não ligava para as críticas, seu talento era descobrir talentos. E ajudá-los a desabrochar. Avarenta de elogios, mas sem julgar. A gente não vai para a escola para aprender sobre publicidade, televisão, preconceitos, o poder do dinheiro, como usar um telefone celular ou navegar em um site, a chuva e o sol, a copa do mundo, a lista de profissões vencedoras ou de círculos de perdedores, as palavras de gíria, todas essas coisas se aprendem perfeitamente bem sozinhas, o que é uma coisa boa. A gente vai para a escola para se divertir!

A escola é um espaço protegido e legalmente fechado, onde se pretende, de uma forma idealista, fazer funcionar o que não funciona por si mesmo, mostrar o que está escondido, fazer com que se descubra o além da "vidinha", fazer valer o que não compensa, fazer com que se respeite o trabalho nem sempre bem pago, mas que deve ser feito por alguém. É um espaço onde todos devem poder ganhar conhecimento de sociedade e de grupo, um espaço onde se joga, se canta, se faz amigos, se constrói e se desconstrói, onde se aprende a ser capaz de fazer parte. Não é à toa que Edgar Morin e Ruth (já teriam ambos mais de cem anos em 2022) compartilham a ideia do ensinar a viver, que já vem de Rousseau: permitir que cada indivíduo adquira autonomia, se proteja do erro e da ilusão, pratique a compreensão dos outros, enfrente as incertezas, enfim, prepará-lo para enfrentar os problemas de viver.

Ensinar a olhar, a ver, não deixar passar despercebidas as oportunidades, é o que mudará a educação, e as falhas do sistema educacional são supridas por uma observação humana entre os indivíduos. Ensinar a aprender a aprender!

Observou.

Já sabemos como o governo encara as essencialidades. O povo tem que tomar em suas mãos a direção dos movimentos e para isso tem que ser esclarecido.

Quem poderia esclarecer o povo? O Padre? O Professor? A Mãe e o Pai em casa? A Sociedade? A Polícia? A Televisão? Os Jornais? Vemos, pois, que a mais importante de todas as prioridades é a educação. É o ensino em todos os níveis. A educação informal, a Escola organizada, os bons livros e os bons exemplos. As atividades construtivas. O despertar de um sentido crítico de vida, de um pensamento raciocinante em cada um.

O que temos, no Vale do Paraíba, como Escola para todos? Sabemos que a rede estadual de ensino gratuito – gratuito é um modo de dizer, porque é pago antecipadamente, com os nossos impostos -, pois dizíamos que a rede de ensino estadual está fracassada, é superficial, ineficiente e pouco séria.

Vamos voltar à incompetência do governo em resolver os problemas prioritários. O PIB do Vale do Paraíba, formado pela somatória do resultado das 39 cidades que o compõe, supera o de 14 estados brasileiros: Amazonas, Mato Grosso, Maranhão, Mato Grosso do Sul, Rio Grande do Norte, Paraíba, Alagoas, Sergipe, Rondônia, Piauí, Tocantins, Amapá, Acre e Roraima. Os Estados têm a sua universidade. O Vale do Paraíba que vale por vários Estados, que liga as duas capitais mais desenvolvidas do país, que tem uma população de milhões, que tem um parque industrial que pesa na balança de exportações, que tem uma pecuária que, mesmo sendo pastoreio influi na economia nacional pelo volume, pois o Vale do Paraíba tem três ou quatro unidades estaduais. O estudo superior é aristocratizante pelo preço que deve ser pago às escolas particulares; é proibido ao povo, porque fica longe das cidades do povão, do fundão, longe das cidades mortas, e dos vilarejos, das cidades pequenas e dos aglomerados do proletariado. É mister lutarmos para obter Universidades, implantadas mais ou menos no meio do médio Vale, para servir ao maior número, e para fazer aflorar as inteligências perdidas por aí, na juventude pobre. Bolsas para os primeiros alunos, os brilhantes alunos que se destacam e às vezes não passam de algum caipirinha pé-no-chão, bolsas de estudos para esses, quem já ouviu falar nisso? E, por favor! nada de quotas, nada de esmolas, vamos passar à meritocracia.

As providências tomadas não são para melhorar a criança, não passam de paliativos, esmolas disfarçadas, que não servem de nada. Isto é, servem sim para humilhar o pobre, para que ele se sinta bem em sua pobreza patrocinada, e não reclame. Grandes blefes o tíquete do leite, a merenda escolar. Providencie-se o salário justo, fundem-se escolas para o preparo de profissionais competentes, promova-se o pai, que não será preciso dar esmolas ao filho.

Escola não é lugar de refeições, lugar de comer é em casa. E essas APAES, sem as quais as escolas não funcionam por falta de condições? e apoiados nela os governos deixam de cumprir sua obrigação.

Os professores fazem festas de São João, bingos ilegais, rifas idem, e assim são mantidos precariamente: a higiene da escola, um jardineiro, um bibliotecário, os inevitáveis consertos devidos à ação do tempo, ao uso, e ao vandalismo – e a verba para a manutenção da escola, como deve ser, onde vai parar? Que foi feito dela?

O maior ato de ativismo de Ruth era não dar esmolas aos filhos. Nem aos seus, nem aos de ninguém. Ensinava todos que a procuravam, incentivava, mandava todo mundo para a escola; autodidata era uma palavra que não reconhecia, porque acreditava que ninguém pode aprender com quem não sabe, portanto não pode aprender consigo mesmo. Mas pode trabalhar para conseguir aprender com as ferramentas extraordinárias tão mal utilizadas todos os dias. Compre livros, compre caixinha de música, é melhor vestir a alma a vestir o corpo, era outra citação das suas leituras francesas. Aprender e trabalhar, trabalhar e aprender, estas foram as palavras que a motivaram desde sempre e ela as usou para motivar desde sempre. Aquele que não trabalha, que não coma! Falava com força, convicta. Era dura! Suas palavras doíam, marcavam. E despertavam.

Porque a transmissão do conhecimento não é somente para o indivíduo se apropriar das informações, dos conhecimentos; ele vai criá-los por si mesmo, vai decidir por si mesmo, mas a partir de seu sistema de crenças, de sua autoestima, da desconexão do saber e da ação. O primeiro conhecimento é o de si mesmo. A professora ensinava mais do que literatura e língua portuguesa, mas também o aprendizado e sua prática; não abstração ou teorização, transformava o aprendizado teórico em exercícios práticos, técnica mais complexa e demorada. Muitas vezes bem mais divertida! Qual de seus alunos esquece do ninho de mafagafos com seis mafagafinhos? Ou "esta faquinha da roça vem. Tem ponta? Tem." Uma frase simples, para ser dita chorando, rindo, gargalhando, soluçando, cantando, bravo, sério. Badalar os sinos com Manuel Bandeira sino do Bonfim, sino de Belém, sino da paixão. Ouvir, ouvir-se, ouvir os sons da natureza, habilitar a ação, habilitar para selecionar a si mesmo, para formar a mente, estruturando o conhecimento humano. E deixar todos livres para usar o conhecimento, sem que fosse necessário um conhecimento prévio, sem precisar dominar objetos técnicos, e mesmo assim acumulo cada vez mais conhecimento... Para ela, ensinar é essa desintegração permanente e constantemente inacabada. Esse estímulo, por meio de um trabalho inseparavelmente experimental e histórico e concreto e epistemológico, uma busca para evitar que o sujeito se ensimesme, se feche, para que ele se identifique entre "saber" e "acreditar". Para que ele acredite.

Para fazer isso e ser eficiente, é necessário lidar com as criatividades que podem assim se adaptar aos objetos de aprendizagem. As múltiplas facetas da criatividade constituem ao mesmo tempo um potencial, porque está no cruzamento de vários caminhos a serem explorados, e um freio porque esses caminhos são sinuosos, se cruzam e se entrelaçam, criando uma colcha de retalhos que não permite mais distinguir suas nuances. O mergulho na criatividade também pode estar associado à metáfora do caleidoscópio em que o olhar é impregnado de formas diferentes e novas cores cada vez que é deslocado, abrindo um espaço fértil para a imaginação, mas às vezes dá dor de cabeça. Ruth não adere a uma versão única de criatividade, escolhe a mais adequada.

As crenças de Ruth sobre a criatividade sempre entraram em conflito com a concepção de criatividade dos outros professores, que nem sempre são abertos a práticas inovadoras. O aluno ideal se concentra nas aulas, faz silêncio, responde as perguntas, ponto. Esta é a expectativa da escola também, que vai de encontro à criatividade associada ao não-conformismo e ao comportamento perturbador. Quando o silêncio em sala de aula é criador?

Esta era precisamente a identidade de Ruth, fazendo resistência às tentações da acomodação da psicologia educacional: ensinar usando a filosofia apesar de tudo, apesar do retraimento e da ignorância ou indiferença por parte do público, mas fazendo filosofia da educação, ou seja: questionando os fins da educação, a natureza da escola e do ato de ensinar, os valores constitutivos da "escolha de educar" , com o auxílio de toda uma tradição filosófica que, de Platão a Hannah Arendt, meditou sobre essas questões. E em momento algum deixava de lado a necessidade do lúdico, porque "a gente vai para a escola para se divertir". Ela e seu marido, o Zizinho, juntaram a linguística, ainda recém-nascida, a psicologia, a economia, a filosofia, a poesia, a fotografia e fizeram dessa mistura uma estratégia. Criaram um espaço de discussão e de cantoria. A magia deste casal foi criar este nosso futuro, torná-lo possível - e parecia que nem se esforçavam muito para isso. Criaram este futuro com criatividade e determinação, com coragem e inovações. O sentido de suas vidas foi descobrir o próprio dom, mas além disso foi usar seus dons para encontrar a humanidade no outro. A paixão do outro. Mais do que ser, deixaram que os outros também fossem. Encantaram.

Ruth e Zizinho, dois apaixonados, sonhadores e atores, que tiveram a coragem a força a determinação e a perseverança para ir, para não desistir. Porque eram encantadoramente loucos, achando que iam mudar o mundo. E mudaram alguns mundos.

Como continuar a ser o que somos em um lugar onde a educação que oferecemos não parece espontaneamente ligada às necessidades de formação daqueles que deveriam se beneficiar dela? Eles sabiam como. Eles recorriam ao Belo, ao Bom, ao Verdadeiro - assim mesmo, com letra maiúscula, e eram sempre insatisfeitos. Isso significa que "como artista, eu não só devo me sentir insatisfeita, como realmente não ando contente em demasia comigo mesma. Estou tentando melhorar. Estou tentando dar à luz o poema, aquele que é o mais belo, porque é o que nunca foi escrito." disse Ilka Brunhilde Laurito numa conversa. Tentavam fazer o outro se encontrar, em uma época em que a palavra empatia não estava na moda, não somente ouvindo as palavras do outro, mas compreendendo seu comportamento, seus sentimentos e emoções, as necessidades não expressas ou não atendidas. A arte é um meio universal de comunicação. É uma abertura, uma proposta de diálogo, uma ponte entre diferentes áreas geográficas, diferentes culturas, diferentes pessoas. Comunicavam-se com a arte, não só criando, mas também ouvindo os artistas e suas criações, apoiavam seus projetos, desafiando-se, unindo forças para saltar nas grandes aventuras. Apoiavam, transmitiam esses projetos porque acima de tudo acreditavam nessas pessoas, nesses artistas. Apoio que assumia diferentes formas: procurar patrocínio para a produção de obras, indicar os artistas para exposições em galerias ou em outros espaços, projetos fora dos muros de suas cidades ou em colaboração com diferentes instituições, publicações, mesas redondas ou conversas em volta de uma fogueira. O que permitia ampliar horizontes, abraçar novas situações de trabalho ou somente estar entre seus pares. Experiências sempre muito ricas e que ajudaram a inserir os artistas na paisagem da criação contemporânea, da criação de seu tempo.

Obras podem ser ferramentas de comunicação, mas também ultrapassam este valor de ferramenta pela multiplicidade de significados que contém. Consideraram que a arte é indiscutivelmente o que diferencia a humanidade. Sua força de comunicação é importante. Mas pode não ser suficiente. Se quisermos que ela mantenha seu poder de questionar, ela deve, sem dúvida, assumir uma forma, mesmo que seja invisível como na arte conceitual. Se queremos que ela continue a nos desafiar, talvez devamos continuar a dar ao verdadeiro artista um lugar especial, longe da hiperdemocratização da sociedade atual.

Abril e as mangueiras já estão florescendo! Choveu muito demais este ano, acho que as árvores estão agradecendo. Ou ficaram encharcadas e estão jogando o excesso em flores.

A espera. Sempre à espera. Sentenças pesando na cabeça de seus filhos, de seu marido. Uma época em que a medicina tinha menos recursos, em que as informações eram desencontradas, ou levavam muito tempo para chegar em algum lugar, tinha medo. Medo pelos seus. Raramente deixava transparecer suas angústias, quase nunca deixava seus sentimentos aflorarem, porque suas angústias eram suas. Não dividia dores. Ela era grande, grande, abraçava as ruínas e esperava.

Reconstruía, refazia, recarregava, relevava, regenerava, resgatava, reformulava, ressurgia!

Não tinha pressa. Andava devagar, falava devagar, comia devagar, mas nunca se atrasava. Correr pra quê? Não vou tirar meu pai da forca!

É devagarona, minha mãe, dizia Rovana.

E devagarona discutia sobre a situação da mulher, sobre as mães, sobre a educação, sobre o folclore, sobre o ser negro, sobre tudo. Não falava alto, não se exaltava, não se inflamava. E por isso mesmo suas palavras eram duras e incisivas, porque não precisava do grito. Seus gestos eram calmos e suaves. A gente ia ouvindo aquela conversinha pra ver no que ia dar, e de vez em quando chegava a uma dura admoestação!

"Tantos fizeram o diagnóstico da situação do negro em nosso meio, que não vou por este caminho. Quero dar apenas a minha visão do posicionamento de tantos que, como eu, são vítimas e cúmplices de um status quo. E de alguns que, quando escapam da armadilha, são ainda mais cúmplices das forças de opressão que antes, eis que a fortuna redobra o medo de perder. Talvez seja necessário admitir que não se trata propriamente da situação do negro, mas do pobre, na acepção mais completa do termo. Isto é, o negro na situação de desvalido.

Quando li o meu nome sob o título O negro na literatura brasileira, tive as minhas dúvidas sobre o significado. Seria a literatura do, ou sobre o negro? Seria o negro personagem ou autor? Para falar como professora de Língua Portuguesa, que sou: o negro seria o sujeito ou objeto?

Sobre o negro, temos os inolvidáveis documentários de Gilberto Freire, Nina Rodrigues, Edson Carneiro, Artur Ramos e muitos outros, como Clóvis Moura. Etnólogos, sociólogos... Não é a minha seara.

Meu romance Água Funda saiu nos anos 40. Eu sou da geração de 45. Surgi pela mão de Edgard Cavalheiro, Santo Edgard, para os amigos.

Acontece que eu era do grupo da Baruel, onde pontificava o velho Amadeu de Queirós, a quem fui enviada para umas consultas folclóricas, por Mário de Andrade. Velho Amadeu já nessa ocasião, tinha muitas queixas dos moços. Não fazem nada, não levam nada a sério. Eu tenho 77 anos e escrevo duas horas por dia.

Eu fui escutando aquela lenga-lenga. Não disse nada. Mineiro trabalha em silêncio. Saí a alguns dias, apareci na Drogaria com os originais de Água Funda. Então, ele me mandou para o Edgard Cavalheiro e a Globo editou meu primeiro livro.

Primeiro, vou esclarecer a história de mineira. Meus pais moravam em Minas, no sul montanhoso, e minha mãe, grávida de sete meses, foi para Cachoeira Paulista, para casa dos meus avos, onde nasci. Quando eu falava que era paulista, a piadinha de minha avó era: não é porque a gata dá cria dentro do forno que o gatinho sai biscoito.

Pois foi na Drogaria Baruel que conheci Fernando Góes, jornalista de muitos méritos, mulato. Militava em inúmeras associações de negros e levou a peito me introduzir nesse clima de lutas pelas reivindicações, vamos dizer raciais. Por meio dele, conheci agremiações, clubes, sociedades, o gueto negro do Baixo Piques, as rodas de prosa da Rua Direita, com seus domingos negros, famílias de negros, as gafieiras, o Bixiga dos cortiços, tudo. Dizia ele que havia duas espécies de negros omissos: aqueles que faziam zumbaias para os brancos e viviam em clientela com eles, e se faziam de alegres, de agradáveis, de palhaços, para obterem favores, o favor de serem tolerados; e aqueles que por toda a parte ficam muito quietos e muito discretos, para ninguém perceber, ou para ninguém que eles são pretos. Como eu não era nenhuma dessas espécies, e não cabia em nenhuma dessas classificações, a alternativa era a luta. Agora vem a indefinição. Lutar para obter o que? "Igualdade", entre aspas, diante da lei nós temos.

Aos 22 anos, que era quantos anos eu tinha, ninguém me pôs claramente os objetivos.

Liberdade não é apenas uma palavra, para mim. Liberdade é rumo, é programa, é meta. Existe pouca gente livre no mundo.

Eu sou livre.

Sou livre, porque conquistei, com unhas e dentes, cada centímetro do meu espaço.

Sou livre, porque não entendo de lamúrias nem de queixumes.

Sou livre, porque obedeço apenas à voz da minha consciência.

E sou livre também porque não ligo para dinheiro e não me importa a glória.

Nessa questão do negro, como sou meio-a-meio, não vejo sentido em funcionar só com a metade, seja a branca, seja a preta. Não me atenho à complacência do branco e não aceito a recriminação do negro. Tenho o direito de fazer as minhas opções por mim.

Quero ver claro nesse assunto. Que é que nós queremos? Ser absorvidos por uma civilização branca e tolerados, como os estrangeiros que já fomos, tendo que nos conformar com o que nos queira oferecer o dono da bola? O dono da terra? O dono do mundo?

Ou o que?

Quem nos deu donos? Por que aceitamos os donos?

Não me parece que no Brasil haja um problema específico de raça. A coisa é muito superficial, muito epidérmica.

O que há, realmente, é um problema de classe, centrado no negro por muitas razões políticas e econômicas. E o negro não saiu e não sai da senzala, por falta de conhecimento.

Vejam que quando se encontra um negro com educação superior, foi adotado por uma família de brancos, teve o respaldo dos brancos. E a situação de clientela continua. Acabamos perdidos numa sociedade com a qual nada temos que ver. Para o artista negro não há peças. Quem as escreve? Onde estão os escritores negros? Estão na periferia, nos cortiços, nas favelas. De onde surgirão quando houver um direcionamento, numa conscientização geral, por parte da sofrida população negra. Não é a pobreza somente o que a segura. É o condicionamento da senzala.

Agora vem o questionamento mais importante: o que vim fazer aqui? Por que vim? À Nestlé e ao mundo.

Negra eu sou, o que não é nenhuma originalidade neste país. Negra e escritora, o que já constitui um modo singular de ser, dadas as circunstâncias. Também sou escritora regional, e, como caipira, a única.

Negra, escritora, mulher e caipira. Eis aí as minhas credenciais!

Também sou professora e a minha cátedra é o meu púlpito. Não tenho alunos brancos e pretos. Tenho alunos. Ensino-os, não somente a colocarem bem os pronomes ou a regência dos verbos. Ensino-os a manejarem a língua e a amá-la, a servirem-se dela. A darem forma a seus pensamentos. Ensino-lhes o orgulho de serem homens e mulheres. De serem alguém no mundo. Ensino-lhes o que uma criatura pode obter de si mesma. Não com essas palavras, mas com a grande voz profunda dos mestres de literatura. E os meus alunos ficam sabendo o que eu espero deles.

E eu sou escritora. A minha máquina de escrever é uma arma.

O que venho, pois, fazer aqui?

Eu venho aos negros da minha terra, meus irmãos, pregar o orgulho.

Os personagens negros dos meus contos negros, alguns publicados por aí, alguns inéditos, são negros feitos de pedra e aço.

Eu disse que não entendo de queixumes e lamurias.

Há solução para a população negra desta terra. Temos que aprender. Lugar de negro não é no botequim. É na escola. Não é na cozinha. É na escola. Não é na macumba. É na escola. Não é no sambódromo, como espetáculo. É na escola.

Repetindo e parafraseando Brecht: se o negro tem fome, se está vexado, humilhado, ofendido, agarre o livro. É uma arma.

Pendurado nos ônibus cheios, nos andaimes das construções, roto, ferido, fracassado, agarre o livro. É uma arma.

Eu venho aos negros pregar o orgulho: de sua pele de bronze ou ébano. Do seu trabalho, da sua inteligência, da sua bondade, de sua alegria, do seu samba, de seu lugar no mundo.

Sem escola e sem orgulho, o que nos resta? Porteiro, contínuo, cama, cozinha, fundo de quintal e porta dos fundos. Resta apenas irmos para onde nos empurram.

Qualquer trabalho é honroso, por escolha, não por força.

Nosso lugar é em todos os lugares.

Nós estamos aqui. Nós estamos aqui para ficar. Queiram ou não queiram, nós somos o povo brasileiro. E já que estamos aqui, já que nos trouxeram, só o que falta é sermos. Era só o que faltava, sermos estrangeiros em nossa própria terra.

Devo dizer que nunca minha pele marrom foi obstáculo ou barreira. Nesta terra abençoada, o talento, a vontade, a competência, não tem cor. Lembro-me de dois elogios, os que mais me tocaram, e vou relatar:

Contou-me Marcos Rey que Hernani Donato, irmão dele, estava lendo um livro meu e, às tantas, falou, com força: "Ô nega desgraçada pra escrever!".

O outro episódio se deu com Ernani Silva Bruno, que foi meu Diretor, no Palácio da Cultura, nos Campos Elíseos.

Parei na porta do gabinete, e, quando ia pedir licença, ele gritou jovial, lá de dentro:

- Entra, Irene!
Pois vim aos negros pregar o orgulho:
Não queremos bondade, nem tolerância, nem paternalismo.
Não queremos nem que falem por nós. Apenas escutem.
Queremos igualdade, não concedida, mas conquistada.
Esta terra é nossa.
Eu vim hoje, aos negros que me ouvem, pregar o orgulho.
Negra! Eu sou. Com muita honra!

Era uma negra muito bem tratada pelos brancos e muitos deles a ajudaram em situações delicadas. Eu me lembro de vários: tio Darwin e tia Clarinha e todos seus filhos, nossos primos, que não eram parentes de sangue, só de afeto, cuidaram de nós todos quando aconteceu uma tragédia e perdemos nossos três irmãos mais velhos. Quando chegava a caminhonete os mais pequenininhos já corriam, sabiam que tinha passeio para a chácara, ou a chácara vinha dentro da caminhonete feito laranjas, mexericas, ou outras frutas da época. Tio Walter e tia Clarisse e todos nossos primos, seus filhos, pegaram o relé em outro momento, quando Ruth esteve entre a vida e a morte, por meses guardando os pequenininhos, nós, num jeito de querer bem. Diaulas Riedel a amparou quando Zizinho, desta vez ele, esteve entre a vida e a morte, em uma época em que para a tuberculose ainda não havia os recursos que a tornou inocente. A morte andava pareada com Ruth, mas esses anjos eram o amparo que ela precisava, e ela não caía! Você é um anjo, ela dizia, mas não sei se ela pensava mesmo em anjos ou era só uma comparaçãozinha para fazer o outro feliz: ela que não tinha uma religião, que não tinha batizado seus filhos, que sabia todas as rezas de cor e salteado sei lá porquê, que fazia seus alunos fazerem interpretação de texto a partir das parábolas da bíblia, que não ensinou seus filhos a rezar, mas que era boa, era a Cristiana, ela tinha anjos nas pessoas comuns sempre por perto, sempre cuidando. Talvez porque ela revezasse com eles nesses cuidados. Ela sabia receber. "Precisamos aprender a receber o que o outro tem pra dar". Ela sabia agradecer, lá do seu jeito todo dela. Cantando, apesar de seus dias - de sua vida turbulenta, porque "eu tenho muito o que agradecer!" Ela era totalmente íntegra, absolutamente honesta, consigo mesma principalmente, e isso constrangia.

Faz frio este ano. Muito frio e muito tempo de frio. Os dias estão lindos e iluminados - gosto da luz do inverno, esses amarelos alaranjados que fazem as sombras nas paredes se esticarem se alongarem e formarem desenhos de cores nítidas, de traços feitos a mão, pela mão do criador. Pinturas que se movem todos os dias, regidas pelo vento, pelas plantas, pelo movimento da terra, pelos dias e pelas noites, escorregam, deslizam, de repente param e se exibem. E a casa fica enfeitada. Perfumada. Às vezes me encosto nas paredes para ganhar movimento, me impregnar de lindeza, entender a casa que mora em mim. Ela me conhece, me reconhece, e eu ouço suas histórias, estão nesse ser que tudo guardou e me protege. Ela guarda a alma de meus ancestrais, ouço seu pensamento e me sinto segura. Todos os que aqui viveram deixaram suas mágoas, suas raivas, seus desesperos, suas angústias, suas dores, suas frustrações e decepções, mas nada disso ecoa nestas paredes. A casa enterrou tudo e só espalha os sorrisos e os abraços e eu me sinto aconchegada. Morar, ser colocada em segurança, quer dizer: ficar fechado no que nos é família, no que é lar e nos reorganizou em seu ser. Em um corpo de lembranças e de memórias que acolhe as gerações e faz se avizinharem, ao descobrirem o que estava perdido no passado da casa-lembrança-sonho, um lugar onde a poesia termina de construir as narrativas. Repleta de tantas ausências...

Ela foi construída em cima do nada.

Ela escrevia em qualquer lugar e em qualquer momento. Mas de preferência no seu quintal, em uma mesa instalada embaixo das mangueiras. Tinha uma máquina de escrever na cozinha, outra na sala, outra no quarto, outra na varanda. Acordava no meio da noite com uma ideia, uma frase ou um artigo inteiro e metralhava sua máquina. Era escritora em tempo integral, produzindo na sua relação com a sociedade do seu tempo, com o seu meio. Nunca estava sozinha, mas ao mesmo tempo se centra em uma solidão literária e na percepção do mundo, de sua realidade humana, da simplicidade e complexidade de seu trabalho, de sua enorme liberdade.

Enquanto escrevia, construía sua casa. Enquanto educava seus filhos, construía sua casa. Plantava suas árvores, aterrava o terreno, dava aulas no quintal. Trazia os congueiros, os foliões, os cantadores, os violeiros, os jongueiros, os seresteiros, recebia os amigos, fazia fogueira e contava histórias. E construía sua casa.

"Construiu sua casa sobre a rocha. Caiu a chuva, vieram as enchentes, os ventos deram contra a casa, mas a casa não desabou, porque estava construída sobre a rocha."[1]

Casa sempre aberta e todo mundo podia visitar, desorganizada, bagunçada, feita puxando um cômodo aqui, outro ali, mas ela não se incomodava. Ia abrindo as portas e os visitantes iam vendo o que era, do jeito que era, sem maquiagem. Sem arrumações de último minuto. E nem tinha um "desculpe a bagunça", que nada! Se a casa não estava em ordem era porque Ruth estava estruturada, plenamente consciente de que não dava conta de tudo, se via liberta de suas obrigações e transgredindo as regras socialmente aceitáveis. Cada um de nós ajudava naquilo que tinha competência e habilidade – a desordem da casa não fazia parte da lista. A casa e as crianças estavam sempre limpas, vestidas com roupa de bom corte, elegantes em qualquer evento, mas crianças no quintal, se sujando e se divertindo, com a licença de Ruth que nos via como nos víamos. E como amávamos essa desordem!

1 Mt, 21.24-27

Não tinha tempo para lidar com a desordem da casa. Não tinha tempo para se preocupar ou se estressar – palavra muito em voga, ultimamente! Tinha 9 filhos, 3 excepcionais (todos excepcionais!), dava palestras, dava aula, cuidava da casa, tomava conta de mais de 100 guardinhas, lia um livro por noite, escrevia, traduzia, revisava, fazia pesquisa de campo, era ghost-writer, plantava, dava cursos extras em casa, recebia alunos e professores e pesquisadores, como agente cultural recebia artistas em sua casa, administrava as reformas de sua casa, abriu uma livraria, uma casa de materiais para umbanda, comprou um cavalo, ganhou o bezerro Shakespeare da Adracyr depois comprou o Chico Bento, criava galinhas e patos, fazia horta, não aprendeu a dirigir e não sabia andar de bicicleta, por isso fazia tudo a pé ou de carona.

Pacientemente esperava. Condescendia. Ignorava. Transcendia. Não perdia o bom humor, se tinha dinheiro gastava, se não tinha gastava também. Porque nada tinha importância. A nada ela dava tanta importância assim. Nada de sentimentos exagerados, de melodramas. É porque é, e pronto. E porque é, vai mudar. Melhor? Pior? E o que importa? O que fizermos não muda o Irrevogável, então para que sofrer? Tudo vai mudar, os dias vão passar, vamos envelhecer ou morrer, pacientemente seguia fazendo o máximo todos os dias.

Não gritava, não se impunha, não brigava por mesquinharias, não discutia com funcionário, não esperava nada do outro, porque era livre. Deixava as pessoas pelo caminho, cada um faz o que bem entende, acompanhá-la era uma escolha. Viesse quem quisesse. Lutava suas lutas em voz baixa. Devagarona.

E se alimentava de luz.

Tinha horários para comer e os respeitava, não comia para saciar a fome, mas para se alimentar. Dormia não quando sentia sono, mas quando precisava repousar, e ficava desperta quando era necessário. E na maioria do tempo estava desperta. Sua vontade biológica não a comandava, mas sim a sua capacidade de idealizar e fazer planos. Lutava porque sabia de seus direitos e os reivindicava.

Lutava suas lutas. Levantava suas bandeiras.

Porque a maneira como cada um crê ou não crê, como cada um age ou não age, tem a ver apenas com sua própria consciência, e isso não faz com que o poder temporal de quem quer que seja esteja errado, devemos nos acomodar, cumprir nossa própria missão e deixar as pessoas acreditarem dessa ou daquela maneira, como podem e querem, e não as obrigar a nada.

Ruth não tinha múltiplas identidades se cruzando e levando-a a atuar de uma forma ou de outra dependendo do contexto e das questões. Ela tinha relações múltiplas, porque mulher, trabalhadora, professora, escritora, negra, mãe, esposa, caipira, folclorista, e mantinha todas essas identidades ao mesmo tempo. E, dentro de um espaço fechado, com regras e normas que chamamos de sociedade, ela cria outras bases para a reflexão e ação.

Lia muito, então certamente tinha lido Locke, porque o retrato que ele pinta do homem me parece bastante adequado para fazer um retrato dela também. Essas características são, entre outras coisas, a igualdade de nascimento de todos os seres humanos, como seres de razão; a ideia de que todos os seres humanos são, por natureza, inclinados a buscar o seu próprio bem e a evitar aquilo que pode prejudicá-los; que, dentro dos limites dessa restrição natural, todo indivíduo tem a liberdade de decidir entre as diferentes possibilidades de ação à sua disposição; que a sociedade tem o dever de formar adequadamente o indivíduo - concebido, desde o nascimento, como uma página em branco - para que ele possa usar seu entendimento em seus próprios interesses, sem prejudicar os dos outros; que todos têm o direito (de acordo com as leis da natureza) de acumular bens, desde que não privem os outros do que precisam; e, finalmente, que a existência da sociedade se baseia na capacidade do indivíduo de se reunir com os outros para desenvolver e fazer cumprir um contrato social que garanta e proteja os direitos de todos. Ou seja: a liberdade consiste no exercício da razão pelo indivíduo. Portanto: ela entendia sua liberdade individual existindo nas e por meio das relações coletivas que a tornaram possível.

Ela pensou o indivíduo e sua liberdade sabendo que isso exigia ir além de uma prática apenas discursiva, que nos apresenta o indivíduo sozinho, com sua liberdade de escolha como sendo o suprassumo de nosso viver-juntos. Na verdade, a liberdade da razão é também uma não apropriação pelo outro ou uma propriedade de si mesmo e ao mesmo tempo um respeito ao outro e a nós mesmos.

A criação de espaços de liberdade, com direito a diversidade de opinião e posicionamento em relação aos demais, exige lidar com as diferentes formas de apropriação do outro em seu corpo e em sua razão, que estão no cerne das relações sociais desiguais. O feminismo, desde a década de 1940, colocou a tônica na apropriação de corpo e alma das mulheres, De Beauvoir apelando à transcendência e à ação coletiva das mulheres para sair do estado de confinamento em que se encontram. A literatura pós-colonial chega à mesma constatação: a liberdade é vivida antes de tudo na transformação da relação com o outro, na necessidade de redescobrir a propriedade de si no sentido coletivo do termo. Haveria, assim, uma liberdade a ser assumida, a partir do reconhecimento das relações sociais de apropriação e sua necessária transformação.

Ruth entendia sua situação, de força de trabalho excluída da sociedade por ser uma minoria em várias características, mas transformava essa situação à luz dessa compreensão. Ela não se curvou a uma relação opressora que a sujeitava a suas leis de desenvolvimento social, aceitou o "braço de ferro" e criou um espaço de negociação entre sua liberdade individual, seus direitos e suas reivindicações. Ela era sempre parte de um movimento coletivo, de uma transformação do grupo.

Ruth participava das esferas políticas de tanto em tanto, mas preferia o exercício de sua vontade individual. Ela agia em conjunto para criar liberdade para os que estavam na luta junto com ela. Porque agir livremente pressupõe a existência de indivíduos que podem se envolver - como indivíduos livres - em ações com outros. No entanto, essa posição pressupõe a existência prévia do indivíduo desvinculado de alguma forma de suas afiliações. Ela discutia, debatia e pensava a democracia e, portanto, a liberdade de criar, para que se chegasse à constatação de que não são as vozes individuais que devem ser ouvidas, mas sim as vozes de comunidades que vivem em situações semelhantes. Era a voz da professora. Da escritora. Da mulher. Da negra. Da trabalhadora. Da folclorista. Da caipira. Uma voz para todos. A voz de populações relegadas à margem dos debates públicos. A voz do direito à constituição de identidades.

Existe uma fonte inesgotável de explicações e soluções que responsabiliza a pessoa, e ao mesmo tempo reconhece parte da culpa da sociedade, dada a sua responsabilidade na socialização e na educação. Também várias justificativas para a existência de um exército de interventores cuja tarefa é trazer o indivíduo de volta ao caminho certo. Tudo muito bem, tudo muito bom, no entanto, a vontade de orientar, reformar, reeducar e ajudar o indivíduo a tomar as decisões certas pode constituir uma afronta ao sagrado princípio de sua liberdade, especialmente se tomamos decisões no seu lugar. O exercício da liberdade pode ser mais ou menos limitado pela natureza, mas deve, em todo o caso, ser da responsabilidade do indivíduo e da sua razão e não de outrem. Se outros decidirem por mim, eu me torno um menor incapaz. Daí a capacidade do Estado de decidir e fazer por nós. E acabamos em um estado de passividade.

Ruth dava umas chacoalhadas na gente de vez em quando.

Li um bocado nos jornais e fiquei inspirada a respeito de resolver ou não essa história de PAC e outros assuntos congêneres. E essa balela de transformar a pobreza em classe média? Então o que estamos vendo é o treinamento do consumidor para o desfrute do inútil. Não parece que alguém esteja tentando diminuir a pobreza. O próprio Cristo já dizia que nós teremos para sempre o pobre, o que não nos consola. A verdadeira pobreza é a falta de esclarecimento, a ausência do poder profissional e a não criatividade. Com vistas a essa avaliação, não temos governo de pobre, entretanto somos um povo de pobres. Somos pobres vivendo enganados e confortavelmente em nossa pobreza em que nem acreditamos. Tão doutrinados e apáticos, estamos tão bem em nossa inércia, que nos tornamos gordos e apáticos para sempre, sem luta, sem existir, como os porcos de Lobato em sua lama.

O que é necessário combater? A satisfação do pobre dentro de uma pobreza patrocinada. O voto negociado. A compra de votos. A bolsa esmola. Os patrocínios. As prestações. A compra de bens e de serviços.

Como aprendemos a honestidade e o trabalho?

Onde? Quando?

Não temos mais as prendas caseiras. Não se toca violão de orelhada, não se faz serenata, não se brinca de roda e de "seu ratinho está em casa", na rua, diante das casas. Quando não conseguimos emprego, não sabemos fazer nenhum serviço. Não fomos preparados. Não temos nenhum ofício, não desenvolvemos nenhuma criatividade.

Se não se tem emprego, o desempregado não consegue fazer nenhum serviço. Estimulamos a competição e a imitação. Acaba-se com a iniciativa. E eis-nos enfim transformados em rebanho.

Outra consequência: queremos que o governo faça tudo. E o sonho dourado de muitos é ser funcionário do governo, pau mandado.

Mas falta energia para exigir o devido. Mas falta discernimento para distinguir o que é devido.

Ah! quem nos educará? Quem nos mostrará o caminho?

A religião perdeu a força e não mais nos dirige. Quem manda agora, quem molda agora é a televisão. Depois de tanto desmando, de tanta confusão, tanta guerra, tanto desacordo, tanto egoísmo, praticamente que diferença faz, que mande Deus ou que a Globo mande?

E acontece que o emprego já está aí. O fantasma dos pobres. E quem preparou quem para enfrentar os duros tempos de crise? Onde estão os tradicionais ofícios de subsistência? Onde se aprende a ser barbeiro, sapateiro, serralheiro, ferreiro, pedreiro, o que tira leite, o que faz a arca, o que tece a esteira, o que recorta o pilão, o que planta e colhe, o que conta história e o que toca viola e sanfona?

Quem nos ensinará a amar o trabalho? Onde estão os homens e as mulheres desempregados utilmente? Gente do ofício, do serviço e não do emprego, onde está? Onde estará?

Trocamos nossos valores, essas preciosidades, por valores de mercância. Primeiro, o pensar e o conhecer não estão na moda. Segundo, o ritmo adoidado da vida não deixa tempo de pensar. Terceiro, o mundo cresce em velocidade, variações e novidades. A cada novidade acumulamos mais uma experiência de desutilidade, com o perdão para o neologismo. Ficamos escravos de mais uma necessidade que não nos serve para nada. Porque não nos faz crescer em alma e dignidade. O automóvel, os estofados, os edifícios, em que nos acrescentam? Não há invento do qual o uso, o abuso, o mau uso não transforma em inimigo da humanidade. O microfone, a caixa de som, o alto-falante nos deixam surdos. A serra elétrica, a motocicleta, o urutu, a polícia, a democracia, os chefes de governo e os políticos.

O que mais perdemos com a nossa mítica modernidade é o valor de cada um como personalidade humana, como pessoa.

A pobreza modernizada desconhece o desemprego útil.

E agora, José?

Ventou o dia todo, vento forte e frio, apesar de toda a luz, de todo brilho. As mangueiras floresceram mais cedo este ano e não tem perigo da ventania estragar a safra. A porta vai e vem, vem e vai e bate com estrondo, o ar que entra esfria meus pés. Preguiça de ir trancá-la.... há tempos ela não fecha direito, só para quieta se passamos a chave. Ela bate outra vez, e outra vez, está me provocando.

Eles não se casaram na igreja. Porque ela não tinha pai nem mãe a quem precisasse contentar com uma representação. Porque não tinham dinheiro para grandes luxos. Porque minha mãe não estava nem aí pra nada! Os anos se passaram e ele de vez em quando ainda a pedia em casamento. Queria entrar na igreja com sua neguinha. Foram casados por mais de 50 anos, e depois que ele morreu, aliás, depois de um bom tempo que ele morreu! pensou em voz alta, pra mim: bem que eu podia ter casado com ele… ter satisfeito seu desejo. Bem lentinha essa dona Ruth, demorou uma vida inteira para decidir isso. Eu queria ir ao casamento de minha mãe, achava a ideia fantástica! Mas ela não ligava para essas bobagens. Achava linda a tradição, a representação folclórica, observava e estudava como uma pesquisadora. Ponto. Nada de fazer parte das estatísticas. Não significava nada. Não iria mudar sua vida. Mas de repentemente percebeu que poderia ter mudado a vida dele. Pontos de vista diferentes.

Fazer algo só para agradar o outro, mesmo se não acreditamos, é uma gentileza e não vai ser o fim do mundo, afinal de contas!

Ele queria tanto que eu tivesse ciúmes, eu poderia ter feito uma ceninha…

Eu achava engraçadas essas considerações tardias. Mas por causa disso e também por influência de minha filha Maria, que por tudo usava a frase eu te amo, até com a entonação "tá bom, não me enche!", ela começou a usar a fórmula "você sabe que eu te amo, né?" Para dar às pessoas o que elas precisavam, de um jeito meio torto e atrapalhado, retribuindo a seu modo o amor que recebia.

Passou a vida tentando se defender das perdas, ficou até meio desajeitada para oferecer um carinho.

Aprendeu a oferecer. Achou lindos a palavra e o gesto "partager" que descobriu em sua viagem para a França, tantas vezes adiada pela vida.

Meu pai desistiu de pedir. Um dia ela disse que nessa família de sargentões ela era o único soldado raso. E eu ri. Muito. Ah! Tá. O único soldado raso era o meu pai e isso não o desmerece, aliás, valoriza por demais! Porque aceitou suas tarefas e as cumpria porque queria ser bom. Seu objetivo era melhorar sempre e seu espelho era essa mulher que ele admirava. Não tinha importância mudar seu palavreado (é assim que você quer que sua filha fale?), ajudava na casa, amava as crianças. Tocava violão e fotografava e dava aulas e tinha as unhas manchadas de produtos químicos que usava no seu laboratório de fotografia e trazia uma flor para Ruth. Então não era isso a felicidade? Deu o que tinha e fez o que pôde. Estavam juntos na saúde e na doença – e na de seus filhos, inclusive -, na alegria e na tristeza. Unidos por Deus não numa cerimônia religiosa e nem a morte os separou, apenas os distanciou momentaneamente. Se é verdade que nos encontramos em algum lugar outra vez.... Acho que se encontraram, ainda tinham muito o que conversar.

parte 3

revelações

Eu sou o quarto filho de Ruth. De mim, ela dizia, parafraseando trecho da Bíblia: "Meu filho muito amado, em quem deposito todas as minhas complacências". Neste capítulo, trago o meu olhar de jornalista, de pesquisador e de filho. Eu me pareço com minha mãe em muitos aspectos. Vou contar a mesma história de outro jeito, às vezes narrando, às vezes relatando testemunhos. Guardo memória e pesquiso informações, e quero contar o que sei e o que descobri porque, como pontificou Ortega y Gasset, minha mãe é ela e as suas circunstâncias. Prossigo, a partir daqui, em cronologia, o relato escrito a quatro mãos com minha irmã. Aproveitei trechos de meu romance biográfico, "O livro de Rovana", publicado em 2016.

No início de 1922, Christino teve uma oferta de trabalho para administrar uma fazenda em Pedra Branca (atualmente Pedralva), no sul de Minas Gerais, ao pé da Serra de São João. Era uma localidade entre os municípios de Cristina, Maria da Fé e Itajubá. Fazenda Campestre. Oficialmente, "Engenhos Centraes de Assucar, S. A. Usina Campestre. Estação de Pedrão, Rede Sul Mineira". Produzia de tudo – só se comprava fora a querosene e o sal. Christino, guarda-livros, foi ser o gerente, o administrador. Instalou-se em Itajubá, inicialmente, maior centro urbano da região próxima da fazenda, e ia diariamente para o Campestre e voltava. Ruth estava com dois anos. Rubem, o irmão predileto dela, nasceu em Itajubá, em 15 de março de 1922. Depois vieram Margarida, em 1923, morta ainda bebê, e no ano seguinte uma filha natimorta que não chegou a ganhar nome. Por esse tempo a família foi morar na casa da fazenda. Pitota ainda teve Cecília, nascida em 4 de maio de 1925, que morreu com meses de idade. Honória, de 6 de julho de 1926, caçula das mulheres do casal, nasceu na fazenda Campestre e recebeu o nome em homenagem à avó. Paulo, o último, também nasceu na fazenda, em 14 de agosto de 1927.

Inteligente e bem-humorado, Christino fracassou numa coisa: bebia. Ruth comentaria, mais tarde, com a análise amadurecida pela idade, que o pai era alcoólatra – não daqueles que bebiam até cair, mas do tipo que se embriaga com um cálice de bebida. Ela depreendeu, de tudo quanto ouviu e leu na adolescência e mocidade, que o pai carregava uma esquizofrenia, ou epilepsia, e que ela teria sido a herdeira de todos esses males mentais. Sofria desmaios, quando moça, menos frequentes à medida que ficava adulta (certa vez quase caiu do bonde, indo para o trabalho; os cavalheiros acorreram para lhe dar lugar para sentar). Dizia ser portadora do "pequeno mal", ou epilepsia leve, como Machado de Assis.

Christino gostava de ler. Comprava livros de Eça de Queiroz e Machado de Assis e devorava os romances de Victor Hugo. Os livros iam ficando pelas prateleiras, desafiando a curiosidade da menina. Ela, aos cinco anos, deu um susto no pai, lendo com bastante fluência um trecho do jornal trazido de Itajubá pelo motorista da fazenda. Foi matriculada na escola mista da fazenda, onde ensinava a professora Carmen. Estava no meio de caboclinhos de pé no chão, chapeuzinho de palha no alto da cabeça e faquinha de ponta do lado; meninas e meninos, de idade variada. E os acompanhava nas aventuras típicas da roça. Roubava banana do brejo e apanhava da "fessora" com vara de marmelo, apesar da famosa Escola Nova.

Circulava por todos os cantos da fazenda. Ouvia, observava, participava. Escutava os causos, absorvia as lendas e crendices. Tinha medo das histórias de assombração, do diabo e sua corte, das mulas sem cabeça, de lobisomens, sacis e outras figuras míticas do imaginário popular. Contudo, não conseguia conter a curiosidade. Sentada em toras de madeira, à beira da fogueira, ouvia as histórias e chegava a levantar os pezinhos do chão, não fosse alguma alma penada pegar na perna dela. Nesse convívio, conheceu o falar caipira, o jeito de ser do caipira, os mistérios da gente da roça. Ao mesmo tempo, lia os livros do pai. Começava uma formação intelectual híbrida. Pela vida afora, conciliou esses conhecimentos.

Mais tarde, na apresentação de um de seus livros de coleta de histórias infantis correntes no Vale do Paraíba e no Sul de Minas Gerais, propôs uma nova e curiosa catalogação dos contos populares que recolheu e publicou:

> *Tudo que está contado nestas mais ou menos cem páginas poderemos grupar assim:*
>
> - *causos de mutirão*
> - *causos de acochar fumo*
> - *causos de pessegada e goiabada*
> - *causos de noites-de-São-Pedro-e-São-João*
> - *e causos de quentar-fogo-de-noite-na-rua-de-Baixo*
>
> *Nas histórias de mutirão, em que a festa é de dia, barulhenta, com o pessoal puxando enxada no eito, cortando lenha, fazendo roçado, os contos são rápidos, alegres, maliciosos. Contos de empulhar, casos de Malazarte, do João Soldado que era, além de espertalhão, valente.*

Nas histórias de acochar fumo, que ajudam a tocar o trabalho menos lúdico que o do mutirão, mas tendo a tarefa demarcada, comparecem as assombrações. Ou então contam-se as lendas de são Pedro e Jesus Cristo, de pecadores arrependidos, de inferno; o clima é do sobrenatural, embora não faltem por vezes desfechos explosivos e engraçados.

Histórias de pessegada e goiabada também são contos para suavizar as agruras do trabalho áspero, quando se ajunta a mulherada das fazendas para fazer doces. Começam as histórias na hora do descascar das frutas, serviço de paciência, e terminam depois das tachadas prontas, com os doces apurados, despejados nas caixetas e nas pedras-mármores, para cortar. Os braços das doceiras estão pintados de queimaduras de calda grossa e da massa puladeira. Cada tacho é um caldeirão do inferno. Então as histórias são os contos de exemplos, curtos também, contendo ensinamentos, receitas de bem-viver, mandamentos, casos de castigo e de prêmios.

Mas, histórias gostosas são as das noites de são Pedro e são João. Junto às fogueiras, ninguém é solicitado por tarefa alguma. É só ficar de mão no queixo, sentado em cima das toras, escutando. O círculo das caras atentas arde ao calor das chamas. Todos se voltam para o narrador, num tropismo original.

Não é que o tempo esteja sobrando, não é isso. Em verdade não existe mais o tempo. Acabou-se o seu império sobre os homens. Não se cuida nem da hora, nem do correr dos instantes. O tempo é o fluir da história. Tempo e espaço se contam na vida dos príncipes, das princesas, do seu povo encantado.

(Ruth Guimarães, introdução do livro Lendas e Fábulas do Brasil)

O pai

Na casa da fazenda, viviam isolados, distante das cidades. Christino tinha um carro à sua disposição, para o que fosse necessário, Pitota contava com uma pajem e duas empregadas, essas para faxina e cozinha. Obrigação de Ruth era estudar. E brincar. Até do que não podia. Andava pelos matos, uma vez fez até uma expedição à noite. Escreveria:

> *Aconteceu na escolinha rural, de regime anexado, ciclo de aprendizado do 1º ao 3º ano, meninos, meninas, alguns muito pequenos, adolescentes entre 14 e 17 anos, tudo misturado. Muitos de mãos calosas de enxada. E eu, que lá estive dos 4 aos 7 anos. E Vitória, a minha pajem e colega, uma negrona de cara de cavalo, comprida, uma dentaiada branca na cara preta. Vitória que eu sempre achei tão linda quanto era linda a minha mãe. Tinha 16 anos.*
>
> *Essa a escolinha jamais esquecida. Pequena, caiada, uma escadinha de oito ou dez degraus, quintal de terra vermelha, socada em rampa, nem um fio de mato, nem uma árvore.*
>
> *Não sei de onde surgiu uma conversa de que na Fazenda Assombrada, um chão abandonado no fim do mundo, as goiabeiras estavam arreando de fartura e jabuticaba dava até na raiz das fruteiras.*
>
> *Quando se comentou essa coisa miraculosa, a criançada queria ir à tal fazenda. A gente vai lá. Não tem ninguém tomando conta. Não é muito longe.*
>
> *Devo ter mentido um bocado. Contei que tinha ido lá. A meninada fazia comentários os mais esquisitos sobre o passeio, excursão, viagem, sonho. E porque todos falavam, eu me calei, meio sobressaltada. Porque, não sei como, eu estava mergulhada até os cabelos nessa história. Pois eu*

não sei realmente como foi. Chamei os miúdos, do meu tamanho, e todos me seguiram. E de repente, quem nos levou? Estávamos num lugar perdido na distância, entre árvores pinhocadas de frutos negros, desde o começo, desde o chão de raízes crispadas, até no último galho, espetado no céu. Nenhuma preocupação, nenhum temor. Havia sol, os verdes se derramavam tranquilos acima do solo, fruta madura, algazarra. De algum modo, não sei como, eu tinha feito aquela romaria.

Começou a escurecer e todos me rodeavam. Está na hora de voltar. Vamos embora. Vamos embora. Vamos embora. E então principiou aquele choro de criança, que parece não ter motivo nem fim. Vamos embora. Eu não sei voltar, que eu falei. Sabe sim, você sabe. Você trouxe a gente.

Eu? Pois então vamos embora pessoal.

A escuridão tinha apagado a trilha. Os integrantes da singular procissão se puseram a gritar, a suspirar, em pouco todos choravam alto, eu quero a minha mãe.

Vamos, vamos. - e lá se iam, fungando, e indo intrepidamente, rumo a lugar nenhum.

Os pirilampos piscaram no mato. As assombrações cruzavam pelo ar, com asas de morcegos e gritos de corujinha do campo. Asas brancas adejantes, feitas do avesso das folhas prateadas da embaúva, acenavam em silêncio. Caminhamos uma eternidade, tropeçando nos cipós. O capim estava molhado. Gente! Assim de assombração, nós vimos! Depois de quase um século de andanças e de choradeiras, de repente, como um milagre, muitas luzes apontaram, oscilantes, em nossa direção. Como um relâmpago. Como um milagre. Mas tão longe! Tããão longe! Em direção das luzes corremos todos aos gritos. Eu, na frente, berrei com todas as forças (as que me restaram ou as que me nasceram no momento): Meu pai!

Eu sabia que minha mãe estaria dolorida, chorando, arrepelando os cabelos, fechada no seu desespero incomensurável. Mas meu pai sairia me buscando, com uma tocha acesa, até me encontrar.

(Ruth Guimarães, crônica "O primeiro retrato de meu pai")

Devia ter uns cinco anos. "Oh! como eu queria fugir!", contou ela. "Eu ainda era tão criança... Tinha apanhado umas chineladas e saí andando à atoa pelo caminho, uma das muitas trilhas da fazenda, sempre para a frente. Depois senti frio e voltei, mas estava demorando para chegar, e escureceu; fiquei com medo e com fome e botei a boca no mundo. Um agregado da fazenda me levou para casa onde cheguei chorando com quanta força tinha, mas isso não me livrou de apanhar outra vez. Um completo fracasso".

Alguém pergunta se serviu de lição.

"Que nada. Tornei a fugir, mas dessa vez com uma finalidade premeditada: ir para a escola. E francamente, não foi tão ruim assim..."

A infância

Todos os anos as crianças passavam férias na chácara dos avós, em Cachoeira Paulista.

Na sala imensa da casa da fazenda Campestre, de soalho de tábuas ressoando sob os passos, uma rede pendurada na parede. Diversão para Ruth, a espevitada de nove anos. Deu um galeio com o corpo para pegar impulso, a rede ia, a rede voltava. A velocidade foi aumentando, a adrenalina subindo, a menina soltava uns gritinhos de prazer e de susto. Mas o vento... o vento no vale vinha forte, como num túnel, um canudo invisível. Arrastou para dentro a folha do janelão central, bem na hora que a rede estava no movimento de ir. Ruth bateu a cabeça na quina da janela, uma pancada seca. Lembra-se de ter rilhado os dentes e de a vista escurecer. Acordou no carro, deitada no colo da mãe, já na descida da serra de Itajubá. A cabeça parecia anestesiada, as lembranças embaralhadas, a vista turva, uma sensação de morte. Adormeceu – ou desmaiou – de novo. Na Santa Casa de Misericórdia de Cachoeira, o padre Juca e as irmãs cuidaram dela, rezaram, sem muita convicção de que ficaria curada. O padre se chamava José Francisco Artzingen, era o capelão da Santa Casa. (Seria assassinado com 16 facadas em seu quarto, no próprio hospital, em dezembro de 1957, por um tropeiro de 25 anos que queria dinheiro. O assassino foi preso dias depois e confessou o crime, conforme noticiou o jornal Correio da Manhã, do Rio de Janeiro, na edição de 27 de dezembro de 1957.)

O trauma foi mais sério do que se pensou no começo. Ruth ficou vários dias internada, transitando entre a consciência e a inconsciência. Melhorou, teve alta, foi levada para a casa dos avós, na chácara. Christino e Maria ponderaram a dificuldade de continuar a viver nas lonjuras de Minas, sem socorro médico por perto, caso houvesse uma recaída da filha. Estavam sobressaltados. Tinham perdido vários filhos, por deficiência de atendimento. Resolveu-se assim: arrumariam as malas, Christino se desligaria da empresa dona da fazenda, arranjaria emprego em Cachoeira ou em cidade próxima e, com os filhos todos, iriam viver na chácara.

Nem todos. Honória, bebê, tinha sido apadrinhada pelo professor Américo e a esposa, Arminda. Portugueses, vieram para Itajubá porque Américo, agrônomo, foi contratado para criar o horto florestal da cidade e dar início à criação da Escola de Horticultura, que depois, em 1969, seria transformada no Colégio Estadual Agrícola Wenceslau Braz. Pediam para levar a afilhada para o fim de semana, depois por alguns dias, porque se sentiam sozinhos. Honória, Norinha, ia ficando com o padrinho e a madrinha. Pitota estava por demais ocupada com os demais filhos e atormentada pelas crises eventuais do marido, e ademais sabia que a filha mais nova estava em boas mãos, de gente que a amava. Em breve, Norinha ficava tanto mais com os padrinhos que passava a visitar a mãe. As coisas foram se ajeitando assim e não havia conflito de parte alguma. Quando a família retornou para Cachoeira, em 1929, pois, Norinha ficou em Itajubá. Alguns anos depois, em 1937, os padrinhos pediram autorização para levá-la a uma viagem a Portugal, para rever Vila Nova de Gaia, cidade natal de Arminda. Passaram mais de um ano cuidando de herança, revendo parentes e amigos. Norinha chegou a frequentar escola em Portugal.

De bom, a mudança para Cachoeira Paulista deu para Ruth e os irmãos uma escola mais estruturada, gerida pelo estado, com professores, diretor, secretários, bedéis, tudo como mandava o figurino. E todos teriam a chácara para viver uma boa infância com os avós.

O Grupo Escolar era, para a menina Ruth, um tédio. Inteligente, com um conhecimento acima da média por causa das muitas leituras e do incentivo do pai e da mãe, não achava muita graça nas tarefas de classe. E punha-se a se ocupar, durante as aulas. Fazia tranças no cabelo da colega da frente, passava a tinta do tinteiro da carteira no pescoço de outra. Nas carteiras duplas, sua parceira era a Maricotinha Pinto, quieta e passiva, tão oposta que Ruth a chamava de palerma. Virava e mexia, Ruth ia para o banquinho do canto, onde ficavam castigados os rebeldes, em exibição exemplar para a turma. Para ela, nem era castigo, porque não se importava muito – num dia, castigada como de costume, cochilou sentada no banco alto e quase caiu. Não se emendava.

"Engraçado, não tinha vontade para escrever quando era menina... só se me amarrassem na cadeira, porque era muito sem modos. As tarefas da escola mesmo, fazia às vezes. Só no quarto ano do Grupo Escolar é que comecei a fazer composições. Algumas saíram muito compridas, cheias de adjetivos, mas saíam naturalmente, sem outro objetivo que o de tirar boa nota. Isto para que me deixassem brincar em paz, depois. (...) Houve quem reparasse no meu modo de escrever. Quando o percebi, comecei a escrever com cuidado, adquirindo logo reputação de menina inteligente. Gostava de recitar, às vezes. Um dia, numa festa escolar, tinha declamado uns versos de Olegário Mariano:

'Nasci numa velha casa solarenga e bela
e nessa casa branca havia
um pé não me lembro do que
e ao fundo dela
um rio d'água clara que corria...'

e por aí afora, em versos muito sonoros. A música dos versos ficou na minha cabeça uma porção de tempo e, um dia, lembrando-me mais particularmente da casa grande da fazenda onde passei a primeira infância — de 3 aos 9 anos -- escrevi também uns versinhos muito sentidos e muito chorados sobre a minha casa."

(Revista da Semana, 1946, entrevista a Nelson Vainer)

Lia muito. Com nove anos de idade, leu a coleção inteira de Machado de Assis, sem entender patavina do sentido. Com os elogios dos professores, criou coragem de mandar uns versos para a redação do jornal de Cachoeira Paulista, "A Notícia". Teve que esperar uma semana para saber se o poema tinha sido aceito para publicação.

Durante esse tempo, andou tão ressabiada e tão excitada que o avô dizia, a todo instante:

- "Essa rapariguinha está tramando alguma"...

E dizia isso porque Ruth confessava, a respeito de si mesma: "Eu era muito mentirosa e arteira, e não era raro que se queixassem de mim para ele".

Chegou o domingo. "Milagre dos milagres: os meus versinhos de pé quebrado estavam na primeira página, com umas vinhetas torcidas em volta. E na outra página vinha a história da minha ida à redação e grandes cumprimentos 'à inteligente menina do nosso grupo escolar' e coisas mais, das quais não me lembro. Meu avô quase teve um ataque. E eu também!"

Primeiras incursões literárias

Aos 10 anos, pois, Ruth publicou os primeiros versos no jornal A Notícia, de Cachoeira Paulista. Um deles era intitulado "Meus avós" (mantivemos a grafia original).

Parecem uma palmeira esbelta e ufana
Que aos embates do vento se curvou
E a cabeleira qual enorme aranha
Curvou-se triste e triste se murchou

Assim são meus avós!... Os bons velhinhos
Os paes edosos da Mamãe querida
Os velhos, cuja mocidade já fanada
Acena-lhes um adeus de despedida

São já de neve seus cabellos brancos
E assemelham-se a um floco de algodão
São poucos os dentes que lhes restam inda
Dos tmpos precioso que lá vão.

Gosto de vel-os à sombra amiga
Da velha mangueira do quintal
Como a evocar em silêncio mystico e dorido
As sombras perdidas dum passado ideal

E elles calados, silenciosos, mudos
Penetram num túmulo illuminado
Para folhear da vida as folhas soltas
E recordar os episódios do passado

Lembram sosinhos ideaes fanados
Recordam a ventura e a felicidade
E em cada ruga que lhes sulca o rosto
Guardam uma recordação e uma saudade

(Ruth Guimarães, Jornal A Notícia, 1930, poema publicado sob pseudônimo Anonyma)

A NOTICIA

Silveiras (Do correspondente, em 5)

Silveiras-Clube

Vae caminhando victoriosamente esta nóvel sociedade lítero-recreativa local. E'idéa da mesma construir uma séde propria. Para isso, já conta com varios offerecimentos de valor, como sejam: 2.000 tijollos offerecidos pelo Snr. Aarão Moreira de Andrade; telhas e mobilia, pelo Snr. Dr. Iris Heimberg, Promotor Publico; terreno, pela Prefeitura Municipal; musica para a inauguração, pelo Snr. Miranda Alves. O Snr. Pharmaceutico Roberto de Miranda Alves offertou 250 impressos, uma placa com o nome do Clube e um jogo de damas. A Sociedade já tem sua séde provisoria, que será installada possivelmente depois de amanhã (7). Fica a mesma, á Rua Dr. João Pessôa. O Clube promoverá bailes ao ar livre, leilões, um concurso de belleza e kermesse pró-construcção da séde. Reina o maior enthusiasmo pela idéa. Está marcado para 23 deste o baile mensal do «Silveiras-Clube».

Viajantes

Seguiu para Barretos o Snr. Dr. Waldemiro Nunes medico e Orador Official do «Silveiras-Clube».

—Esteve em Cruzeiro o Snr. Miranda Alves, pharmaceutico, desta cidade.

Bibliotheca do "Silveiras-Clube"

Foram doados á mesma varios livros bons e interessantes e lindas revistas.

No Cine-Cachoeira —hoje

Caminhos do Céo

Super-producção PARAMOUNT em que figuram seus melhores astros

Meus avós

Parecem uma palmeira esbelta e
(ufana
Que aos embates do vento se curvou
E a cabelleira qual enorme aranha
Curvou se triste e triste se murchou

Assim são meus avós!... Os bons
(velhinhos
Os paes edosos da Mamãe querida
Os velhos, cuja mocidade já fanada
Acena-lhes um adeus de despedida

São já de neve seus cabellos brancos
E assemelham-se a um floco de al-
(godão
São poucos os dentes que lhes restam
(inda
Dos temp s preciosos que lá vão.

Gosto de v el-os á sombra amiga
Da velha mangueira do quintal
Como a evocar em silencio mystico
e (dorido
As sombras perdidas dum passado
(ideal

E elles calados, silenciosos, mudos
Penetram num tumulo illuminado
Para folhear da vida as folhas soltas
E recordar os episodios do passado

Lembram sos'nhos ideaes fanados
Recordam a ventura e a felicidade
E em cada ruga que lhes sulca o rosto
Guardam uma recordação e uma sau-
(dade

ANONYMA

Ruth Guimarães

Lagrimas eternas

Amei-a, quando então gentil creança,
que só contava dizeseis lindas prima-
(veras,
edade cheia de aureas esperanças,
de sonhos, de ilusões e de chimeras.

Tres annos depois, que a vida lhe
(sorria,
ingenua, singela, e fascinante,
e nesse santo amor, minh'alma doida
(predizia,
um futuro risonho, e deslumbrante.

Mas assim não quiz, porém, avára
(sorte,
oh! nunca esperei na vida, tal sur-
(presa,
tú para mim, do mundo te ausentas-
(te!

E chóro agora mais, depois que a
(morte
nos separou, me enchendo da triste-
(za,
sinto minhalma, a mesma que dei-
(xaste!

A. S. GUERRA

UM KISTO FIBROSO!

Attesto que soffri por mais de seis mezes de um kisto fibroso no dedo da mão esquerda. o qual me ia crescendo progressivamente, receitei-me na Parahyba, fui aconselhado a fazer operação, não realizei a indicação; chegando ao Sapé comecei a usar o

ELIXIR DE NOGUEIRA

do pharmaceutico João da Silva Silveira; com 10 frascos, apenas, consegui evitar a operação achando-me completamente curado, pelo que agradeço aos srs. fabricantes de tão efficaz medicamento. Em prova de gratidão envio o meu retrato.

Sapé, 3 de Julho de 1913.

Orcizes Fernandes,
(Firma reconhecida.)

O grande remedio brasileiro ELIXIR DE NOGUEIRA; do pharmaceutico e chimico João da Silva Silveira. vende-se em todas as Pharmacias, Drogarias e Casas da Campanha e Sertões do Brasil, bem assim nas Republicas Sul Americanas.

FOLHETIM D'A NOTICIA" N 20

OS DRAMAS DA FLORESTA VIRGEM

(Manoel Victor)

Mano, acenando ao preto que fazia menção de escorregar por sua vez.

— Lá vou eu, patrão! E saltou.

O salto que deu, ou porque fosse desastrado, ou porque fosse perigoso, fel-o tombar em cheio sobre um enorme objecto que ali estava no sólo e que por uma estranha circunstancia, ali não se achava na noite anterior.

Era roliço e bojudo como uma bacia virada de bocca para baixo. A' primeira vista, parecia uma tartaruga.

—Que é isto? disse Jumbo, levantando-se. E move-se!

Realmente, o estranho objecto movia-se levantando a cuia com tal força que se Jumbo estivesse por cima cahiria novamente.

Por baixo da «bacia» appareceu uma perna, perna de insecto musculosa e enorme, depois outra e outra, seis patas. E o bicho se poz a andar. Não era tartaruga, mas sim um escaravelho de proporções gigantescas. O seu tamanho, em pé, como agora se achava, attingia o de um coelho grande. No local onde deveria ser a cabeça appareciam duas antennas que se moviam irriquietamente de lado a lado. Parecia inofensivo.

Jumbo estava pasmo e Mano não o estava menos.

— Que raio de bicho tão extraordinario! Não é jacaré, não é onça, não é passaro, tem o tamanho de um cãosinho e o aspecto de um besouro! Oh! a phantastica exuberancia da fauna brasileira!

O enorme insecto, como si não os visse, accordado de seu lethargo pelo tombo desastrado de Jumbo, continuará as suas passadas largas, tomando rumo do massiço de folhas.

—Que coisa comerá esse preguiçoso? Naturalmente, a folhagem. E, olha, aqui está a prova. Matto cortado, galhos devorados a meio, um esperdicio de migalhas de verdura por toda a parte. Nesse andar esse maroto come a floresta inteira.

—Contanto que nos deixe as fructas e não nos sorva a agua do cantil!

—Deixamos que o bicharôco desappareça sobre a folhagem, patrão?

—E porque não? De nada nos servirá. Si ao menos fosse um coelho faria o nosso almoço...

—E'... mas quem nos diz que elle não tem carne de coelho? A gente não sabe...

—Come-o, então, si és capaz.

Nesse momento, um outro escarave-

Reprodução do jornal A Notícia, com versos de Ruth Guimarães, então com 10 anos de idade. (Foto Acervo Instituto Ruth Guimarães)

Vovô implicava muito comigo porque me pegava agarrada a pedaços de jornais, lendo o que encontrava. Lembro que chegava a furtar os jornais das prateleiras para ler. E ele me dizia:

"Vou te botar na Escola Normal de Lorena. Logo que tu tiver idade. Tens muita vontade de aprender, pois tu vai ver o que é bom... Nem que me custe os olhos da cara!

(Ruth Guimarães, entrevista a Justino Martins, na Revista do Globo, 1946)

Aos doze anos imitava Cassiano Ricardo. Escrevia estas coisas, "com a mais absoluta inconsciência", como confessou:

"... o mar subiu aos céus, dando boléus de ondas verdes
e o céu, dando risadas de sol, entrou no mar..."

Ressaltou: "Até hoje não sei se esses versos são do Cassiano ou meus".

Em 9 de julho de 1932 estourou a Revolução Constitucionalista. As batalhas principais, na região do Vale do Paraíba, eram travadas em Cunha, Guaratinguetá, Lorena, Cruzeiro, Queluz e Silveiras. Em Cachoeira Paulista, ficavam acantonadas as tropas chefiadas pelo então coronel Euclides de Oliveira Figueiredo (pai do ex-presidente João Batista de Oliveira Figueiredo), que lutavam contra o golpe militar perpetrado por Getúlio Vargas em 1930. Ruth, como várias das crianças do Grupo Escolar, participou do apoio aos combatentes constitucionalistas. Sua tarefa, quase diversão, era passar manteiga numa carroça de pães para distribuir para os soldados.

Apenas quatro dias depois, no dia 13 de julho de 1932, aviões do governo federal, conhecidos como "vermelhinhos", decolaram do campo de aviação da cidade de Resende, no estado do Rio de Janeiro - local onde hoje é a AMAN (Academia Militar das Agulhas Negras), e fizeram o primeiro bombardeio aéreo do conflito, justamente a ponte sobre o rio Paraíba do Sul, em Cachoeira Paulista. A intenção era interromper o avanço de um regimento de Minas Gerais que apoiaria a campanha paulista, e ao mesmo tempo intimidar um batalhão do Regimento de Infantaria de Lorena, a postos em Cachoeira Paulista, pronto para entrar em combate. O ataque, com 24 bombas, demoliu a ponte (mais tarde seria reconstruída) e atingiu também o prédio da estação ferroviária.

O velho Botelho se apavorou. Correu a fazer contato com uns amigos que moravam no bairro do Brás, na capital, alugou três casas e arrastou a mulher, os filhos, netos e até os inquilinos para São Paulo. Botou todo mundo num trem e foram. Ele sabia o que era guerra e foi buscar refúgio longe dela. Foi a primeira experiência de Ruth na cidade grande e não é de admirar que tenha ficado bem impressionada com o movimento, a vida pulsante, a diversidade das feições, costumes e sotaques. Faziam refeição, algumas vezes, na casa de uma família de italianos, que falavam alto, xingavam santos sem cerimônia, numa atmosfera de alegre desordem. Durante os meses que durou a revolução, e ainda por algum tempo depois, enquanto o prefeito Agostinho Ramos cuidava de recuperar a cidade de Cachoeira Paulista, permaneceram em São Paulo. Não havia escola para frequentar, nem tarefas domésticas para realizar. Foi um tempo de férias para Ruth. Mas também um período de observação. Gente que conheceu no Brás viraram personagens, mais tarde, de seus livros.

Uma historinha anedótica desse período. A velha Honória foi levada a passear na Praça da Sé. O filho Antonio quis dar uma escapada para comprar cigarros e deixou a velha sentada num banco da praça. Demorou um pouco a voltar. Honória, de começo, ficou observando as pessoas passando, engravatadas, apressadas, no vaivém que já naquele tempo caracterizava o marco zero da cidade. Foi ficando ansiosa. Acostumada à sua pequena cidade, onde todo mundo se conhecia, levantou-se, ajeitou as sete saias e se dirigiu ao primeiro passante: “Você não viu o Antônio por aí?”

A mãe

O estado de São Paulo amargou a derrota para as tropas federais e depôs as armas em outubro de 1932. A família voltou para Cachoeira por volta de novembro daquele ano. Sem emprego, por causa dos combates travados na região de Queluz e Silveiras, Christino havia se entregado à bebida de vez. O velho Botelho acabou por proibi-lo de entrar na casa. Botou-o para morar numa das casinhas do fundo do quintal. Mas, antes da virada do ano, Christino estava muito mal, possivelmente de câncer – não temos comprovação. Pitota foi pedir ao pai que aceitasse Christino em casa, para ser cuidado. O velho aceitou para não magoar a filha. Dias depois, Christino e morreu. Ruth perdia o pai.

Pitota vestiu preto, cumpriu o luto. Um ano depois, encontrou em Vicente Gomes um novo companheiro. Ele era cobrador da empresa de ônibus que fazia transporte entre Lorena e Guaratinguetá. Quando Pitota avisou o pai que pretendia se casar novamente, o velho foi firme:

- Pois vá, minha filha. Vá viver tua vida. Deixa teus filhos conosco e vá começar vida nova. Venha os ver quando quiseres.

E assumiu, com sua Honória, a guarda e a educação de Ruth, Rubem e Paulo. Norinha continuava vivendo com os padrinhos.

O velho Botelho cumpriu a palavra e mandou Ruth estudar em Lorena, na Escola Normal. Ela não aguentou as arengas entediantes das freiras e pulava o muro do colégio para ler romances de Flaubert e Balzac, recostada nas árvores do terreno vizinho. Acabou expulsa.

Pitota tinha ido morar em Guaratinguetá, com o marido. Em 8 de setembro de 1934 teve um filho, Mário Celso Gomes – que mais tarde, menino ainda, preferiu ir viver na chácara, com os irmãos por parte de mãe. Teve ainda outro filho, César, que morreu com pouco mais de um ano. Vicente já tinha, de um casamento anterior, três filhos:

João Gomes, José Heitor Gomes e Margarida Gomes – esse ramo da família acabou ficando distanciado do núcleo dos Botelho.

Diversão da criançada, nos dias quentes que sucedem tempestades, no mês de outubro, era acompanhar a revoada de formigas, que nessa época saem para acasalar. As fêmeas, pejadas de ovos, aterrissam para fundar novos formigueiros. Era quando a molecada – Ruth junto – com latas, juntavam formigas para comer, torradas com farinha. Ainda é uso, no Vale do Paraíba, essa iguaria caipira. Arranca-se as asas e a cabeça, joga-se numa frigideira com um pouco de óleo e sal e deixa-se fritar. Ficam umas bolotas pururucas, cheirosas, que depois se lhes mistura farinha. O cheiro recende pela casa inteira. O nariz do velho Botelho sentiu a ousadia culinária. Foi a passos largos para a cozinha, agarrou a frigideira e malhou no mato, berrando:

- Seus mortos a fome! Comer frumiga!

Pitota não descuidou dos filhos do seu primeiro casamento. Como a escola Conselheiro Rodrigues Alves era o colégio público mais próximo de Cachoeira a oferecer curso ginasial, e o transporte da época era escasso e pouco pontual, Ruth passava a semana na casa da mãe e voltava aos fins de semana para a chácara dos avós. Não perdeu o hábito de escapar das aulas para as suas leituras. Ela gostava de estudar no cemitério da cidade. *"Lá é quieto, ninguém incomoda"*.

O velho Botelho, com cabeça de europeu de origem rude, considerava o casamento uma espécie de porto seguro para as mulheres. Por isso concordou que um rapaz, José Machado, funcionário da Central do Brasil, bem mais velho que Ruth, lhe fizesse a corte. Ela não se incomodou, até porque achava divertida a história. Mas o rapaz dizia aos quatro ventos que era noivo dela. E assumiu ares de autoridade. Um dia disse a ela que não tinha gostado de saber que ela fora dançar com as amigas. Ah! Ruth era livre, um passarinho. Depressinha despachou o moço.

Tempos depois namorou um mocinho da sua idade. Desse ela gostou bastante. Mas o moço morreu afogado, nadando na represa de Cachoeira num dia de muito calor.

Pitota, cheia de preconceito contra atores de teatro e cantores, fez um discurso quando Ruth, aos 15 anos, foi participar de um programa de calouros numa emissora de rádio em Guaratinguetá:

- Prefiro te ver morta, num caixão, a te ver nessa vida de artista de rádio!

Para não desgostar a mãe, Ruth interrompeu – ou nem começou – uma carreira artística. Mas não se incomodou. Tinha participado algumas vezes, mesmo, só por causa dos prêmios...

Deixemos que ela mesma conte.

> *Guaratinguetá é, das cidades do Vale do Paraíba, uma das que mais simpáticas me parecem. Foi a cidade da minha adolescência, da minha atrevida, aventureira, gostosa adolescência. Meu avô, o português imigrado Juca Botelho, fora dar com os costados em Cachoeira Paulista, onde virou guarda-chaves da Central do Brasil – para quem não se lembra, o habitante daquelas guaritas de madeira à beira da estrada de ferro, cujos encargos principais eram o de sinalizar para os trens que vinham, com lanterna de carbureto, se o caminho estava livre ou se era defeso avançar, e de fazer manualmente a troca de trilhos para levar uma composição a mudar de um trilho para outro. Já aposentado, juntando ao salário modesto uns caraminguás resultantes do aluguel de três casinhas construídas no fundo do quintal e da venda de hortaliças que eu mesma ajudava a plantar. Bem, ajudar não era bem o caso, porque a minha tarefa era só molhar a horta – sob a supervisão do velho, que cutucava com a ponta da bengala o chão regado pra ver se o meu trabalho preguiçoso não tinha servido apenas para ume-*

decer a superfície da terra. Ele bem sabia que trabalho de criança é pouco, mas quem não aproveita é louco. O velho Botelho suplantou a europeia sovinice para mandar a neta da predileção estudar onde havia curso de segundo grau. E lá fui, negrinha espevitada de cabelo esticado em tranças a ponto de me deixar com olhos orientais, ser aluna do Conselheiro Rodrigues Alves. Eu dizia aventureira, e quase disse venturosa, passagem por Guaratinguetá, mas era isso mesmo o que eu queria dizer. Quantas escapadas das aulas para tomar sorvete na Polo Norte... E quantas participações no programa da Rádio Clube, como cantora mirim, isso até que minha mãe descobriu e enterrou minha carreira com um sermão escandalosamente dramático: "Prefiro te ver morta a seguir essa vida de cantora!..."

Pois em Guaratinguetá fui aluna de dois representantes da família Alckmin, de Pindamonhangaba. Dois tios do governador, em tudo semelhantes a ele, na voz calma e olhar firme, na retidão de caráter, no tradicionalismo valeparaibano, no humor ingênuo e leve do homem do interior. Dr. Geraldo, no Vale do Paraíba, é Geraldinho, naquele tratamento meio cúmplice, meio íntimo, dos eleitores para com o seu político escolhido. Joãozinho Alckmin e Andrezinho Alckmin, era assim que chamávamos, com diminutivos de vizinho de cerca, os professores, um de latim, outro de português.

Num certo jantar promovido no Palácio dos Bandeirantes, quando Maluf era governador e eu atuava no Conselho Estadual de Cultura, reencontrei Joãozinho Alckmin. Decerto não se lembrou de mim, quantos romances de quantos volumes já haviam ocorrido na vida de cada um, mas a circunstância nos colocou sentados lado a lado. Eu esperava oportunidade de entabular conversa, mas ele se adiantou. Olhou-me curioso, por cima dos óculos, com o mesmo ar de simpática autori-

dade, e disparou uma pergunta, no vozeirão acostumado a classes barulhentas:

- A senhora leciona, dona?

É, Guaratinguetá é mesmo uma das cidades de que mais gosto, no Vale do Paraíba.

Por essa época, aos 15 anos, punha livros de Guilherme de Almeida embaixo do travesseiro. Palavras dela: *"Namorava, amava, suspirava, tudo em termos guilherminos... Sonhava com pianos onde agonizavam rosas vermelhas, com 'a rua que eu imagino desde menino, para o meu destino pequenino'. Tinha um primo, não podia deixar de acontecer, e líamos o mesmo livro, marcado com folhas de malva cheirosa, e com as passagens mais açucaradas com traços pouco firmes de lápis. Nesse tempo eu escrevia:*

'Que de saudade pelas tardes quietas!

Que de tristezas sob o luar de arminho!'

que também não sei se é de Guilherme de Almeida ou se é meu... Imaginei balcões floridos, pensava em aventuras, sonhava com renúncias e uma vez quis ser freira, como nos romances de M. Delly. Acontece, porém, que cresci e mudei. A vida obrigou-me a mudar... Ia começar uma nova fase na minha vida."

Realmente, começaria uma nova fase. Em 1936, Pitota adoeceu. Câncer, como o do marido. Em julho de 1937, foi visitar a filha Honória, em Itajubá, fez para ela um vestido como presente de aniversário – costurava muito bem.

Pouco depois, escreveu uma carta ao velho Botelho (11 de agosto de 1937):

Papae

Deus o permita que esta o vá encontrar ahi com saúde e todos os nossos. Papae não ando muito boa desde aquelle dia ahi, acho que ainda o resultado do doce do casamento. Queria que o senhor mandasse o Ze Ignacio uns dias aqui preciso de tomar um purgante, mais não tenho quem olhe o serviço prá mim. A Ruth anda muito atarefada.

Por isso peço o senhor me atender neste pedido – porque assim eu melhore o Zé volta se precisar d'elle.

Termino abençoe as crianças e um abraço em mamãe.

Da filha que pede uma benção

Pitota

Em outubro, de 1937, dois meses depois de ter escrito essa carta, Pitota morreu, aos 39 anos, a mesma idade que contava Christino, ao morrer. Norinha estava em Portugal, com os padrinhos, onde ficou por quase dois anos.

Ruth esteve ao lado de Pitota durante os meses que durou a agonia. Ajudou Vicente a cuidar dela. (Escreveria mais tarde: *"Eu queria bem a Vicente, porque ele amou minha mãe"*). Depois, ainda permaneceu alguns meses com os avós, para completar o ano letivo. Antes de completar 18 anos, decidida, deixou a chácara e seguiu para a capital. São Paulo a estava chamando. Foi morar, por algum tempo, na pensão do Brás, a mesma para onde o Velho Botelho havia levado a família e os inquilinos, durante a revolução.

Os avós

Devo dizer que fiquei órfã de pai e de mãe muito cedo, e que fui acolhida por meus avós maternos, já bem idosos. Minha avó era uma curiboca, mestiça de preto, índio e português, e desde pequena eu a encontrei em pleno processo de envelhecimento, com uma orla azulada em torno dos olhos escuros, cabelos grisalhos, usava prótese dentária, e sua cor era de um pardo acinzentado. Ela própria não sabia que idade tinha, cozinhava, lavava toda a roupa da casa. Eram muitas pessoas, incluindo cinco netos que lhes caíram em casa com a morte da filha, o mais novo com dois anos. Médico não entrava em nossa casa. A avó conseguia resolver todos os casos de acidentes da criançada, como pisar no prego e no caco de vidro, arrancar a unha do dedão quando se tropeçava, cair do cavalo que se montava em pelo, mordida de cachorro, sarna de carrapato, juçá por motivo de virar cambalhota nos montes de palha de arroz e outras desventuras nossas. Quanto a ela, nunca a vi doente, de cama, embora tivesse reumatismo deformante nas duas mãos e nos braços, uma história antiga de doença cardíaca, e já estivesse muito desgastada, a pobre, de viver e sofrer. Mas ninguém podia dizer que tinha visto um só dia nhá Honória doente. Fazia longas caminhadas aos lugares de peregrinação, comia bem, dormia bem. Se o reumatismo a martirizava, nunca lhe ouvi um ai. Gostava de roupas de colorido vivo, estampadas com flores e era costume seu mexer as panelas cantando umas cantiguinhas da roça, daqueles velhos tempos. O pintor que pintou Ana/ pintou Maria também./ Se Ana saiu mais pintada/ o pintor que culpa tem?

Contava longas histórias, em noites de frio, sentada num banco em redor do testo com brasas, os netos em volta. Tinha rígidos princípios e a mão leve no cocorote no alto da cabeça. E ágil na varada, quando necessário. A casa era limpa, clara, aberta, ninguém pedisse um prato de comida que não levasse. Éramos pobres, limpos, alegres. Sem queixumes.

(A não ser pela mão leve no cocorote no alto da cabeça, a história se repetiu com Ruth e seus filhos. Para ela a mão era leve com a palma de São Jorge nas pernas da molecada!)

Meu avô era português. Imigrou para o Brasil aos 14 anos, sozinho, recomendado ao capitão do navio que o trouxe. Aos 19 anos voltou à santa terrinha para casar com a conversada que deixara lá. Trouxe-a consigo, ela morreu de febre amarela no Rio de Janeiro. Voltou para Minas, na Zona da Mata, e ali encontrou aquela que foi a companheira até que a morte os separasse. Meio judeu pelo lado da mãe, era alto, magro, forte, rubicundo, trabalhou em serviços duríssimos, foi lenhador, taverneiro no Rio de Janeiro, depois guarda-chaves da Central do Brasil e seria ferroviário o resto da vida.

De tanto ler Cassiano Ricardo, um dia escrevi para esse meu avô uns versinhos assim:

Meu avô,
que teve o seu Natal em Portugal
nesse Portugal sentimental
dos trigais do Mondego
e das cachopas do Minho.
E veio como os heróis
pelo imprevisto de um caminho
que não se sabe bem se é vaga, se é luar.
Porque o mar subiu aos céus,
dando boléus de ondas verdes,
porque o céu, dando risada de sol
entrou no mar.

Não sei se consegui dar a ideia de que cresci entre velhos que não eram velhos no sentido pejorativo da palavra, mas gente que caminhava valentemente para o arremate dos males, sem achaques, sem desfalecimentos e trabalhando sempre para cumprir até o fim sua tarefa.

Drummond de Andrade dizia que foi um jovem como outro qualquer: não tinha consciência nem sabia o que era a velhice e olhava para os velhos com certa pena "coitados dos velhos" e não se dava conta de que um dia chegaria sua vez.

Ruth, quando velha de quase oitenta anos, via a mesma progressão insidiosa que envolvia a velha Honória e o velho guarda-chaves Juca Botelho.

Essa progressão à qual nenhum dos meninos, meus irmãos e eu, sob a sua guarda, prestava atenção, porque ambos envelheciam com uma lentidão que tornava quase insensível o desgaste. Eu vivia na e com a velhice, sem estranhá-la porque a meninice se adapta facilmente. Os meus dois velhos, à medida que a vida continuava, eles a iam perdendo. Ficaram muito desarvorados e ausentes. Eu, que era a neta mais velha, fui chamada a fazer muitas coisas que não aos pais biológicos. Assim, tinha que ler para eles o jornal inteiro, porque a vista não ajudava. E quando minha avó costurava uma interminável colcha de retalhos, enfiava sucessivamente as agulhas de que precisava. Nessa época não havia aparecido a TV e em nossa casa não havia rádio. Também lia contos e romances, sob as árvores, nas horas quentes do dia, enquanto meu avô deitado na rede pensamenteava não sei o quê. Era eu quem tirava o recibo de aluguel de meia dúzia de casinhas que os velhos alugavam a famílias pobres. Fazia recados, pagava contas de luz e água, acompanhava meu avô a compras no armazém e minha avó às visitas de velhas comadres e à costureira. Eu lhes alcançava os óculos, e a bengala do avô.

Quando eles precisaram realmente de mim, eu não estava mais em casa. Tinha saído para trabalhar na Capital e meu avô era orgulhoso demais, ou dedicado demais a mim, para pedir que não fosse. Entretanto, quando chegava à minha antiga casa e os via, ele na sua rede, ela na sua banqueta, sentia o vago desinteresse com que me recebiam do outro lado do mundo, presas já do processo de desprendimento gradativo próprio do envelhecimento.

Financeiramente, não tinham problemas. O trabalho da casa e o cuidado deles era feito por empregados. Com um pouco de despeito, mas indubitavelmente aliviada, eu me dizia: não faço falta. E nós nos mostrávamos alegres como antes, eles tinham pequenas solicitudes, iam apanhar as primeiras frutas nas mangueiras carregadas e a avó mexia nas panelas (que boa cozinheira ela era!), cantarolando o "pintor que pintou Ana".

Hoje a emoção não mais me apanha no seu vórtice delirante – vem como onda mansa, percebo o ciclo se fechando. E até sei, pelas suas reações, quantos anos tinha minha velha avó nessa ocasião. Casei-me com um primo de minha idade, eu o vejo com os olhos de ontem e de hoje e me parece estar casada com o meu próprio avô.

Estamos repetindo a vida.

Na capital

Foi morar no Brás, num quartinho alugado pouco maior que um bocejo, nos fundos da casa de uma família. Diria, numa entrevista à Revista da Semana: "É um larzinho pobre, limpo, pitoresco, enfeitado com quadros e flores". Acordava cedo, pelas seis da manhã. Não tomava café. Preferiu chá, a vida inteira. Dava um passeio pela várzea, voltava ao quartinho e escrevia das sete às dez horas.

Buscou trabalho, conseguiu alguns empregos. O mais fixo foi como escriturária, no centro da cidade. Entrava ao meio-dia e saía às seis da tarde. Contava que uma de suas tarefas era preencher borderôs em folhas muito largas, numa máquina de datilografia especial, de carro largo. Cinco vias carbonadas, não podia errar uma vírgula. Um erro obrigava a jogar o formulário no lixo, pegar outro e começar de novo.

Poucos meses depois, conseguiu alugar uma casa na Rua Vila La Femina, no bairro da Penha. Os vizinhos eram um casal de conhecidos, Marina e Cabral, com duas filhas pré-adolescentes; a mais velha, Lili, se casaria com o seu irmão Paulo, mais tarde.

Marina era a grande companheira. Ruth chegava do trabalho, depois de tomar o bonde e em seguida o famoso Penha-Lapa, um ônibus que ligava a zona leste à oeste de São Paulo, passando pelo centro, apinhado sempre. Era um veículo com capacidade para 21 pessoas sentadas e sete em pé – porém, quase sempre carregava o dobro. Ruth comia alguma coisa, tomava um banho e num instante estava pronta para ir para um baile, Marina junto. Eram pobres de marré de si. Cortesia da época, eventualmente um cavalheiro se oferecia para pagar a passagem do bonde a uma moça. A economia do dinheiro pagava o lanche ou o almoço. Ruth possuía duas saias e sete blusas. Era todo o seu guarda-roupa. Conseguia ir ao cinema uma vez por semana, mas preferia teatro.

Ruth mal completava 18 anos quando perdeu o companheiro Zé-Inácio, que o coração matou, aos 50 anos, talvez pelo cansaço de carregar aquele corpanzil sem pernas. Para Ruth, foi mais uma de suas tragédias. Costumava dizer que nasceu da tragédia.

Zé-Inácio, último da direita. A menina à frente dele é Ruth, e atrás dela, à esquerda, o primo José Botelho Netto, o Zizinho. Antônio é o segundo da esquerda, de chapéu. (Foto Acervo Instituto Ruth Guimarães)

Marta, aos 14 anos, escreveu no seu diário, na página datada de 21 de março de 1965:

> *"Mamãe é capaz de contar-nos quinze vezes a mesma história sem dar-se conta de que a repetia. Ou piadas, ou pedaços de sua infância, ou o que quer que seja, retornam sempre a seus lábios com o mesmo exato feitio nas mesmas exatas frases, com o mesmo aguado sabor. Zé-Inácio – conta ela – era um mulato de seus metro e oitenta, graxeiro da*

Central. Alisava a graxa da máquina em movimento, preso por uma das mãos ou equilibrando-se precariamente de lá para cá, de cá para lá. Um dia, há sempre um dia na vida da gente, veio, catrapuz!, de lá de cima, e com tal infelicidade que as duas pernas ficaram debaixo das rodas. Como o homem dos sete ofícios, encarnou-se em sapateiro, fabricando como que uns encaixes solados, de couro, e jeitosamente colocou-os nos cotos das pernas. As mãos agora tocavam o chão, e quando o negro corria, geralmente da polícia, que continuava safado como ele só, metendo-se em pândegas, brigas de bêbados e jogo de bicho, onde o dinheiro rola grosso, e quando corria, dizia eu, as mãozonas iam espalmando-se no chão qual apêndices de macaco. Zé-Inácio, e isso foi frase dele, não sentiu dor, não sentiu medo, não teve desespero, só a consciência aguda do prato de comida esquecido no forno do trem."

O primo

Não muito distante da casa na Penha, morava o seu tio Antonio, casado com Maria e pai do primo José, o Zizinho. Por esse tempo, Antonio era o agente geral, o chefe, da estação Roosevelt da Estrada de Ferro Central do Brasil (que se transformaria mais tarde, em 1957, na empresa estatal Rede Ferroviária Federal S/A), no bairro do Brás. Um cargo da maior importância, porque a estação era o ponto final da ligação ferroviária entre Rio de Janeiro e São Paulo, e de lá eram transferidas mercadorias para a Estrada de Ferro Santos-Jundiaí, para serem embarcadas em Santos.

Com a facilidade de ser filho do chefe, Zizinho pegava o trem, sem pagar, e ia de São Paulo para Cachoeira Paulista visitar os avós, desde moleque. Era um andarilho – não poucas vezes foi a pé, seguindo a linha do trem, em dois ou três dias de caminhada. Na época não existia a Rodovia Presidente Dutra. A ligação rodoviária era pela chamada Estrada Velha Rio-São Paulo, de terra, lamacenta quando chovia e poeirenta ao sol. (Um senhor de Cachoeira Paulista, seu Simões, policial rodoviário aposentado, querendo impressionar Ruth e Zizinho com seu vocabulário, descrevia a estrada como "lamurienta na chuva e pueril ao sol").

Magro, musculoso, ativo, Zizinho sempre foi alegre e sedutor. Namorou todas as primas, da parte da mãe e da parte do pai. Ruth ele não namorou, na adolescência; os dois brigavam como cão e gato. Encontravam-se na chácara, ponto de encontro de todos os primos, eram companheiros, saíam para dançar (Ruth esperava os avós dormirem e pulava a janela para sair para os bailes), participavam de festas, mas não lhes passava pela cabeça namorar. Mal sabiam...

Zizinho chegou a ser indicado pelo pai para trabalhar nos escritórios da Estrada de Ferro, foi contratado e atuou por um tempo. Mas ganhou o apelido de Botelhinho e os olhares maliciosos dos colegas. "Filhinho do chefe", "protegidinho". Desgostou-se depressa do emprego. Dedicou-se à fotografia.

Os irmãos

Começado o ano de 1938, Ruth sabia do peso que era, para os velhos avós, cuidarem dos netos, e tratou de levá-los para São Paulo. Rubem, seu irmão mais próximo, estava ficando mocinho, com 16 anos, já pensava trabalhar para ajudar, e Paulo, com 11 anos, foram morar com ela. Rubem logo se arranjou, num empreguinho mixuruca. Muito responsável, era o apoio da irmã. Paulo, esse deu trabalho, desde a mudança. Começou a faltar às aulas para jogar bilhar, arrumou brigas, fumava escondido. Ruth foi procurar o juiz de menores Trasíbulo Pinheiro, porque pretendia emancipar o irmão Rubem. Durante a entrevista, o juiz ficou impressionado pela responsabilidade da mocinha e procurou facilitar todas as coisas para ela. Soube dos problemas que ela enfrentava com o irmão caçula e recomendou que voltasse para uma nova entrevista, dessa vez com o moleque.

Ruth foi, levando Paulo, já então um garoto encorpado, atlético, bem falante. Anunciados e autorizados, entraram na sala do juiz. Ele ergueu as sobrancelhas, olhando por cima dos óculos e clamou:

- Mocinha, quando você me disse que estava tendo problemas com seu irmão, eu achei que se tratava de um menino. E agora vejo esse marmanjo, que já devia estar trabalhando, ajudando em casa, criando confusão! É esse rapaz que lhe traz preocupação?!

Paulo arregalou os olhos, surpreso e assustado com a voz da autoridade, e não se atreveu a dar um pio.

- Ouça aqui, moço – disse o juiz, encarando-o –, não quero nunca mais saber que sua irmã teve trabalho com você! Da próxima vez, eu lhe mando prender, escutou bem?

Não foi preciso mais nada. Paulo mudou o comportamento e as coisas em casa melhoraram bastante.

Melhoraram também porque Ruth foi trabalhar no Laboratório Torres, então uma potência farmacêutica, no Largo do Arouche. Exímia datilógrafa, rápida e eficiente, conquistou os patrões e em pouco tempo assumiu função de confiança, com salário mais alto. Pouco mais alto. O orçamento continuava apertado, com os encargos de pagar aluguel e criar os irmãos. O tempo, escasso, parecia aumentar de tamanho para Ruth: trabalhava, cuidava dos irmãos, estudava na Escola Normal Anchieta para terminar o ensino médio, e frequentava bibliotecas. Queria saber quem eram os autores em voga, o que escreviam, de que tratavam.

Gostava de música clássica, por exemplo os concertos de Schumann, as "Horas tristes", de Chopin, o "Bolero" de Ravel e a "Sonata patética", de Beethoven. O primo José tinha uma coleção de discos 78 rotações, que costumavam ouvir juntos. Ruth apreciava também os cantos gregorianos, canções italianas, blues e canções populares de caráter folclórico, como a Cobra Grande, e as músicas que falam em mar do Dorival Caymmi.

Nesse momento da juventude, lia Machado de Assis, Mário de Andrade, Graciliano Ramos, e, na poesia, Cecília Meirelles, Augusto Frederico Schmidt, Vicente de Carvalho. Emocionava-se especialmente com os poemas de Judas Isgorogota, a quem chamava de "o inimitável".

No final de abril de 1939, foi lançado um quinzenário cultural, chamado "Roteiro". Ruth resolveu enviar textos seus, poemas, contos curtos, para avaliação dos editores, e a qualidade de sua literatura chamou a atenção de Cid Franco, um pensador socialista com grande peso na intelectualidade brasileira da época, como romancista, poeta e tradutor do francês. Nascido em Petrópolis, no Rio de Janeiro, em 1904, foi menino ainda para São Paulo. Foi redator do jornal O Estado de S. Paulo. Em 1933 criou, na Rádio Cruzeiro do Sul, o primeiro programa diário de literatura no rádio brasileiro, o "Programa do livro", que seria transmitido por essa emissora até 1945, e de 1946 até 1954 pela Rádio Cultura de São Paulo. Seu filho, Walter Franco, foi importante compositor de música popular brasileira.

Recebeu uma resposta favorável e resolveu apanhar uns papéis e levar ao Cid Franco. Ruth contou assim o encontro: *"Fiquei toda palpitante de ansiedade, esperando o veredito dele. Levantou os olhos da papelada, olhou para mim muito sério e perguntou: 'Quantos anos você tem?' E me mandou ao Edgard Cavalheiro. Na saída, falou: 'Se você estudar, penso que vai longe. Esse amigo que você vai ver é um crítico. Ele vai ajudar você.' Abençoado Cid Franco e abençoado Edgard Cavalheiro!"*

Cid Franco, enquanto isso, entusiasmado com a novata, pediu a ela um artigo sobre a obra de Machado de Assis, para publicar na quarta edição do Roteiro, que celebraria o centenário de nascimento do escritor. Pois Ruth Botelho Guimarães, aos 19 anos, participou com um texto, ao lado de escritores já então famosos, como Mário de Andrade, Lúcia Miguel Pereira, Agrippino Grieco, Edgard Cavalheiro, Afrânio Peixoto, Cyro dos Anjos, Menotti del Picchia. O Correio Paulistano publicou uma nota, na sua edição de 22 de junho de 1939.

2 — CORREIO PAULISTANO — Quinta-feira, 22 de Junho de 1939

Tosses? PULMONAL é fantastico...

A defesa dos interesses das classes productoras paulistas

A questão foi estudada, hontem na reunião ordinaria da Sociedade Rural Brasileira, sendo expedidos telegrammas ás altas autoridades federaes — Cooperativas de artigos para a lavoura — A inauguração da nova séde da Sociedade Rural

VISITA DO DR. ADHEMAR DE BARROS A ARARAQUARA E MIRASOL

Esperados, hoje, em Londres, os soberanos britannicos

Decretos assignados na pasta das Relações Exteriores

ENCERRAMENTO DO SEMESTRE LECTIVO DO INSTITUTO DE SCIENCIAS E LETRAS

COMO DECORREU A SESSÃO SOLENNE REALIZADA NO SALÃO "LYRA"

A mesa que presidiu á solennidade

SERA' ASSIGNADO, HOJE OU AMANHÃ, O ACCORDO FRANCO-TURCO

OS PREMIOS DA ACADEMIA BRASILEIRA DE LETRAS

Centenario de Machado de Assis

Opportunidades commerciaes na Associação Commercial do Rio

Mysterioso desapparecimento do 1.º jockey do soberano inglez

Por intenção dos marinheiros do "Phenix"

MURUROL

Homenagem da Casa dos Estudante á viuva Oswaldo Cruz

REORGANIZAÇÃO DA POLICIA ESPECIAL

ENTHUSIASTICAMENTE RECEBIDOS, NO RIO, OS ATHLETAS E NADADORES BRASILEIROS

MAIS UMA CLASSE MILITAR DESMOBILIZADA NA HESPANHA

Revestiram-se de brilho as commemorações do centenario de Machado de Assis realizadas, hontem, no Rio

"ROTEIRO"

INSTITUTO DOS COMMERCIARIOS

Correio Paulistano, 22/06/1939.

parte 4

a saga literária

A menina que escrevia versos desde os dez anos não parou de produzir. Foi registrando aspectos da vida caipira que presenciou na fazenda e em Cachoeira Paulista, na forma de artigos. E estava sempre dando um jeito de publicar. A despeito da rotina trabalhosa em São Paulo, conseguia tempo e escrevia. E lia. Lia muito. O tempo todo. Bibliotecas eram o seu refúgio e seu encantamento.

Começou a trocar correspondência com Luís da Câmara Cascudo, apresentando os seus pontos de vista sobre o folclore paulista e as semelhanças com a coleta das tradições nordestinas de que o pesquisador potiguar tratava. (Cascudo a menciona várias vezes no seu Dicionário do Folclore Brasileiro, por exemplo às páginas 99, 195, 378, 496 e 587.)

Havia uma coisa que a assombrava: a lembrança das histórias que os peões da fazenda contavam, sobre o diabo, seus malefícios e sua corte de duendes como o lobisomem, a mula sem cabeça, o saci e outros. As histórias povoavam sua lembrança de criança e davam-lhe pesadelos. Estremecia, a menina Ruth, dominada pelo medo ancestral dos demônios que nos perturbam a imaginação desde os tempos da caverna. Depois, regalou-se com as histórias contadas pela avó, ao pé da fogueira, nas noites límpidas de Cachoeira Paulista. A avó traduzia, para a neta menina, as tradições dos índios e dos negros. E Ruth ouviu, muito direitinho. Bem jovem, decidiu recontar essas histórias, primeiro porque precisava se libertar dos pavores da infância, e porque estava segura de que tinha em mãos o tesouro da tradição oral do povo que amava. Comprou a prestação uma máquina de datilografia Olympia e escrevia todos os dias um trecho, uma anotação. Precisava se libertar, e a forma que encontrou para isso foi registrar os relatos.

Mário de Andrade

No começo de 1940, escreveu uma carta a Mário de Andrade, falando de sua pesquisa iniciada sobre a presença do diabo no imaginário popular. Recebeu, em resposta, dois dias depois, uma carta escrita à mão em que o autor de "Macunaíma" a chamava de senhora – à mocinha de 20 anos! – e convidando-a a visitá-lo. Alvoroçou-se, passou um tempo passando a limpo os papéis com as suas anotações. Pois foi assim. Ruth, convidada, foi bater à porta da Rua Lopes Chaves, 546, no bairro da Barra Funda, onde Mário morava e dava aulas de piano. Levava numa sacolinha um maço de folhas datilografadas.

Atendeu-a o próprio Mário de Andrade, muito alto, de roupão, e num vozeirão muito grosso, a fez entrar. Passou os olhos pela pesquisa.

Muitos anos mais tarde, ela escreveria, imaginando conversar com Mário, então já falecido:

> *"Tinha eu vinte anos e pensava que sabia escrever. O mundo era inteirinho meu, largo, imenso, doação. E quanto me devia o mundo em troca, talvez, de quanto me fora retirado! Então escrevi a carta. Nela dava conta de algumas coisas que estava fazendo, que para mim, evidentemente, eram muito importantes. Devo lembrar-lhe de que se tratava de uma pesquisa sobre o Demônio, vivo e atuante no meu Vale do Paraíba. Trabalho sem técnica nenhuma. Acabei descobrindo que aquilo lá era folclore - e tal ciência me era desconhecida. Consultava livros misturando-os de maneira inconcebível. Havia os mestres, sim, havia, mas em meio de muito refugo. Da linguagem nem é bom falar. A sua resposta chegou dois dias depois, dois dias, não mais, escrita à mão, num cursivo elegante, correta, certinha, você me tratando de Senhora Dona. E ali vinha uma grande lição de honestidade*

intelectual: "Muita gente pensa" – dizia você – "que Folclore é pra gente se divertir."

O pior é que estava mesmo me divertindo.

Fui à sua casa. Você me convidou. Leu o que eu escrevi e disse: 'Essa linguagem...'"

Foi a primeira de várias visitas, ao longo de alguns anos, com grandes intervalos entre elas, porque:

"Você tinha percebido, creio, que eu não era de muito falar. Reescrevi tudo. Alinhei considerações. Conduzi raciocínio. Terminava com uma pergunta: "Está claro o entrosamento de tradições?" Você leu tudo. Até o fim, atento, minucioso. Voltou a uma página já lida. Ergueu aqueles olhos castanhos, insondáveis. Confirmou, como se fosse o fim de uma conversa: "Está claro."

Ruth escreveu, na coletânea "Cartas a Mário de Andrade", organizada pelo crítico literário Fábio Lucas, uma epístola ficcional a que chamou "Esta é a segunda carta que lhe escrevo":

Mário:

Preciso me justificar por tê-lo procurado em certa ocasião, impertinente, com algumas obrinhas de somenos, quando você costumava estar tão ocupado, e quando tão pouco tempo lhe restava para viver.

Primeira justificativa:

Eu soube que você jamais deixava de responder a uma carta, fosse de quem fosse, e que acolhia, fraternal, os novos. Assim, antes de o conhecer, recebia a primeira de todas as lições que me seriam dadas: se alguém bater em sua porta, não consinta que o faça em vão.

Segunda justificativa:

Eu não conhecia ninguém, a não ser dos livros, lidos no silêncio da noite, no meu quartinho de dois passos de largura, sublocado nos fundos de uma casa de família. Lia, depois de um dia inteiro batendo listas de cobrança e calculando colunas de algarismos nos borderôs de bancos. Sozinha, nem parentes nem amigos e, pobre de doer, de dinheiro e de tudo o mais (nessa grande São Paulo). Ao mesmo tempo, rica de uma certeza, de uma presciência, de uma esperança, que sei eu? sonhando os sonhos mais doidos. Viver, sempre aceitei como uma grande aventura.

(...)

Você um dia me perguntou: Conhece aquele farmacêutico, o carimbamba da drogaria Baruel? E, como eu olhasse pra dentro, a ver se encontrava o homem na lembrança: é criatura muito vivida. Ele sabe das coisas. Está na área em que você está: interiorana e rural. Como é mesmo o nome dele?

A pergunta não era para mim, está visto.

Saí uma ou duas horas depois. E você:

- Se falar com ele...

- Sei, o carimbamba – interrompi sem muita cerimônia -. É muito fácil encontrar a Baruel. Eu passo por lá todos os dias. Na última esquina da Rua Direita, como quem vai para a Sé...

- Não vá contar que eu me esqueci do nome dele!

Ruth Guimarães frequentou a casa de Mário de Andrade por muito tempo. Conheceu-lhe a biblioteca, Sônia e José Bento. Aprendeu com ele a reconhecer fontes de pesquisa, a identificar os mestres, aprendeu técnicas de coleta, de pesquisa direta, de referência. Encadeamento, entrosamento de tradições. Aprendeu mais. Honestidade literária, cuidado com os sentimentos dos outros.

Principalmente, aceitou a recomendação. Passando pela Drogaria

Baruel, à noitinha, entrou. Lá encontrou o já amigo Edgard Cavalheiro. E virou frequentadora. Amadeu de Queiroz, descendente distante de Eça de Queiroz, era farmacêutico prático (por isso a designação de curandeiro – carimbamba – que ele próprio se atribuía), mas também contista e romancista festejado na década de 1940 – em 1955 chegaria a ser eleito para a Academia Paulista de Letras, mas morreria, aos 80 anos, antes de tomar posse. O escritor mineiro Eduardo Frieiro publicou interessante artigo sobre Amadeu de Queiroz, com o título "De carimbamba a romancista", no jornal Correio da Manhã, em 1963.

O "velho Amadeu", como Ruth carinhosamente se referia a ele, estadeava de líder de um grupo de escritores que, todas as tardes, se reunia nos fundos da farmácia para falar de literatura, de novos escritores e de política cultural. A esse grupo compareciam autores maduros, como Silveira Bueno, Afonso Taunay e até o compositor Rossini Camargo Guarnieri, outros já entrados na casa dos trinta anos, como Edgard Cavalheiro, Domingos Carvalho da Silva, Mário Donato e eventualmente Nelson Werneck Sodré, e outros mais jovens, como Fernando Góes, Mario da Silva Brito, Paulo César da Silva. E Ruth, jovenzinha, que ouvia mais do que falava.

Ruth quase desistiu de São Paulo, em 1941. Os irmãos Rubem e Paulo moravam com ela e dela dependiam completamente – dois outros irmãos mais novos tinham ficado com os avós, em Cachoeira. Ruth trabalhava numa empresa de importação, Belmiro N. Dias & Cia., e o salário não era suficiente para pagar contas. Ela contava que tinha duas saias e cinco blusas e ia alternando figurinos. Na época, era hábito cavalheiresco que um homem se oferecesse para pagar a passagem do bonde. Ruth aceitava, às vezes, e a economia lhe permitia um lanche no meio da tarde. Desesperou-se e, desacorçoada, como se definia, escreveu para o então prefeito de Cachoeira Paulista, Agostinho Ramos, que já fora o prefeito durante a revolução de 1932, e que conhecia bastante bem sua família. Segue o teor da carta:

São Paulo, 16 de janeiro de 1941
Ilmo. Sr. Agostinho Ramos
Cachoeira

Prezado Sr.:

Venho à presença de V. S. solicitar-lhe o obséquio de informar-me se posso contar com a generosidade de V.S. no sentido de me arranjar colocação na Prefeitura, ou em qualquer repartição onde V. S. exerça influência.

Estou trabalhando numa Companhia em São Paulo, mas prefiro ir para essa localidade, devido à idade avançada de meus avós; temo que algo desagradável aconteça, e eles estão sozinhos com as crianças. V. S. me compreende, não é verdade?

Desejo que V. S. não leve em conta esse motivo, de ordem puramente particular, mas conto para advogar minha causa, com dois anos e tanto de prática em assuntos de contabilidade em geral, correspondência comercial e bastante prática em datilografia.

Rogo-lhe a fineza de não levar essa decisão ao conhecimento de meu Avô. Queria fazer-lhe uma surpresa, se fosse possível.

V. S. poderá colher informações acerca de minhas aptidões, caso seja necessário, na firma BELMIRO N. DIAS & CIA., Caixa Postal 680, São Paulo.

Antecipadamente grata por qualquer resolução de V. S. em atenção a este pedido.

Sou de V. S.
Am. Amra. Obrg.

Ruth Botelho Guimarães

Agostinho Ramos não encontrou maneiras de a auxiliar. A saída, para Ruth, foi tratar de mudar de emprego, e conseguiu colocação no Laboratório Torres, uma potência farmacêutica da época. Ganhando um pouco mais, a vida ficou um pouco mais leve.

Mas andava preocupada com a irmã. No final de 1939 tinha morrido, de um mal súbito, o professor Américo, padrinho de Honória, a Norinha, em Itajubá. Português, o que significava ser estrangeiro e, portanto, sem qualquer direito trabalhista, Norinha e Dona Arminda, a madrinha já velha, ficaram sem renda. Aos poucos, tentando sobreviver, pagar aluguel e manter Norinha na escola, Dona Arminda foi vendendo seus pertences mais valiosos, herança de família trazida de Portugal. Sem perspectiva de nada, tiveram que deixar Itajubá e foram morar com a Ruth, em São Paulo. Mais duas bocas, mais compromissos. Ruth assumiu sem restrições e sem lamúrias. Pulava cedo da cama. Cuidava da casa, preparava os irmãos Rubem e Paulo para o trabalho e para a escola, arrumava a casa e o almoço, arranjava jeito de escrever um pouco, ir a bibliotecas. Tinha muita coisa em preparo, inclusive um livro de poesias. Pretendia concorrer ao Prêmio Fábio Prado com um ensaio sobre os espíritos do mal, aquele mesmo material produzido com a orientação de Mário de Andrade. Mas as visitas a Mário de Andrade precisaram ser adiadas.

Trabalhar, estudar, acompanhar os irmãos não lhe deixavam grandes folgas para ser dedicar a revisar os textos, buscar fontes indicadas pelo mestre Mário de Andrade, relatar com método de pesquisa. O tempo, nosso algoz, foi passando, e a obra avançava devagar.

Promovida a chefe de administração do Laboratório Torres, Ruth tornou-se responsável pelos arquivos, correspondência, pagamentos e cobrança. Trabalhava de uma da tarde às sete da noite. Comandava com mão de ferro um grupo de funcionários. Com a anuência dos patrões, levou Norinha para ajudar no escritório. Um salarinho a mais. Bem que a menina de 15 anos tentava desempenhar o trabalho, mas não tinha a desenvoltura da irmã. Catava milho no teclado da máquina de datilografia, preenchia formulários, mostrava para Ruth. Ela olhava por dentro das lentes dos óculos, achava erros, amassava o papel e jogava no lixo, mandava refazer. Norinha acatava, refazia, errava de novo, até fazer tudo direito.

Dona Arminda ficava sozinha em casa. Lastimava a sua sorte madrasta. Sentia falta de Itajubá, não se conformava. Emagreceu, dormia mal. Às oito da noite ia para o ponto de ônibus, para esperar a afilhada e Ruth, que chegavam do trabalho. Os ônibus da época demoravam, não tinham horário muito definido, e a pobre velha ficava tiritando, sob a garoa da Penha de França, à espera. Definhava.

No começo do ano seguinte, o governo de São Paulo abriu concurso para uma vaga de escriturária no Ipase, o Instituto de Previdência e Aposentadoria dos Servidores do Estado, autarquia que fora criada em 1938 (mais tarde, em 1977, seria extinta e incorporada ao INPS – Instituto Nacional de Previdência Social). Imaginando que Norinha pudesse conquistar um emprego mais bem remunerado, Ruth a inscreveu no concurso. Na véspera do dia das provas, percebeu, porém, uma cláusula passada desapercebida: Norinha estava com 16 anos, e a idade mínima para o concurso era de 18. Ruth não se apertou. Pediu uma alteração na inscrição para o seu nome e foi ela mesma prestar o concurso. Passou em primeiro lugar.

Tomou posse e passou a dar expediente das oito da manhã ao meio-dia no Ipase. De lá, seguia direto para o Laboratório Torres, Norinha com ela.

A saúde de Dona Arminda, entretanto, preocupava. Numa quinta-feira de manhã, Norinha, aos 16 anos, pegou o expressinho, o trem que ia para o Rio de Janeiro, saindo às seis da manhã. Ao meio-dia estava em Cachoeira Paulista, de lá seguiu para Cruzeiro e fez baldeação para a Rede Mineira de Viação, embarcando no trenzinho que subia a serra da Mantiqueira para as Minas Gerais. No mesmo fim de tarde, foi procurar um antigo amigo do padrinho, o comerciante Maurício Kaiserman, um judeu alto, inteligente, de olhos e cabelos muito claros, sorridente. Construía casas e tinha comércios. Ela explicou a situação em que se encontrava e perguntou se havia um trabalho, no seu escritório, em que pudesse ser aproveitada. Maurício abriu os braços, num gesto amistoso, e disse:

- Quer começar amanhã?

Norinha quase desfaleceu de alegria. Avisou apenas que teria que voltar para São Paulo, antes de começar a trabalhar, para se desligar do antigo emprego e fazer as malas. Ficou acertado de ser contratada a partir da semana seguinte. Acomodou-se na casa de uma amiga de escola e, bem cedo, de manhã, fez o caminho inverso. Reuniu os pertences, poucos, despediu-se do emprego e dos irmãos e voltou para Itajubá, com a madrinha. De lá nunca mais saiu. Estudou contabilidade, evoluiu no emprego e cuidou da madrinha até a morte dela. No momento em que este livro é escrito, tia Norinha tem 96 anos, está lúcida, ativa, alegre e feliz. É a única remanescente de todos os irmãos de Ruth.

Ruth sonhava construir uma casa nova para os avós. Chegou a mandar fazer uma planta.

Faltou contar que Ruth era esportista. Jogou basquete pela equipe do Corinthians. Era canhota, por isso difícil de os adversários marcarem. Também participou da equipe de remo. Zizinho, o primo, era seu companheiro. Naquela época, o Tietê era navegável e limpo.

Em pé: Honória, dona Arminda, Maria (mãe de Zizinho) e Ruth. Agachados: Paulo e Rubem. São Paulo, 1942. (Foto Botelho Netto).

Planta da casa que Ruth queria construir para os avós, em 1947. (Acervo Instituto Ruth Guimarães)

Zizinho remando no Rio Tietê. 1942. (Acervo Instituto Ruth Guimarães)

No tempo da Baruel

Como dizíamos, por essa época, Ruth foi frequentar a Drogaria Baruel, cujo dono era o afamado escritor, mineiro de Pouso Alegre, Amadeu de Queiroz, que reunia em seu estabelecimento os jovens e os não tão jovens escritores paulistas para rodas de conversa. Atrevida, passou a frequentar os encontros, depois do trabalho. Sobre o velho amigo, escreveu, no prefácio da reedição do livro dele, "Histórias quase simples", o texto a seguir.

Velho Amadeu, o carimbamba

Tinha Amadeu de Queiroz completado meio século, quando Plínio Salgado o descobriu, encaminhando-o com todas as honras e todas as deferências, logo de início, para o editor Monteiro Lobato.

Velho Amadeu caiu muito depressa do seu sonho. Nem bem saiu "A Voz da Terra", a lírica, a linda, a emocionante, a suave "A Voz da Terra", a editora faliu. Todos os livros foram por assim dizer, despejados nas calçadas. Cada livro era vendido a dez tostões. Antes dele, Amadeu de Queiroz escrevera "Sabina" e "Os Casos do Carimbamba". Depois dele: "João", livro que tem uma perfeição linguística e temática de cristal e água pura. "Quarteirão do Meio", pela Editora Globo, "A Rajada" saiu pela Saraiva na coleção "Livro do Mês", e o livro de memórias – "Dos 7 aos 77" também foi publicado pela Saraiva.

Dizem que os livros e contos de Amadeu de Queiroz são amargos, mas discordo. Têm a sua realidade, a força, plasmados que foram em vivência e experiência nem sempre agradáveis. Mas contêm uma bela mensagem de esperança, de otimismo, de fé no homem em si e nas conquistas do espírito. Corações compassivos não faltam na obra de Amadeu, que é um bom.

O governo de Minas, em 1954 houve por bem fazer justiça à Literatura e se portou de modo lírico e sábio. Recomendou "A Voz da Terra" como livro de leitura nas escolas. Grande vitória para o autodidata, que teve na escolinha do avô Policarpo, em Pouso Alegre, a primeira e única escola de sua vida. Não conheceu outra nem outro professor.

No entanto, a Roda da Baruel era uma verdadeira escola de literatura. Velho Amadeu exigia dos moços, em primeiro lugar, a vivência. Sem o conhecimento vivido, nada feito como obra de arte.

-Mas viver todas as coisas? Isto é existencialismo, - dizíamos, na ânsia das generalizações fáceis e falsamente eruditas.

E velho Amadeu, antecipando Somerset Maugham, com uma deliciosa cor mineira:

- Pra saber o gosto da leitoa você não precisa comer uma inteira. Uma costelinha chega.

Em segundo lugar, na questão da ordem, e não da importância, vinha a tremenda, a acirrada questão do ponto de vista, da posição do escritor, da debatida questão da linguagem.

- Se você estiver falando, você, como escritor, a língua tem que ser correta. Na fala, no diálogo, você põe as deturpações que ocorrem naturalmente.

Eu dizia isto ao mesmo tempo em que Mário de Andrade, numa ousadia espaventada, confirmando e afirmando Macunaíma, em plena linguagem escrita de crítica e outros assuntos igualmente graves, escrevia "milhor", escrevia "pensamentear", e outras enormidades que arranhavam a grossa epiderme do burguês.

Amadeu de Queiroz era, sem favor, a melhor língua de São Paulo, e colocava-se resolutamente do lado da lingua-

gem castiça. Rezava pela cartilha de Eça, tinha a religião da perfeição da forma e a ela sacrificava um pouco a poesia e a emoção. Verdade é que de sua pena saíam primores marmóreos, mas também me escrevia, com deliciosa simplicidade: "... e sempre que se sentir contente com a vida, e tiver vontade de se expandir, como gostam de fazer todos os contentes, escreva-me contando o que lhe aconteceu, porque me alegra participar do seu contentamento."

Amadeu de Queiroz representa na moderna literatura alguma coisa que já perdemos: a claridade, o plano, o perfeito, o solar. Como ele, temos Gilberto Amado, um grego dos nossos dias. Na opinião de Amadeu, Mário de Andrade se havia perdido por excesso de pragmatismo, coisa tão fora das cogitações de Amadeu como o inverso, o sentimento puro. Nele está o equilíbrio clássico, e tão faltos de equilíbrio andamos, nós os pobres escritores lunares de agora!

Outro de seus cavalos de batalha era o método. Sentar e escrever, dizia ele. Duas horas por dia. Eu que sou velho, escrevo duas horas por dia, todos os dias. Escrevia sim, com aquela letrinha caprichada, inclinada para a direita, legível, letra que não parecia nem com os garranchos de um escritor, nem com os rabiscos de um farmacêutico. Não jogar nada fora, dizia também. Guarde. Servirá para você traçar a história do seu espírito.

Creio, no entanto, que muito poucos de nós estariam preocupados com o espírito. Éramos juventude turbulenta, tentando voo, que importava o espírito? O grupo do Roteiro estava todo ali, na drogaria, vindo fragmentado, um pouco na hora do almoço, um pouco à noite. Muitos se filiavam ao materialismo histórico. E andávamos todos ansiosos por um rumo qualquer, que não precisamente o caminho do espírito. A esses entusiasmos, Velho Amadeu opunha o seu frio racionalismo:

- Não sou patriota, nem democrata, nem adiantado, não acredito em propaganda, não confio em técnicos, não entendo de esportes, nem de Sociologia.

Era uma boa frase e ele adorava frases. Faria inimigos para não perder a deixa de dizer uma. Tinha a pachorra de as anotar, quando ele próprio fazia uma que o agradava, e, um dia, me mostrou o caderno cheio delas.

Ruth Guimarães e Amadeu de Queiroz, em 1948. (Foto Botelho Netto)

As visitas à casa de Mário de Andrade foram rareando. Um dia, na farmácia, Amadeu de Queiroz lhe disse: "Mário anda perguntando de você. Palavras dele: 'Por que aquela menina não voltou aqui? Achei uns defeitos na escritura do que ela me apresentou e ela reagiu à altura'."

Elogio altíssimo, a que Ruth não deu a devida importância na época. Mas tinha aprendido duas verdades: uma, que só tem direito de errar quem sabe o certo; a outra, é que o certo ela mesma é que deveria encontrar.

Carta de Mário de Andrade

S. Paulo, 19-IV-1944

Sra. Ruth Botelho Guimarães

Acabo de receber e ler a sua carta e o seu capítulo sobre o Diabo. Antes de mais nada, lhe agradeço muito com as referências generosas que a Sra. faz à minha pessoa e a confiança que depositou em mim. Mas por causa desta confiança e do que a Sra. acredita que eu possa ser, me vejo obrigado a lhe confessar com lealdade que não pude apreciar muito a feição que, por este capítulo, a Sra. parece dar ao seu livro. O material aproveitado é quase sempre de grande interesse, mas eu creio que não foi aproveitado com muito método. Folclore é uma ciência com métodos próprios, como a Sra. bem sabe, e aí é certo que a feição literária, que foi dada a este capítulo, pode divertir "esteticamente" a um grande número de leitores; aos sociólogos, aos folcloristas, aos estudiosos o seu livro será pouco útil e eles lamentarão, por certo, tanto material desperdiçado. Ainda recentemente, D. Heloísa Alberto Torres, diretora do Museu Nacional, comentava comigo as coleções etnográficas riquíssimas de índios brasileiros que dadas ao Museu e totalmente inúteis como objeto de trabalho, porque o material fora mal colhido. A Sra. me garante possuir só sobre o Diabo material folclórico que daria para umas 300 páginas de texto. Isso é realmente uma riqueza, ou pelo menos parece. Tudo depende da maneira como foi colhido e a maneira com que será aproveitado. Para lhe mostrar pequenos e só alguns defeitos deste seu capítulo, a Sra. não indica nem onde, nem quando, nem de quem colheu a história da expulsão de Luzbel do céu, cita provérbios como "Falou no Diabo, apareceu o rabo" sem lhe citar a variante "Falai no mau, aparelhai o pau" e coisas assim. Além do defeito principal de amontoar num só capítulo, sem o menor método, eufemismos do Diabo, provérbios, lendas, anedotas, superstições.

Eu creio que o material que a Sra. colheu precisa e poderá ser muito bem utilizado. Aliás, talvez, até já esteja bem utilizado e com método, porque infelizmente nada sei sobre a Sra., se é apenas amadora, ou é estudante de alguma das nossas escolas superiores. E nem a Sra. me expôs na sua carta, qual é a organização do seu livro, quais os assuntos dos capítulos, nada. Pode bem ser, portanto, que num simples capítulo de introdução, por ser introdução apenas, a Sra. tivesse dado uma visão geral do assunto com a sua ressonância no povo, com leveza, e depois, nos capítulos seguintes, metodizasse e aprofundasse criticamente o material colhido.

Eu terei muito prazer em auxiliá-la, para que a Sra. valorize ao possível o seu trabalho de colheita. Si é que a Sra. não é dessas pessoas apressadas e mais ou menos levianas, que pensam que Folclore é pra gente se divertir. Tenho algum material sobre o assunto que poderei até lhe ceder, em parte, porque certamente não o poderei aproveitar como a Sra., pois não sou especialista do Diabo nem dos diabos. O melhor seríamos ter uma entrevista mais prolongada, para que eu possa lhe sugerir algumas orientações possíveis. Caso a Sra. esteja de acordo, lhe peço me telefonar para 5.5410, qualquer dia, das 12 às 13 horas. Mas só depois do dia 25, pois já estou com as minhas horas tomadas até esse dia. Entre dia 25 e 31 deste, pois nos começos do mês próximo devo estar no Rio até 12 ou 15.

Muito cordialmente,

Mário de Andrade

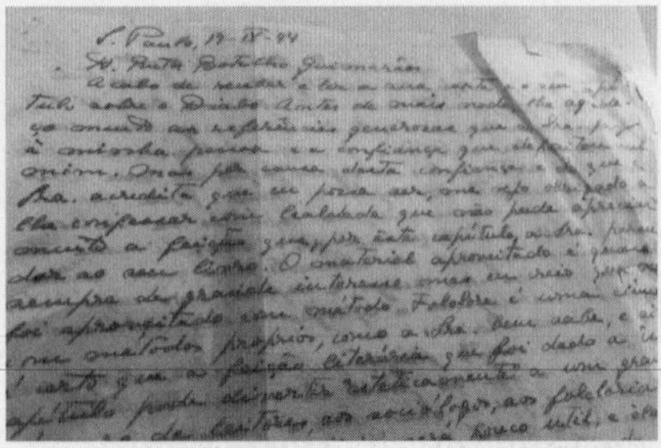

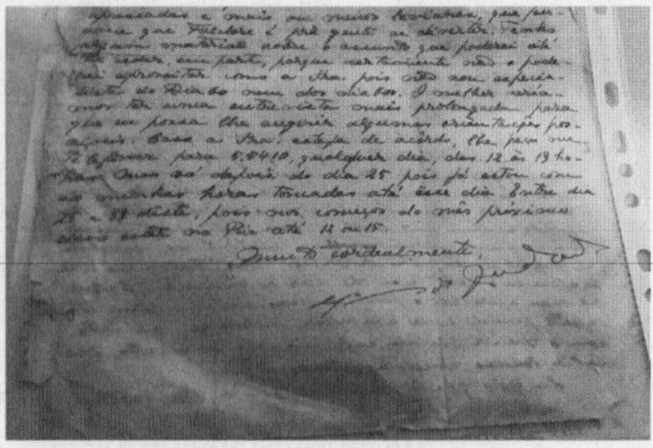

Carta de Mário de Andrade a Ruth Guimarães. São Paulo, 1944.
(Acervo Instituto Ruth Guimarães)

Devemos lembrar que foi o chamado "Grupo da Baruel" que inventou o jornal literário "Roteiro", do qual Ruth participou, como contamos, da quarta edição. Segundo Antonio Candido, companheiro de Cid Franco no Partido Socialista Brasileiro e cofundador do jornal, o nome "Roteiro" era ambicioso e sério, como outros periódicos da época, como Rumo, Clima e Problemas.

Ruth se lembra de vários outros participantes do grupo, que também ficaram seus amigos: os irmãos Jorge e James Amado e o primo Gilberto Amado, Paulo Pereira da Silva, Marcos Rey. Reuniam-se nos fundos da drogaria, onde funcionava um depósito, e em geral tratavam do livro mais recente lançado nas livrarias, e a conversa resultava em fecunda crítica literária.

Sobre as reuniões na drogaria, pesquisou Lúcia Helena Gama, em seu livro "Nos bares da vida: produção cultural e sociabilidade em São Paulo, 1940-1950":

> *Enquanto alquimistas buscam sintetizar fórmulas do bem viver público, alguns nativos da província, agregados a migrantes internos, vivem a pacata tradição interiorana de*

transformar a farmácia num ponto de encontro. Ali sentados, em um ou dois bancos, jornalistas, intelectuais e professores discutem livros novos e passam a limpo a prosa da semana.

O Grupo da Baruel era um dos espaços de sociabilidade intelectual de São Paulo daquele momento, como aqueles outros ligados à Livraria Jaraguá, à Confeitaria Vienense e ao Clubinho. Distinguiam-se, de certo modo, pelo autodidatismo, porque Cavalheiro, Guarnieri e Góes não possuíram diploma universitário. Jamil e Silva Brito obtiveram diplomas universitários, de medicina e direito, respectivamente; nenhum dos dois, no entanto, seguiu a carreira. Formaram-se intelectualmente como autodidatas, atuando em periódicos. O Grupo da Baruel também pode ser caracterizado como boêmio. Como as redações dos jornais iniciavam seus turnos no final da tarde, fechando a uma ou duas horas da madrugada, os trabalhadores das letras tinham outras profissões durante o dia e de noite exerciam atividades nas redações. Depois disso saíam para comer e beber. Num contexto desses, segundo os registros mais ou menos informais do período, resistir à boêmia parecia se afigurar tarefa complicada.

Ruth Guimarães se referiu a essas tertúlias no prefácio que escreveu para o livro "Histórias quase simples", de Amadeu de Queiroz, lançado em 1963:

- Era uma desordem. Entrava e saía gente e às vezes tínhamos só cinco minutos para ficar, em pé, encostados no balcão... De vez em quando aparecia uma cadeira. O pessoal que formava a Roda da Baruel era composto de moços, tudo gente trabalhando, a maioria vegetando em empregos modestíssimos. Edgard Cavalheiro, grande amigo de Amadeu, era conta-correntista num banco, Mário da Silva Brito, que

lembrava um viquingue adolescente, ainda era estudante. Fernando Góes, considerado o menino de ouro e a grande esperança do momento, Boa Noite, Rosa!, andava de um jornal para outro. Joaquim Maciel era funcionário da Secretaria de Segurança. E vinha James Amado, e vinha Paulo César da Silva, e Mário Donato e Nelson Palma Travassos e Nelson Werneck Sodré, e Sérgio Milliet e muitos outros. Havia pracistas, empregadinhos de escritório, uns evoluíram para escritores, outros involuíram para escriturários. Tiravam umas aparas de tempo de horário do almoço, geralmente, e o movimento se tornava um lufa-lufa, entre dez e meia e duas, um entra-e-sai, um falatório. Alguns fregueses olhavam espantados, fazendo com as sobrancelhas a muda interrogação. E então, mudamente também, os balconistas encolhiam os ombros, pois que sabiam eles daquele atropelo todo, daquela falação, daquela algazarra? Numa ocasião um dos caixeiros da drogaria, tendo surpreendido não sei que conversa e tendo entendido sabei-me lá o quê, informou a um comprador, num sussurro inconfidente: "São maçons..."

Oswald de Andrade pretendeu transformar o grupo na "Academia Baruel", conforme nos conta Mário da Silva Brito, no seu livro "Diário Intemporal", de 1970. Seria uma Académie Goncourt, para se contrapor à então decadente Academia Paulista de Letras. Diz Mário da Silva Brito que eram frequentadores costumeiros: Antonio Constantino, Fernando Góes, Genauro Carvalho, Gilberto Amado, James Amado, Jamil Almansur Haddad, João de Araújo Nabuco, Joaquim Maciel Filho, Jorge Amado, Mário Donato, Maurício Moraes, Maurício Loureiro Gama, Nelson Lobo de Barros, Nelson Palma Travassos, Nelson Werneck Sodré, Orígenes Lessa, Paulo Zingg, Sérgio Milliet. Mário de Andrade aparecia muito raramente. Naquele período, Ruth Guimarães era a única mulher a participar.

Sílvio D'Onofrio, na sua tese de doutorado em História pela USP, menciona uma fala de Amadeu de Queiroz, a respeito das pessoas que frequentavam a Drogaria Baruel: "os que iam, os que iam me ver, ver uns aos outros, ser vistos, os daqui e os de fora, os infalíveis, os assíduos e os de passagem". Sílvio D'Onofrio conseguiu uma lista tanto quanto possível completa dos participantes da "Roda da Baruel", desde o começo: Afonso de Taunay, Agripino Grieco, Alcântara Silveira, Alice Camargo Guarnieri, Antônio Constantino, Antônio Rangel Bandeira, Araújo Nabuco, Augusto Baillot, Aureliano Leite, Bento Bueno de Morais, Bráulio Sanchez-Sáez, Brito Broca, Cândido Fontoura, Carlos Burlamaqui Kopke, Ciro Pimentel, Claret Costa, Cleómenes Campos, David Antunes, De Plácido e Silva, Domingos Carvalho da Silva, Edgard Cavalheiro, Edmundo Rossi, Fernando Góes, Flávio Pires de Campos, Francisco Azzi, Gabriel Marques, Galeão Coutinho, Genauro de Carvalho, Heraldo Barbuy, Herculano Vieira, Hildebrando de Lima, Ildeu Brandão, Jaime Adour da Câmara, Jayme Pacini, James Amado, Jamil Almansur Haddad, Jerônymo Monteiro, Joaquim Maciel Filho, João Afonso, João Felizardo, João Lúcio Brandão, João Luso (Armando Erse), Joel Silveira, Jorge Canaan, José Almiro Rolmes Barbosa, José Bento Faria Ferraz, (Padre) José Bueno de Castro Nery, José Testa, Judas Isgorogota, Leão Machado, Léo Vaz, Leonardo Arroyo, Lygia Fagundes Telles, Manoel Domingues, Manoel Viotti, Marcos Rey, Mário Casasanta, Mário da Silva Brito, Mário de Andrade, Mário Donato, Margarida Izar, Maurício de Moraes, Maurício Loureiro Gama, Mauro de Alencar, Miroel Silveira, Monteiro Lobato, Nelson Lobo de Barros, Nelson Palma Travassos, Nelson Werneck Sodré, Odilon Negrão, Orígenes Lessa, Oscar Mendes, Oswald de Andrade, Otacílio Gomes, Paulo César da Silva, Paulo Zingg, Pedro Calmon, Pedro Saturnino, Plínio Salgado, Rosário Fusco, Rossine Camargo Guarnieri, Rubem Rocha, Rui Bloem, Ruy Arruda, Ruy Ferreira, Ruth Guimarães, Sérgio Milliet, Silveira Bueno, Silveira Peixoto, Sylvio Floreal, Tito Batini, Viegas Neto, Violeta de Alcântara Carreira e Wellington Brandão.

Descobrimos que, nessa época de visitas à Drogaria Baruel, Ruth namorou Domingos Carvalho da Silva. Muito mais tarde, Hernâni Donato me disse várias vezes, na frente dela, durante reuniões da Academia Paulista de Letras, que também tinham sido namorados – ela sorria, não confirmava e não negava. Sorria.

Continuava a escrever. E a publicar. Ainda era Ruth Botelho Guimarães (quando se casou com o primo, José Botelho Netto, em 1949, apenas inverteu os sobrenomes).

Em 1942, participou, com Mário de Andrade, Menotti del Picchia, Sérgio Buarque de Hollanda, Décio de Almeida Prado, Fernando Azevedo e vários outros escritores, da criação da Sociedade Paulista de Escritores, que mais tarde se fundiria com a Associação Brasileira de Escritores (ABDE), criada por Jorge Amado e Pelegrino Júnior, formando a UBE – União Brasileira de Escritores, cujo primeiro presidente foi Sérgio Milliet, tendo como vices Mário Donato e Paulo Duarte.

Nessa época, fez amizade com a atriz Ruth de Souza, sua amiga de toda a vida – a ela fui prometido como afilhado, mais tarde (o padrinho seria Fernando Góes), o que não seria concretizado por causa de sua mudança para o Rio de Janeiro.

Com as amigas de juventude, a atriz Ruth de Souza e a escritora Edy Lima. São Paulo, 1942. (Foto Botelho Netto)

Ainda em 1942, contribuía com a Revista Walkyrias, do Rio de Janeiro, com textos que tratavam de folclore. Na edição de maio daquele ano, publicou o que seria um prenúncio de "Os Filhos do Medo".

DIABO NO folclore brasileiro

escreveu RUTH BOTELHO GUIMARÃES

O diabo está, atualmente, um tanto decadente. Decadente e, o que é pior, desmoralizado. Aqui, na cidade bem iluminada, com anuncios decorativos a Neon e desperdicios de luz, dá-se a gente ao luxo de usar-lhe o nome como pejorativo como simples exclamação de enfado, como interjeição, e até como diminuitivo carinhoso. E' diabo de vila, para cá; filas de diabo, para la; um barulhão de mil diabos; pobre diabo!; diaba!; diabinho!. Compara-se: esperto como o diabo, feio como o diabo, devertido como o diabo; e até bom (sic) como o diabo é um desbarato total. O diabo entrou nas frases de uso corrente: levado do diabo, levou-o o diabo, que diabo! Pintou o diabo, é o diabo. Diabo é um nome que já não tem valor. Multiplicou-se o seu sentido. Vulgarizou-se. Deturpou-se. Já não quer dizer mais nada. E' um desrespeito dos diabos.

Mas, por esses brasis fora, cheios de tanto gatão pintado, miando ameaças, de tanto mato denso, de tanta escuridão, de tantas luras e tantas tocas, de tantos rios barulhando sertão dentro, de tanta fazendola perdida; por esses sertões desconhecidos, o diabo é um sujeito que mantém o seu prestigio. Prestigio tão absoluto que o nosso caipira nem lhe diz o nome, temeroso de uma possivel aparição. Só o mencionar-lhe o nome tem fóros de invocação. Então, o general chefe dos infernos é o Sujo, o mau, o Tinhoso, o Capeta, o Cão, o Coisarruim, ou simplesmente o Coisa. E tem uma vasta côrte de monstros, comparsaria de suas farsas:

A mula sem cabeça que é "caseira" de padre. Já se viu mula sem cabeça, galopando em estradas ermas, levando no dorso um negro enorme, de capa vermelha e esporas de fogo. O diabo, sem duvida nenhuma. As mulas sem cabeça relincham à meia-noite, nas encruzilhadas e os seus cascos arracam fogo, ao bater nas pedras da estrada. Essas coisas escondem a imaginação popular.

Já ouviram umas risadas assim: ah! ah! ah! ah! ah! ah!, em horas mortas, nas noites de sexta-feira? Coruja cortando mortalha? Não. Parece, mas não é. São bruxas que vêm de Portugal, cavalgando cabos de vassouras. Não é, no entanto, só em Portugal que existem bruxas. Aqui tambem as ha. Quando um casal tem 7 filhas, sem nenhum homem para interromper a série, si a mais velha não batizar a mais nova, uma delas vira bruxa. Quando 7 filhos, um deles, quando o mais velho não é padrinho do mais novo, vira lobishomem. Pertencem ambos à côrte do diabo. Elas chupam sangue de criança pagã e dansam nuas, até o primeiro cantar do galo, todas as sextas-feiras. Eles tomam a forma de cães ou si bem que menos commumente, de porcos. Tambem gostam do sangue de crianças pagãs e cumprem o seu "fadario" até que alguem os machuque, tirando-lhes sangue, quando encantados. Todas as sextas-feiras correm 7 cidades, alimentando-se de excrementos de galinhas; encontram-se com o diabo e não podem ver nem os olhos, nem as unhas de ninguem que não o ataquem. Todo aquele que fôr arranhado por um lobishomem será tambem lobishomem.

Na tradição oral das gentes paulistas, mineira, e naturais da baixada fluminense, colhem-se crenças e casos interessantes sobre o diabo. Aliás, no Estado do Rio é bem maior a coleção de servidores do diabo — os chamados macumbeiros.

O diabo aparece e desaparece numa nuvem de enxofre. Tem pés de cabra, geralmente, chifres e rabo.

Si se fala: "que escuridão!" o diabo responde, do meio das trévas: "mais escura está a tua alma".

O diabo tira a vergonha na hora do pecado e a devolve quando o pecador vai ao padre confessar-se.

Todos os tratos com o diabo têm que ser assinados com sangue.

Quem passa a porta do inferno para dentro, nunca mais sái, mesmo o diabo. Este quando foi precipitado do céu, depois da desobediencia entrou por uma abertura praticada no têto; todas as vezes que deseja entrar no seu dominio, ainda hoje, usa o mesmo caminho.

Quando alguem espirra e ninguem lhe diz: "Deus te ajude"!, fica com o corpo aberto e o diabo entra. O possuidor do demonio precisa então ser exorcismado com rezas e galhos de arruda, ou então ser sovado com um cordão de São Francisco, até o diabo saír. O valor terapeutico dessa medida varia de acôrdo com a força do demonio. Usan-se tambem, com sucesso, esconjuros, sabidos por curandeiros.

Para evitar a entrada do diabo, é melhor trazer um bentinho suspenso do pescoço. Nos orixás, fazam-se cerimonias, com rituais complicados, para fechar o corpo.

O diabo sabe de todas as coisas passadas, todas, todas; mas nada sabe do que está para acontecer.

A quem fica à meia-noite da sexta-feira maior, sob uma figueira brava, ele aparece e ensina a tocar, qualquer instrumento.

Aqueles que já o viram, afirmam que tem barba negra, em ponta, chifres e pés de cabras. Aparece, muitas vezes, sob a forma de um bode preto. Esse figurão é indispensavel nos orixás e conversa com os pais de santo nos terreiros. São reminiscencias africanas do culto do diabo. Os feiticeiros ou macumbeiros, gente que põe mandinga e coisa feita, ajudada pelo diabo, nos inimigos de quem lhes paga bem, são figuras familiares por esse "hinterland" cheio de analfabetas supersticiosos. Aliás, a sobrevivencia dos ritos em que entre esse lendario adversario de Deus, é mera questão de alfabetização.

❖ ❖

De vez em quando o diabo se apresenta sob aspectos inteiramente inesperados. Haja vista o caso em que ele é um advogado, batendo-se pela vitoria da justiça. Um homem, morto de fome, pediu a certa dona de granja que lhe vendesse três ovos. Pagaria quando pudesse. A mulher fritou os três ovos, ele os comeu e partiu. Andou 10 anos fóra, procurando fortuna. Voltou ao cabo deles, rico e foi pagar a divida. A mulher, então, apresentou-lhe uma conta fantastica, em que a parecia o preço de uma centena de gerações de galinaceos, saida daqueles remotos três ovos. Ele se recusou a pagar e o caso foi levado aos tribunais. Foi então que o homem se encontrou com o diabo que se ofereceu para advogado. Nesta historia, excepcionalmente, ele tem pés de pato. O homem reparou nos pés do pato, ficou muito assustado e não queria mais prosa com tal defensor. O diabo garantiu-lhe que não queria nada dele, em troca do auxilio. No dia do julgamento, apareceu muito tarde no tribunal. Admoestado, desculpou-se, dizendo que se atrazara porque ainda tivera que plantar "uma roça" de feijão cozido.

— Feijão cozido? Feijão cozido não nasce.

— Pensei que nascesse — respondeu. — Pois de ovos fritos nascem pintos...

O homem ganhou a demanda e a historia fica nisso. Não se sabe si, desta vez, houve ou não estouros e nuvens de enxofre.

❖ ❖

Ha um diabo de origem indigena, familiar aos sertanejos caboclos: o curupira. Tem o rosto voltado para trás, é muito feio e anda montado num porco espinho. Pita no cachimbo e aí do caçador ou do mateiro que o encontra, si não tiver fumo para dar-lhe!

❖ ❖

Em Minas, o diabo é todo poderoso. Caboclo destemidos, afeitos a tocar tropas por diante, sózinhos, grimpando serros brutos, dormindo ao relenta, ou sob telheiros abandonados, acostumados ao tresnoitar ao pé de fogueiras, acessas para afugentar jaguatiricas famintas; cabras mal encarados, valentões, capangas, gente que tocaia féras em noites feias, pelos carreadores, que resolve velhas pendencias a ponta de faca, gente sem Deus sem lei, — não sái de casa nas sextas-feiras da quaresma, de medo de encontrar o diabo. Principalmente na sexta-feira santa.

Sexta-feira da Paixão, a noite que sucedeu à Agonia, a noite do Pavor, a noite do demonio. Nela o diabo anda à solta, sem freio, praticando tropelias. E' nessa noite, dizem, que a arruda floresce. E quem apanhar um galho de arruda florescida, à meia-noite, consegue ascendente sobre o diabo, que lhe fará todas as vontades.

No sul das Alterosas ha o costume muito generalizado, de trazer cruzes nas portas para afugentar o diabo.

❖ ❖

A figueira, a grande figueira ramalhuda, a que não dá frutos, sempre foi, por influencia das lendas do cristianismo, consagrada ao diabo. E' a sua tenda de campanha. No entanto, entre as populações que beiram o Santa Rita do Sapucaí, em seu traçado sinuoso para o Sul, a figueira vem sendo substituida pelo angico. Sob os enormes angicos de troncos retorcidos, celebram-se os batismo de fogo, os contratos com o rei do mal as dansas com feiticeiras.

❖ ❖

No vale do Paraíba, o diabo, a par de suas atividades apavorantes, adquiriu um aspecto de risonha malicia. Esse lendario Vale do Paraíba é antiga picada de bandeirantes, gente que si fosse temer andar no mato nas noites de sexta-feira, não faria o que fez. Dos ascendentes, desbravadores de mato virgem e encarnecedores de Anhanguera, essa gente ribeirinha herdou o derespeito ao diabo. Mesmo os matutos gostam de o ridicularizar. Fazem-no, às vezes, excessivamente esperto às vezes, excessivamente burro. Compraram o diabo e a mulher, num evidente descaso por ambos. Ha umas quadrinhas musicados, conhecidissimas por aquelas paragens, que começam assim:

"A mulher é um diabo de saia,
Que nasceu para os homens tentar..."

Serão resquicios de algum espalhafatoso entrudo, que, ajustando-se bem ao temperamento das gentes, se firmaram definitivamente em sua tradição.

O diabo, um dia, entrou na cozinha, onde uma mulher fazia o almoço. Disse-lhe que se aprontasse que ia leva-la para o inferno. A mulher respondeu que só iria si ele lhe trouxesse agua do rio. O diabo concordou e recebeu uma peneira para trazer a agua. Porém, por mais que se esforçasse e correse, nem bem dava alguns passos, a agua se escoava toda. E assim, não tendo cumprido a sua parte no trato, ficou muito zangado e deu um estouro, sumindo-se numa nuvem de enxofre.

Deus estava fazendo o mundo e o diabo ficou espiando. Deus fez os passarinhos e soltou-os pelas ramagens, numa festa de plumas coloridas. O diabo, muito invejoso, quis fazer o mesmo. Pegou um pouco do material que sobrou, lidou, lidou, quando acabou tinha feito o sapo.

Deus e o diabo apostaram quem fazia o animal mais veloz. O diabo fez um bichinho leve, foi grudando pernas, foi grudando pernas, foi grudando penas. Mas de 100. Botou o bicharoco para andar e le não fez mais que se arrastar com todo moleza. Deus faz a cobra e ela, sem perna nenhuma, saiu correndo.

Ha versões da feitura da cobra que desmentem essa lenda. Dão-na como inventada pelo diabo.

Em muitos lugares o diabo tem um acentuado senso de humor. Um dia encontrou à meia-noite

Participação na Revista Walkyrias. Rio de Janeiro, 1942. (Acervo Instituto Ruth Guimarães)

Em 1944, fez uma consulta a Afrânio Peixoto, porque pensava incluir uma avaliação psicopatológica dos relatos que registrara de indivíduos endemoniados ou supostamente possuídos por uma entidade maligna. Afrânio respondeu, escrevendo de Paris:

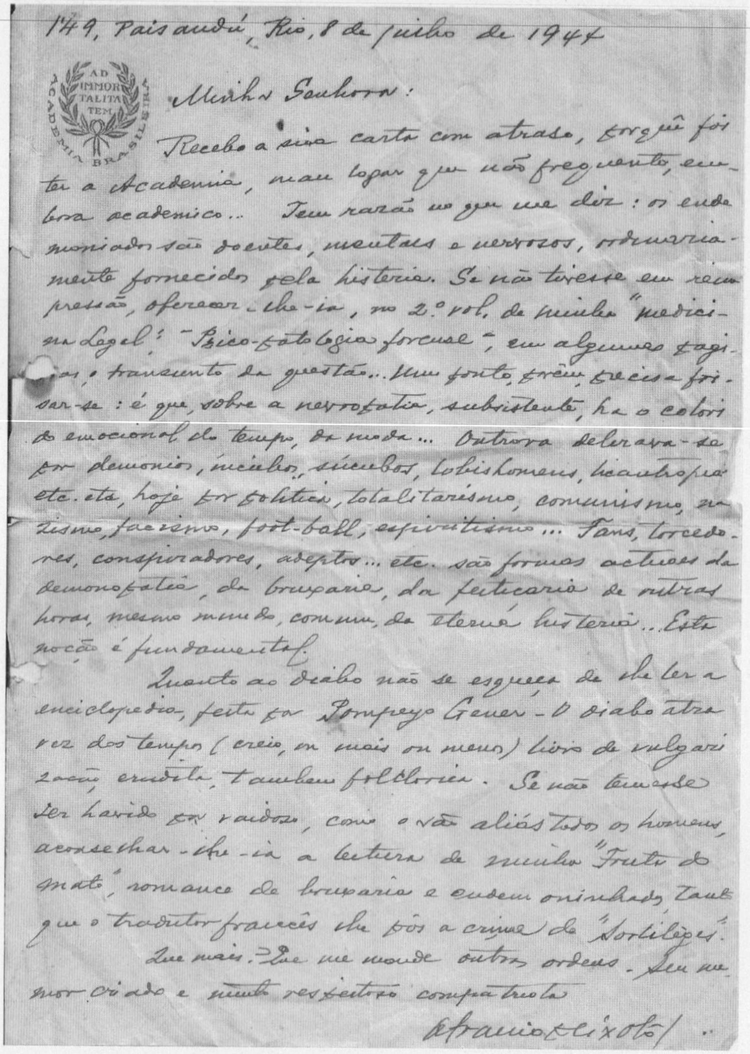

AD IMMORTALITATEM
ACADEMIA BRASILEIRA

149, Paissandú, Rio, 8 de julho de 1944

Minha Senhora:

Recebo a sua carta com atraso, porquê foi ter a Academia, mau logar que não frequento, embora academico... Tem razão no que me diz: os endemoniados são doentes, mentais e nervosos, ordinariamente fornecidos pela histeria. Se não tivesse em reimpressão, oferecer-lhe-ia, no 2.º vol. de minha "Medicina Legal": "Psico-patologia forense", em algumas paginas, o tratamento da questão... Um ponto, porém, precisa frisar-se: é que, sobre a nevropatia, subsistente, ha o colorido emocional do tempo, da moda... Outrora delirava-se por demonios, incubos, sucubos, lobishomens, licantropia etc. etc., hoje por politica, totalitarismo, comunismo, nazismo, facismo, foot-ball, espiritismo... Fans, torcedores, conspiradores, adeptos... etc. são formas actuaes da demonopatia, da bruxaria, da feiticaria de outras horas, mesmo mundo, commum, da eterna histeria... Esta noção é fundamental.

Quanto ao diabo não se esqueça de lhe ler a enciclopedia, feita por Pompeyo Gener - O diabo atravez dos tempos (creio, ou mais ou menos) livro de vulgarização erudita, tambem folklorica. Se não temesse ser havido por vaidoso, como o são aliás todos os homens, aconselhar-lhe-ia a leitura de minho "Fruta do mato", romance de bruxaria e endemoninhados, [illegible] que o tradutor francês lhe pôs a crisma de "Sortilèges".

Que mais? Que me mande outras ordens. Seu menor criado e muito respeitoso compatriota

Afranio Peixoto [illegible]

Carta de Afrânio Peixoto. (Acervo Instituto Ruth Guimarães)

Ruth continuou a burilar com calma o seu projeto, e enquanto isso ia publicando textos em diversos veículos. Um deles foi a revista mensal ”A fauna”, também do Rio de Janeiro. Entre janeiro e junho de 1945, publicou artigos, principalmente sobre elementos da natureza do Vale do Paraíba paulista, como o urubu, a pesca no rio Paraíba do Sul, histórias de formiga e curiosidades sobre o tatu.

Enquanto Ruth trabalhava e produzia textos muito bem aceitos pelos leitores, por algum tempo não conseguia se dedicar com mais ênfase à pesquisa sobre o demônio. Mário de Andrade andava ocupado com a função de diretor do Serviço de Patrimônio Histórico e Artístico Nacional (SPHAN) e com a produção de seu livro (que seria o último) "O empalhador de passarinho". No início de 1945, no dia 25 de fevereiro, aos 51 anos de idade, o mestre teve um ataque cardíaco e morreu. Ruth sofreu a perda e preferiu guardar a pesquisa para voltar a ela mais adiante. Mas a intenção não morreu com Mário. Ruth começou a se corresponder com Luís da Câmara Cascudo, trocando impressões a respeito de manifestações folclóricas que ambos recolhiam, cada um na sua região.

Em 1945, os primos Rubem e José, na tropa de reserva do Exército, foram convocados para a guerra. A convocação chegava publicada em jornais. Rubem namorava Helena, filha da Dona Romana, e estava na casa dela, no dia que o jornal chegou. Lá estavam também Norinha e a madrinha, Dona Arminda. Esta era quem acompanhava pelos jornais, todos os dias, a lista de convocados. Na leitura desse dia, deu com o nome dele e tremeu. Baixou o jornal para o colo, olhou por cima dos óculos e, para confirmar o que temia, perguntou ao Rubem, que estava sentado em frente a ela:

- Ó Rubem, como é que te chamas?

O caso, naturalmente, virou anedota da família.

Rubem e José ficaram acantonados no batalhão que funcionava no bairro do Glicério, em São Paulo, depois seguiriam para o embarque. Enquanto aguardavam, Rubem foi ao hospital do Exército, queixando-se de dores na garganta. Conseguiu uma operação para retirada das amígdalas. Em seguida arranjou que lhe fosse operado o nariz, para correção de um desvio de septo. Ou seja, ficou no hospital todo o tempo da convocação.

José saiu de Santos, embarcado, para fazer escala no Rio de Janeiro, onde se juntaria às tropas que seguiriam para a Itália. Nem chegaram a zarpar da capital. A guerra acabou antes. E Rubem nem embarcou. Mais tarde contava, divertido, como havia escapado de ir para a guerra. E Dona Arminda:

- Que soldado tu serias, não? Sim senhor!

Nessa época, Ruth já namorava o primo José, o Zizinho. Ele, muito alegre, tocava violão com um grupo de amigos no bairro da Vila Esperança, em São Paulo, um dos quais era Walter Casagrande, pai do jogador de futebol que faria a Democracia Corintiana, junto com Sócrates, Zenon e Vladimir.

O velho Botelho, quando soube do relacionamento dos dois, disse para a neta:

- Tu vais casar com aquele teu primo boêmio? Depois não te queixes...

“Não escrevo mais”

Voltemos um pouquinho no tempo. Em 1940, antes do encontro com Amadeu de Queiroz, “Água Funda” estava na gaveta. Ruth produzia outras coisas, poemas, artigos, crônicas, de vez em quando botava algum acréscimo em “Os Filhos do Medo”, seguindo orientações esporádicas de Mário de Andrade. Edgard Cavalheiro, que já então a conhecia, mandava publicar textos dela no jornal “O Roteiro”, criado pelo grupo da Baruel. Fernando Góes, um crítico feroz, caçoava amigavelmente dos textos dela. Um dia, amuada, ela lhe disse que não escreveria mais nada. Dessa vez com semblante sério, ele ponderou: “Você não pode parar de escrever. Você nasceu pra isso. Um dia, quando você vir, sua mão estará escrevendo sozinha, independente de sua vontade.” Mas Ruth parou mesmo, durante uns dois anos.

“Numa bela tarde, sem mais nem menos”, contaria ela mais tarde ao Jornal de São Paulo, “escrevi uma página inteira.” E confessaria: “Amassei e joguei no lixo. Meia hora depois estava de joelhos diante do cesto de papéis, procurando a folha. Achei-a, continuei e saiu Água Funda”.

Ruth contava uma versão ligeiramente diferente da publicação de Água Funda. Uma visão do lado de cá.

Numa das reuniões da Baruel, em dia de conversa mais calorosa, Amadeu de Queiroz resolveu pregar um sermão nos jovens, que dedicavam pouco tempo dos seus dias à escritura. “Você tem que escrever pelo menos duas horas por dia!”, vociferou o pouso-alegrense, dirigindo-se especialmente a Ruth, a mais verde dos presentes. Ela respondeu, petulante: “Pois eu faço isso. Já tenho até um romance pronto...”.

- Você escreveu um livro? Então me traz que eu quero ver!

O texto, logo no dia seguinte, lhe foi entregue. Leu-o na mesma noite, no outro dia convocou Ruth para uma conversa e decretou:

"É publicar!" E mandou os originais para Edgard Cavalheiro, então diretor da Livraria Revista do Globo em São Paulo.

Engana-se, porém, quem pensar que bastou a decisão de Edgard Cavalheiro para a publicação. A Livraria Revista do Globo era exigente e tinha lá os seus protocolos. Pediu pareceres de leitura a vários intelectuais da época.

RESUMO DO ENREDO: Romance folclórico, passado numa fazenda agrícola-industrial. A compra de uma escrava, separada impiedosamente do próprio marido, atrai, segundo os moradores do lugar, a maldição – uma praga – contra a fazenda e seus proprietários. Tudo quanto acontece – aliás coisas da vida – é olhado como castigo. Nesse ambiente marcam-se vários acontecimentos, em torno de um amor forte e primitivo. Fora dos transes desse amor, mostram-se, a cada passo, cenas interessantes, pequenos dramas. Visões cheias de encanto e personagens viventes. Verdadeiramente o romance não tem enredo.

INTERESSE DE LEITURA: É total. O romance prende a atenção de princípio a fim, sem cansar.

TIPO DE LEITOR A QUE PODE INTERESSAR: É gênero que hoje interessa a toda a gente, por tratar-se de costumes, tipos e paisagens de nossa terra.

É COMPARÁVEL A QUAL LIVRO DO MESMO GÊNERO?: É um romance original. Na ação e no gênero, pode comparar-se a "Macunaíma", de Mário de Andrade.

CLASSIFICAÇÃO EM GRAUS: Nove (9).

OBSERVAÇÕES GERAIS: A autora conhece a língua, tem estilo, conta com originalidade e sabe tirar partido do farto material folclórico de que dispõe. Todo o romance decorre ha-

bilmente envolto nas sombras de uma desgraça ameaçadora como nas sombras da "água-funda" perpassam advertências e temores. É um romance admirável, e é de estreante!

AMADEU DE QUEIROZ

†

RESUMO DO ENREDO: Em preâmbulo: Casa Grande – engenho – sinhá – escravos. Um senhor de engenho (Pedro Gomes) e enre os filhos Miro (avô de Curiango) e Sinhazinha Carolina ("de queixo duro que nem mula velha"), depois de viúva, casa-se com um capataz que a leva a vender a fazenda "Olhos d'Água" para uma Companhia e a gastar tudo que tem; vai voltar depois pobre e abandonada. (Choquinha – "Sinhá perdeu tanto, tanto, que até o nome haviam de lhe tirar".) "O resto da história é de agora." Em 50 anos, a Companhia mudou a fazenda. E vem então a história dos trabalhadores de engenho. JOCA que se enamora de CURIANGO (de olhos de jaguatirica esfomeada) mas sente-a superior. É a própria Curiango que os aproxima. "Depois por causa da mãe de ouro (que mora no fundo da terra, que quando muda de lugar vira uma bola de ouro, que parece fogo, que risca o céu e depois some). Joca esqueceu Curiango. É a mãe de ouro que o atrai e o leva a correr pelas estradas em seu alcance, se machucando até perder os sentidos. Nesse meio de tempo inconsciente chega a ferir um companheiro no engenho. Os ataques se repetem e com a grande preocupação acaba louco. Curiango sempre com ele, rezando, procurando santos e feiticeiros. O seu retorno a vida depois da morte de Joca espanta o povoado.

AÇÃO: Numa fazenda de açúcar.

INTERESSE DE LEITURA: Grande.

TIPO DE LEITOR A QUE PODE INTERESSAR: Qualquer um que se interesse pelo nosso romance.

PORQUE: Para o leitor comum há o interesse do enredo humano, para o outro leitor há ainda a forma penetrada de um requinte de mistério folclórico.

É COMPARÁVEL A QUAL LIVRO DO MESMO GÊNERO?: "Macunaíma" - Mário de Andrade (sabor folclórico). "A selva" – Ferreira de Casrtro (problema econômico do colono iludido). "Terras do Sem Fim" – Jorge Amado e romances cíclicos do nordeste nacional.

OBSERVAÇÕES GERAIS: A maneira de Jorge Amado vai contar ao "Moço!" uma "história de espantar". Assunto vasto que poderia se enquadrar num número maior de páginas sem perder o interesse pela maneira como é conduzido o enredo. Ainda assim, prende muito a atenção. De uma brasilidade, amor incontido à natureza e profundamente humano. Um sabor de exótico, por isso é impressionista. Uma simplicidade comovente como quando aquele Joca pensa ser o amor que sente por Curiango "mau olhado" e depois descobre que é "alguma brabeza de dentro que arrebenta com o calor novo, que acendeu seu sangue". Na atmosfera de mistério que penetra toda a história há sobretudo, muita poesia. É uma história da qual se gosta porque há cousas como o que segue:

"- Curiango?

- Que é?

- Nada.

Ficou olhando a água que passava."

É um livro original na ideia e na forma.

Necessária uma revisão, sobretudo ortográfica.

LEILA COURY (Professora da Escola de Arte Dramática de São Paulo)

†

RESUMO DO ENREDO: A história de vários personagens residentes numa fazenda que evolue dum regimen inteiramente feudal para as mãos de uma Companhia progressista. A personagem central e a figura dum trabalhador que acaba louco, com ataques onde se misturam doença e superstições.

AÇÃO: A ação do romance é dramática e as imagens muito bem escolhidas.

INTERESSE DE LEITURA: A leitura prende o leitor pela ação e pela linguagem.

TIPO DE LEITOR A QUE PODE INTERESSAR: Aos leitores literatos (pelo valor literário do livro) e aos leitores em geral pela história que é interessante.

PORQUE: Acho que vai interessar ao público.

É COMPARÁVEL A QUAL LIVRO DO MESMO GÊNERO?: A linguagem do romance lembra a linguagem de "Macunaíma", com diferenças marcantes.

CLASSIFICAÇÃO EM GRAUS: 8

OBSERVAÇÕES GERAIS: Pode-se notar, sem prejuízo do romance e de sua publicação, dois defeitos: a ação um pouco dispersiva, faltando uma unidade sólida e a monotonia da linguagem (sem a mesma: simbólica) que deve variar conforme pedir a ação.

JACINTA PASSOS, escritora

†

Um sabor de rapsódia, tipo "Macunaíma", é o que há neste livro. A autora, figurando um narrador oculto, relata a história de Sinhá Carolina, que, em razão de seus padecimentos, provocados pela vida dissoluta do marido, fica de coração duro. Enviuvando, cobre-se de luto, não recebe visita de ninguém, tratando a todos com brutalidade. Mais tarde torna a se casar, esbanja a fortuna e um dia arruma as malas e desaparece.

Depois a história dá um salto e prossegue, já nos nossos dias, com a Companhia tomando conta da Fazenda, modernizando tudo, inaugurando um Horto Florestal. Surge então o drama de Joca, apaixonado por Curiango, a que "tinha candonga no corpo com jeito de água corrente, virando curva em remanso sereno, ou de cobra que se balanceia para dar o bote".

Joca fica perdido de amores por Curiango, casa-se, mas aos poucos começa a ter alucinações, a ver a "Mãe de Ouro". Fica meio louco, tem ataques periódicos, sofre de delírio ambulatório e depois da alta que lhe deram no hospital, desaparece.

Neste segundo drama reaparece Sinhá Carolina, mas já velha, decrépita, meio aloucada, vivendo de esmolas e sem ter qualquer lembrança do passado.

Isto, em prosa seca, a linha mestra do romance. Nem por sombra entretanto se poderá ter ideia do que seja, por melhor que fosse o resumo. É desses livros que vivem pela maneira como estão escritos e não pelo enredo em si. O narrador vai desfiando a história, pontilhando-a de comparações, tudo numa linguagem que é o que pode haver de mais saboroso e é o que torna a narrativa uma das mais originais de quantas há na nossa literatura.

A autora revela qualidades espantosas para um estreante e surge com uma forma tal na fabulação que só encon-

tra símile no "Macunaíma", de Mário de Andrade, com o qual se assemelha.

As onomatopeias, a grafia de certos sons, são das mais perfeitas que temos lido.

Uma revisão cuidadosa na linguagem, entretanto, se impõe, pois há às vezes termos e expressões que não estão de acordo com o nível mental do narrador, personagem simples e sem cultura.

Mas é com satisfação que recomendamos um livro como este, que é na realidade um livro de primeira linha.

ARAÚJO NABUCO, tradutor

†

RESUMO DO ENREDO: A história passa-se numa fazenda. Acompanha a vida de seus habitantes, desde uma época de regime feudal, com as sinhás, yoyos etc. até atingir o progresso atual. A personagem principal é Joca, um trabalhador que, perseguido por alucinações, acaba louco.

INTERESSE DE LEITURA: Grande.

TIPO DE LEITOR A QUE PODE INTERESSAR: Qualquer pessoa que gosta de ler, pois tanto o enredo, que é muito interessante, como o estilo originalíssimo, prendem a atenção até o final.

ACONSELHA A EDIÇÃO: Sim.

É COMPARÁVEL A QUAL LIVRO DO MESMO GÊNERO?: O assunto tem semelhança com "Terras do Sem Fim", de Jorge Amado.

CLASSIFICAÇÃO EM GRAUS: 9

ROSA GOLDEMBERG, escritora

A palavra final, para publicação, deu-a Edgard Cavalheiro, que ocupava a direção geral da Livraria da Revista do Globo, na ausência de Érico Veríssimo, o diretor geral, que estava nos Estados Unidos. Mas Veríssimo leu o romance antes da publicação e concordou com a qualidade.

Ruth acompanhou cuidadosamente a edição do romance, como demonstra a carta para Hamilcar de Garcia, então secretário geral da Livraria do Globo, substituindo Érico Verissimo, e editor responsável pela preparação dos originais para impressão.

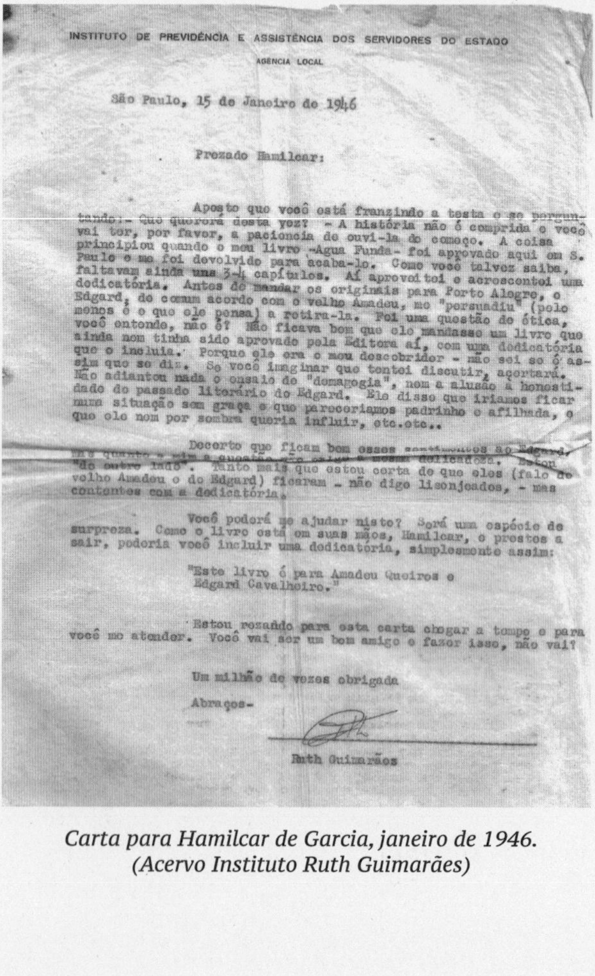

INSTITUTO DE PREVIDÊNCIA E ASSISTÊNCIA DOS SERVIDORES DO ESTADO

AGÊNCIA LOCAL

São Paulo, 15 de Janeiro de 1946

Prezado Hamilcar:

Aposto que você está franzindo a testa e se perguntando:- Que quererá desta vez? - A história não é comprida e você vai ter, por favor, a paciencia de ouvi-la do começo. A coisa principiou quando o meu livro -Agua Funda- foi aprovado aqui em S. Paulo e me foi devolvido para acaba-lo. Como você talvez saiba, faltavam ainda uns 3-4 capítulos. Aí aproveitei e acrescentei uma dedicatória. Antes de mandar os originais para Porto Alegre, o Edgard, de comum acordo com o velho Amadeu, me "persuadiu" (pelo menos é o que ele pensa) a retira-la. Foi uma questão de ética, você entende, não é? Não ficava bom que ele mandasse um livro que ainda nem tinha sido aprovado pela Editora aí, com uma dedicatória que o incluia. Porque ele era o meu descobridor - não sei se é assim que se diz. Se você imaginar que tentei discutir, acertará. Não adiantou nada o ensaio de "demagogia", nem a alusão à honestidade do passado literário do Edgard. Ele disse que iriamos ficar numa situação sem graça e que pareceriamos padrinho e afilhada, e que ele nem por sombra queria influir, etc.etc..

Decerto que ficam bem esses [illegible] ao Edgard, mas quanto a mim a questão [illegible] a mesma delicadeza. Estou "do outro lado". Tanto mais que estou certa de que eles (falo do velho Amadeu e do Edgard) ficaram - não digo lisonjeados, - mas contentes com a dedicatória.

Você poderá me ajudar nisto? Será uma espécie de surpreza. Como o livro está em suas mãos, Hamilcar, e prestes a sair, poderia você incluir uma dedicatória, simplesmente assim:

"Este livro é para Amadeu Queiroz e Edgard Cavalheiro."

Estou rezando para esta carta chegar a tempo e para você me atender. Você vai ser um bom amigo e fazer isso, não vai?

Um milhão de vezes obrigada

Abraços-

Ruth Guimarães

Carta para Hamilcar de Garcia, janeiro de 1946.
(Acervo Instituto Ruth Guimarães)

Envolvida com as demandas editoriais do romance, Ruth adiou a publicação da pesquisa que Mário de Andrade orientou. E ele jamais a veria pronta, porque "Os Filhos do Medo" foi publicado apenas em 1950, cinco anos após a morte dele.

Água Funda foi lançado antes, em 1946.

Fernando Góes foi o primeiro a divulgar o livro, numa reportagem que mostra, como foto principal, Ruth Guimarães assinando o contrato de edição, ao lado de Edgard Cavalheiro.

Comentou o lançamento o próprio Érico Veríssimo, diretor geral da Editora Livraria do Globo. Ruth conta que foram impressos 3.000 exemplares do livro, mas não ficou muito satisfeita com os seus direitos: recebeu – na moeda da época, cruzeiros – Cr$ 5.400,00, que representavam pouco mais de dois salários que recebia por mês (cerca de Cr$ 2.500,00). Foi o livro mais vendido do ano, conforme divulgações da editora, à época.

Nossas pesquisas não permitiram identificar a data precisa do lançamento de "Água Funda", ou mesmo se houve um lançamento formal. Podemos calcular, a partir das críticas publicadas em jornais e revistas da época – algumas das quais reproduziremos a seguir – a data aproximada de meados de maio de 1946. Ruth, no entanto, já marcava presença como articulista. No "Correio Paulistano", publicou um artigo denominado "Senhores, a questão é de brasilidade!", no dia 7 de abril de 1946.

"O Jornal", do Rio de Janeiro, em notícia datada de 05 de maio de 1946, dá anúncio de lançamento, em breve, do romance.

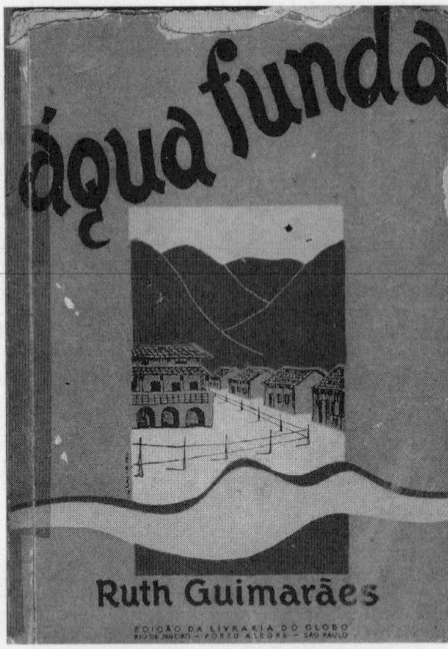

Capa original de "Água Funda"

Ruth Guimarães, em 1946, ano da publicação de "Água Funda". (Foto Botelho Netto)

Ruth Guimarães assinando contrato de edição de "Água Funda", ao lado de Edgard Cavalheiro. (Revista do Globo, 26 de janeiro de 1946)

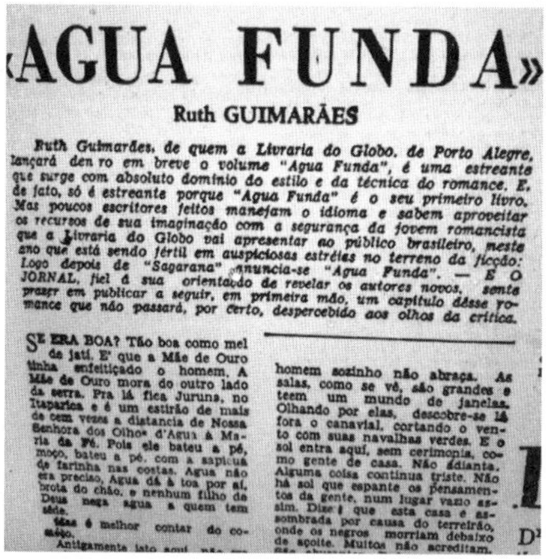

«AGUA FUNDA»

Ruth GUIMARÃES

Ruth Guimarães, de quem a Livraria do Globo, de Porto Alegre, lançará dentro em breve o volume "Agua Funda", é uma estreante que surge com absoluto domínio do estilo e da técnica do romance. E, de fato, só é estreante porque "Agua Funda" é o seu primeiro livro. Mas poucos escritores feitos manejam o idioma e sabem aproveitar os recursos de sua imaginação com a segurança da jovem romancista que a Livraria do Globo vai apresentar ao público brasileiro, neste ano que está sendo fértil em auspiciosas estréias no terreno da ficção: Logo depois de "Sagarana" anuncia-se "Agua Funda". — E O JORNAL, fiel á sua orientação de revelar os autores novos, sente prazer em publicar a seguir, em primeira mão, um capítulo dêsse romance que não passará, por certo, despercebido aos olhos da crítica.

SE ERA BOA? Tão boa como mel de jatí. E' que a Mãe de Ouro tinha enfeitiçado o homem. A Mãe de Ouro mora do outro lado da serra. Pra lá fica Juruna, no Itaparica e é um estirão de mais de cem vezes a distancia de Nossa Senhora dos Olhos d'Agua á Maria da Fé. Pois ele bateu a pé, moço, bateu a pé, com a sapicuá de farinha nas costas. Agua não era preciso, Agua dá á toa por aí, brota do chão, e nenhum filho de Deus nega agua a quem tem sêde.

Mas é melhor contar do começo.

Antigamente isto aqui ...

homem sozinho não abraça. As salas, como se vê, são grandes e teem um mundo de janelas. Olhando por elas, descobre-se lá fora o canavial, cortando o vento com suas navalhas verdes. E o sol entra aqui, sem cerimonia, como gente de casa. Não adianta. Alguma coisa continua triste. Não há sol que espante os pensamentos da gente, num lugar vazio assim. Dizem que esta casa é assombrada por causa do terreirão, onde os negros morriam debaixo de açoite. Muitos não acreditam.

Artigo publicado no Correio Paulistano, em 7 de abril de 1946. (Acervo Instituto Ruth Guimarães)

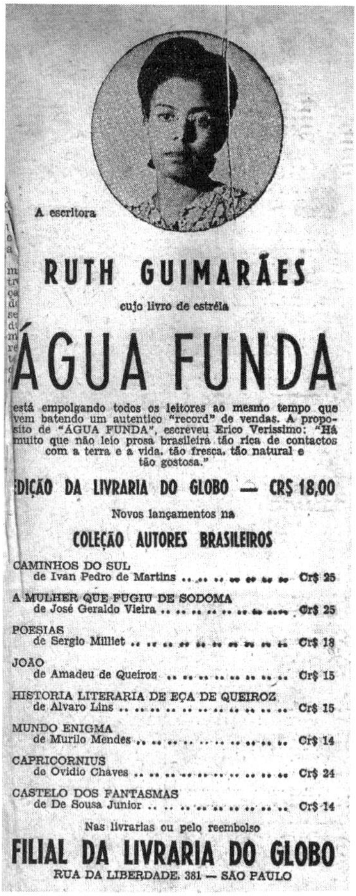

A escritora

RUTH GUIMARÃES

cujo livro de estréia

ÁGUA FUNDA

está empolgando todos os leitores ao mesmo tempo que vem batendo um autentico "record" de vendas. A proposito de "ÁGUA FUNDA", escreveu Erico Verissimo: "Há muito que não leio prosa brasileira tão rica de contactos com a terra e a vida, tão fresca, tão natural e tão gostosa."

EDIÇÃO DA LIVRARIA DO GLOBO — CR$ 18,00

Novos lançamentos na

COLEÇÃO AUTORES BRASILEIROS

CAMINHOS DO SUL de Ivan Pedro de Martins	Cr$ 25
A MULHER QUE FUGIU DE SODOMA de José Geraldo Vieira	Cr$ 25
POESIAS de Sergio Milliet	Cr$ 18
JOÃO de Amadeu de Queiroz	Cr$ 15
HISTORIA LITERARIA DE EÇA DE QUEIROZ de Alvaro Lins	Cr$ 15
MUNDO ENIGMA de Murilo Mendes	Cr$ 14
CAPRICORNIUS de Ovidio Chaves	Cr$ 24
CASTELO DOS FANTASMAS de De Sousa Junior	Cr$ 14

Nas livrarias ou pelo reembolso

FILIAL DA LIVRARIA DO GLOBO

RUA DA LIBERDADE, 381 — SÃO PAULO

Folheto de divulgação da Livraria do Globo. 1946. (Acervo Instituto Ruth Guimarães)

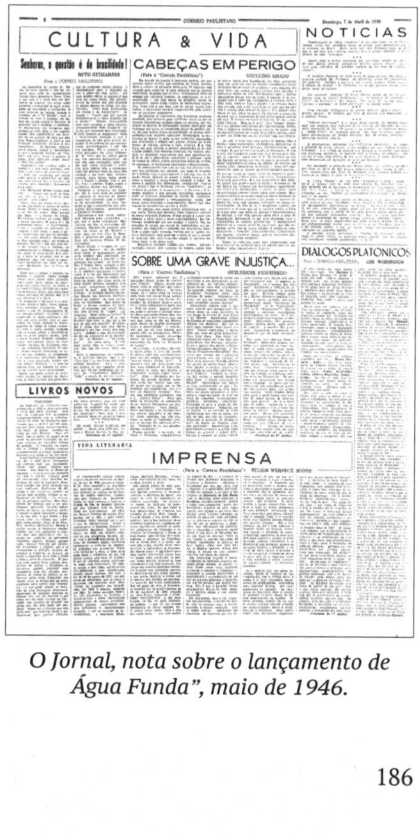

CORREIO PAULISTANO

CULTURA & VIDA

NOTICIAS

CABEÇAS EM PERIGO

SOBRE UMA GRAVE INJUSTIÇA

DIALOGOS PLATONICOS

LIVROS NOVOS

IMPRENSA

O Jornal, nota sobre o lançamento de Água Funda", maio de 1946.

Receptividade da imprensa

O livro "Água Funda" chamou imediatamente a atenção da crítica e a imprensa louvou a nova escritora. O primeiro crítico a comentar o romance foi Nelson Werneck Sodré, no "Correio Paulistano", em artigo publicado no dia 19 de maio de 1946. Portanto, o lançamento deve ter ocorrido entre 05 e 19 de maio daquele ano.

Antonio Candido, pouco tempo depois, publicou uma crítica acurada e elogiosa, nos "Diários Associados", no dia 18 de julho de 1946.

Antonio Candido e a esposa, a socióloga Gilda de Mello e Souza, foram amigos de Ruth para o resto da vida. Uma passagem ilustrativa me foi contada por Severino Antônio, que foi aluno dela e tornou-se amigo da família. Certa vez, a USP promovia uma homenagem a Antonio Candido, no prédio da reitoria da USP. Severino convidou Ruth para assistir, apanhou-a em casa, nessa época no bairro do Jabaquara, em São Paulo, e seguiram para a USP. No caminho, conversavam sobre o longo tempo (40 anos) desde que Candido e ela se encontraram, da última vez. Ruth havia andado ocupada com muitas questões familiares, que contaremos mais à frente. Chegaram e ficaram esperando à entrada da reitoria. Pouco depois estaciona um carro e desce Antonio Candido. Ele mesmo estava ao volante. Ao pé da escada, olhou para cima e começou a bradar:

- Ruth! Ruth Guimarães!

Reconheceu-a ao primeiro olhar. Trocaram um abraço de quem muito se gosta.

Antonio Candido prefaciou a reedição de "Água Funda" realizada pela Editora Nova Fronteira, em 2003, e da reedição realizada pela Editora 34, em 2018. Encontraram-se muitas vezes e continuaram amigos até o fim da vida. Antonio Candido gostava de escrever cartas e ele próprio as levava ao correio para postar. No acervo do Instituto Ruth Guimarães existem várias cartas dele para Ruth.

AGUA FUNDA

NELSON WERNECK SODRE'

Não ha muito tempo, fazendo algumas considerações em torno da fase intercalar, no nosso desenvolvimento literario, que foi a do decenio encerrado no ano de 1945, tivemos oportunidade de afirmar a viabilidade da espera de um novo movimento impulsionador, com o aparecimento de valores e o desdobramento dos quadros habituais em torno dos quais vai sendo exercida a tarefa literaria, no Brasil. Esse movimento de renovação de figuras e de processos não se poderia processar em pouco tempo, e os seus sinais só se iriam afirmando, diziamos, com o decorrer dos anos, e na base da permanencia de condições favoraveis ao desenvolvimento literario. Mudando o ambiente, mudariam espontaneamente as conclusões. Parece, ao que tudo indica, que a razão nos assistia, ao proclamarmos a iminencia de um novo surto literario, semelhante àquele que ocorreu após a revolução de 1930, embora mais amplo e mais profundo. Ha já sinais evidentes dessa maturação expressiva. O aparecimento, agora, de um livro como "Agua Funda" comprova isso tudo.

O processo das estréas literarias, em nosso meio, é por vezes singular. Nenhuma, por certo, mais atordoante do que a de Euclides. Mas Euclides, estreante solitario, sem bafejo inicial de corrente ou de grupo, teve a singularidade de surgir com um estudo complexo, em que havia filões de origem variada, calcados num acontecimento relativamente recente, analisado de forma até então desconhecida, entre nós. Até que ponto a parte da campanha militar ajudou, nessa estréia curiosa, a atoarda que se levantou em torno dela? E' dificil afirmar, mas parece certo que, não sendo o ambiente da época propicio ao recebimento de estudo tão largo e tão agitado, pela ausencia de cultura alastrada capaz de fornecer esse ambiente receptivo, havia, entretanto, ambiente de curiosidade natural em torno daquilo que, na obra euclideana, constitui, com o passar dos tempos, justamente o acessorio, a narração propriamente dos episodios militares. A critica a "Os Sertões", como se sabe, foi fraquissima, e é ainda hoje possivel acompanha-la através de um folheto que a editora lançou, posteriormente, reunindo aquilo que apareceu na imprensa, quando foi lançada a obra. Embora a maioria dos que a apreciaram tivesse sentido, de maneira geral, não o exato sentido, mas a importancia dela, não houve, como seria natural, nem escandalo, nem surpresa digna de nota. Dir-se-á, e com razão, que o publico da época era demasiado restrito, para que um acontecimento de ordem literaria abalasse o noticiario da imprensa. Parece, entretanto, que não foi qualquer carateristica de valor apenas, o motivo dessa singularidade, ante uma obra como não houve outra, até agora, em nosso país. Mas outras causas, algumas ligadas à incapacidade natural do proprio meio literario para a ressonancia de acontecimento semelhante, foram expressivas. Entre elas, tambem, a estreiteza da critica existente, um embrião de critica, quase noticiario de livros, ou pouco mais. E, principalmente, a singularidade de Euclides não estar ligado a grupo algum dos poucos existentes, em torno dos quais se manipulava o noticiario literario da época.

Já a estréia do sr. José Americo de Almeida teve carateristicas inteiramente diversas. Tinhamos alguma coisa parecida com o que deve ser a critica literaria sistematica, existia um publico capaz de, com a atenção despertada, consagrar uma obra. Embora, por muitos titulos, fosse o sr. José Americo de Almeida a figura literariamente mais proxima de Euclides que já tivemos, proxima até na maneira de escrever, — até mesmo em certas asperezas da maneira de encarar os homens e as coisas, — a sua estréia não se assemelhou à do grande interprete da vida sertaneja. Nem foi, a rigor, uma estréia, de vez que a sua obra sobre os problemas paraibanos já lhe denunciara os traços vigorosos de escritor e de interprete, e o seu nome não era desconhecido, pelo menos nos meios literarios nordestinos. O rodapé de Alceu Amoroso Lima, entretanto, teve o condão de alertar o publico para o grande livro que era "A aBgaceira". Tristão de Athayde atravessava os seus ultimos momentos de critica autonoma e vinha de estabelecer, sob a batalha do modernismo, um nome a que o tempo, quanto a esse particular, não poderia trazer restrições. Conjugavam-se, nesse ponto, a autoridade do critico e o valor da obra em aprego. Depois é que vieram os acontecimentos politicos que acabaram por conferir ao romancista paraibano um lugar de destaque no palco brasileiro.

O caminho natural das estréas, entretanto, em nosso país, é muito chão e muito trivial para que mereça observações particulares. O estreante, em regra, vem solidamente apoiado em algum prefaciador eminente, ou recebe, com a preparação antecipada, o sadio elixir de menções posteriores já engatilhadas, capazes de conferir-lhes, senão valor e importancia, pelo menos uma notoriedade de momento, que engana a muitos e dá a quase todos a ilusão da gloria. Muitos desses prefacios, ou dessas articulações de consagração posterior, são devidas a uma gentileza mal entendida, à velha contribuição da cordialidade, a que somos tão gratos os brasileiros, à bondade vulgar que sempre se presta a dar. O elogio gratuito é pecado a que talvez brasileiro algum escapará. Nem dele escapou Silvio Romero, habitualmente severo, responsavel por prefacio de livro não lido.

Desde ha algum tempo os que se interessam pelas publicações novas, entre nós, passaram a saber que existia uma romancista em São Paulo bafejada da simpatia de alguns escritores. Uma editora tratou de comprar-lhe os originais, e a revista respectiva lançou a entrevista reveladora. Achava o sr. Edgard Cavalheiro que a obra merecia atenção particular. E o sr. Amadeu de Queiroz se surpreendera na leitura desses originais, que iriam mostrar ao país alguma coisa de interessante. E' evidente que, mesmo num espirito calejado da profissão e prevenido contra toda especie de propaganda, tais preparativos acabam calando, de alguma maneira. Certo é que a opinião de um Edgard Cavalheiro e de um Amadeu de Queiroz merece fé. Até onde teria, mesmo inconscientemente, agido a situação do diretor da sucursal paulista de casa editora que tomara a si a obra, e a larga bondade, feita de experiencia e de simpatia humana, do consagrado romancista de "A Voz da Terra"?

Mais prevenido do que pronto a admirar, antes cuidadoso em encon-

(Continua na 7.ª página)

AGUA FUNDA

(Conclusão da 6.a página).

trar deficiencias e descaidas, encetamos a leitura do romance em questão (Ruth Guimarães, "Agua Funda", Livraria do Globo, Porto Alegre, sem data, 201 paginas). Nada no romance, nada mesmo, revela uma autora de vinte e seis anos. Ele é uma obra importante na nossa vida literaria, traz alguma coisa que, certamente, não é nova, mas que, neste romance, tem vitalidade singular. Acima de tudo, a maturidade, a segurança de quem fugiu às tentações, aos efeitos faceis, ao colorido artificial e literario, dado pela narração corrente, mas que se desfaz com a leitura, que se apaga com o tempo. Nessa narração, cheia de poesia, mas impregnada de realidade, ha muito do que permanece na memoria, após a leitura. Se a condição necessaria e indispensavel à permanencia do interesse em torno de uma obra está na sua comunhão com a terra, a gente e o tempo, nada se póde exigir a mais deste romance. Nele está, com os seus traços indeleveis, a população da beira da serra, entre os vales do Paraiba e do Sapucaí, gente apagada, humilde, sem importancia, mas cujos traços culturais, ricos de motivos originados do meio, guardam tão vivamente a marca da macia paisagem que rodeia aqueles sitios.

Não seria preciso conhecer, de perto, o meio real em que estas coisas sem importancia aconteceram, — o que aconteceu, aliás, é o de menos, no romance, — para avaliar a exatidão do traço da autora. Não se menciona, aqui, exatidão no sentido fotografico, com que, ainda em nossos dias, se pretende emprestar qualidades a uma pintura decisivamente condenada, mas aquela exatidão que se aprecia na pintura nova, que nada tem a ver com a copia servil, mas que guarda, da natureza, os seus tons, os seus quadros e a sua beleza. Exatidão, nesse sentido, não só do ambiente local, mas da gente, de sua fala, de sua crendice, de seus temores, de suas preferencias, dos seus odios. E' uma paisagem humana indecisa, esta, um pouco mineira e um pouco paulista, à margem de uma das rotas mais frequentadas do país, o vale do Paraiba, mas gravitando em torno dos trilhos da Mantiqueira, em busca dos povoados do outro Estado, e das aguas mansas que buscam o vale antigo. Zona ainda mista pela lavoura e pelo pastoreio, — e lavoura antiga de cana, proxima a alturas medias em que, ha tempos, o café campeou. Nesse meio apagado e monotono, vive uma gente pobre, cheia de angustias, grande na sua ignorancia, confinada nos estreitos horizontes dos vales e da serra, trabalhadores da terra, pequenos artifices, tropeiros e carreiros. No romance, aparece, como exceção, um homem que viu o mar, numa rota para os campos altos de Cunha, no regresso por Caraguatatuba. Sua incapacidade para descrever o oceano está perfeitamente fixada nas paginas da sra. Ruth Guimarães, e essa incapacidade se adivinha numa gente apertada no espaço, sem curiosidade e sem insatisfações.

Ha, em "Agua Funda", traços admiraveis, que não caberiam nesta critica. Falou-se, antes de seu aparecimento, para criar ambiente, em Mario de Andrade e em "Macunaima". A associação desses nomes, o do inquieto contador de historias da nossa gente e o da romancista que agora aparece, já de si representa muito e, confessamos, chegou a chocar-nos um pouco, antes da leitura do livro. E' evidente que as identidades são distantes, entre uma e outro. A principal delas está no gosto pelos motivos folcloricos, na vida que lhes consegue dar. Não ha, no romance, um só recurso de gaveta literaria, um artificio apenas de memoria e de encaixe facil. Todas as cores e todos os efeitos são buscados no modo de dizer, no modo de pensar e no modo de viver da nossa gente, particularmente da gente que o romance escolheu para descrever, esses caipiras de beira-serra, encantados das aguas dos rios e ribeirões, da escuridão da noite e das claridades do sol, do canto dos passaros, da fala dos animais, do perfume das plantas, do calor e da doçura da terra. Tudo existe, tudo tem uma vida e um papel, no romance, ainda as coisas apagadas e os animais mais humildes. Vivem tanto, e tão bem, quanto às pessoas e, por animismo singular, que a pobreza estimula, assumem condições extraordinarias e variadas, abusões, crendices, temores, superstições, almas doutro mundo, fantasmas de noites de luar ou quebrantos que ninguem retira.

O que existe de grande, de esplendido em "Agua Funda", por isso mesmo, é o Brasil. Uma terra triste de um povo triste, como dizia Paulo Prado, triste "daquela austera e vil tristeza", lembrada por Capistrano, mas encantado da terra, apagado e humilde, cheio de presagios e de crendices, animando, para encher o vasio de sua existencia pauperrima, tudo o que o rodeia, as coisas e os animais, dando-lhes um papel na existencia, e intenções, e dores e maguas, e alegrias tambem; inquieto de pouco, agitando-se atoa, por causas que a sua imaginação cria e recria. O quadro do Brasil que "Agua Funda" mostra é real por isso mesmo. Sua poesia que vem da vida, liga-se ao "misterioso sentido" que ninguem pressente, ou melhor, que só pressentem os que, como a romancista, sabem ver as coisas, ainda as mais apagadas.

"Endereço para remessa de livros: Rua D. Mariana 118, ap. 203, Rio).

Crítica de Nelson Werneck Sodré sobre "Água Funda". Correio Paulistano, 19/05/1946. (Acervo Instituto Ruth Guimarães)

NOTAS DE CRITICA LITERARIA

"AGUA

(Para os "Diarios Associados)

A melhor qualidade do romance de estreia da sra. Ruth Guimarães, "Agua Funda", é o tom pessoal (1). Num momento em que as nossas ficcionistas não resistem ao fascinio do livro de sucesso, à costumeira historia néo-realista e sentimental, a jovem escritora ouviu apenas a sua vocação e, sem preocupar-se com modas ou tendencias do publico, escreveu uma obra que percebemos impulsionada por nitida exigencia interior. "Agua Funda", graças a esta impressão, refresca agradavelmente a nossa sensibilidade e revela uma escritora que poderá atingir um nivel literario de primeira ordem.

Se a memoria não me é infiel, foi o sr. Amadeu de Queiróz quem comparou êste livro a "Macunaima". Semelhante julgamento revela apenas a calorosa simpatia com que o ilustre escritor estimula os moços, porque, deixando de lado (é claro) a questão do respectivo valor, nenhum livro é menos parente da obra prima de Mario de Andrade. Aproveitando a ocasião, comecemos por uma pequena analise comparativa, que nos levará a situar "Agua Funda" com maior facilidade.

"Macunaima" é um livro de explosão do nucleo folclorico que o condiciona, se assim nos pudermos exprimir, nesta era atômica. Cada nótula folclórica é mergulhada numa certa concepção geral do homem brasileiro, trazida para a vida cotidiana e transformada em possibilidade de explicação dos atos de um brasileiro ideal, "sem nenhum carater". Inversamente, os dados da vida cotidiana — dados informativos, noticias, acontecimentos, fatos historicos, usos, costumes — são folclorizados, são despojados da sua coerencia e da sua necessidade lógica por um tratamento poético que os transforma em focos irradiantes de magia e encantamento. Assim, é possivel Macunaima desfilar em carreirões loucos pelo Brasil a fora, num roteiro caprichoso que obedece, poética e não logicamente, à necessidade do poeta enfiar uma serie de proverbios, fatos curiosos, lugares de lenda, com que traça uma geografia fantastica do Brasil, cada pedra ganhando um valor qualitativo que não tem na enumeração normal. Da mesma maneira, o trem de Proust, no "Temps Perdu", faz, entre Paris e Balbec, o trajeto mais louco que é possivel imaginar, apenas para que o narrador possa enfileirar nomes sugestivos de cidades.

Dessa transfusão da realidade *atual* no folclore e na lenda, e deles na realidade atual, resulta o significado de "Macunaima", verdadeira encruzilhada a que vêm parar tantas linhas de força da nossa realidade cultural e de onde se projetam outras tantas, para o infinito da virtualidade poética. Isto é "Macunaima", um livro aberto e alem da realidade.

"Agua Funda", pelo contrario, é um livro *fechado*. O folclore, de que usa a autora principalmente sob a forma de crendices, proverbios e ditos, concorre na qualidade de elemento pitoresco e não como dimensão poética. Ao contrario do que reza a orelha do livro, não vemos nele nenhum "estranho clima"; vemos um clima exótico para a sensibilidade dos leitores da capital e nada mais. Mesmo porque o terreno explorado pela sra. Ruth Guimarães pode ser novo apenas quanto à área e o mate
nela colhido, não quanto à maneira de aproveitá-lo.
contrario do que pode parecer à primeira vista, "Ag
Funda" é uma narrativa bem ancorada na realidade,
uma poesia chã e sem misterio. E é isso, justamente, c
faz o seu encanto.

A sra. Ruth Guimarães conta duas historias, sabo
samente entremeadas de pequenos casos e embeleza
por um rico acervo de comparações sertanejas: a histo
dos fazendeiros primitivos dos Olhos d'Agua e a histo
de Joca, caboclo que vive na mesma fazenda meio sec
depois. A primeira qualidade que notamos, ao encetar
leitura, é o bom estilo. Estilo expressivo e vivo, mu
adaptado aos movimentos da narrativa e dotado de u
bela faculdade de sintese. A sra. Ruth Guimarães c
centra o seu pensamento em pequenos feixes de fras
ilustra-o com alguns proverbios ou comparações e arre
ta com uma fórmula feliz. E com isso, muito simples, s
ceder à facilidade dos termos locais, dos sertanejismo
dos barbarismos.

A este estilo harmonioso, corresponde uma narr
va igualmente feliz, muito animada e bem dirigida,
prende a atenção sem esforçá-la. As descrições são,
vezes, belissimas na sua concentração discreta: "Ne
hora, o calice brilhou como um sol, lá em cima. Era
elevação. Como se não pudesse suportar o brilho e o p
daquele hora sagrada, o povo abaixou a cabeça. Já
quando o vento passa e abaixa o capim alto, floresci
Ficou tudo quieto na manhã milagrosa. A campainha
niu, um som claro de ouro. Dali a pouco o quadro se c
manchou de repente, como quando a gente atira uma pe
na agua parada e a paisagem do fundo se desfaz e se m
tura e treme e confunde tudo, num movimento lige
O povo começou a levantar-se e descer. Tinha acabad

São dez linhas, em que a autora descreveu toda
missa ao ar livre, devendo-se notar que a cena é suge
com duas ou três impressões, centralizadas por duas c
parações que dão todo o movimento e convidam a ima
nação a construir. Trechos desta natureza não são ra
no livro da sra. Ruth Guimarães, que sabe vencer, c
eles, o perigo de monotonia que apresentam os perio
curtos, de sua predileção.

Terminada a leitura, ficamos com a impressão de
se a sra. Ruth Guimarães possui duas qualidades basicas
ficcionista, — estilo e capacidade narrativa, — falta-
uma outra, porventura mais importante: composição,

Diario de S. Paulo 18-

"FUNDA"

Antonio Candido

isso, essa boa escritora, essa esplendida narradora não é ma boa romancista. Tenho a impressão de que ela não entiu plenamente as possibilidades do seu livro, pois deserdiçou totalmente alguns dos personagens mais ricos. em se diga que preferiu juxtapor, como retalhos, varias istorias organizadas em torno do destino da fazenda, pois o secundo terço em diante concentra-se apenas na historia e Joca. Será porque a sra. Ruth Guimarães transpôs istorias acontecidas, como insinua no inicio, não tendo tido orça para plasmá-las à sua vontade? Como quer que eja, vejo em "Agua Funda" certa incapacidade de avaliar s possibilidades de ficção, ao lado da incapacidade de equi-brar as partes da narrativa numa urdidura mais ábia. O resultado, — me parece, — é que a sra. Ruth uimarães não aproveitou plenamente o belo material que eve na mão.

Encarado em conjunto, "Agua Funda" decai do meio ara o fim, descaida que coincide com certa inflexão na arrativa. Até aí, com efeito, a autora sugere mais do que escreve, apresentando a realidade em escorços por vezes dmiraveis, num estilo sintetico, incrustado de comparações proverbios. Daí por diante, dá mais seguimento à nar-ativa, descreve com maior minucia, estabelece continuidade aior, usa menos similes e rifões. A mudança é tambem ensivel na tecnica de narrar. O narrador do livro é um nonimo, que o ponteia de observações e tira a moral dos asos. Na primeira parte, vêm juntar-se ao narrador alguns nterlocutores, anonimos ou indicados, que aparecem e des-anecem, formando com ele uma especie de coro, cujo feito é de primeira ordem. Na segunda parte, o carater *oral* do narrador é atenuado, os coreutas desaparecem, ou uase, e a historia de Joca é apresentada de modo mais ou enos direto. Penso que a solução literaria da primeira arte é mais bela e pessoal, supondo no leitor maior capa-idade poetica.

Quanto ao desperdicio mencionado acima, queria referir-e, sobretudo, ao personagem de Sinhá Carolina e os sate-tes que a cercam. Na primeira parte do livro, ao tempo os velhos fazendeiros, as relações dos personagens se ar-culam numa unidade mais rica, formando um todo que eixa perceber a intenção ordenadora da romancista. A artir da historia de Joca, a narrativa perde em coesão. s personagens não se ligam em profundidade porque o tuito criador parece falecer ante a dispersão dos apro-ositos e digressões.

Nas mãos da sra. Ruth Guimarães, o caso de Sinhá arolina é apenas uma narrativa abandonada; do que poderia ter sido, caso a escritora fosse dotada de maior poder criador, vemos na sintese admiravel do seu destino:

"Por ali veio a desgraça de Sinhá. Não é dizer que veio de uma vez. O que chegou foi o arremate, pois dês que ela nasceu já começou a cumprir o seu destino. A vida de toda gente tem altos e baixos. A de Sinhá, não. Tomou uma direção só. Foi uma ladeira que só tinha descida. E Sinhá desceu firme, de cabeça em pé. Tudo o que fez, foi sentir, sem querer, o mesmo rumo. Tudo o que aconteceu foi a favor do tombo. Tal qual, na estrada nova, que a turma de engenheiros está abrindo, direito, daqui até a varzea, e que vai removendo tudo o que atrapalha o andamento do serviço, os acontecimentos foram na frente dela, de batedores, como varas de caitetús, derrubando o que podia servir de estorvo, adiante, na trilha. Para não chegar a esse fim, podia se apegar ao marido, o marido morreu. A filha era um estorvo, e saiu por si mesma do caminho. O dinheiro tambem era um estorvo, mas Sinhá tinha que perder e se perdeu. As coisas, quando têm que ser, Deus não revoga".

Este belo trecho, esboçando um destino que a romancista estudou apenas em parte, nos dá, ao mesmo tempo, a filosofia do livro. Com admiravel capacidade de simpatia humana e artistica, a sra. Ruth Guimarães teceu-a com a propria concepção do caboclo. À maneira do primitivo, para êste nada na vida tem causalidade logica; o mundo é povoado de forças misteriosas, que precisam ser aplacadas; cada doença, cada desgraça, é fruto de mau olhado. Em "Agua Funda" perpassa, tema constante, a fatalidade das pragas, das maldições e dos feitiços. Todos, como Sinhá Carolina, marcham para a sua tragedia com inflexivel precisão: é questão apenas de tempo, para os homens morrerem de tiro, veneno de cobra, desastre; para as mulheres se perderem. Ainda indeterminada na primeira parte, essa força se concretiza na segunda, com a obcessão permanente da Mãe do Ouro, que atrai Joca, misteriosamente, levando-o a perder a razão. Loucos são os dois personagens principais do livro — Sinhá e Joca; desgraçados, todos os demais.

Em face do destino terrivel, que, pensando bem, é o personagem mais forte do livro, a romancista narra com placidez — e a atmosfera de "Agua Funda" se torna interessante devido ao contraste de uma fatalidade sobrenatural, misteriosa, com o tom habilmente natural.

Não creio, como se disse e escreveu, que a sra. Ruth Guimarães tenha feito, neste livro de estréia, obra forte como poesia e realização literaria, mas não há duvida que o seu romance (se for romance) encanta pelo equilibrio da narrativa e o puro sabor das coisas naturais. Quem começa desta maneira, irá, certamente, muito alto na carreira de escritor.

(1) Ruth Guimarães — Agua Funda — Coleção Autores Brasileiros — Vol. 21 — Livraria do Globo — Rio, Porto Alegre, São Paulo — s/d (1946)

Remessa de livros para a Rua Perdões, 131, Aclimação, S. Paulo.

46—

Crítica de "Água Funda", por Antonio Candido, publicada no "Diário de São Paulo", em 18 de julho de 1946. (Acervo Instituto Ruth Guimarães)

Ruth Guimarães e Antonio Candido, na entrega do troféu Juca Pato, da UBE, a ele. São Paulo, 21/08/2006. (Foto Joaquim Maria Botelho)

Homero Senna, na coluna Atividades Literárias, publicou a crítica "Nc tícias de uma romancista".

NO PRELO E NAS LIVRARIAS

ATIVIDADES LITERARIAS

Noticia de Uma Romancista

NO último número de "Revista do Globo", de que é diretor, o sr. Justino Martins publica uma reportagem muito interessante sobre a jovem e talentosa romancista negra Ruth Guimarães, cujo livro de estréia — "Agua Funda", de que O JORNAL divulgou há dias um capítulo, vem despertando a maior curiosidade em todos os círculos literários da capital e dos Estados.

"Ruth Guimarães — escreve o jornalista — é a própria voz do povo contando os seus casos vividos à beira dos riachos, no calor dos mutirões, nas palhoças de chão batido, nos caminhos perdidos do vasto sertão, sob êste céu de anil... Ela nos reaproxima das ingênuas festas de São João na roça, dos bailes que só acabam no outro dia "com o sol rebentando mamona"... Ela nos ensina lendas e costumes nativos básicos do nosso folclore e revive o lirismo e a tragédia dos caboclos ignorantes amarrados às venturas e desgraças da terra brasileira."

Conversando diversas vezes com a romancista, que é reservada e esquiva, em ocasiões diferentes — primeiro no escritório da Livraria do Globo, em São Paulo, depois numa gafieira onde foram fazer, juntamente com o repórter Fernando Góis, umas fotografias com negros, e por fim num bar da Praça da Sé, Justino Martins conseguiu saber muita coisa da vida de Ruth Guimarães.

Nasceu a romancista em Cachoeira, hoje Valparaiba, cidade paulista plantada à margem da Estrada de Ferro Central do Brasil, no dia 13 de Junho de 1920. "O pai de Ruth — narra o repórter, naturalmente repetindo informações da autora de "Agua Funda" — era guarda-livros e gostava de ler. Comprava livros de Eça de Queirós e Machado de Assis, devorava os grandes romances de Vitor Hugo e acompanhava a produção de muitos literatos brasileiros da geração passada. Os livros iam ficando pelas prateleiras, desafiando a curiosidade da garotinha."

— "Mas não foi em Cachoeira que aprendi a ler — é agora a própria escritora quem fala. Isto se deu no meio do mato, quando eu tinha quatro anos de idade e meu pai passou a trabalhar de escriturário na Fazenda Campestre, no pé da Serra de São João, no Sul de Minas. Viviamos completamente isolados e assim fiquei até os meus nove anos. E a história dessa fazenda e dêsse tempo que eu conto no "Agua Funda". Frequentei a escola mista da fazenda, com caboclinhos de pé no chão. Roubava banana do brejo e apanhava da "fessôra" com vara de marmelo, apesar da famosa Escola Nova."

O pai de Ruth voltou a morar em Cachoeira quando ela tinha nove anos. Matriculou-a no Grupo Escolar da cidade, onde ficou até 1931. No ano seguinte quando Ruth tinha doze anos, perdeu o pai, passando a morar então em casa do avô, um velho guarda-chaves da Central do Brasil, que ainda vive, contando hoje 89 anos de idade.

— "Vovô implicava muito comigo — é outra vez Ruth quem fala — porque me pegava agarrada a pedaços de jornais, lendo o que encontrava. Lembro que chegava a furtar os jornais das prateleiras para ler. E êle me dizia: "Vou te botar na Escola Normal de Lorena, logo que tu tiver idade. Tens muita vontade de aprender, pois tu vai ver o que é bom... Nem que me custe os olhos da cara!"

E de fato o velho guarda-chaves, para felicidade da neta, cumpriu a sua ameaça: Ruth frequentou a Escola Normal de Lorena até 1934, transferindo-se depois para a capital do Estado, de onde se mudou logo em seguida para Guaratinguetá. E várias de suas antigas colegas na Escola "Conselheiro Rodrigues Alves", da velha cidade do vale do Paraíba, lembram-se ainda hoje com ternura daquela pretinha viva e inteligente que durante todo o curso foi, pelo menos em português, a melhor aluna da classe, e o mesmo acontece com diversos professores. A esse respeito possuo alguns depoimentos preciosos, que deixo para revelar noutra ocasião, a fim de não alongar muito esta notícia.

Quando tinha dezessete anos perdeu a mãe, voltando, então, para a casa do avô, onde passou novamente a residir em companhia de três irmãos menores. Mas Ruth não ficou nessa situação muito tempo. A vida em Cachoeira andava dura. Resolveu, então, ir outra vez para S. Paulo, onde possuia uns tios. E aí começou nova etapa de sua vida, por certo mais árdua e mais difícil que as anteriores: empregou-se primeiro numa loja de produtos alimentícios nordestinos, depois numa drogaria, para lavar frascos e em várias outras ocupações igualmente modestas. Mas apesar de tudo isso, Ruth não esquecia a Literatura. Nas poucas horas de folga que o trabalho lhe deixava escrevia poemas e contos. Contos e poemas que, lidos pelo poeta paulista Cid Franco, chegaram ao conhecimento de Edgard Cavalheiro, que publicou alguns em "Roteiro", um jornal muito bem feito que se publicava na capital paulista mas que infelizmente teve vida curta. Depois conheceu Mário de Andrade, com quem andou estudando folclore. Mário, porém, não chegou a ler "Agua Funda". E Justino Martins observa: "Coube a Amadeu de Queirós conhecer o romance de Ruth em primeira mão. Este escritor jovem, embora sendo um velho de quasi oitenta anos, domina com a sua simpatia os meios literários de São Paulo. Xingava meio mundo porque ninguém escrevia nada que prestasse e, de repente, sentiu-se empolgado pelo livro de Ruth Guimarães". Daí para o seu lançamento pela Livraria do Globo o caminho não foi difícil.

Hoje Ruth Guimarães, que continua a morar em São Paulo, divide o seu tempo trabalhando em dois empregos: pela manhã numa repartição pública e à tarde como correspondente num escritório de engenharia.

A crítica ainda não se manifestou sobre o seu livro. Mas não poderá, por certo, deixar de fazê-lo, e em têrmos elogiosos, pois é fora de dúvida que sua estréia é das mais significativas dos últimos tempos.

HOMERO SENNA

Artigo de Homero Senna sobre Ruth Guimarães. (Acervo Instituto Ruth Guimarães)

O jornalista Homero Senna escreveu, do Rio de Janeiro, em 20 de outubro de 1947, uma carta.

Prezada Ruth Guimarães:

Antes de embarcar para Belo Horizonte, onde fui assistir ao II Congresso de Escritores, recebi as últimas colaborações que você enviou para o JORNAL: "Três poemas de vozes obscuras" e "Festas e tradições do Vale do Sol". E se não lhe escrevi imediatamente foi porque tinha como certa a sua ida à capital mineira, integrando a delegação paulista ao citado Congresso. Precisava escrever-lhe pelo seguinte: é que, havendo deixado o JORNAL, como você talvez já saiba, não posso mais incumbir-me de levar à redação os seus trabalhos. Houve lá uma mudança geral: saiu o secretário, entrou gente nova e este seu amigo discretamente deu o fora. Mas talvez ainda interesse ao jornal a sua colaboração e talvez você deseje continuar a escrever para lá. Por isso limito-me a transmitir-lhe os nomes do atual secretário (Octavio Malta, que já foi de DIRETRIZES e de FOLHA CARIOCA), e dos novos encarregados do suplemento: Carlos Castello Branco (mineiro do Piauí) e Valdemar \Cavalcanti, tão conhecidos que dispensam apresentações. Tenho certeza de que, com suas relações, não lhe será difícil arranjar um meio de se entender com essa gente, e assim continuar a escrever para o JORNAL. Eu, pessoalmente, sentirei muito se não puder ler mais artigos seus na imprensa carioca. Por isso, se o expediente acima sugerido fracassar, lembrar-lhe-ia outro: por que não passar a escrever para o DIÁRIO DE NOTÍCIAS? O encarregado do seu suplemento é o alagoano Raul Lima, que você provavelmente conhece. De qualquer maneira, fico aguardando ordens suas para saber que destino dar às citadas colaborações. E, muito grato por tudo, subscrevo-me, leitor e admirador,

Homero Senna
Rio, 20/10/47

Um parêntese. Sobre trabalhos e remunerações da época, recebeu carta de Maurício Rosenblatt, então editor da sucursal da Editora Globo no Rio de Janeiro, datada de 20 de fevereiro de 1948.

Prezada Sra. Ruth Guimarães,

Peço-lhe desculpas pelo atraso desta resposta à sua amável carta de 27 de janeiro; estive fora do Rio de Janeiro durante bastante tempo e só regressei há dois dias.

Falei com o Raymundo Magalhães, que continua interessado em receber reportagens suas. Pagará CR$ 150,00 a CR$ 300,00 por reportagem, conforme o tamanho; quanto às fotografias, elas são pagas à razão de CR$ 30,00 quando simples, de CR$ 40,00 quando feitas com lâmpada; cada reportagem poderá ser acompanhada de 5 a 10 fotografias.

Acabo de regressar de Porto Alegre, de onde fui encontrar a Luísa em Águas da Prata. Ela ainda ficou por lá com nossa filha, até o começo do ano letivo. Manda-lhe lembranças muito cordiais, às quais junto as minhas, sempre a seu inteiro dispor.

Maurício Rosemblatt

O suplemento Letras e Artes, do jornal "A Manhã", publicou crítica elogiosa na edição de domingo, 8 de setembro de 1946, de ninguém menos do que Brito Broca – que assina apenas com as suas iniciais.

Página 14 — LETRAS E ARTES — DOMINGO, 8-9-1946

LIVROS EM REVISTA

CRITICA

WILSON MARTINS — Interpretações — Livraria José Olympio, 1946.

O nome do sr. Wilson Martins começou a impôr-se nos circulos intelectuais do Brasil assim que surgiram os primeiros rodapés criticos que o jovem escritor paranaense assinava em "O dia" de Curitiba. Trata-se, inegavelmente, de uma dessas vocações criticas que nada têm de improvisadas ou de titubeantes. Sem conhecer pessoalmente os escritores, êle os lia e comentava informado apenas nos dados concretos e categóricos dos livros. Pela sua firmeza, informação, espirito de clareza e uma paixão mais na função elucidativa da crítica do que na emoção que as obras lidas pudessem lhe suscitar, êle se colocava em uma posição de vanguarda, em uma espécie de "linha Alvaro Lins" do julgamento literário. Seus rodapés, escritos com equilibrio e gravidade — principalmente quando se trata de crítica de poesia, que é fundamentalmente o caracteristico mais avançado e mais firme de suas interpretações — continham todos os elementos de observação, exame, comparação e análise, sendo sempre redigidos em um estilo visceralmente critico, sem molecagens ou piadas.

É de Wilson Martins que a Livraria José Olympio acaba de lançar "Interpretações" volume que contém os seus rodapés criticos de 1942 a 1944. Estamos, sem dúvida, diante de uma das mais leais e poderosas vocações criticas já aparecidas no Brasil nos últimos anos. No sr. Wilson Martins, sente-se perfeitamente a presença de um homem que sabe ler, sabe o que leu, e sabe escrever sôbre a significação do que leu. Sua crítica, criadora por excelência, é dessas que, embora ligadas aos elementos estéticos e éticos indispensáveis, muito lembra os trabalhos de análise dos médicos.

E é sob o signo da elucidação e da clareza que nos vem, de um Paraná, muito inclinado aos versos, um critico destinado a ombrear-se com os maiores que possuimos.

C. S.

CRONICA

CECIL MEIRA — "IMAGEM DAS HORAS" — LIVRARIA EDITORA ZELIO VALVERDE — RIO, 1946 — Breves e expressivos ensaios morais, pequenas crônicas, é o que o sr. Cécil Meira nos oferece nas páginas de "Imagem das Horas", fruto de uma variada observação sobre temas da vida e da literatura. Com um estilo claro e espontaneo o autor fixa impressões e desenvolve os seus problemas sem se preocupar com a unidade de tudo o que, em verdade, sente e sobre que reflexiona a todo momento; essa unidade, porem, ressalta-se no conjunto da obra, para afirmar, precisamente, a natureza do espirito investigador e inquieto, muitas vezes agudo, do escritor, que se diria consequencia de uma experiencia pessoal. É interessante, por certo, surpreender o sentido de sua inquietude em uma ou outra reflexão, como aquela referente à prática de aperfeiçoamento da vida, através do tempo e da experiencia; mas iriamos fugir aos objetivos de informação desta nota. O que vale é ler o livro, acompanhar uma por uma as meditações do autor, sem nos determos nas fragilidades evidentes que aqui e ali se intercalam na abundancia de reflexões acertadas e originais. São poucos os livros deste gênero em nossa literatura de inspiração moralistica, para não dizermos filosófica. O volume do sr. Cécil Meira cerca-se ainda dessa originalidade e a gente o lê com simpatia e proveito.

ASC. L.

EDITORAS

EDITORA PONGETTI — Um fato singular é sem dúvida a presença da poesia na Editora Pongetti. Essa casa, que se dedicou quase exclusivamente á publicação de livros de sucesso mundial, como o folhetim de Margareth Mitchell, os romances de Dickens, "A canção de Bernadete" de Franz Werfel e inúmeros "best-sellers", é inexplicavelmente procurada pelos poetas, que pagam a edição de seus cadernos de versos e se dão por satisfeitos. Uma rarissima edição de "Libertinagem" de Manuel Bandeira foi editada pelos simpáticos Irmãos Pongetti, o mesmo acontecendo com vários livros de Carlos Drummond de Andrade, Vinicius de Morais, Adalgisa Nery, Murilo Mendes — que apresentou o estreante Lêdo Ivo a êsses editores, tornando-o "autor da casa" — Cecilia Meireles e outros. É verdade que um paraense também editou lá, com grande espalhafato, o seu "tijolo". Mas o próprio Pongetti informava aos outros poetas: "Não se impressionem, que êle já gastou trinta contos em artigos pagos..."

Marcos Konder Reis, um dos mais jovens poetas brasileiros, também enveredou pelo caminho Pongetti. E outros, anônimos, fazem o mesmo, custeando seu volume.

Por que é que os poetas preferem Pongetti, que não publica poesia de graça, aos outros editores, que também fazem o mesmo?

Será que existe uma tradição pongettiana para a poesia brasileira? Ou os poetas, impressionados com o êxito de "E o vento levou", querem ver se seus versos conseguem "best-seller"? Ninguém o sabe, a não ser o sr. Eloy Pontes, que sabendo de tudo, é o único brasileiro que não sabe de nada.

EDUCAÇÃO

ANISIO TEIXEIRA — EDUCAÇÃO PARA A DEMOCRACIA — LIVRARIA JOSE OLIMPIO — EDITORA — RIO, 1946.

Nesta hora de desentendimentos, nenhuma leitura se recomenda tanto a educadores, e aos homens públicos, particularmente, como a do livro de Anisio Teixeira, "Educação para a Democracia", obra que nos deixou o autor, após haver exercido o cargo de Secretário de Educação e Cultura do Distrito Federal.

Em "Educação para a Democracia", Anisio Teixeira procura estabelecer uma relação entre o nosso problema politico e a educação, relação essa que cada dia parece mais atualizada.

"No Brasil — afirma Anisio Teixeira em seu livro — democracia é ainda apenas um ensaio, cujo êxito nunca será assegurado se não continuarmos, lentamente, a nos esforçar, para implantar, aqui, de forma mais perfeita e mais segura as suas instituições. De tôdas elas — prossegue — nenhuma é mais essencial do que a da liberdade das fôrças que conduzem ou formam o pensamento humano. E mais não é a educação do que a direção e o contrôle dêsse pensamento. À vista disso — conclui — a função do Estado democrático é manter os serviços educacionais, defendendo-os das influências imediatistas dos governos, ou da influência profunda de ideologias partidárias.

Depois de discorrer sôbre o problema brasileiro de educação, Anisio Teixeira se refere a aspectos importantes da administração educacional, tais como "autonomia dos serviços de educação", "educação pré-escolar", "educação elementar e seus objetivos", "educação rural", "educação secundária" e "universidade e sua função".

E' na segunda parte do sua obra que Anisio Teixeira estuda o sistema escolar do Distrito Federal, transmitindo proveitosas lições sôbre organização e experiência de serviços escolares.

P. C. BONFIM

HISTÓRIA

General José Candido da Silva Muricy — "A Revolução de 93 nos Estados de Santa Catarina e Paraná (memorias)" — Companhia Editora Americana, 1946.

Em 1893 o então 1º tenente José Candido da Silva Muricy encontrava-se em Santa Catarina, como comandante da Fortaleza de Sant'Ana, situada na antiga Ilha do Desterro, quando o almirante Custodio José de Melo deu inicio à revolta da esquadra. Envolvido nos acontecimentos que se desenrolaram em Santa Catarina e Paraná, deixou aquele militar o seu testemunho sôbre aquele episódio tão pouco conhecido da nossa história neste livro (que constitui os volumes XCIX e C da Biblioteca Militar) e que sua familia ora dá ao público, quando seu autor não mais existe.

De tudo quanto tenho lido sôbre o incidente que tanto sangue de paranaenses e catarinenses derramou — desde artigos esparsos publicados em "A Nação Armada", até "A Invasão Federalista em Santa Catarina e Paraná", de autoria de Fabio Luz e Davi Carneiro (volume VI de "Floriano, memorias e documentos", edição do Ministério da Educação) — êste é o Livro mais imparcial, apesar de ter o autor tomado parte no movimento evocado. Sente-se nestas páginas a preocupação do militar em não fugir á objetividade dos fatos e o esforço em encarar o assunto mais com a razão do que com o sentimento. Escritas numa linguagem simples, de quem evita a literatice, estas memorias devem ser lidas por aqueles que se interessam pela nossa história e principalmente pelos acontecimentos como êste, sôbre o qual os compendios do ginásio passam por alto, deixando-o na obscuridade.

Alc. Silv.

POESIA

GALBA DOS INFERNOS — José Tavares Miranda — Livraria José Olympio, 1946.

O sr. José Tavares Miranda, que em seu livro de estréia, "Alamboa", se revelou um lírico bem apreciável, dando-nos um punhado de versos marcados por uma capacidade de inspiração que dava lugar a fundadas esperanças, em seu segundo volume, "Poemas", tomou o que poderiamos chamar de um mau caminho. Tentando substituir a facilidade com que se exprimia, através do um ritmo aberto e sem dificuldades, enveredou por uma falsa compreensão do que é pesquisa verbal, que nos leva a armadilhas de obscuridade e de ilogismos. Poeta dos mais talentosos da nova geração brasileira, esperemos que êle possa sair são e salvo desse abismo, onde mergulhou decisivamente com "Galba dos Infernos". Faltam a êste caderno de poemas: capacidade de esclarecimento, pois poesia é elucidação; realização formal, que exige dos poetas as mais radicais perícias; identificação entre a inspiração lírica e a lucidez poética, elementos inseparáveis nesta coisa que se chama um verso. "Galba dos Infernos" é um dos expressivos cadernos de poemas deste ano. Mas isso, nem sempre é tudo. É preciso "ser", e isso exige renúncia, sacrifício, fuga às tentações do desnorteamento.

C. S.

Dantas Mota — "Elegias do Pais das Gerais" — Editora Flama, S. Paulo, 1946.

Depois de ter lido alguns poemas que seriam mais tarde enfeixados neste livro, escrevi que eles seriam como um rio refletindo o passado mineiro, com suas montanhas, seus homens e seu ouro escondido. Posso agora — publicados os versos — reafirmar o que ficou dito: a presença de Minas nestas páginas é tão forte que a gente se vê transplantado para o Monte Sião "do Pais das Gerais esquecida filha" e se sente lá longe no Favacho, no Angai, no Ouro Fala. Este pais das Gerais não é o das minas de ouro nem das vacas leiteiras, mas o das terras ásperas que criaram a humildade de ferro de seus homens, essas velhas mineiras de fichú e chaile e o mugido da vaca, sozinha na solidão dos descampados.

Dantas Motta continua neste volume a ascenção começada com "Planicie dos Mortos". O clima de sua poesia é o mesmo — misto de humor e tristeza — mas o tema é outro, pois embora se dirigindo muitas vezes a si próprio é para a terra que se debruça o poeta das "Elegias" ao contrário do vate da "Planicie", sequioso de mostrar sua alma num desabafo incontido e inevitavel. Agora o poeta, extrovertendo-se um pouco, se comove com o sacrificio ingente das curruiras nas taperas abandonadas, com a matriz de Antonio Dias, com seus santos e suas virgens,

"Tambem seus degredos e seus silencios"!
Povoados de cobras, alfinetadas de grilos.";

Alc. Silv.

ROMANCE

John Galsworthy — "A Crônica dos Forsyte" — "O Proprietario", "Irene" e "Despertar", em tradução de Rachel de Queiroz — Livraria José Olympio Editora, 1946.

Há muito tempo na Inglaterra apareciam novelas e peças de teatro assinadas por um tal Kohn St. John, que ninguem sabia quem era. Depois soube-se que êste nome horrivel escondia o verdadeiro John Galsworthy, um homem enorme com uns oculos de lentes maiores ainda. Quando escreveu "O Proprietário", Galsworthy resolveu publica-lo com o seu próprio nome e desde êsse tempo ninguem mais fala no outro. O leitor brasileiro de traduções está agora de parabens com a versão da saga dos Forsyte, uma familia que estava fazendo falta em nosso meio, depois que entramos em contacto com os Thibault, os Buddenbrook, os Maias e os Whitrook.

Embora seu drama "A Justiça" tenha ocasionado até reforma nas prisões inglesas, Galsworthy — de quem "Letras e Artes" publica um interessante conto, nesta edição, — é mais conhecido como romancista, sendo a crônica dos Forsyte a obra em que se realçam mais seus esplendidos dotes de narrador. Cronista de uma sociedade que aos poucos vai desaparecendo — essa classe média remediada — seus livros ficarão como um espelho em que se refletem os problemas e os prazeres dêsse pequeno mundo, tão diferente da alta sociedade descrita por Maurice Baring em seus romances. A trilogia formada pelo "Proprietário", "Irene" e "Despertar" — de leitura tão amena e atraente — deve andar nas mãos dos que se interessam pela boa literatura.

Alc. Silv.

RUTH GUIMARAES — "AGUA FUNDA" — LIVRARIA DO GLOBO — P. ALEGRE — 1946

Ruth Guimarães é uma descoberta literária de Edgard Cavalheiro e Amadeu Queiroz. Nasceu em Cachoeira, às margens do Paraíba, no Estado de São Paulo, e tem apenas vinte e seis anos. Passou a infância na roça, numa fazenda do Sul de Minas e logo ao começar a escrever seu desejo teria sido recompor artisticamente as impressões dêsse periodo da existência. Daí o romance "Água Funda" com que ela hoje se apresenta ao público. A técnica da composição fragmentária, muito preconizada pelos modernistas — e repudiada pelos romancistas de 1935 — para cá, que lhe sentiram de certo, as deficiências — no romance de Ruth Guimarães, entretanto se justifica, admiravelmente, pelas circunstâncias particulares da obra. São bocados de narrativa, ouvidos de um e de outro que a autora reconstrói, encarreirando-os, espontaneamente, na forma de uma "Scelte" fragmentária. Julgamos perceber, às vezes, até a mudança de voz tal a fôrça da evocação. Estilizando tudo isso, Ruth Guimarães conservou a naturalidade da narrativa, sempre no tom sentencioso, moralizante e meio parabólico do caipira. Ela mesma fala num "gigantesco brinquedo de armar, cujas peças vieram aos poucos, trazidas por gente "contadeira de casos". E êsse "gigantêsco brinquedo" de armar encerra uma história de bruxaria — uma dessas histórias com que a fantasia e a superstição do caipira explicam a decadência do trabalhador rural em zonas atingidas pelas reviravoltas econômicas. Na região cafeeira empobrecida do vale do Paraiba a idéia do bruxedo sempre viveu ligada ás ruinas das velhas fazendas.

Ruth Guimarães passou tôdas suas impressões pelo crivo da arte, dando-nos uma verdadeira rapsódia sertaneja, cheia de encanto e de discreta emoção. E' bem a gente do mato que ouvimos nessas páginas, com seu falar natural, embora se confundindo, por vezes, com as próprias figuras dos contos de fada.

B. B.

Sociologia

T. LYNN SMITH — "SOCIOLOGIA DA VIDA RURAL" — Casa do Estudante do Brasil — Rio, 1946 — Do contáto com a nossa terra, que tem visitado por diversas vezes e cujos aspectos sociais o interessam profundamente, o autor acaba de publicar nos Estados Unidos, com grande repercussão, um livro, "Brazil: People and Institutions", de importancia fundamental para o esclarecimento de nossos problemas, aí tão bem estudados, à luz de grande quantidade de documentos e de uma observação honesta e experimentada. Professor de Sociologia Rural da Universidade de Luisiana, Lynn Smith, que se acha presentemente entre nós, é um dos expoentes da moderna ciência social, notadamente dos problemas relacionados com o desenvolvimento das comunidades rurais. Resultado dos seus profundos estudos e das suas pesquisas neste aspecto, é este livro monumental, que o sr. Jorge de Sá Almeida traduziu com proficiência, intitulado "Sociologia da Vida Rural", fundado em sua maior parte sobre certas caracteristicas das sociedades rurais norte-americanas.

Ciência nova, nascida nos Estados Unidos, tendo surgido dos conflitos originados entre a vida rural e a urbana, a sociologia rural tem se desenvolvido de modo efetivo, oferecendo soluções do maior interesse para os estudiosos desses assuntos e para os homens de governo. Não obstante o caráter particular das pesquisas do professor Lynn Smith, circunscritas, como já dissemos, a determinadas áreas rurais dos Estados Unidos, seus métodos de interpretação se aplicam quase por inteiro ao nosso caso, dada a semelhança que se encontra entre alguns problemas referentes à formação da nossa sociedade rural e dos de certas comunidades rurais que o autor teve oportunidade de estudar em seu país. A matéria está disposta em cinco partes, repletas de notas e observações abundantes, coroadas por uma extensa bibliografia de autores citados e consultados. A isso acrescente-se o lúcido prefacio de Artur Ramos, bastante informativo.

ASC. L.

Crítica de Brito Broca a Água Funda no jornal "A manhã".
(Acervo Instituto Ruth Guimarães)

Em 1947, escreve, a Ruth, Gilberto Amado (primo de Jorge e James Amado), seu ex-companheiro nas reuniões da Drogaria Baruel, então morando no Rio de Janeiro. Gilberto Amado seria eleito para a Academia Brasileira de Letras em 1963.

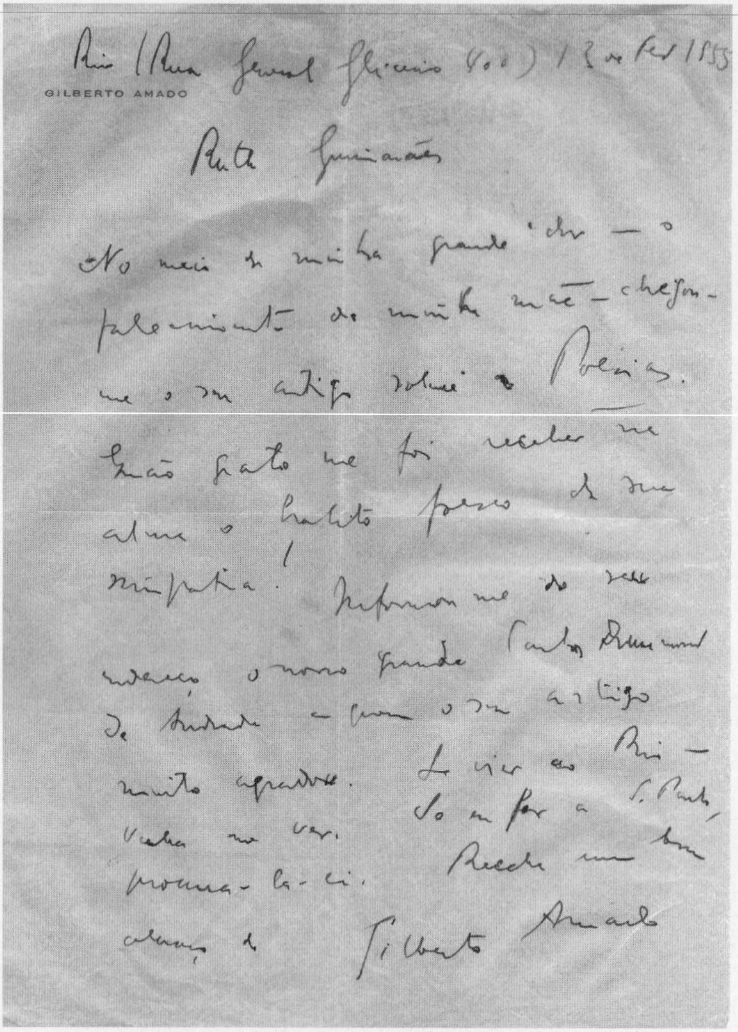

GILBERTO AMADO

Rio (Rua General Glicério 400) 13 de fev 1955

Ruth Guimarães

No meio de minha grande dor — o falecimento de minha mãe — chegou-me o seu artigo sobre a Poesia.

Tão grato me foi receber na alma o hálito fresco de sua simpatia! Informou-me do seu endereço o nosso grande Carlos Drummond de Andrade — com o seu artigo — muito agradecido. Se vier ao Rio — venha me ver. Se eu for a S. Paulo, procurá-la-ei. Receba um bom abraço de

Gilberto Amado

Carta de Gilberto Amado. 1947. (Acervo Instituto Ruth Guimarães)

No dia 22 de setembro de 1946, o Jornal de São Paulo, na edição de domingo, estampou, em página inteira, matéria encimada por um "chapéu", como se chama na gíria jornalística a linha que se sobrepõe à manchete, ao título da reportagem, e que antecipa o assunto: "Ruth Guimarães – a revelação literária de 1946".

O PAULO — DOMINGO, 22 DE SETEMBRO DE 1946

RUTH GUIMARÃES — A REVELAÇÃO LITERARIA DE 1946

DE MENINA ESPELOTEADA E PETULANTE A ROMANCISTA BENQUISTA PELO PUBLICO E ELOGIADA PELA CRITICA

DADES

"O livro das anedotas galantes"

Entrevista de Ruth Guimarães ao Jornal de São Paulo. 22/09/1946. (Acervo Instituto Ruth Guimarães)

Foi esse o impacto causado pelo livro nos meios literários – os exemplos mostrados são apenas alguns. E é importante lembrar que, no mesmo ano, outros lançamentos marcaram a literatura brasileira. O crítico literário Wilson Martins escreveu, em sua "História da Inteligência Brasileira", como o ano que se seguiu ao fim da Segunda Guerra Mundial registrou um movimento de retomada do espírito regional, na literatura:

> *Sagarana não estava sozinho, em 1946, na sugestão de uma literatura ao mesmo tempo regionalista e, por isso "primitiva", e literária, isto é, estilística: sendo tênues e movediças as fronteiras entre o regional, o nacional e o folclórico, podemos colocar na mesma estante as Aventuras de Malasarte, traduzidas e adaptadas por Jorge de Lima e Mateus de Lima, que saía em segunda edição, e as Lendas dos Índios, de Herbert Baldus; a terceira edição de O Missionário, de Inglês de Souza e Os Melhores Contos de Afonso Schmidt; Favela, de Elói Pontes e Água Funda, de Ruth Guimarães.*

Num lançamento conjunto realizado em São Paulo, estiveram, cada qual assinando o seu livro, Ruth Guimarães, com "Água Funda", Lygia Fagundes Telles, com uma reedição de "Praia Viva", e João Guimarães Rosa, com "Sagarana".

Guimarães Rosa e Ruth foram grandes amigos. Um reencontro de ambos foi registrado pelo jornal Folha de S. Paulo, no lançamento de "Corpo de Baile", do escritor mineiro, na Livraria Cultura Nacional, em 1956.

No exemplar de "Grande Sertão: Veredas", naquela ocasião, Rosa assinalou a seguinte dedicatória:

> *"A Ruth Guimarães –parenta minha; e uma das pessoas mais simpáticas que encontrei na vida; e que escreve como*

uma fada escreveria – com o grato apreço e a amizade do Guimarães Rosa".

Guimarães Rosa era genial, dizia Ruth. Mas o fato foi que, para a imprensa paulistana, "Água Funda" causou mais furor do que "Sagarana". A obra de Rosa levaria alguns anos ainda para cair no gosto dos amigos da literatura.

Em fotografia do evento de lançamento de "Grande Sertão: Veredas, em São Paulo, o jornalista Audálio Dantas, muito moço, estava à mesa,com os dois autores. Ruth e Audálio trabalhariam juntos, mais tarde, na Revista Quatro Rodas, ele como editor, ela como repórter. (Foto arquivo Folha de S. Paulo)

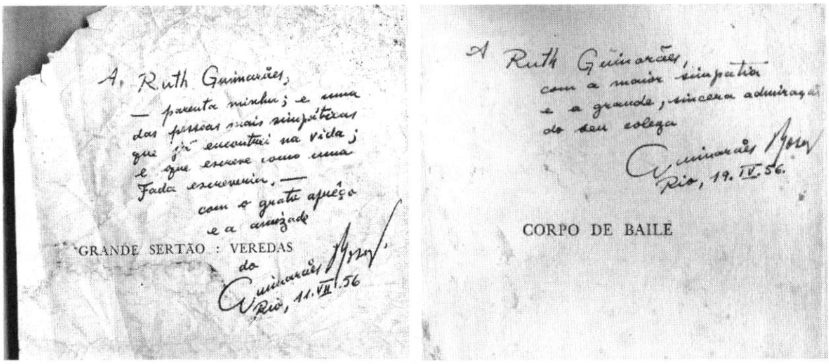

Dedicatórias de Guimarães Rosa

O "Boletim Bancário", de Taubaté, publicou uma notícia, da qual conseguimos para o nosso acervo apenas o trecho inicial. Basta, porém, para dar ideia do preconceito que grassava na época. Ruth, diga-se a propósito, foi apadrinhada e validada por homens brancos, de classe alta. Talvez que, pobre, solteira e caipira, não tivesse tido as oportunidades que teve no campo da literatura. Destaque-se o início da notícia, publicada em 31 de dezembro de 1946 (desconhecemos o autor):

> ***A romancista preta***
>
> *Ruth Guimarães, uma valeparaibana de assinalados méritos espirituais e morais, não teve a ventura de nascer branca. Mas Deus, que a fez da cor do ébano, houve por bem dotá-la de um talento verdadeiramente singular, que já anda por aí a causar inveja a muita gente boa que se orgulha, estupidamente, de sua pseudo e remota origem ariana.*

Mais não será preciso dizer...

Ainda em 1946, participou da Revista Província de São Pedro, publicação trimestral da Livraria do Globo, com o conto "Deus é grande, me ajudou a fugir", ao lado de nomes como Érico Veríssimo, Augusto Meyer, Guilhermino César, Sérgio Buarque de Hollanda, Raul Bopp, Mário Quintana e Manuel Bandeira, entre outros.

Um ano depois do lançamento, a obra de Ruth continuava a ser notícia. Nelson Vainer publicou na revista "A Semana", em 25 de janeiro de 1947, uma entrevista com um título laudatório: "Uma romancista negra que triunfa".

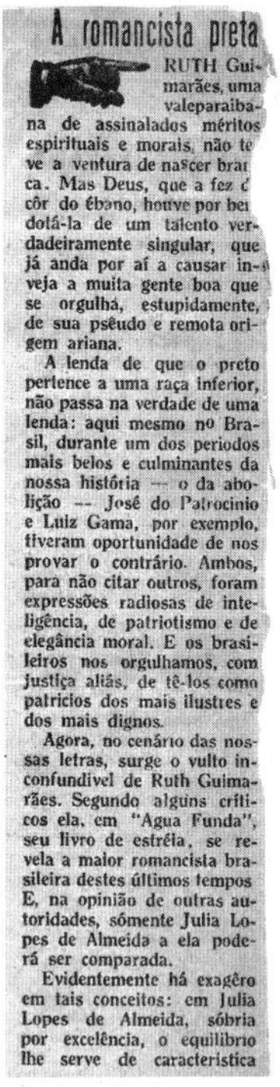

A romancista preta

RUTH Guimarães, uma valeparaibana de assinalados méritos espirituais e morais, não teve a ventura de nascer branca. Mas Deus, que a fez da côr do ébano, houve por bem dotá-la de um talento verdadeiramente singular, que já anda por aí a causar inveja a muita gente boa que se orgulha, estupidamente, de sua psêudo e remota origem ariana.

A lenda de que o preto pertence a uma raça inferior, não passa na verdade de uma lenda: aqui mesmo no Brasil, durante um dos periodos mais belos e culminantes da nossa história — o da abolição — José do Patrocinio e Luiz Gama, por exemplo, tiveram oportunidade de nos provar o contrário. Ambos, para não citar outros, foram expressões radiosas de inteligência, de patriotismo e de elegância moral. E os brasileiros nos orgulhamos, com justiça aliás, de tê-los como patricios dos mais ilustres e dos mais dignos.

Agora, no cenário das nossas letras, surge o vulto inconfundivel de Ruth Guimarães. Segundo alguns criticos ela, em "Agua Funda", seu livro de estréia, se revela a maior romancista brasileira destes últimos tempos E, na opinião de outras autoridades, sómente Julia Lopes de Almeida a ela poderá ser comparada.

Evidentemente há exagêro em tais conceitos: em Julia Lopes de Almeida, sóbria por excelência, o equilibrio lhe serve de caracteristica

Nota publicada sobre a romancista. 1946.

UM AUTOR POR SEMANA

Ruth Guimarães

● *Ruth Guimarães ocupa um lugar expressivo na literatura brasileira. Seu livro de estréia, "Água Funda", lançado o ano passado, despertou o interêsse da critica e o público o recebeu igualmente com agrado. A escritora nasceu em Cachoeira, Estado de São Paulo, em 13 de junho de 1920. Viveu até aos nove anos de idade numa fazenda no sul de Minas. Aos dez anos Ruth Guimarães escrevia versos para um jornal de Cachoeira. Mais tarde, em São Paulo, exerceu vários empregos modestos, aproveitando as horas de folga para estudar e escrever. Foi na capital paulista, em 1938, que estimulada pelos escritores Edgard Cavalheiro e Cid Franco, Ruth Guimarães começou a colaborar em jornais e revistas. A jovem romancista tem em preparo um novo romance, que deverá aparecer em principios de 1948.*

Nota publicada sobre a romancista. 1946.

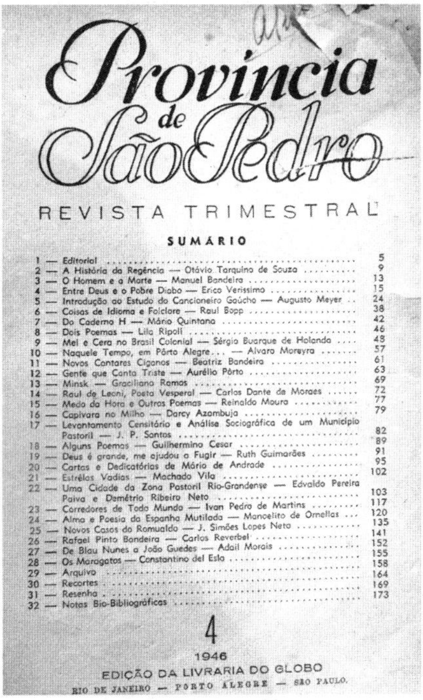

Província de São Pedro

REVISTA TRIMESTRAL

SUMÁRIO

4

1946

EDIÇÃO DA LIVRARIA DO GLOBO

RIO DE JANEIRO — PORTO ALEGRE — SÃO PAULO.

Índice da Revista "Província de São Pedro", da qual Ruth participou, em 1946 e 1947, ao lado de Brito Broca, Jamil Almansur Haddad, Mário Quintana, Henriqueta Lisboa e outros. (Acervo Instituto Ruth Guimarães)

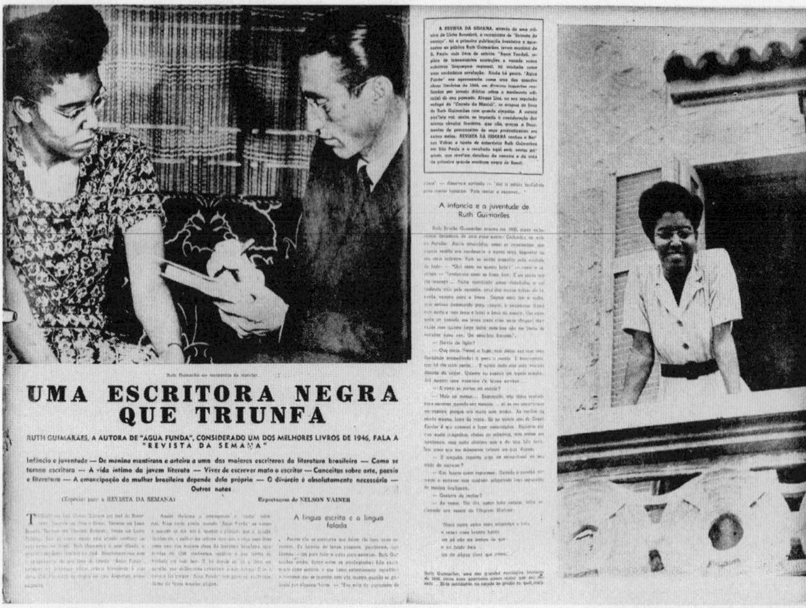

UMA ESCRITORA NEGRA QUE TRIUNFA

RUTH GUIMARÃES, A AUTORA DE "ÁGUA FUNDA", CONSIDERADO UM DOS MELHORES LIVROS DE 1946, FALA A "REVISTA DA SEMANA"

Infância e juventude — De menina mentirosa e arteira a uma das maiores escritoras da literatura brasileira — Como se tornou escritora — A vida íntima da jovem literata — Viver de escrever mata o escritor — Conceitos sobre arte, poesia e literatura — A emancipação da mulher brasileira depende dela própria — O divórcio é absolutamente necessário — Outras notas

(Especial para a REVISTA DA SEMANA) Reportagem de NELSON VAINER

A língua escrita e a língua falada

A infância e a juventude de Ruth Guimarães

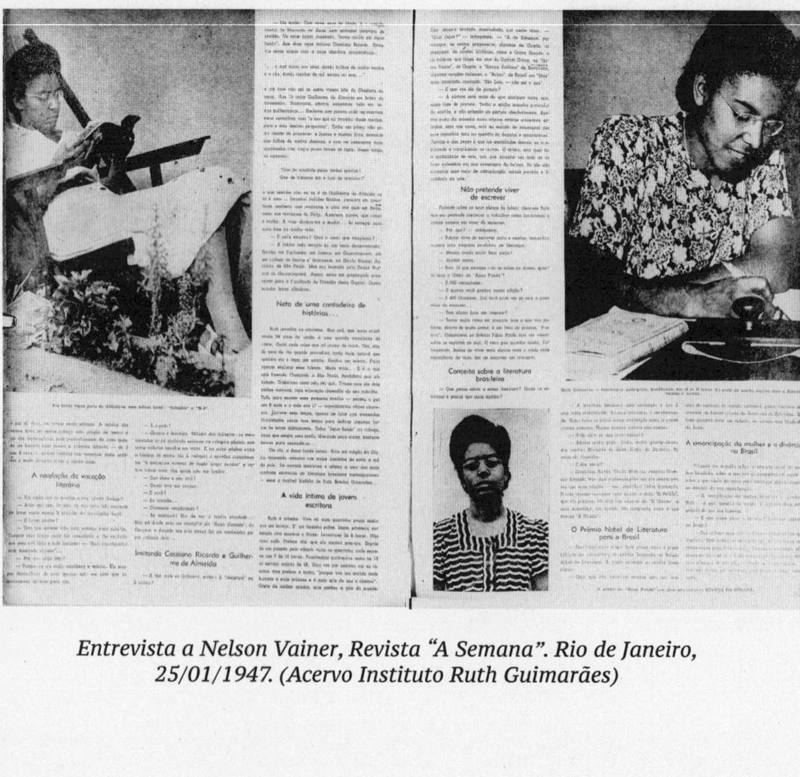

Neta de uma contadora de histórias...

A revelação da vocação literária

A vida íntima da jovem escritora

Imitando Cassiano Ricardo e Guilherme de Almeida

Não pretende viver de escrever

Conceito sobre a literatura brasileira

O Prêmio Nobel de Literatura para o Brasil

A emancipação da mulher e o divórcio no Brasil

Entrevista a Nelson Vainer, Revista "A Semana". Rio de Janeiro, 25/01/1947. (Acervo Instituto Ruth Guimarães)

Leitores

Como vimos, críticos e jornalistas apreciaram o livro. Os leitores também, tanto que o livro se esgotou nas livrarias em poucos meses. João Carneiro de Resende, por exemplo, morador da cidade de Pedralva, cenário das narrativas de "Água Funda", escreveu para Ruth, logo após o lançamento do romance.

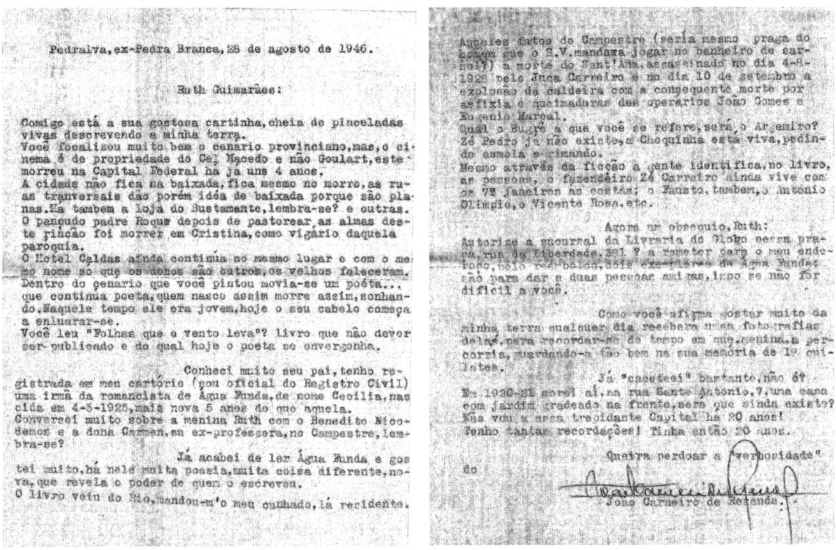

Pedralva, ex-Pedra Branca, 28 de agosto de 1946.

Ruth Guimarães:

Comigo está a sua gostosa cartinha, cheia de pinceladas vivas descrevendo a minha terra.
Você focalizou muito bem o cenario provinciano, mas, o cinema é de propriedade do Cel. Macedo e não Goulart, este morreu na Capital Federal ha ja uns 4 anos.
A cidade não fica na baixada, fica mesmo no morro, as ruas tranversais dão porém idéa de baixada porque são planas. Ha tambem a loja do Bustamante, lembra-se? e outras.
O pançudo padre Roque depois de pastorear as almas deste rincão foi morrer em Cristina, como vigário daquela paroquia.
O Hotel Caldas ainda continúa no mesmo lugar e com o mesmo nome so que os donos são outros, os velhos faleceram.
Dentro do cenario que você pintou movia-se um poéta... que continúa poeta, quem nasce assim morre assim, sonhando. Naquele tempo ele era jovem, hoje o seu cabelo começa a enluarar-se.
Você leu "Folhas que o vento leva"? livro que não dever ser publicado e do qual hoje o poeta se envergonha.

Conheci muito seu pai, tenho registrada em meu cartório (sou oficial do Registro Civil) uma irmã da romancista de Água Funda, de nome Cecilia, nascida em 4-5-1925, mais nova 5 anos do que aquela.
Conversei muito sobre a menina Ruth com o Benedito Nicodemos e a dona Carmen, sua ex-professora, no Campestre, lembra-se?

Já acabei de ler Água Funda e gostei muito, há nele muita poesia, muita coisa diferente, nova, que revela o poder de quem o escreveu.
O livro veiu do Rio, mandou-m'o meu cunhado, lá residente.

Aqueles fatos do Campestre (seria mesmo praga do homem que o S.V. mandara jogar no banheiro de carnol?) a morte do Sant'Ana, assassinado no dia 4-8-1928 pelo Juca Carneiro e no dia 10 de setembro a explosão da caldeira com a consequente morte por asfixia e queimaduras dos operarios João Gomes e Eugenio Marçal.
Qual o Bugre a que você se refere, será o Argemiro? Zé Pedro já não existe, a Chequinha está viva, pedindo esmola e rimando.
Mesmo através da ficção a gente identifica, no livro, as pessoas, o fazendeiro Zé Carneiro ainda vive com os 72 janeiros as costas; o Fausto, tambem, o Antonio Olimpio, o Vicente Rosa, etc.

Agora um obsequio, Ruth:
Autorize a sucursal da Livraria do Globo nessa praça, rua da Liberdade, 391 ? a remeter para o meu endereço, pelo reembolso, dois exemplares de Água Funda; são para dar a duas pessoas amigas, isso se não for dificil a você.

Como você afirma gostar muito da minha terra qualquer dia receberá umas fotografias delas, para recordar-se do tempo em que, menina, a percorria, guardando-a tão bem na sua memória de 1º quilates.

Já "caceteei" bastante, não é?
Em 1920-21 morei aí, na rua Santo Antonio, 7, uma casa com jardim gradeado na frente, será que ainda existe?
Não vou a essa trepidante Capital há 20 anos!
Tenho tantas recordações! Tinha então 20 anos.

Queira perdoar a "verbosidade" do

João Carneiro de Rezende.

Carta do leitor João Carneiro de Resende a Ruth Guimarães. 1946.
(Acervo Instituto Ruth Guimarães)

AS DUAS ÁGUAS - Diz José Geraldo Vieira (Revista A Cigarra, Rio de Janeiro, agosto de 1947), o eminente romancista de "A mulher que fugiu de Sodoma": Li "Água Funda", de Ruth Guimarães, quando estava a traduzir "Água Amarga", de Pirandello. Se esta novela do grande siciliano avulta como um romance menor do que o "Adolfe" pela força humana, quase a Pantagruel, dos seus personagens duma vitalidade intempestiva, "Água Funda" se expande como força represada que transborda de repente, em tonicidade locomotora, a sua reserva potencial".

Helena Silveira, em entrevista concedida à Revista da Semana, em 1947, solicitada a citar os escritores que mais admirava, respondeu: "Limitar-me-ei a falar somente de duas estreantes do ano passado que mais me impressionaram. São elas: Ruth Guimarães e Maria Julieta Drumond de Andrade. E basta."

Clarice Lispector, conforme texto publicado no livro "Todas as cartas", leu o romance, na ocasião do lançamento.

> Salta aos olhos o amplo repertório de peças, filmes, exposições, concertos e livros citados nas cartas, demonstrando o quanto Clarice Lispector acompanhou o repertório cultural nos territórios brasileiro, europeu e norte-americano entre as décadas de 1940 e 1950. Só para citar dois campos, no literário aparecem nomes como o de Jean Cocteau, Simone de Beauvoir, Nelson Rodrigues, Rosamond Lehmann, Katherine Mansfield, João Cabral de Melo Neto, Julien Green, Emily Brontë, Jean-Paul Sartre, D. H. Lawrence, Vinicius de Moraes, Dinah Silveira de Queiroz, Guimarães Rosa e a estreante Ruth Guimarães. Nas artes plásticas, temos Zina Aita, Leonor Fini, Van Gogh, Alfredo Ceschiatti e Aloísio Magalhães.
>
> **Clarice Lispector**
> *Todas as cartas*

Clarice Lispector menciona Ruth Guimarães em carta. 1946. No livro "Todas as Cartas", de Teresa Montero (São Paulo: Editora do Brasil, 2019).

Julgamos conveniente inserir o comentário do acadêmico José de Souza Martins, da Academia Paulista de Letras, na orelha da terceira edição de Água funda, publicada pela editora 34, em 2018:

> *"A peculiar ordenação do tempo do pensar e do narrar fazem deste livro de Ruth Guimarães, de 1946, uma obra tão original quanto Sagarana, de Guimarães Rosa, do mesmo ano. Além do que, Água funda é precursora e antecipadora do realismo fantástico latino-americano de autores como Manuel Scorza, Gabriel García Marques, Juan Rulfo".*

É a mesma conclusão a que chegou a pesquisadora Mariana Paiva, de Salvador, no artigo publicado no livro "Ruth Guimarães: o pioneirismo de Água Funda".

> *É que Água funda, mais do que ser um romance de rara competência atestada por críticos literários como Antonio Cândido e Brito Broca, ainda chega trazendo consigo, na história passada em Olhos D'Água, a presença do fantástico. O livro, que foi publicado em 1946, carrega pioneiros traços de realismo mágico, movimento que ganhará força na década de 1960 e 1970 na América Latina com nomes como Gabriel García Márquez, Júlio Cortázar e Adolfo Bioy Casares. O que ocorre é que, até então, as antologias do gênero seguem ignorando solenemente sua existência.*
>
> *(...)*
>
> *Muitas gerações de estudantes foram formadas sem ouvir falar no nome de Ruth Guimarães, sem ler seus textos e sem discutir sua obra.*
>
> *É claro que houve também quem dissesse que ela estava ali, em 1946, graças ao esforço de homens brancos. É assim que o crítico literário Brito Broca começa seu texto de 08 de*

setembro de 1946 no suplemento Letras e Artes de A Manhã: "Ruth Guimarães é uma descoberta literária de Edgard Cavalheiro e Amadeu de Queiroz". É como ela é apresentada, antes mesmo de falar de sua obra, sua trajetória. Os dois homens brancos a precedem, abrem espaço, legitimam sua existência naquele lugar de literatura.

Nada de muito espantoso num país como o Brasil, em que foi necessária uma mobilização intensa para que se reconhecesse o óbvio: a negritude de um dos maiores nomes de nossa literatura, Machado de Assis, que foi embranquecido durante séculos nas fotografias publicadas pelos jornais e livros. Mulher negra, pobre e do interior, não é de se estranhar que Ruth Guimarães tenha demorado tanto para ser redescoberta pelo Brasil: somente na década de 20 dos anos 2000 é que Água funda foi selecionado para compor listas de livros de vestibulares, abrindo espaço para ampliar debates sobre a obra e sua autoria em escolas, imprensa e universidades.

A mesma tese é defendida pela professora Fernanda R. Miranda, no seu livro "Silêncios prescritos", de que o apagamento de autores negros da literatura brasileira é estratégia proposital de dominação da elite branca e endinheirada. Mas Fernanda traz outra consideração:

Gosto de pensar Ruth Guimarães pela metáfora das águas. A água em seu fluxo, corredeira: a água como caminho, como estabilidade e como reflexo do tempo. Metáfora ou cognição, as águas espelham tanto a autora como sua obra. Nascida em Cachoeira Paulista, às margens do rio Paraíba do Sul, sua trajetória foi como água correndo entre pedras, abrindo uma trilha para que hoje novas grafias brotem e cresçam no território literário brasileiro.

Ruth Guimarães, uma das maiores escritoras da literatura

brasileira, foi uma grande narradora, exímia artífice da arte de narrar. Talvez isso seja uma colheita de sua dedicação em ouvir – a escuta, sensibilidade que a guiava, por exemplo, na pesquisa das culturas orais negras e indígenas de seu território – também moldou sua trajetória intelectual, construída em um tempo no qual poucas mulheres negras ascendiam à possibilidade material da criação literária.

Em seus escritos, Ruth construiu uma colcha de narrados, na qual podemos enxergar uma forma do que somos. Daí ser urgente pensá-la como intérprete da nação, como arquiteta de uma representação refinada para nossas exuberâncias e falhas.

Em Água funda, narrou sobretudo o Tempo. Narrar o tempo é uma arte difícil, laboriosa. Não só o tempo dos calendários e estações, mas o tempo como cognição, experiência, espelho d'água do lugar e do sujeito. O tempo em si, disposto aos nossos olhos, quase táctil, nas palavras. Em seu romance, o tempo é vivo como o correr dos rios. Mas também é didático, pois espelha um conhecimento profundo do Brasil, das permanências e reticências do tempo brasileiro.

O professor Alckmar Luiz Santos, da Universidade Federal de Santa Catarina, publicou, num grupo de estudos, um texto produzido originalmente em francês, sobre Récit et Prophétie (relato e profecia) em Água funda. O professor Alckmar analisa as vozes proféticas que se imiscuem nas palavras do narrador. Tem razão, porque a narrativa antecipa, em previsões e flashbacks, eventos que se sucederão no tempo. Vejamos o que diz o pesquisador:

Na verdade, a originalidade desse romance não está na tematização da profecia ou no emprego de prolepses narrativas, mas na maneira como ela é organizada pelo narrador, pela forma como ela participa da elaboração de um ritmo textual particular. De certa forma, é como se a voz obsessiva da Mãe de Ouro (que só Joca ouve) viesse impregnar a própria voz narrativa, trazendo ao texto o mesmo procedimento para recorrências que são a origem da corrida desenfreada de Joca. A leitura, desta forma, se apropria, portanto, dessa corrida desenfreada, marcada pela repetição de alguns procedimentos verbais: os avisos verbalizados de maneira direta demais e os enigmas evidentes, mas que se deve assim mesmo decifrá-los. Como resultado, não importa muito a interpretação ou a compreensão de enigmas e de profecias, mas o ritmo que elas imprimem ao texto.

Ruth gostava de dizer que seu texto tem música. O andamento e o ritmo que ela imprime às suas narrativas, o uso de vogais, claras ou escuras (abertas ou fechadas), tudo concorre para um sentido de musicalidade. Parece que concorda com ela o professor Alckmar, no texto acima. Mas ele vai além, na análise desse recurso:

Em particular, esse ritmo construído em cima das repetições acarreta, em vez de repetições, mudanças do foco de narração, o que serve pelo menos para relativizar seu olhar e suas perspectivas. Às vezes, a palavra é dada aos personagens, ou então, é o narrador que pratica exercícios de zoom, se aproximando ou se distanciando de um objeto qualquer. Esse narrador que pretende saber de tudo e antecipar tudo é o mesmo que, às vezes, esquece um acontecimento ou se recusa a especificar o que ele não sabe com exatidão. E, em seguida, ele muda de opinião ou de atitude e o que ele não testemunhou é então afirmado com certa precisão.

Essas mudanças de perspectiva e de posição do narrador pedem, reciprocamente, que o leitor faça um exercício de reorganização do tempo. E, se o tempo é rearranjado e retomado pelo narrador, conforme os planos de narração com os quais ele tece a narrativa, é o leitor, portanto quem deve ter o trabalho de entender como as organizações temporais chegam a impregnar os personagens e os acontecimentos de uma significação particular, própria a um narrador que pretende ser o demiurgo de um mundo autônomo e ficcional.

Numa edição da Revista Ângulo, o professor da UNIFESP, Eduíno Orione, publicou o artigo "Água funda – memória versus esquecimento", do qual extraímos trechos, a seguir:

O romance de Ruth Guimarães retrata uma grande transformação sociocultural ocorrida no Vale do Paraíba na passagem do século 19 ao 20, marcada sobretudo pela chegada à região do progresso tecnológico e da exploração capitalista do trabalho. A obra registra a passagem de um antigo estado para um novo estado, de uma velha ordem das coisas para uma nova ordem, sem que isso em absoluto adquira uma conotação positiva.

Na verdade, a obra de Ruth Guimarães reatualiza os mitos da tragédia grega no espaço caipira valeparaibano, onde as personagens lutam com forças mitológicas (a Mãe de Ouro) ou não (o capital) que parecem estar muito acima delas.

(...)

Sinhá Carolina termina muito mal. (...) Inácio Bugre, o homem que encarna a própria natureza, morre vítima de uma urutu preta. (...) Bebiano morre numa explosão da Usina. Joca fica louco e desaparece, deixando a mulher Curiango solitária. Antônio Olímpio morre de tristeza na cadeia por ter matado a mulher Cecília. O próprio narrador resolve ir embora de Olhos d'Água. (...)

Água funda é um romance muito triste.

Por que tanta tristeza? Pelo desaparecimento de uma antiga ordem social (justa ou não, é uma outra história); pela desfiguração da paisagem natural e, o que é pior, pelo esquecimento de tudo isso, ou seja, pela dissolução da memória e da cultura popular.

(...)

Segundo a sabedoria popular do narrador do romance, o destino das figuras humanas de Água Funda pode ser entendido por duas leis universais. A primeira está configurada numa constatação respaldada no mito, através do qual a natureza fala por si: "A gente passa nesta vida, como canoa em Água funda. Passa. A água bole um pouco. E depois não fica mais nada." A segunda é fruto da observação das ações dos homens: "Ninguém faça que não pague. Esta é a primeira lei da vida."

Num manuscrito inédito, que pode ser encontrado na seção de obras raras da Academia Paulista de Letras, Amadeu de Queiroz relembrou a sua participação na estreia de Ruth Guimarães como escritora:

Encontrei-me num concerto com Mário de Andrade e, de passagem, ele me disse sem mais comentários: "Mandei-lhe uma escritora novíssima – tenha paciência com ela." Alguns dias depois fui procurado pela novíssima, moça de óculos, retraída, falando pouco: o indispensável para expor o que pretendia – era Ruth Guimarães Botelho – como se apresentou. Até aquele momento não a conhecia, nem de vista, nem de nome, não sabia da sua existência. Contou-me ela que havia procurado Mário de Andrade para lhe pedir opinião sobre seu trabalho folclórico e que ele lhe havia dito que andava muito atarefado na ocasião, mas me procurasse, que eu, em matéria de folclore, era tanto como ele (pois sim!).

Não conversamos mais porque a moça era de pouca prosa, e recebemos os originais, marcamos prazo para outro encontro.

O trabalho que escreveu era de quem começa, tinha apreciável merecimento, mas não me agradou muito – por motivos que agora não vem ao caso – e isso ela percebeu quando nos encontramos mais tarde e lhe dei minha opinião; não só percebeu como entristeceu também um pouco. Então lhe perguntei, por simples curiosidade, se não tinha algum outro trabalho escrito, e ela me respondeu com firmeza e simplicidade: "Tenho um romance". Ora, eu que sempre fui curioso dessas coisas e gosto de procurar o que os outros evitam achar, pedi os originais para ler e, no dia seguinte, ela voltou com eles.

Com a minha habitual disposição encetei a leitura e, ao chegar à página quatro voltei atrás para reler com toda a atenção, e assim fui indo – avançando e retrocedendo – até o fim do romance, alcançado em poucas horas. Não encontrei nele o que censurar, suprimir, acrescentar – a escritora havia escrito um romance, e dizendo isto tenho dito tudo. Só não gostei do título: chamava-se "Mãe d'Água," ou "Mão do ouro", não me lembro bem.

Cheio de entusiasmo por ter dado com um verdadeiro talento, procurei o Edgard Cavalheiro, crítico de longa prática, conciso e desabotoado, ao mesmo tempo representante da Livraria do Globo, de Porto Alegre. Contei-lhe o caso da moça e do romance, disparei-lhe em cheio o meu entusiasmo, ele também me disparou um olhar de espanto porque, tanto ardor assim, da minha parte, era de se espantar! Guardou os originais que lhe confiei, depois leu o romance e, a seu pedido, outras pessoas leram, inclusive o Jorge Amado, que andava por aqui e que foi até o meio [...] e todos, por fim, sem discrepância gostaram do livro.

A escritora foi chamada, recebeu os merecidos cumprimentos de vários escritores, assinou um contrato com a Globo e o romance foi publicado com o título de Água Funda. O resto é sabido.

Não descobri nem emendei, não corrigi nem apadrinhei a escritora Ruth Guimarães, encontrei-a moça de vinte anos e já romancista.

parte 5
ruth repórter e folclorista

Ruth estava no auge do reconhecimento. Era chamada para escrever colunas de crítica literária, resenhar livros novos, fazer reportagens para a Revista do Globo. Para essas matérias, levava a tiracolo o primo e namorado José, o Zizinho, como seu fotógrafo. Publicaram dezenas de reportagens.

Com o sucesso de "Água Funda", Ruth foi convidada a ingressar, isenta de exame vestibular, no curso de Letras Clássicas da Faculdade de Filosofia, Ciências e Letras da USP, que funcionava na Rua Maria Antonia, bairro da Vila Buarque. Iniciou o curso em 1947. Teve como colegas autores de renome como Emir Macedo Nogueira, mais tarde editor-chefe da Folha de S. Paulo. Nesse curso foi aluna de Roger Bastide, Antonio Soares Amora, Fidelino Figueiredo, Silveira Bueno.

Chamava o sociólogo de Bastidinho – ele a admirava bastante; publicou artigos comentando seus livros e mandou-lhe cartas.

Do mestre de Literatura Portuguesa, professor Amora, guardou grande admiração. E também de Silveira Bueno, professor de Latim.

De Fidelino de Figueiredo, que lecionava Estudos Portugueses, costumava contar que ele entrava na sala de aula, olhava para os alunos e dizia: "- Bírgula!" (vírgula com sotaque lusitano) e começava a ditar a matéria do dia.

Em meados de 1947, Ruth e Zizinho planejavam casamento. Ela morava em São Paulo, trabalhando e cursando faculdade, ele em Cachoeira Paulista, dedicado à fotografia. No acervo da família, temos uma carta dele, de 25/11/1947, em que fala da falta que faz a conversa inteligente com a prima, observações sobre o irmão de Ruth, Mário Celso, então com 17 anos, e uma impressão onírica a respeito de seu irmão Jarbas:

Ruth

Esperei carta sua hoje. Só veio para o Mário. Está contentíssimo. Você é a fada que satisfaz todos os seus desejos. Somos muito amigos: ele, camarada, obediente, sem vícios nem más inclinações; eu, que o defende, ajuda, paga-lhe o cinema e o compreende. Deu de escrever uma cartinha todo dia, também. Você é uma dádiva do Bem, tem feito feliz o "anjo da cara suja" com as respostas.

Aproveitei a matemática. Aprendi regra de três, juros, descontos etc., etc., etc.

Sabe do que me lembrei com os et ceteras? Ana e o rei de Sião, o "film" de domingo. Um fitão! Não fui ver ontem, outra vez, porque a escala de ir ao cinema favorecia o Mário. O Cine Independência apresenta, amanhã, Maria Candelária, uma produção mexicana. Deve ser bom, não, Ruth?

Fui a Cruzeiro buscar as revelações de um "film" ontem de tarde. Não sei o que senti no ônibus: uma coisa estranha me fazia crer que o Jarbas estava sofrendo. Eu sentia como se soubesse que ele estava preso, doente, ou com o filho morto. Era tudo tão real que tive necessidade de falar, como se ele pudesse me ouvir.

Já passou... quasi.

Li o 1º volume das tragédias de Shakespeare. Sabe o que Tolstói andou dizendo das coisas que esse camarada escreveu? Concordei com o russo. Minha opinião melhorou um pouco, depois de Hamlet e Otelo. Principiei o Rei Lear. Ser ou não ser. Essas tragédias são só tragédias.

Ai! que saudade do Tomas Mann, de Dostoyewsky, de Nathan e até das pernas cabeludas do Neruda. Jean Christophe!...

A conversa desta gente aqui, Ruthinha... A única coisa em que todos concordam e compreendem, é vida alheia. Fique na Cachoeira uns tempos, pra ver.

Quem dera você agora pertinho de mim, me abraçando. Levando minha vontade como o Paraíba carrega as folhas que caem daquele ingazeiro lá em cima, na volta, onde o padrinho morava...

Zizinho

25/11/1947

Valparaíba

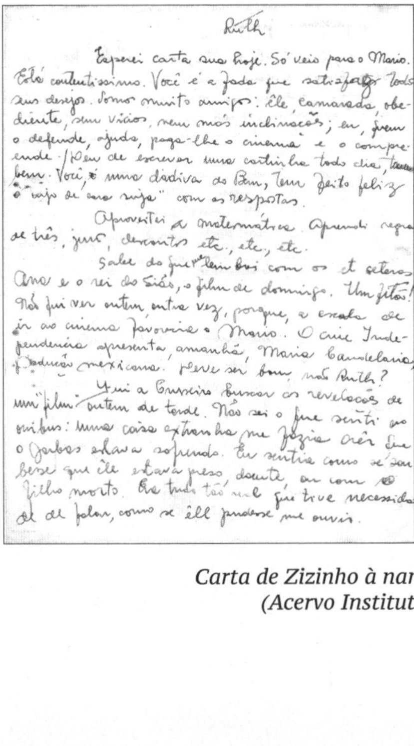

Ruth

Esperei carta sua hoje. Só veio para o Mario. Está contentíssimo. Você é a fada que satisfaz todos seus desejos. Somos muito amigos: êle, camarada, obediente, sem vícios, nem más inclinações; eu, quem o defende, ajuda, paga-lhe o cinema e o compreende. Deu de escrever uma cartinha todo dia, também. Você é uma dádiva do Bem, tem feito feliz o "veja se anda rija" com as respostas.

Aproveitei a matemática. Aprendi regra de três, juros, descontos etc., etc., etc.

Sabe do que me lembrei com os et ceteros? Ana e o rei do Sião, o film de domingo. Um fitão! Não fui ver ontem outra vez, porque a escala de ir ao cinema favorecia o Mario. O cine Independência apresenta, amanhã, Maria Candelaria, produção mexicana. Deve ser bom, não Ruth?

Fui a Cruzeiro buscar as revelações de um "film" ontem de tarde. Não sei o que senti no ônibus: uma coisa extranha me fazia crer que o Jarbas estava sofrendo. Eu sentia como se soubesse que êle estava preso, doente, ou com o filho morto. Era tudo tão real que tive necessidade de falar, como se êle pudesse me ouvir.

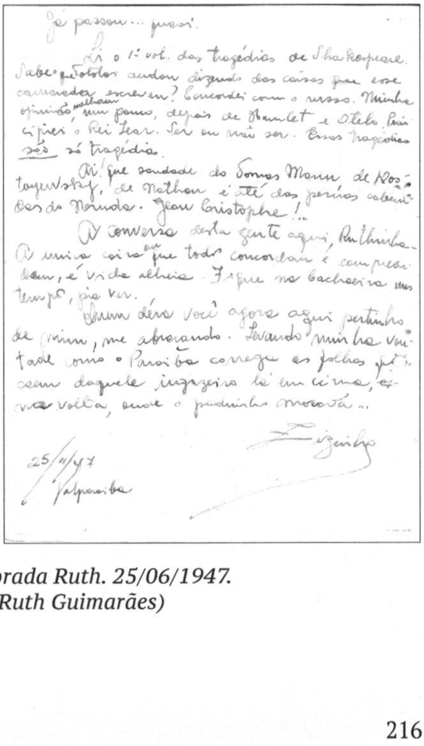

Já passou... quasi.

Li o 1º vol. das tragédias de Shakespeare. Sabe o que Tolstoi andou dizendo das coisas que esse camarada escreveu? Concordei com o russo. Minha opinião melhorou um pouco, depois de Hamlet e Otelo. Principiei o Rei Lear. Ser ou não ser. Essas tragédias são só tragédias.

Ai! que saudade do Tomas Mann, de Dostoyewsky, de Nathan e até das pernas cabeludas do Neruda. Jean Cristophe!...

A conversa desta gente aqui, Ruthinha... A única coisa em que todos concordam e compreendem, é vida alheia. Fique na Cachoeira uns tempos, pra ver.

Quem dera você agora aqui pertinho de mim, me abraçando. Levando minha vontade como o Paraíba carrega as folhas que caem daquele ingazeiro lá em cima, e na volta, onde o padrinho morava...

Zizinho

25/11/47

Valparaíba

Carta de Zizinho à namorada Ruth. 25/06/1947.
(Acervo Instituto Ruth Guimarães)

O acervo da família conta mais de 100 cartas trocadas entre Ruth e Zizinho, cada vez mais apaixonadas. Transcreveremos, adiante, algumas.

Ruth seguia trabalhando como repórter. Fez uma longa reportagem para a Revista da Semana, publicada em 10 de julho de 1948, com fotografias de Zizinho (que passou a assinar o nome artístico de Botelho Netto).

ESCOLA DE CANTARIA

AO ABRIGO DA CATEDRAL DE SÃO PAULO, VÃO SURGINDO NOVOS ARTISTAS ★ "MAESTRO" CARMINE E SEUS ALUNOS ★ A PEDRA ENSINA PACIENCIA

Reportagem de RUTH GUIMARAES ★ Fotografias de BOTELHO NETO

Reportagem da dupla Ruth Guimarães e Botelho Netto. (Acervo Instituto Ruth Guimarães)

Ruth não abandonou o projeto do livro sobre os espíritos do mal. Em meados de 1947 tinha escrito a Luís da Câmara Cascudo, buscando referências geográficas que pudessem ampliar o escopo de sua pesquisa. Recebeu resposta gentil – não temos, no acervo do Instituto Ruth Guimarães, cópias dessa primeira carta de Ruth nem a resposta de Cascudo.

Mas conseguimos resgatar, graças à ajuda de Daliana Cascudo, neta do mestre e diretora do Ludovicus – Instituto Câmara Cascudo, outra carta enviada por Ruth em 5 de agosto de 1948.

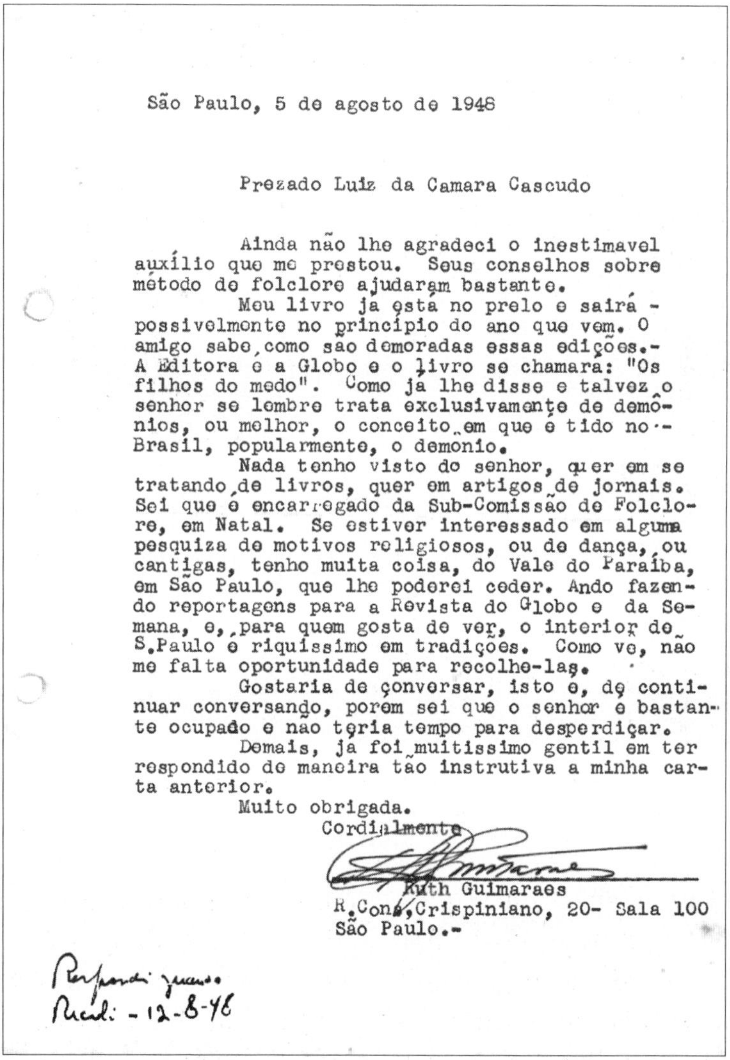

São Paulo, 5 de agosto de 1948

Prezado Luiz da Camara Cascudo

Ainda não lhe agradeci o inestimavel auxílio que me prestou. Seus conselhos sobre método de folclore ajudaram bastante.

Meu livro já está no prelo e sairá possivelmente no princípio do ano que vem. O amigo sabe, como são demoradas essas edições.- A Editora é a Globo e o livro se chamará: "Os filhos do medo". Como já lhe disse e talvez o senhor se lembre trata exclusivamente de demônios, ou melhor, o conceito em que é tido no Brasil, popularmente, o demonio.

Nada tenho visto do senhor, quer em se tratando de livros, quer em artigos de jornais. Sei que é encarregado da Sub-Comissão de Folclore, em Natal. Se estiver interessado em alguma pesquiza de motivos religiosos, ou de dança, ou cantigas, tenho muita coisa, do Vale do Paraíba, em São Paulo, que lhe poderei ceder. Ando fazendo reportagens para a Revista do Globo e da Semana, e, para quem gosta de ver, o interior de S.Paulo é riquíssimo em tradições. Como vê, não me falta oportunidade para recolhê-las.

Gostaria de conversar, isto é, de continuar conversando, porem sei que o senhor é bastante ocupado e não teria tempo para desperdiçar.

Demais, já foi muitissimo gentil em ter respondido de maneira tão instrutiva a minha carta anterior.

Muito obrigada.

Cordialmente

Ruth Guimaraes
R.Cons.Crispiniano, 20- Sala 100
São Paulo.-

Respondi [illegible]
Recd: - 12-8-48

Carta de Ruth a Luís da Câmara Cascudo. 1948.
(Acervo Ludovicus – Instituto Câmara Cascudo)

A carta recebeu resposta escrita apenas uma semana depois.

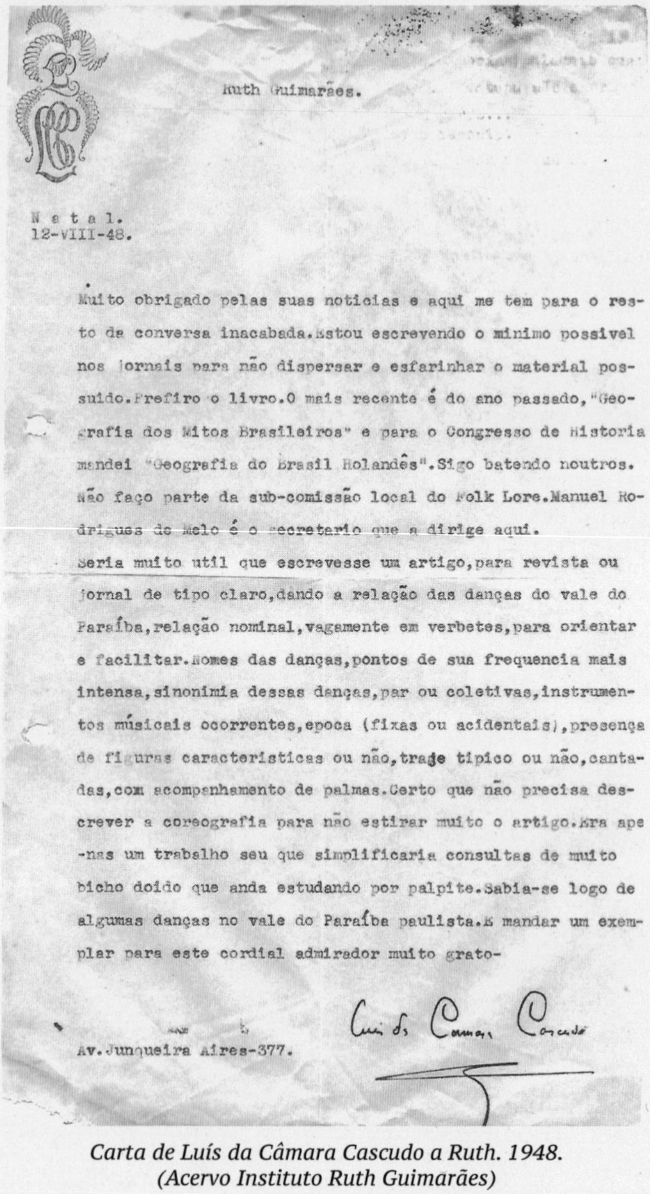

Ruth Guimarães.

Natal.
12-VIII-48.

Muito obrigado pelas suas noticias e aqui me tem para o resto da conversa inacabada.Estou escrevendo o minimo possivel nos jornais para não dispersar e esfarinhar o material possuido.Prefiro o livro.O mais recente é do ano passado,"Geografia dos Mitos Brasileiros" e para o Congresso de Historia mandei "Geografia do Brasil Holandês".Sigo batendo noutros. Não faço parte da sub-comissão local do Folk Lore.Manuel Rodrigues de Melo é o secretario que a dirige aqui.

Seria muito util que escrevesse um artigo,para revista ou jornal de tipo claro,dando a relação das danças do vale do Paraíba,relação nominal,vagamente em verbetes,para orientar e facilitar.Nomes das danças,pontos de sua frequencia mais intensa,sinonimia dessas danças,par ou coletivas,instrumentos músicais ocorrentes,epoca (fixas ou acidentais),presença de figuras caracteristicas ou não,traje tipico ou não,cantadas,com acompanhamento de palmas.Certo que não precisa descrever a coreografia para não estirar muito o artigo.Era apenas um trabalho seu que simplificaria consultas de muito bicho doido que anda estudando por palpite.Sabia-se logo de algumas danças no vale do Paraíba paulista.E mandar um exemplar para este cordial admirador muito grato-

Luís da Câmara Cascudo

Av.Junqueira Aires-377.

Carta de Luís da Câmara Cascudo a Ruth. 1948.
(Acervo Instituto Ruth Guimarães)

Naquele mesmo ano de 1948, cursando o segundo ano do curso de Letras Clássicas, sobreveio a morte da avó Honória, seu modelo de mulher, sua inspiração de vida. Suponho ter sido um imenso baque. Estava mal refeita da perda quando, meses depois, morreu o velho Botelho.

Nunca a ouvi lamentar a morte dos avós. Falava deles com carinho e intensa admiração, contava o anedotário da família, quase sempre com muitas risadas. Na verdade, foi muito raro ouvir-lhe lamúrias.

Ao contrário, preferia elogiar. Numa conversa com ela, analisamos serenamente a sua relação com Rubem. Ele foi o seu verdadeiro irmão, porque Paulo e Mário Celso, os mais jovens, tinham sido mais como seus filhos. Norinha, desde menina seguindo outros caminhos com a família dos padrinhos, reaproximou-se bem mais tarde, sempre querida, mas sem a convivência que favoreceria o sentido de irmandade. Em Rubem, Ruth teve apoio e escora. Talvez fosse ele a única pessoa, além do marido Zizinho, com quem ela se permitia mostrar vulnerável. Teve que ser fortaleza dos avós, dos pais, dos irmãos e dos filhos. Solitária. Como ela mesma me diria numa carta, mais tarde, "como um bicho, lambendo as feridas".

A casa da chácara, em Cachoeira Paulista, ficou sendo cuidada pelos inquilinos, alguns de muitos anos.

Os primos já não mais se encontravam nas férias, cada um seguindo o seu rumo. Jarbas, irmão de Zizinho, estava casado com Anésia e morava na Penha. Rubem casou-se com Helena, ingressou no Ipase e mais tarde foi chefe do escritório da entidade em Lorena até se aposentar. Paulo casou-se com Maria Cândida, que todo mundo só chamava de Lili, ingressou na Guarda Civil e, quando houve a unificação das polícias na Polícia Militar, foi promovido e acabou coronel, chefiando toda a corporação na Baixada Santista.

Norinha seguiu em Itajubá, com a madrinha; só se casaria muito mais tarde, em 1973, com Simão Waidenfeld, depois de Dona Arminda morrer.

Em Cachoeira Paulista, a casa velha, vazia, era frequentada apenas por Ruth e Zizinho, que providenciavam a manutenção, limpeza, pagamento de impostos. Na maior parte do tempo, ficava fechada.

Morto o velho Botelho, perdia sentido a proibição implícita de os dois se casarem. Ruth e Zizinho celebraram a cerimônia civil no cartório da Penha de França, em 15 de março de 1949, e foram passar uma semana em Ilhabela.

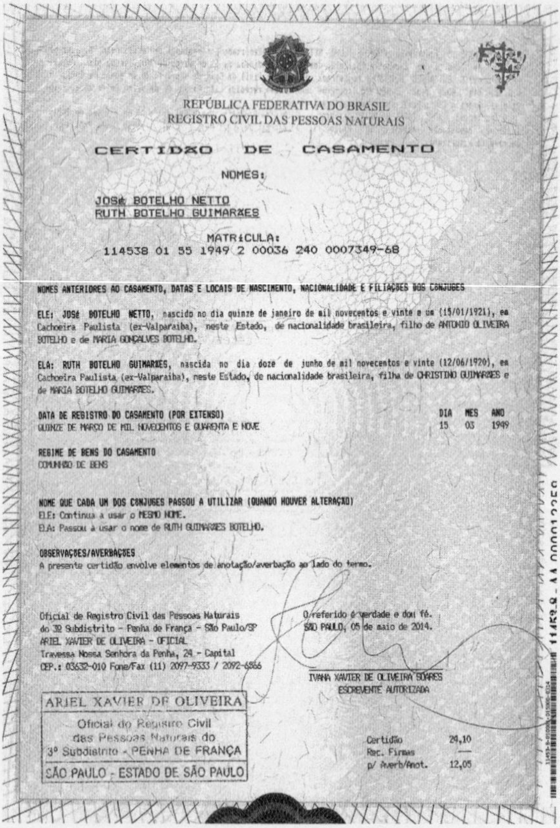

REPÚBLICA FEDERATIVA DO BRASIL
REGISTRO CIVIL DAS PESSOAS NATURAIS

CERTIDÃO DE CASAMENTO

NOMES:

JOSÉ BOTELHO NETTO
RUTH BOTELHO GUIMARÃES

MATRÍCULA:
114538 01 55 1949 2 00036 240 0007349-68

NOMES ANTERIORES AO CASAMENTO, DATAS E LOCAIS DE NASCIMENTO, NACIONALIDADE E FILIAÇÕES DOS CÔNJUGES

ELE: JOSÉ BOTELHO NETTO, nascido no dia quinze de janeiro de mil novecentos e vinte e um (15/01/1921), em Cachoeira Paulista (ex-Valparaiba), neste Estado, de nacionalidade brasileira, filho de ANTONIO OLIVEIRA BOTELHO e de MARIA GONÇALVES BOTELHO.

ELA: RUTH BOTELHO GUIMARÃES, nascida no dia doze de junho de mil novecentos e vinte (12/06/1920), em Cachoeira Paulista (ex-Valparaiba), neste Estado, de nacionalidade brasileira, filha de CHRISTINO GUIMARÃES e de MARIA BOTELHO GUIMARÃES.

DATA DE REGISTRO DO CASAMENTO (POR EXTENSO) — DIA MES ANO
QUINZE DE MARÇO DE MIL NOVECENTOS E QUARENTA E NOVE — 15 03 1949

REGIME DE BENS DO CASAMENTO
COMUNHÃO DE BENS

NOME QUE CADA UM DOS CÔNJUGES PASSOU A UTILIZAR (QUANDO HOUVER ALTERAÇÃO)
ELE: Continua a usar o MESMO NOME.
ELA: Passou a usar o nome de RUTH GUIMARÃES BOTELHO.

OBSERVAÇÕES/AVERBAÇÕES
A presente certidão envolve elementos de anotação/averbação ao lado do termo.

Oficial de Registro Civil das Pessoas Naturais
do 3º Subdistrito - Penha de França - São Paulo/SP
ARIEL XAVIER DE OLIVEIRA - OFICIAL
Travessa Nossa Senhora da Penha, 24 - Capital
CEP.: 03632-010 Fone/Fax (11) 2097-9333 / 2092-6566

O referido é verdade e dou fé.
SÃO PAULO, 05 de maio de 2014.

IVANA XAVIER DE OLIVEIRA SOARES
ESCREVENTE AUTORIZADA

ARIEL XAVIER DE OLIVEIRA
Oficial do Registro Civil
das Pessoas Naturais do
3º Subdistrito - PENHA DE FRANÇA
SÃO PAULO - ESTADO DE SÃO PAULO

Certidão 24,10
Rec. Firmas —
p/ Averb/Anot. 12,05

Certidão de casamento de Ruth e Zizinho.

Os filhos do medo

A pesquisa que Mário de Andrade orientou e corrigiu estava pronta no final de 1949.

Ruth finalizou o texto enquanto frequentava as aulas da USP de manhã e se mantinha trabalhando no Ipase à tarde, carregando na barriga a primogênita, Marta, que nasceria em 11 de abril de 1950.

Seu professor Roger Bastide se dedicou a fazer contatos para viabilizar a publicação – como se pode ver na carta a seguir, infelizmente com um rasgo irrecuperável, avisava que tentava contato com um importante editor da época, José de Barros Martins, dono da Livraria Martins Editora (fundada em 1937).

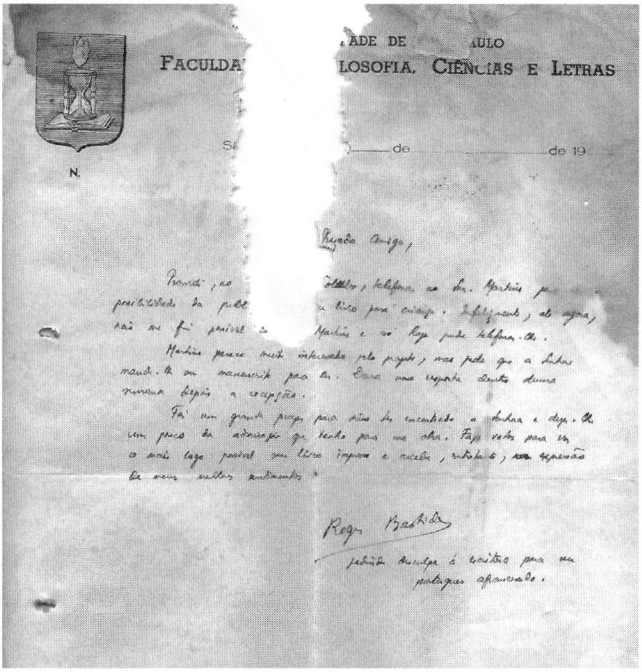

[illegible]ADE DE [illegible]ULO
FACULDA[illegible]LOSOFIA, CIÊNCIAS E LETRAS

S[illegible] de [illegible] de 19

N.

Prezada Amiga,

Prometi, no [illegible] último, telefonar ao Sr. Martins para [illegible] possibilidade da publ[illegible] livro para crianças. Infelizmente, até agora, não me foi possível [illegible] Martins e só hoje pude telefonar-lhe.

Martins parece muito interessado pelo projeto, mas pede que a senhora mande-lhe seu manuscrito para ler. Dará uma resposta dentro duma semana depois a recepção.

Foi um grande prazer para mim ter encontrado a senhora e dizer-lhe um pouco da admiração que tenho para sua obra. Faço votos para ver o mais logo possível seu livro impresso e receber, entretanto, a expressão de meus melhores sentimentos.

Roger Bastide

pedindo desculpa à senhora para meu português aproximado.

Carta de Roger Bastide. 1950. (Acervo Instituto Ruth Guimarães

O livro foi lançado, afinal, pela Editora Globo, em 1950. Esclareça-se que a Livraria Revista do Globo tinha aberto capital em 1948 e foi desmembrada em duas empresas: a Revista do Globo e a Editora Globo. Em 1956, Editora Globo seria vendida para as Organizações Globo, de Roberto Marinho, empresa então em ascensão.

Neta de uma contadeira de histórias, como Ruth mesma dizia do atavismo de que era tomada, tinha reunido num volume todo o balaio de lembranças de sua infância na fazenda, das histórias assombrosas que ouviu e que, ao longo da juventude, coletou dos moradores humildes de sua cidade e vizinhanças. Acrescentou erudição por meio de pesquisas embasadas em autores de prestígio internacional.

Roger Bastide publicou artigo, no jornal O Estado de S. Paulo, comentando a obra, em 1º de abril de 1951.

O livro causou imediata repercussão no meio intelectual. Osório César, psiquiatra que fora companheiro amoroso de Tarsila do Amaral, era diretor do Hospital Psiquiátrico Juqueri, em Franco da Rocha, publicou um artigo no Jornal de Notícias, em 21 de janeiro de 1951.

Osório César estava entusiasmado, à época, com um projeto de recuperação de pessoas internadas, para recuperação e controle de doenças mentais, por meio da pintura. Amigo de Ruth, sabendo que ela trabalhava como repórter da Revista do Globo, convidou-a para passar uma temporada no Juqueri, para vivenciar o cotidiano dos internos. A própria escritora contava, em tom de galhofa, que recusou porque, “de repente o Osório morre, e como eu ia provar que não era uma das dementes internadas?”.

Ruth Guimarães em 1949.
(Foto Botelho Netto)

Capa da primeira edição de "Os filhos do medo". 1950.

O ESTADO DE SÃO PAULO, São Paulo,

FILHOS DO MEDO - Roger Bastide

Ruth Guimarães acaba de publicar uma obra ricamente documentada sobre o Diabo no Brasil e toda sua côrte de Demonios, abandonando, esperemos que só provisoriamente, o romance pelo folclore. Ainda é dificil no Brasil se escrever uma obra definitiva de folclore comparado, por falta de bibliografia especializada. Isso será possivel dentro de alguns anos, graças aos esforços das Bibliotecas Municipais e das Comissões Regionais de Folclore para construir bibliotecas especializadas; mas existem ainda muitas lacunas a serem preenchidas. Também não é a parte comparativa que nos prenderá neste livro, mas a parte brasileira: é ai que Ruth Guimarães desenvolve todas as suas qualidades de inteligencia e sensibilidade. Ha ainda uma outra razão: o folclore de Ruth Guimarães é proveniente da literatura e não da etnografia ou da sociologia, e, sobretudo, no começo de seu livro, muitas interpretações são baseadas em doutrinas atualmente passadas, principalmente sobre a origem dos deuses e sobre a imortalidade da alma. Por outro lado eu penso que o folclore não deve ir tão longe a ponto de chegar até a filosofia. Se ele é uma ciência, não deve aventurar-se a hipoteses gratuitas mas ficar sempre no dominio dos fatos "contro-

contentar em mostrar o ficharío de seus informantes ou do meio social e geografico onde foram obtidos, ela nos introduz na propria atmosfera do meio, e torna seus informantes entes vivos. O que nos torna participantes no livro. Somos transportados para um humilde casebre, sentimos o cheiro dos campos chegar pela porta aberta, vemos o homem "contar a historia" e a voz caipira eleva-se na noite, enquanto nossa mão aperta contra o nosso corpo o corpinho de uma criança que treme medrosa e assombrada. Medrosa mas não angustiada. Eu me lembro de certos jogos de criança que consistem em "se fazer medo". A criança gosta do medo, elas o cultivam, e me espanta que os psicanalistas até hoje não tenham estudado esse elemento tão importante da vida infantil. Não somente elas gostam do medo, mas chegam ás vezes a cultivar o pesadelo, lendo antes de dormir historias terriveis, para sonhar á noite. Mas trata-se sempre de um jogo. Sabe-se muito bem que a fatura do medo é uma coisa imaginaria. Que é uma coisa esperada e contra a qual já se está prevenido.

Artigo de Roger Bastide sobre "Os filhos do medo", 01/04/1951.

«OS FILHOS DO MEDO»

Osorio Cesar

RUTH GUIMARÃES, autora de "Agua Funda", aparece agora com um novo livro — "Os Filhos do Medo". Enquanto o primeiro é uma historia singela e bem contada de certos aspectos da vida rural, o segundo é um livro de pesquisa folclorica nacional. Este livro de Ruth Guimarães já era esperado há algum tempo, pois sabiamos que estava colhendo dados sobre certas tradições do nosso povo. Ruth Guimarães conseguiu apresentar nesta obra que a Globo acaba de editar, um estudo valioso e uma preciosa coleta de crendices e superstições. Entre nós, o material é grande e pouco estudado. Ha tempos atrás, sobre esse mesmo assunto, estudamos certas crenças das populações nordestinas sob o ponto de vista psiquiatrico.

Entre as crenças e oficios magicos das populações nordestinas, o *catimbó* é a mais espalhada. Catimbó significa não só o proprio feitiço — o *ebó*, como o ato magico, o oficio e a casa do catimbozeiro. O *ebó* tanto pode ser o poder do bem quanto o do mal. Em todos os atos da magia fetichista que domina as regiões nordestinas, encontra-se hoje um ecletismo negro-amerindio, com influencias de praticas e superstições proprias a povos latinos de origem longinqua, mescladas com as praticas do catolicismo. Tambem encontramos a medicina magica junto ao feitiço e dentro do catimbó. "Nesse conjunto todo resta-nos através de crenças, oficios magicos e folclore, um sincretismo a que não são estranhas influencias de sistemas culturais de religiões extintas trazidas com o europeu, em comunhão com o misticismo fetichista do negro e do amerindio" (*G. Fernandes*. — "O Folclore magico do nordeste", pag. 10).

Entre nós foi *Alcides Bezerra* ("Restos de Antigos cultos na Paraiba — Rev. Inst. Hist. Geogr. Paraib. vol. 3, 1911, pags. 12, 13, 17 e 18) quem evidenciou, ainda, a existencia de superstições derivadas: a) do culto chtoniano ou culto de Anaïs, a venus babilonica; b) dos cultos magicos acadicos produzidos pela substituição da teogonia solar acadica pelo sistema lunar babilonico; c) do culto do lar ou do fogo sagrado; d) do culto solar dos Aryas; e) e do totemismo indigena africano. Do primeiro grupo cita: "as nossas timidas donzelas quando querem obter do milagroso Santo Antonio a esmola de um esposo, botam o santo no pote dagua. Sem a agua [illegible] não faria ele o milagre desejado". Entre as crendices do segundo grupo: "Quem aponta para as estrelas cria verrugas. Não devem sentar-se treze pessoas à mesa. Não se deve fazer viagem dia de sexta-feira. Cortar unha dia de segunda-feira é remedio para dor de dente; cortando-se em terça, quinta e sexta, nascem espigões nos cantos das unhas. Para o cabelo crescer se deve cortá-lo pela lua nova. A pessoa só se deve mudar dia de sabado. E em muitas outras superstições aparecem os dias da semana com caráter aziago ou benefico. Este poder, bom ou mau, se prende ao culto lunar babilonico. Deste culto, além das citadas, subsiste o amuleto em forma de meia lua que se bota no pescoço das crianças", diga ainda o poder dos numeros nos cultos magicos da Caldea. Do terceiro grupo: "Em pleno seculo XX na Paraiba, para se fazer cessarem as chuvas e as trovoadas medonhas do começo do inverno, quando a *Magnificat* fervorosamente rezada não produz efeito, recorre-se ao velho deus ariano, oferecendo-lhe ramos propiciatorios; quando uma visita se demora muito, causando embaraço à marcha dos trabalhos domesticos, um pouco de sal lançado ao fogo afugenta-a incontinenti". Como derivados do culto solar: menino pagão não deve armir às escuras — é obvia aqui uma alusão ao poder mau das trevas. — E' agouro cantar como galo". E entre as totemicas: dente de jacaré raspado cura a dor. Osso de cururu esgravatando-se com ele o buraco do dente, cura a dor. Borboleta preta é mau agouro. E' tambem agouro uivo de cachorro. Não se deve matar cachorro, porque este animal vai levar agua aos pecadores no purgatorio. Quem pisar rabo de gato perde a esperança de casar. Chifre de boi no meio da plantação evita o mau olhado, nas lojas e nas vendas chama a freguesia". Cit. de *Gonçalves Fernandes*, obr. cit., pag. 11 e 12).

Essas crendices foram trazidas pelo europeu e a elas estão juntadas elementos do fetichismo *gegê-nagô* e influencia amerindia.

Na magia medica as orações curativas são comuns entre a gente simples do nordeste. Reproduzimos aqui, do livro de Gonçalves Fernandes (1) a formula magica empregada no caso de hemorragia:

"Quando Deus saiu ao mundo
Foi tomando sangue de palavra
Tim, Tim!
Foi tomando sangue de palavra
No corpo, nas veias, no utero
Tim, Tim!"

O curandeiro trata a epilepsia com um artificio simbolico: mudando o nome do doente. O conceito arcaico do *morbus demoniaco* revive na superstição — diz *Gonçalves Fernandes*. E o mecanismo magico seria este, de que, mudado o nome do individuo, deixaria o mal de atormentar aquele corpo.

Os estados mentais com agitação — diz ainda *Gonçalves Fernandes* — são tratados pelos catimbozeiros com sarro de cachimbo e exorcismo com pinhão roxo. Raspam o sarro dum cachimbo que já tenha sido empregado nos defumatorios e colocam o residuo obtido na lingua do paciente. Depois dão-lhe uma surra com ramos de pinhão roxo...

No Hospital Central do Juquerí acha-se internada uma doente procedente de Campo Limpo (E. São Paulo), M.B.C...., que durante muito tempo foi procurada pela população credula do local como curandeira, para resolver, com ritos magicos e orações, os casos de molestias fisicas e padecimentos mentais.

Da observação psiquiatrica que o dr. Euripides C. Miguel fez nos primeiros dias de sua internação, damos aqui um resumo:

"Paciente de quarenta anos. Casada. Tem sete filhos vivos. Sempre foi muito nervosa desde a infancia (informes da familia). A sua molestia atual começou

"Um tenente farmaceutico me deu uma carta com três selos, para eu dar remedio. A carta está na ideia só porque eu "enfezei" e rasguei a carta. Meu marido não queria que eu desse remedio.

"Uma vez eu estava de resguardo de uma menina e escutei uma porção de crianças que cantavam em cima de minha cabeça — cantavam tanto que eu aprendi. Era assim:

Meu pecado arrenegado,
que faz o pecador,
Ofendia Deus eterno
Era o nosso redentor.

"Daí fiquei muito impressionada e, agora, quando eu estou comendo, lembro de Deus e não tenho vontade de comer"...

Acha que a alimentação de um dia é suficiente para mantê-la em jejum durante quatro dias, que é graça de Deus. Relata sempre com minucias sua vida cheia de sofrimento, entre choro e lamentações. Conservação do pudor. Bem orientada auto e alopsiquicamente.

Trata-se aqui de uma personalidade psicopatica com surto depressivo.

Por gentileza do dr. *Henrique Levy*, obtivemos formulas magicas que ela usava, fora de Juquerí, para curar os seus doentes.

Contra a inveja e maleficios. (Para dizer antes do sol sair, ao meio-dia e à noite).

"Me valha o sol e a lua
Me valha as duas taboas de Moisés
Me valha os 3 calices bentos
Me valha os 4 evangelistas
Me valha as 5 chagas de N.S. J.C.
Me valha as 6 Marias virgens,
Me valha os 7 sacramentos da Sta. Madre Igreja.
Me valha os 8 corpos santos.
Me valha os 9 coros de anjo
Me valha os 10 mandamentos da lei de Deus
Me valha os 11 mil virgens
Me valha os 12 apostolos
Me valha os 13 raios do sol

Na fé de Deus e eu parto todos os males que tiverem contra mim do alto abaixo; do maior até o mais pequeno. São Cordo e Aleluia".

Essa especie de oração é da mesma natureza que as inumeras existentes em todo o interior do Brasil, aconselhadas pelos curandeiros, benzedeiras e por toda a especie de gente que se dedica a essa profissão clandestina de exercer as praticas da medicina a fim de explorar a crendice popular.

Damos mais esta oração da mesma paciente:

"*Para mulher que cai dar à luz e outros males*":

"Virgem pura, consagrada
Cruz de santificado.
Primeiro vós foi santa do que é nada
Pelo anjo São Gabriel foi anunciada.
Valei-me Virgem.
Oh! Virgem quem Deus nasceu.
Oh! Virgem quem Deus padeceu.
Oh! Virgem quem Deus foi grande.
Divino poder.
Oh! Virgem vós não me deixe morrer e nem padecer. E nem nada deste mundo me ofender.
Se eu tiver alguma má sentença ou ruim ou má palavra contra mim.

Artigo de Osório César sobre "Os filhos do medo".

Correio da Manhã, menção ao livro "Os filhos do medo".

Trocaram muitas cartas, Ruth e o velho Amadeu. Numa delas, datada de 26 de junho de 1951, o carimbamba acusa o recebimento do exemplar de "Os Filhos do Medo" (o mesmo livro de que ele confessara não ter gostado muito, anos antes):

Ruth:

Não acusei logo o recebimento do seu livro "Os Filhos do Medo" porque precisava, antes disso, fazer outra leitura dele, e a leitura teve de ser adiada por força das macacoas da idade.

Foi lido, agora em letra de forma, o que lhe deu, como dá a todos os livros, a sua verdadeira figura.

Nada tenho a acrescentar ao que já lhe disse a respeito dele quando o li inédito, senão que, uma vez publicado divulga-se o merecimento que tem e torna sempre lembrado o seu nome.

(...)

Não tenho o que dizer dos nossos amigos e colegas a não ser que vão bem de negócios e saúde. De letras nada sei – ando por longe já meio cansado delas, mas, por despedida estou escrevendo um livrinho de notas sobre passagens da minha passageira vida literária: chama-se "Manicuêra" – o que foi mandioca, ou, restos venenosos do mani.

E me despeço agradecendo o presente do livro e pedindo que dê lembranças minhas ao José.

Sempre o seu amigo velho

Amadeu de Queiroz

"Os filhos do medo" consolidou o reconhecimento de Ruth Guimarães como especialista em folclore. Passou a publicar com mais intensidade artigos e reportagens sobre o tema e era frequentemente citada na imprensa e em livros de estudiosos do tema.

Em 1951, foi convidada a participar do I Congresso Nacional de Folclore, realizado no Rio de Janeiro. Estava grávida de Rubem, o segundo filho. Deu palestra sobre sua pesquisa e encontrou e fez amigos: Renato de Almeida, folclorista que criou em 1947 a Comissão Nacional de Folclore, o etnólogo Edison Carneiro, o próprio Luís da Câmara Cascudo, Oneyda Alvarenga, que havia sido secretária de Mário de Andrade, o escritor e pesquisador Adelino Brandão, e Rossini Tavares de Lima, criador do Museu do Folclore de São Paulo, entre outros.

Pouco depois do congresso, recebeu carta de Edison Carneiro (05 de setembro de 1951):

> *Grande Ruth:*
>
> *Farta de tempo, vai um bilhete só, que nada diz da saudade que você deixou por cá. Houve muita coisa engraçada no fim. E os congressistas repisaram nos "aprendizes" que só vendo.*
>
> *Mando o recorte do seu artigo do "Diário de Notícias". O Darwin Brandão me telefonou, dizendo que à última hora você havia combinado que ele recebesse a gransa, por lhe ter adiantado o capital. Embora isso estivesse contra a nossa combinação, arrumei as coisas, de modo que hoje mesmo deve ele estar na posse da gaita. Certo? Ou fiz mal?*
>
> *Vou agora ao Rio Grande e mais tarde volto lá, para o Congresso de Escritores, e visitarei Santa Catarina e Paraná. Logo que haja mais vagas, escreverei pra você.*
>
> *Lembranças da Madalena, votos de bom êxito na maternidade e abraços do amigo velho*
>
> *Edison*

Embora tenha se formado na USP em final de 1950, o diploma demorou a ser liberado e foi emitido apenas em 1953.

A propósito, o diploma desmente uma lenda: a de que Ruth nasceu no dia 13 de junho, dia de Santo Antonio. Na realidade, nasceu na noite de 12 de junho, mas gostava de festejar na data do santo, padroeiro de Cachoeira Paulista, sempre que possível com uma fogueira. O festejo foi um hábito de vida inteira.

Diploma de graduação em Letras Clássicas. USP.
1953. (Acervo Instituto Ruth Guimarães)

parte 6

almas primas

Amor:

Você foi há três dias e já parece um ano. Saudade de ficar, como é nosso costume, que nem engana-tico, um atrás do outro pelo meio da casa. As noites ficaram longas e tenho lido desesperadamente. E agora estou pensando que amanhã é dia de seus anos e estamos separados. Mas não venham. Estive em Lorena e a Adracir não poderá prestar exame. Já foi reprovada, de maneira que fico aqui mesmo. O Pontes me tratou com tanta cordialidade e tanta cortesia que até me espantou. Não é do feitio dele. A casa que você vai "chefiar" já está funcionando. Foi uma moça para lá. Mas ele quer que você venha, pelo menos antes do carnaval, que é quando dá serviço de montão. Falou muito bem de você e disse que ele mesmo poderia ter ensinado retoque, mas você vai ser um artista e ele não quer ensinar do jeito chinfrim que é o dele. Esses cem cruzeiros que a Zefa está levando pode gastar sem susto. Não estou precisando de nada e esse é extra. Vendi a cabra. Hoje vou entregar os retratos ao seu Adalberto, antes não houve jeito. Ontem fui no cinema, fazer companhia à Nina. D. Delfina fez questão de ficar com as crianças. Quando voltei encontrei o Geraldo passeando com a Marta no colo, e os dois cestos p'ra lá, um com o compadre dentro. Passei pelo parque e acho que foi bom, porque encontrei a Zefa lá. O "ranchinho" das suas tias estava fazendo uma fezinha nas bancas de roleta. A Marta cada vez mais espoleta e cada vez mais querida. Aqui no barzinho não há quem não conheça esse saci e não lhe faça festas. Ontem à noite, quando ela estava dormindo, fiquei pensando se eu não estaria exigindo muito desse toquinho de um ano e meio. Se não é insuficiente o amor que eu lhe tenho. Se esse amor não é suficiente para ela repousar e ser feliz nele. E essa espontaneidade, essa alegria dela, parece uma resposta a nós dois, não parece? Apesar de que você lhe dê mais, porque é mais bondoso do que eu. E quando falo em bondade, me aperta o coração de saudade de você. O Rubem está com jeito de ser assim bom. É de manhã cedo, agora, e vou levar a carta lá na Nadir. Rubem mamou e está deitadinho. Olho do lado dele e ele riu, esperando, com aquele riso grande, calmo, que ganha as bochechas, e se derrama nos olhos. Ele vai ser bom, já sei. A Dita chegou agora. Vou tomar café e sair chispando, senão não dá tempo de nada. E eu que queria ficar aqui, conversando com você, sentada na cama, naquela preguiça da manhã. Mas não faz mal. Quando você vier, dessas férias matrimoniais (e não é que são férias mesmo?) tudo vai ser melhor, porque você vem contente. Já estou vendo e estou escutando tudo o que você tem pra contar. Porque o Zé Felisberto, porque o Matolin, porque passei a noite retocando, porque eu sabia que era assim, era assado... Bom. Se precisar de alguma coisa, mande dizer. Eu dou um jeito. Falo com o nosso pai, no ginásio.

Um beijo das crianças para você.

Queira sempre bem a sua

Neguinha

Ruth e Zizinho, pouco tempo depois de casados. Penha de França, São Paulo, 1951. (Foto Acervo Instituto Ruth Guimarães)

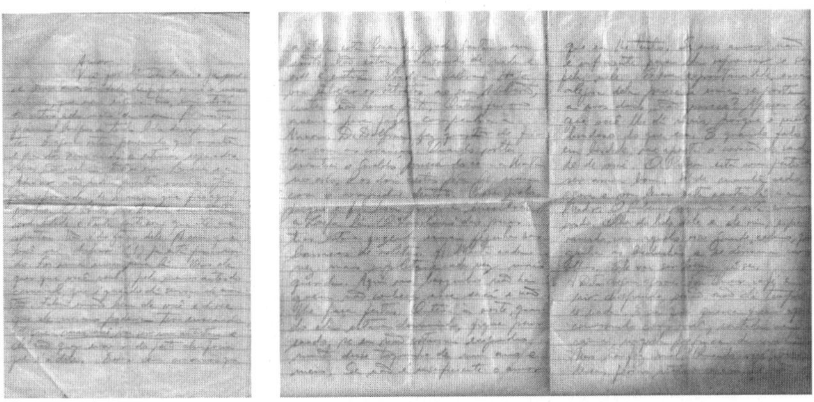

Carta manuscrita de Ruth a Zizinho. 1952. (Acervo Instituto Ruth Guimarães)

A carta, pelos cálculos das idades da filha Marta e do filho Rubem, e por ser véspera de aniversário de Zizinho, é de 14 de janeiro de 1952. Marta teria um ano e nove meses e Rubem quatro meses incompletos. Zizinho estaria trabalhando num laboratório de fotografia em Lorena, pertencente a um tal de Pontes, e seu trabalho, além de captar imagens encomendadas por clientes, era retocar fotografias manchadas pelo processo precário e falho de revelação e fixação da época. Ruth fala em trabalho "chinfrim" desse Pontes, o que nos leva a essa conclusão.

Dá para perceber, pelo conteúdo, que ambos vivem pobremente e vivem em Cachoeira Paulista. Não está muito claro o motivo pelo qual Ruth e Zizinho deixaram São Paulo, depois que ela se formou na USP[2] , mas pode ser que tenham decidido passar uma temporada na chácara dos avós, para cuidar da casa, do contrário ficaria abandonada. Os inquilinos não moravam mais no terreno e o mato ameaçava tomar conta, pessoas e bichos invadiam e o terreno corria perigo de ser tomado por terceiros.

Ruth contava de uma vez – e deve ter sido nesse tempo – que chegaram de São Paulo, à noite, e foram dormir. Na manhã seguinte, cedinho, ouviram um tropel de gado e foram ver o que acontecia. Um sitiante vizinho, para não ter que dar voltas, derrubara as cercas de um lado e de outro do terreno e ia entrando, a cavalo, à frente de uma pequena boiada, a caminho do pasto do outro lado da linha do trem. Ela não pensou duas vezes: postou-se na frente do cavalo, com um bambu, e desafiou o tal sitiante a tentar avançar. Zizinho, também bom de briga, ao lado dela, com um porrete. O homem resmungou, deu rédea para o lado e levou a boiada pela rua, por onde deveria ter ido desde o começo.

---

2 A cerimônia de formatura foi no Teatro Municipal de São Paulo, no dia 28 de dezembro de 1950. O paraninfo foi o professor Fernando de Azevedo, e os professores homenageados Silveira Bueno e Hemrich Rheinboldt. O orador da turma, em nome dos formandos, foi Dante Moreira Leite.

Tiveram que domar, literalmente, a vizinhança, ou lhe tomariam o terreno.

Zizinho escreveu carta, ainda em 1952, com o seguinte teor:

Minha negra querida

Estou assistindo a aula de trabalhos. Até agora estive conversando com o professor de esgrima sobre esporte e excursão. Boa prosa. Ontem tirei várias fotos e fiz uns 70 cruzeiros. Li o Don Silencioso e mais uns três livros. (Que tristeza, neguinha. Que desamparo, minha neguinha...) Organizou-se ontem o grêmio do ginásio. Farei parte da diretoria. A biblioteca está muito concorrida. (Se eu soubesse que você estava contente em Cachoeira, se você já estivesse no seu lugar, eu estaria contente. Mas estou triste, com frio e apaixonado.) A nossa filhinha de olhos meigos cada vez mais linda e meiga. O desamparo, o desalento, a fraqueza, a pobreza dos "velhos" arrasa com a gente. Agora que eles têm tanta coisa sentem falta de tanta coisa também... No fim, tudo vai bem e esta choradeira não passa de canção de exílio. Por falar em canção o Sérgio pediu, como trabalho, para os alunos poetas fazerem versos os quais serão ilustrados pelos alunos pintores. Fui obrigado a me fazer de poeta pois não desenho nem pra remédio.

Um caminho cheio de sol. Suave
o rio largo murmura uma canção.
Coando luz, o arvoredo grave
mancha de ouro e sombreia o chão.

Me faz o favor, neguinha, de passar pelo Euzébio e pedir urgência para a caixa de papel. Preciso também mais revelador. Há bastante serviço.

Oba! Estão montando um parquinho ali no Largo do Cruzeiro. Vai ser festa pra Marta.

O Rubem irá qualquer dia destes a Piquete, na Fábrica de Pólvora e passará por Cachoeira.

Escreva, querida. Estou cheio de saudade e de angústia.

Do seu

Zizinho

Existem várias publicações de ambos em revistas da época, certamente fonte de renda. Com o diploma em mãos, como se depreende desta carta e de outra que vamos inserir aqui, Ruth começou a dar aulas no ginásio de Cachoeira Paulista, tudo indica que na condição de temporária, aparentemente esperando concurso para ser efetivada como professora titular de Português.

Helena, mulher de Rubem, ficou tuberculosa em 1952. Foi internada em São José dos Campos, cidade com destaque nacional na chamada fase sanatorial. Campos do Jordão já contava com a Vila Capivari, fundada pelos higienistas Emílio Ribas e Vitor Godinho para acolher pessoas doentes em busca de cura para a tuberculose. Mas São José dos Campos era mais acessível, e com boa infraestrutura. Inclusive, foi governada, entre 1935 e 1958, por prefeitos sanitaristas, nomeados pelo governo estadual. Rubem trabalhava no Ipase, em Campinas, e não tinha condições de cuidar de dois filhos pequenos, Marisa e Marcos. Os dois foram viver na chácara, com Ruth e Zizinho, durante um período. Logo depois, Rubem conseguiu transferência para a cidade de Lorena, onde se estabeleceu como chefe do escritório do Ipase, e conseguiu que os filhos voltassem para casa. Helena retirou um dos pulmões e permaneceu internada por sete anos no Sanatório Vicentina Aranha, que era o maior do país.

Com o sucesso de seus dois livros, "Água Funda" e "Os filhos do medo", Ruth tinha ganhado notoriedade e respeito. Tanto que, conforme consta do seu registro de emprego, foi admitida no dia 01 de dezembro de 1952 no cargo de correspondente na Livraria do Globo

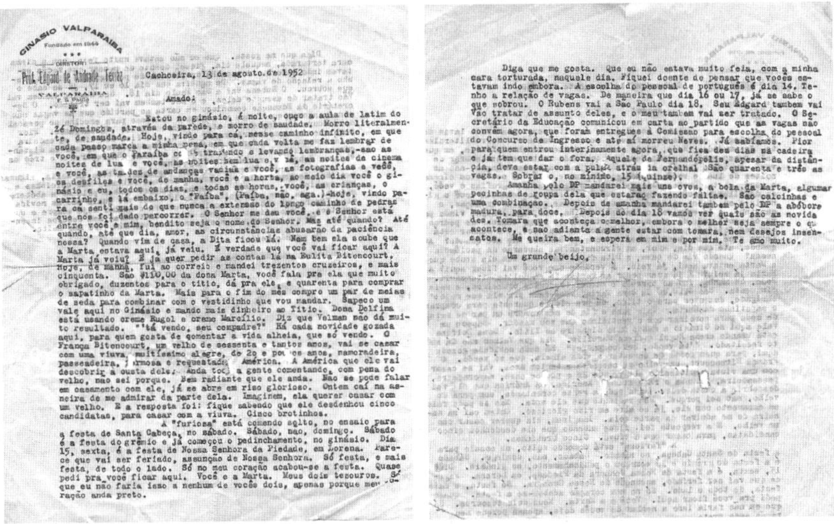

GINÁSIO VALPARAIBA
Fundado em 1944
DIRETOR
Prof. Edgard de Andrade Terra
VALPARAIBA
E. S. Paulo

Cachoeira, 13 de agosto de 1952

Amado:

Estou no ginásio, é noite, ouço a aula de latim do Domingos, através da parede, e morro de saudade. Morro literalmente, de saudade. Hoje, vindo para cá, nesse caminho infinito, em que cada passo marca a minha pena, em que cada volta me faz lembrar de você, em que o Paraíba co[...] trazendo e levando lembranças,-são as noites de lua e você, as noites sem lua e você, as noites de cinema e você, as tardes de andanças vadias e você, as fotografias e você, os desfiles e você, de manhã, você e a horta, ao meio dia você o ginásio e eu, todos os dias, e todas as horas, você, as crianças, o carrinho, e lá embaixo, o "Paíba", (Paíba, não, aga.)-hoje, vindo para cá senti mais do que nunca a extensão do longo caminho de pedras que nos foi dado percorrer. O Senhor me deu você, e o Senhor está entre você e mim, bendito seja o nome do Senhor. Mas até quando? Até quando, até que dia, amor, as circunstâncias abusarão da paciência nossa? Quando vim de casa, a Dita ficou lá. Nem bem ela soube que a Marta estava aqui, já veiu. É verdade que você vai ficar aqui? A Marta já veiu? E já quer pedir as contas lá na Eulita Bitencourt. Hoje, de manhã, fui ao correio e mandei trezentos cruzeiros, e mais cinquenta. São $110,00 da dona Marta, você fala pra ela que muito obrigado, duzentos para o titio, dá pra ele, e quarenta para comprar o sapatinho da Marta. Mais para o fim do mês compro um par de meias de seda para combinar com o vestidinho que vou mandar. Sapeco um vale aqui no Ginásio e mando mais dinheiro ao Titio. Dona Delfina está usando creme Rugol e creme Marcílio. Diz que Velman não dá muito resultado. "'tá vendo, seu compadre?" Há cada novidade gozada aqui, para quem gosta de comentar a vida alheia, que só vendo. O França Bitencourt, um velho de sessenta e tantos anos, vai se casar com uma viuva, multíssimo alegre, de 20 e pou[c]os anos, namoradeira, passeadeira, [f]ormosa e requestada[...] América. A América que ele vai descobrir à custa dele. Anda to[d]a a gente comentando, com pena do velho, não sei porque. Bem radiante que ele anda. Não se pode falar em casamento com ele, já se abre em riso glorioso. Ontem caí na asneira de me admirar da parte dela. Imaginem, ela querer casar com um velho. E a resposta foi: fique sabendo que ele desdenhou cinco candidatas, para casar com a viuva. Cinco brotinhos.

A "furiosa" está comendo solto, no ensaio para a festa de Santa Cabeça, no sábado. Sábado, não, domingo. Sábado é a festa do grêmio e já começou o pedinchamento, no ginásio. Dia 15, sexta, é a festa de Nossa Senhora da Piedade, em Lorena. Parece que vai ser feriado, assunção de Nossa Senhora. Só festa, e mais festa, de todo o lado. Só no meu coração acabou-se a festa. Quase pedi pra você ficar aqui. Você e a Marta. Meus dois tesouros. Só que eu não faria isso a nenhum de vocês dois, apenas porque meu coração anda preto.

Diga que me gosta. Que eu não estava muito feia, com a minha cara torturada, naquele dia. Fiquei doente de pensar que vocês estavam indo embora. A escolha do pessoal de português é dia 14. Tenho a relação de vagas. De maneira que dia 16 ou 17, já se sabe o que sobrou. O Rubens vai a São Paulo dia 18. Seu Edgard tambem vai. Vão tratar de assunto deles, e o meu tambem vai ser tratado. O Secretário da Educação comunicou em carta ao partido que as vagas não convém agora, que foram entregues à Comissão para escolha do pessoal do Concurso de Ingresso e até aí morreu Neves. Já sabíamos. Pior para quem entrou interinamente agora, que fica dez dias na cadeira e já tem que dar o fora. Aquele de Fernandópolis, apesar da distância, deve estar com a pulga atrás da orelha! São quarenta e três as vagas. Sobra[r]o, no mínimo, 15 (quinze).

Amanhã pelo DP mandarei mais uns ovos, a bola da Marta, algumas pecinhas de roupa dela que estarão fazendo falta. São calcinhas e uma combinação. Depois de amanhã mandarei tambem pelo DP a abóbora madura, para doce. Depois do dia 18 vamos ver quais são as novidades. Tomara que aconteça o melhor, embora o melhor seja sempre o que acontece, e não adianta a gente estar com tomara, nem desejos insensatos. Me queira bem, e espera em mim e por mim. Te amo muito.

Um grande beijo,

Carta de Ruth ao marido. 1952.
(Acervo Instituto Ruth Guimarães)

O casal com Marta, a filha mais velha (à direita). Cachoeira Paulista, 1951. (Acervo Instituto Ruth Guimarães)
(Foto Botelho Netto)

S. A., com um salário de Cr$ 3.000,00. Trabalhava das oito às 18 horas, com duas horas para almoço e descanso. A empresa tinha sede à Rua 7 de abril, 252 – 1º andar, perto da Praça da República, em São Paulo, no entanto, o trabalho de Ruth era feito em casa, na chácara de Cachoeira. Recebia as encomendas de serviço pelo trem expresso e devolvia o trabalho pronto pelo mesmo meio.

Há uma declaração dando conta de que Ruth começou a frequentar o curso de formação de professores, em 1953, na Escola Normal Prof. Homero Fortes, em Cachoeira Paulista. Tudo indica que pouco depois tenha conseguido uma vaga como professora temporária em Suzano, porque em agosto daquele ano nasceu Antonio José, o terceiro filho, numa maternidade de Mogi das Cruzes – cidade com um centro médico mais avançado, naquele tempo. Vamos lembrar que os pais de Zizinho moravam em Suzano, o pai dele era o agente chefe da Rede Ferroviária Federal, em São Paulo, e o tinha indicado para um trabalho. Isso pode explicar por que o casal estava separado, ele trabalhando com o pai, Antonio, e deixando os filhos com Maria, mãe dele, e Ruth em Cachoeira Paulista, cumprindo o requisito do curso de formação de professores. A sequência de acontecimentos mostra que, ao final daquele ano, reuniram-se novamente em Cachoeira Paulista.

Antonio José não ouvia e enxergava mal. Os primeiros diagnósticos médicos supunham carência de vitamina A e problemas congênitos. O menino crescia, e cresciam as deficiências.

No início de 1954, Zizinho retomou os estudos. Não tinha ainda o ensino médio, em razão da vida difícil em São Paulo, do serviço militar e depois da convocação para a guerra. Matriculou-se na Escola Normal de Cachoeira Paulista, foi aluno de Ruth e, em 1956, estava credenciado, como professor, a dar aulas para alunos do primeiro grau.

Nesse período, Ruth e Zizinho escandalizaram a cidade de Cachoeira Paulista. Andavam descalços praça principal da cidade, o "jardim", como era chamado – imagine-se, uma professora respeitável, formada pela USP e com livro publicado, andando nesse "desleixo" pela cidade! Além disso, Ruth inaugurou um costume muito estranho para a comunidade da época: levava os filhos num cesto de vime para a sala de aula; as crianças dormiam enquanto ela dava aulas.

Os dois pouco ligavam para a língua do povo. Sempre foram assim. Usavam roupas simples, agiam com simplicidade, e frequentavam todos os lugares. Eram amigos do padre, do delegado, do médico, do promotor e do juiz. Assim como eram amigos do carroceiro, do padeiro, do jardineiro e do mendigo.

Numa tarde, Marta com cinco anos e Rubinho com seis, Ruth e Zizinho precisaram ir até a Prefeitura, coisa rápida, para cuidar de impostos. Deixaram uma inquilina, a Nhá Dita Villas Boas, cuidando dos dois brincando no quintal e dos outros que dormiam. A velha pitava um pito fedido, criava patos debaixo da cama. Ajudava a vigiar o terreno. Outra inquilina de uma segunda casinha erguida nos fundos do terreno era Dona Sebastiana – essa catava lixo, embora não fosse mendiga; um dia, mexendo no monturo, um gato assustado a arranhou no peito; sofreu uma infecção terrível e morreu semanas depois. A digressão é para contar que Nhá Dita entrou em casa para abastecer o pito de fumo de rolo, não achou a faquinha de picar o fumo, demorou-se um pouco e não se apressou. As crianças estavam brincando no quintal, comportadas.

Nem meia hora depois, Ruth e Zizinho chegaram ao portão e tomaram um susto. Marta deixara cair um machado em cima de uma cobra, das venenosas. O bicho ficou preso, rabeando, coleando para escapar. Rubinho, com um facão, ia desferindo golpes para fatiar a cobra. Já conseguira cortar um pedaço. Zizinho agarrou o facão e acabou o serviço, enquanto Ruth corria com os dois no colo para dentro de casa. Já se vê como eram arteiros, aqueles dois.

Há pouca documentação e pouca memória desse período da vida da família. O certo é que Ruth foi professora de Latim, Grego e Língua e Literatura Portuguesa em várias escolas do Vale do Paraíba, e que os cinco filhos seguintes nasceram em Cachoeira Paulista: eu em 1955, Judá em 1957, Marcos em 1959, Rovana em 1960 e Olavo em 1963 – Júnia nasceu em Suzano, em 1966.

Em fevereiro de 1955, grávida de mim, minha mãe recebeu carta de Mário Donato, convocando-a para uma homenagem a Mário de Andrade.

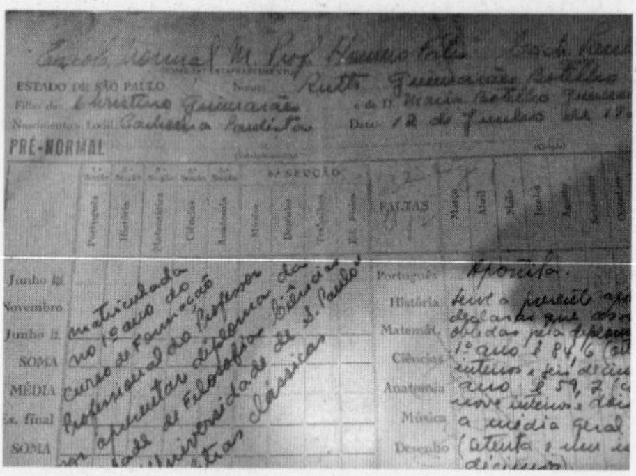

ESTADO DE SÃO PAULO

Ruth Guimarães Botelho

PRÉ-NORMAL

FALTAS

Junho 1.ª

Novembro

SOMA

MÉDIA

SOMA

Declaração de participação em treinamento para magistério.

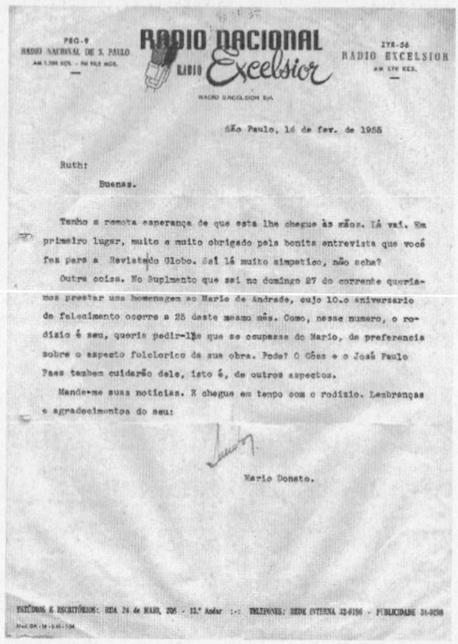

PRG-9
RADIO NACIONAL DE S. PAULO

RADIO NACIONAL
RADIO Excelsior

ZYR-56
RADIO EXCELSIOR

RADIO EXCELSIOR S/A

São Paulo, 16 de fev. de 1955

Ruth:

Buenas.

Tenho a remota esperança de que esta lhe chegue às mãos. Lá vai. Em primeiro lugar, muito e muito obrigado pela bonita entrevista que você fez para a Revista do Globo. Saí lá muito simpatico, não acha?

Outra coisa. No Suplmento que sai no domingo 27 do corrente queriamos prestar uma homenagem ao Mario de Andrade, cujo 10.o aniversario de falecimento ocorre a 25 deste mesmo mês. Como, nesse numero, o rodizio é seu, queria pedir-lhe que se ocupasse do Mario, de preferencia sobre o aspecto folclorico da sua obra. Pode? O Góes e o José Paulo Paes tambem cuidarão dele, isto é, de outros aspectos.

Mande-me suas noticias. E chegue em tempo com o rodizio. Lembranças e agradecimentos do seu:

Mario Donato.

ESTÚDIOS E ESCRITÓRIOS: RUA 24 de MAIO, 208 - 13.º Andar :-: TELEFONES: REDE INTERNA 33-6156 - PUBLICIDADE 34-0288

Carta de Mário Donato. 1955.
(Acervo Instituto Ruth Guimarães)

Em 1956 participou ativamente da criação da Associação Brasileira de Escritores, ABDE (que dois anos depois se fundiria à Sociedade Paulista de Escritores para criar a UBE – União Brasileira de Escritores). Na primeira edição da Revista da ABDE, escreveu longo artigo, "Retrato do crítico e do linguista" comentando a obra recém-lançada de Amadeu Amaral, "Dialeto Caipira".

Estando Cyro dos Anjos em São Paulo, para o lançamento do seu livro "A montanha", em 1956, Ruth fez questão de prestigiar o amigo.

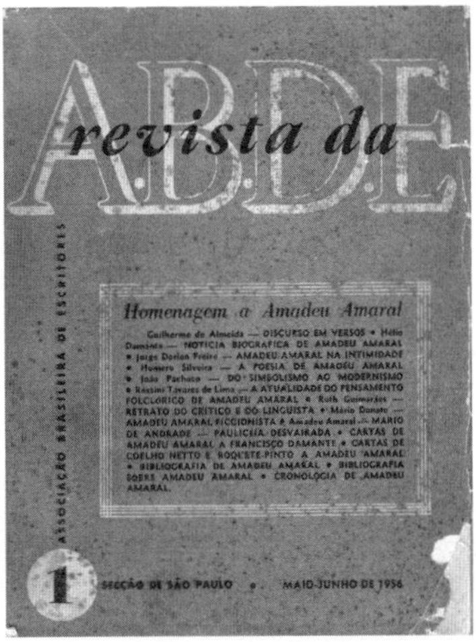

Capa da Revista da ABDE, primeira edição, maio-junho de 1956.

Com Lygia Fagundes Telles, no lançamento do livro "A montanha", de Cyro dos Anjos. São Paulo, 1956. (Foto Botelho Netto)

Apoio aos jovens

Ruth recebeu um ensinamento de Mário de Andrade que aplicou para a vida inteira: "jamais permita que alguém lhe bata à porta em vão". A jornalista Regina Helena de Paiva Ramos, então mocinha, com 24 anos, iniciava carreira como cronista do jornal A Gazeta. Escreveu uma carta para Ruth, falando da sua admiração pelos textos que lia. Confessaria, mais tarde, que jamais esperava receber resposta. Foi surpreendida com uma carta escrita em letra cursiva, simpática e elogiosa.

Regina Helena, quando soube da morte de Ruth, em 2014, me procurou para entregar a carta, de modo que ficasse com a família.

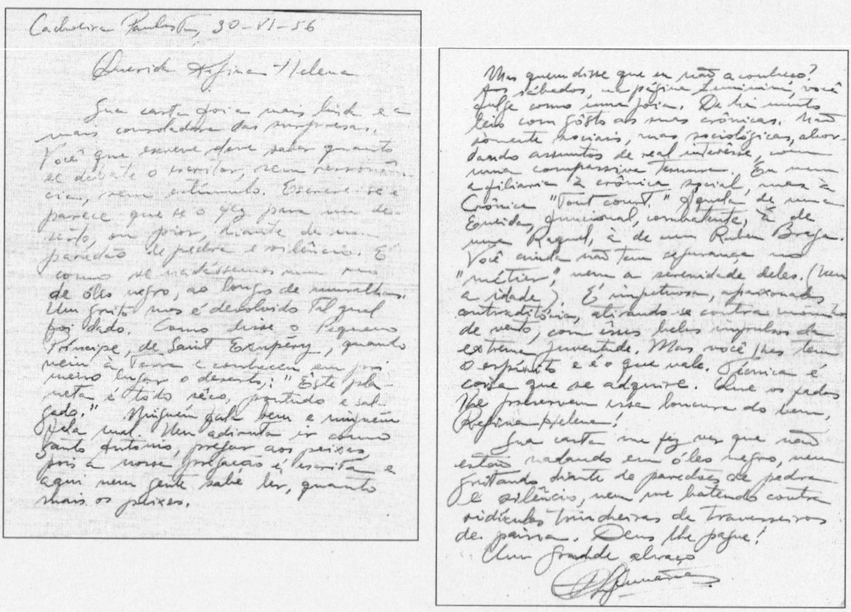

Cachoeira Paulista, 30-VI-56

Querida Regina Helena

Sua carta foi a mais linda e a mais consoladora das surprêsas. Você que escreve deve saber quanto se debate o escritor, sem ressonância, sem estímulo. Escreve-se e parece que se o faz para um deserto, ou pior, diante de um paredão de pedra e silêncio. É como se nadássemos num mar de óleo negro, ao longo de muralhas. Um grito nos é devolvido tal qual foi dado. Como disse o Pequeno Príncipe, de Saint Exupéry, quando veio à Terra e conheceu em primeiro lugar o deserto: "Êste planeta é todo sêco, pontudo e salgado." Ninguém fala bem e ninguém fala mal. Nem adianta ir como Santo Antônio, pregar aos peixes pois a nossa pregação é escrita e aqui nem gente sabe ler, quanto mais os peixes.

Mas quem disse que eu não a conheço? Aos sábados, na página feminina, você fulge como uma jóia. De há muito leio com gôsto as suas crônicas. Não sòmente sociais, mas sociológicas, abordando assuntos de real interêsse, com uma compassiva ternura. Eu nem a filiaria à crônica social, mas à crônica "tout court." Àquela de uma Eneida, funcional, combatente, à de uma Raquel, à de um Rubem Braga. Você ainda não tem a segurança no "métier," nem a serenidade deles. (Nem a idade). É impetuosa, apaixonada, contraditória, atirando-se contra moinhos de vento, com êsses belos impulsos da extrema juventude. Mas você já tem o espírito e é o que vale. Técnica é coisa que se adquire. Que os fados lhe preservem essa loucura do bem, Regina Helena!

Sua carta me fez ver que não estou nadando em óleo negro, nem gritando diante de paredões de pedra e silêncio, nem me batendo contra ridículas trincheiras de travesseiros de paina. Deus lhe pague!

Um grande abraço

Carta manuscrita a Regina Helena de Paiva Ramos, 1956

Em 1957 nasceu o quinto filho, Judá. Anos depois, descobriu-se que era portador da mesma síndrome que acometeu Antonio José.

Em 1959 nasceu o sexto filho, Marcos.

Mário Donato e seu irmão, Marcos Rey (Edmundo Donato), se juntaram a Hernâni Donato, que não era parente, apesar do sobrenome, para criar a Donato Editores, em 1959. Lançaram um primeiro volume, chamado "Recenseamento da indústria paulista", e em seguida uma bela coleção denominada "Grandes Vocações". Ruth escreveu biografias para dois dos cinco volumes: Ferdinand de Lesseps, Flammarion e Madame Curie.

Na sequência, pesquisou e escreveu, também para a Donato Editores, a história do vestuário, na coleção "Conquistas humanas".

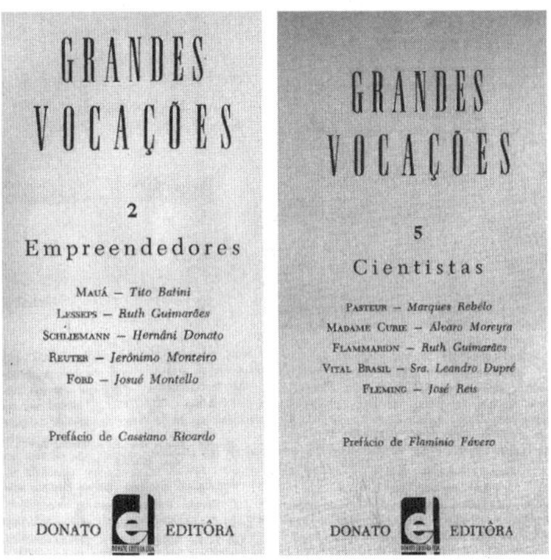

Coleção Grandes Vocações – volume 2 e volume 5

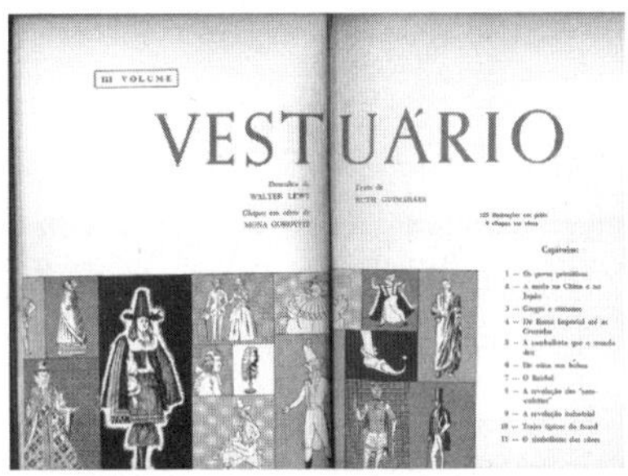

A história do vestuário, para a Donato Editores, 1956.

A amizade com Mário Donato era antiga, e data da época das rodas de conversa na Drogaria Baruel. E, com Marcos Rey, tinha havido uma aproximação literária, anos antes. Ruth publicara, em 1953, uma resenha crítica do livro de estreia dele, "Um gato no triângulo", recém-lançado. Ele escrevera uma carta muito agradecida a ela, datada de 21 de abril daquele ano:

> *Cara Ruth:*
>
> *Desculpe-me este agradecimento tardio, Ruth. Pensava agradecer-lhe pessoalmente, mas só depois soube que você tinha ido para o interior. Gostei muito da crítica. Você fez uma crítica boa demais para uma simples novela de estreia, primária, com algumas complicações que são mais do autor do que dos personagens. Infelizmente poucos críticos se ocupam dos novos. Estou convencido, quase convencido, de que nomes como Érico Veríssimo, Jorge Amado e Rachel de Queiroz, gozam hoje de grande conceito só porque foram recebidos por uma boa equipe de críticos. A crítica é o oxigênio da literatura. Não corrige os defeitos, mas estimula as virtudes. Não há falta de escritores, o que há é falta de críticos, especialmente de críticos com a experiência pessoal da ficção como foi Mário de Andrade, e como você é. Gosto do crítico que discute a carpintaria do romance, que entre nos detalhes da técnica, da armação da obra. O crítico que fica apenas no terreno das ideias às vezes esconde uma completa ignorância dos problemas da ficção. Você não está entre esses, e por isso leio com interesse o que tem escrito.*
>
> *Quanto ao meu livro, escrevi-o sem nenhuma censura que não fosse rigorosamente a da técnica. É um cuidado que me vem do que aprendi com os estrangeiros. Sempre me encabulou a desordenação dos romances nacionais. Nossos autores constroem mal os seus livros. Nesse particular nem*

o próprio Graciliano me causa admiração. São intuitivos, e se deixam arrastar pela inspiração como médiuns. Levei muito a sério a tarefa de construir bem, o que talvez tenha me levado a certos exageros. Mas acho que é um erro em que cairei mais de uma vez. Na vida de um escritor há duas etapas. A primeira: aprender. A segunda: esconder o que aprendeu. Eu ainda estou na primeira, e por isso a carpintaria aparece com muito relevo.

Sua comparação com Simenon é de fato interessante. Fui reler Simenon, de quem conheço apenas um livro, "O homem que olhava o trem passar", e achei que eu poderia ter escrito aquilo. É de fato um autor que eu gosto, ao lado de Julien Green, Graham Greene e Hemingway. Me sinto bem nos temas penumbrosos, em que o destino misterioso de qualquer forma tome parte. Se eu não tivesse criado aquele final de mercado, jamais teria pensado em publicar a novela. Foi ele que me levou a pensar que a história não era de todo imprestável.

Parece que já aborreci você demais, e só me resta agradecer de novo pelo seu artigo generoso e lúcido.

Marcos Rey

Em 1959, já se sabia que Antonio José, o Juca, terceiro filho, apresentava sinais de anormalidade. Ouvia mal e não aprendia a falar. Ruth e Zizinho buscaram apoio médico, o que era custoso para os dois, ela com salário de professora e ele trabalhando em laboratório, horas e horas, muitas vezes noite adentro para revelar filmes e ampliar fotografias. Acrescente-se que Antonio, pai dele, era do tipo bon vivant. Ganhava bom salário, mas gastava mais do que podia. Várias vezes recebeu o salário do mês e levou Zizinho e Jarbas para noitadas no Rio de Janeiro. Retornavam na manhã seguinte, Antonio sem um tostão no bolso. Eram frequentemente despejados por falta de pagamento de aluguel. Antonio costumava ir até a chácara, a pretexto de visitar os pais, e aproveitava a predileção da mãe por ele e arrancava da velha algum dinheiro. O velho Botelho não ficava sabendo disso. Nesse turbilhão de irresponsabilidade, a família de Zizinho chegou a passar fome. Ele se lembra de, muitas vezes, não ter açúcar para adoçar o café, e teve que despejar o líquido na lata e balançar para aproveitar o último restinho. Com esse histórico de subnutrição esporádica, não se tornou um adulto muito robusto. No final de 1959, Zizinho caiu tuberculoso.

Ruth, a valente, decidiu que não internaria o marido em São José dos Campos, principal cidade-sanatório da época, e que faria o tratamento em casa. Foi cercado de todos os cuidados, remédios, esterilização de roupas e utensílios e acompanhamento médico do velho amigo da família, Dr. Darwin Aymoré do Prado, amigo de adolescência de Christino, o pai de Ruth, que todos chamávamos de tio Darwin. A família toda fazia testes regulares para verificar possível infecção. Rovana, como se descobriria muito mais tarde, ficou com esse bacilo encapsulado, embora nunca chegasse a manifestar a tuberculose. Mas o pai não viveria para ter essa informação. Pois, em 2001, Zizinho iria para a terceira margem do rio, abatido pelo mal de Alzheimer, como bem escreveu Júnia numa vencedora monografia apresentada ao Prêmio Nestlé de Literatura. Ruth Guimarães não se entregou à tristeza, e sobreviveria ao marido por 13 anos.

Mas, de 1961 a 1963, Ruth precisou se desdobrar para garantir a subsistência da família. Numa segunda-feira, faltou à escola e pegou o expressinho das cinco da manhã, com destino a São Paulo. Pretendia visitar a editora Cultrix, empresa para a qual já prestara serviços e onde deixara ótimos amigos. Subiu as escadas da editora, na Rua Conselheiro Furtado, e nem teve tempo de bater à porta. Deu de cara com o editor e dono, Diaulas Riedel, que saía para o almoço. Ganhou uma alegre recepção, um abraço e um convite formulado mais ou menos dessa maneira:

- "Ruth! Eu estava precisando de você para um projeto! Interessa trabalhar aqui, por um salário de CR$ 48.000?"

Baforadas da sorte. Mais do que o triplo do salário de professora, para fazer a coisa de que mais gostava: escrever.

Deixou marido e filhos na chácara ensolarada de Cachoeira Paulista – Zizinho tiritava de frio, sentado num tijolo, ao sol, enquanto os filhos mais velhos cuidavam dos mais novos, com ajuda de uma empregada, Cida Pacheco – e passava a semana em São Paulo, traduzindo e escrevendo livros, e também artigos para o Almanaque do Pensamento. Precisou se afastar do magistério.

Nesse período, um amigo da família, Mané Pão Doce, pedreiro de mão cheia, começou a erguer uma nova casa, num outro ponto da chácara. Foi uma obra demorada, evoluída na proporção direta dos ganhos de Ruth. Dois pavimentos, com um terraço grande. Durante a obra, os moleques, eu inclusive, brincávamos de pular de cima da parede semipronta para o monte de areia. Juca, uma vez, se confundiu e aterrissou na beira da areia e deu com o queixo no monte de pedra britada. Abriu um rasgo no queixo. Machucados faziam parte do dia a dia. Andávamos descalços pelo quintal, trepávamos em árvores cheias de espinhos, éramos intrépidos e atrevidos. Fomos educados pelos nossos pais para essa independência. Todos nós, inclusive os irmãos especiais.

Aniversário coletivo no terraço, ao lado da copa da mangueira. Cachoeira Paulista, 1962. (Foto Botelho Netto)

Quase cinco anos durou o tratamento de meu pai. Lembro-me de um hábito dele, asqueroso, na minha menina opinião: tomava um ovo cru pela manhã. Depois passou a comer ovos quentes, fervidos durante exatos três minutos, e disso eu gostava. Também ia de carona na gemada que o tio dele, João Borges, sabia fazer muito bem e preparava nas vezes que ia visitar o sobrinho – a gemada passou a integrar o cardápio de fortalecimento.

João Borges, certa vez, baixou em Cachoeira com mulher e filhos, aboletou-se na casa e foi ficando. Não falava de ir embora. Nem falava de participar das despesas. Foi ficando. Uma bela manhã, Ruth reuniu todo mundo para o café da manhã – aliás, chá com leite; não se tomava café na casa dela. Pôs na mesa um saco de pães quentinhos, acabados de ser entregues pelo Quinzinho padeiro, que carregava um cesto de mais de três metros na traseira da bicicleta. João Borges olhou bem, assuntou a mesa e perguntou:

- Ruth, não tem uma manteiguinha? Lá em casa sempre tem...

Ah! Ela ficou bem brava.

- Pois vá o senhor comer manteiga na sua casa. Já chega de explorar a gente, não chega? Agora me vem com história de "manteiguinha"... (frisou a manteiguinha) Ora, faça-me o favor!

João Borges tomou o chá com pão puro, juntou a trempe e foi embora, resmungando. Ruth e Zizinho dariam muitas risadas do caso, mais tarde.

Aos poucos, Ruth conseguia encomendas de trabalhos como escritora que podia fazer em casa. Nesse período, as crianças passavam meses em São Paulo, outros meses na chácara.

São desse período três livros marcantes.

Mas surgiam também solicitações para que produzisse reportagens. Em meados de 1959, por exemplo, Ruth e Zizinho foram mandados para Goiás, pela Revista do Globo, para fazer reportagem sobre a construção de Brasília.

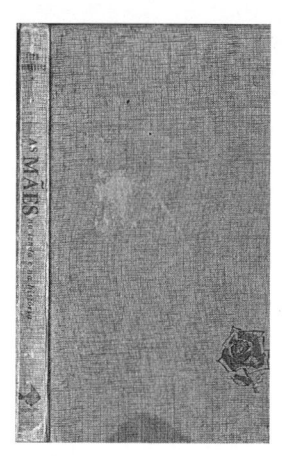

As mães na lenda e na história. Biografias. São Paulo: Editora Cultrix, 1960.

As mães na lenda e na história. Biografias. São Paulo: Editora Cultrix, 1960.

Líderes religiosos. Biografias. São Paulo: Editora Cultrix, 1961.

Zizinho no teco-teco que o levou para sobrevoar o espaço, em Goiás, onde estava sendo construída a cidade de Brasília. (Acervo Instituto Ruth Guimarães)

Ruth em Goiás, durante reportagem para a Revista do Globo sobre a construção de Brasília. (Foto Botelho Netto)

Em casa

Em 1960, nasceu Rovana. Miudinha, fraquinha. Precisava de atenção redobrada. Logo se verificaria que era portadora da mesma síndrome que acometeu Juca e Judá.

Ao nascer Rovana, Marcos perdeu o colo e perdeu o peito da mãe. Era um menino quieto, reservado. Chorava muito, num apito agudo e prolongado, mas não se queixava. De certo modo, parece que intimamente rebelou-se contra a situação, bloqueando as lembranças do período em que a irmã Rovana, carente de tudo – altura, peso, audição e voz –, tomou-lhe o berço e a atenção. Aos sete anos, Marcos fugiria de casa. Encontrado depressa, foi levado de volta, sem resistência. Nem sabia direito que havia fugido. Era uma revolta tão surda-muda quanto tristonha.

Ruth analisou o filho, num texto de 2009: "O Marcos introjetou esse caso. Não ficou brigando com a Rovana, nem ficou brigando comigo, porque era um menino quieto. Eu tinha preocupação demais com a Rovana para dar atenção pra ele. Fugiu de casa e isso mostrou o quanto ele estava tocado. Ele não estava sentido, não; estava contra, estava protestando. E ele conservou essa postura de ser contra, até hoje. Está contra a vida dele."

De fato, Marcos não se lembra da infância, porque prefere não lembrar. Mas ele não sabe disso.

Esse comentário amoroso demonstra a mãe que Ruth foi. Dizia de si mesma: "Em casa, temos nossos defeitos, como todo mundo – apenas não mentimos, não temos o hábito de dizer palavrões, não temos nada a esconder e conversamos livremente diante das crianças, sem subentendidos e sem alusões maliciosas."

Numa biografia escrita sobre uma pessoa assim próxima, assim íntima, é difícil tarefa manter a isenção, conter a devoção de filhos. Reconhecemos que ela não foi perfeita. Até porque jamais quis ser perfeita. Seu propósito – junto com o nosso pai – foi viver com justiça, respeito e amor. Testemunhamos isso. Eu a vi, pouquíssimas vezes, com raiva. Teve raivas, sim, decepções, tristezas. Sofreu assédio moral de um diretor de escola, a quem ela processou seguidas vezes e em todas teve ganho de causa. Sofreu perseguição pessoal e política de um político menor; respondeu com enfrentamento olímpico, e venceu de novo. Perdeu batalhas, como todo mundo. Sofreu vexames. Levantou-se. Recuperou-se pelo trabalho e pela dignidade.

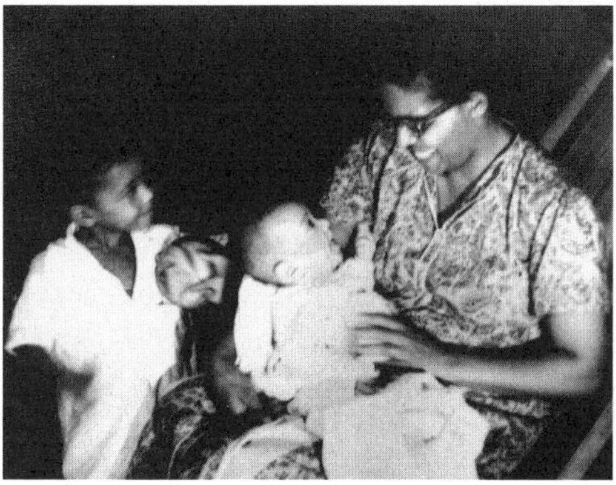

Ruth, logo depois do nascimento de Rovana. Cachoeira Paulista, 1960. (Foto Botelho Netto)

Foto de 1960, feita com disparador automático. Rovana é o bebê no colo de Ruth. À esquerda, Sheila, amiga de escola do Marta, ao lado dela. Cachoeira Paulista.

Traduções

Para a Cultrix, entre os anos de 1960 e 1963, Ruth produziu importantes trabalhos de tradução, principalmente do francês. Seus trabalhos ajudaram a divulgar, para o público leitor brasileiro, grandes obras da literatura até então acessíveis apenas a pessoas versadas nessa língua estrangeira. Traduziu Dostoiévski, Balzac, Alphonse Daudet e outros. Seguem apenas algumas das traduções do francês realizadas por Ruth, para ilustração.

Para a editora Cultrix, entre outros trabalhos, também traduziu "Novelas francesas" (seleção, prefácio e notas de Alcântara Silveira), junto com Nelly Marta Donato (mulher de Hernâni Donato) e Leyla Perrone-Moisés: "21ª novela d'O Heptâmeron" (Margarida de Navarra), "Micrômegas" (Voltaire), "As almas do purgatório" (Prosper Mérimée), "A mosca" (Alfred de Musset), "Um coração simples" (Gustave Flaubert), "A fanfarlô" (Charles Baudelaire) e "Bola de sebo" (Guy de Maupassant).

Entre 1962 e 1963, aproveitou a estada em São Paulo para cursar, à noite, as aulas de Dramaturgia e Crítica, na Escola de Arte Dramática de São Paulo, coordenada por Alfredo Mesquita. A poeta Renata Pallottini foi sua colega de classe. O dramaturgo Lauro César Muniz também. E a atriz Aracy Balabanian. Várias vezes Ruth se hospedava na casa de Rosa Goldemberg Motta, que havia sido secretária de Edgard Cavalheiro na Editora Livraria do Globo.

Nessa época, traduziu do italiano a peça "A Corrente", de Clara Cartas. Temos notícia de que a peça foi publicada pela Editora Saraiva, em São Paulo, mas não conseguimos imagem para ilustrar essa informação.

Tradução do francês. Contos de Alphonse Daudet. Seleção e prefácio de Ruth Guimarães. Tradução: Ruth Guimarães e Rolando Roque da Silva. São Paulo: Editora Cultrix.

Tradução do francês. Contos de Dostoievski. Seleção, tradução e prefácio. São Paulo: Editora Cultrix.

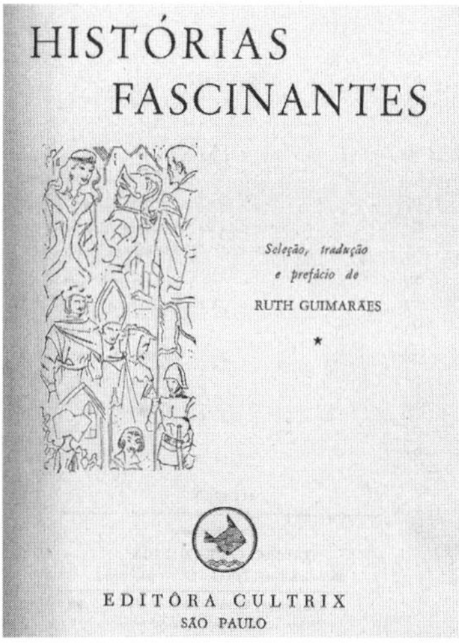

Tradução do francês. Balzac, H. Histórias fascinantes: seleção, tradução e prefácio. São Paulo: Cultrix, 1960

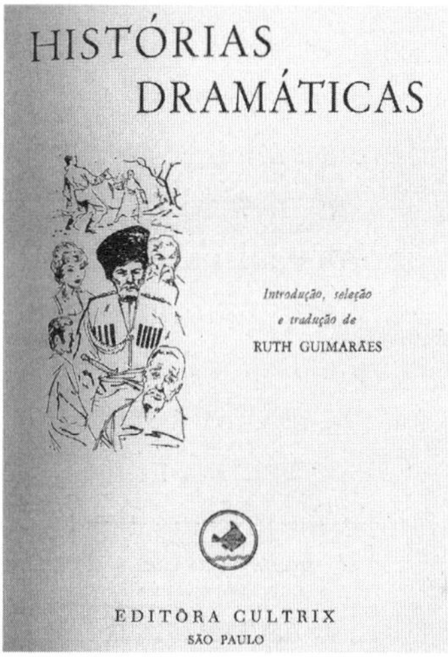

Tradução do francês. Dostoievski, F. Histórias dramáticas: introdução, seleção e prefácio. São Paulo: Editora Cultrix.

Ainda durante o ano de 1963, grávida de Olavo, dedicou-se a um dos seus mais importantes trabalhos de tradução: trazer do latim para o português o texto "Asno de ouro", de Apuleio.

Foi um livro festejado pelos meios acadêmicos. Recebeu muitos cumprimentos pela qualidade da tradução. Reproduzimos dois, a seguir.

São Paulo, 12 de julho de 1965

Senhora Ruth Guimarães.

Desde que li sua magistral tradução do "Asno de Ouro" de Apuleio, acalentava o desejo de resenhar seu trabalho na Revista de Letras da Faculdade, onde tenho a honra de reger a Cadeira de Língua e Literatura Latina.

Cotejadas as traduções nos idiomas ao seu alcance, constatei sua honestidade intelectual, pelo que empreendi a resenha com aquele estado de alma que seu trabalho mereceu. E o fiz com tanto mais ardor quanto mais pobres e superficiais têm sido as lacônicas resenhas que um ou outro crítico literário lhe tem feito. Fato, aliás, compreensivo, caso os seus autores não conheçam profundamente a língua latina.

Sua obra merece mais do que o distantismo de uma crítica eventualmente encomendada pelas Casas Editoras.

Intentei assim realizar uma resenha criteriosa e objetiva porque julguei que seu trabalho não poderia ficar à margem dos seus reais méritos.

Acolha, pois, minha crítica como prova de consideração e apreço, lamentando não poder contá-la nas lides de um corpo docente universitário.

Com respeito e profunda deferência, subscrevo-me

Dr. Enio Aloisio Fonda

Faculdade de Filosofia, Ciências e Letras de Assis – SP (EFS)

O professor Américo da Costa Ramalho, da Faculdade de Letras da Universidade de Coimbra, Instituto de Estudos Clássicos, escreveu em 1968 uma resenha do livro, com algumas ressalvas, mas altos elogios.

Apuleio, O Asno de Ouro. Introdução e tradução directa do latim por Ruth Guimarães. São Paulo: Editora Cultrix, 1963, 238 p.

A primeira tradução portuguesa das Metamorfoses ou O Burro de Ouro foi publicada há mais de cem anos, e saiu anônima, embora a "Prefação" permita identificar o seu autor: Francisco Antônio de Campos, futuro barão de Vila Nova de Foz Côa. É uma tradução digna, ainda hoje, de ser lida. O texto latino usado por F. A. Campos foi o de Oudendorp (1786), marco miliário na edição de Apuleio.

A versão de Ruth Guimarães foi feita a partir do texto latino estabelecido por O. S. Robertson, da Universidade de Cambridge, como nos diz na p. 16. Isto é, sobre a edição "Les Belles Lettres", com tradução de Paul Vallette.

A este livro de Apuleio pertence o famoso conto de Eros e Psiquê, pintado nos tectos da Farnesina por Rafael e tratado poeticamente por Sá de Miranda, em versos que F. A. Campos se não coíbe de dizer mal, em uma das notas finais da sua tradução.

Mas é da presente versão, feita no Brasil, que pretendo agora ocupar-me.

É um texto fluente e escorreito aquele com que nos brinda Ruth Guimarães, a quem pertence a observação de que "a língua portuguesa nos dá sobre tradutores de outras línguas, com excepção do italiano, talvez, a vantagem de traduzir mais facilmente, de escrever, digamos, um latim actualizado, passado a limpo." Ocasionalmente, diríamos nós, ainda mais do que o italiano.

Todavia, é preciso não exagerar. E alguns latinismos, embora admissíveis em português literário, não são indispensáveis. Apontarei "fâmulo", "fâmula", "pago" com significado de "aldeia", "nemoroso", "generoso" no sentido de "nobre" e outros. Como são dispensáveis, por maioria de razão, alguns galicismos da tradutora, provenientes em linha recta da versão francesa de Vallette, nem sempre usada com discernimento. Assim, em IX, v. 1, uxorcula etiam satis quidem tenuis et ipsa "une épouse de chétive condition, elle aussi" (Vallette): "uma esposa, de condição cativa ela também" (Ruth Guimarães); ou em VII, vi. 1: procuratorem... ducenaria perfunctum: "un procurateur... au traitement de deux cent mille sesterces" (Vallette): "um procurador... no tratamento de duzentos mil sestércios" (Ruth Guimarães).

A transliteração dos nomes greco-latinos é caótica.

Na segunda linha da p. 66, ficaram "empastadas" várias palavras em itálico que não pertencem ao texto.

Apesar destas reservas, felicitemos Ruth Guimarães e a Editora Cultrix que nos deram uma útil versão dum livro latino, feita com recurso ao original e não apenas sobre uma tradução francesa, como se vai tornando uso em Portugal.

O livro foi reeditado, por empenho de Sérgio Mosteirín Molina e Paulo Malta Campos, em 2020, no centenário de nascimento de Ruth, pela Editora 34.

Tradução do latim. Capa da edição original de Apuleio. São Paulo: Editora Cultrix.

Reedição de "O asno de ouro", tradução do latim. São Paulo: Editora 34.

parte 7

êxodo

A rotina de Ruth era dura. Passava a semana em São Paulo, trabalhando na Editora Cultrix. Naquele período, o dinheiro já permitia que tivéssemos uma empregada, Dita do Bujão, para cuidar da alimentação e da arrumação da casa, e de uma babá, Cida Pacheco, que cuidava das crianças e acompanhava o tratamento do meu pai. Foi a primeira mulher a me ver nu, e me lembro ainda hoje com certo pudor – e eu não tinha mais que cinco anos.

Cida Pacheco, jovem que ajudava Ruth e Zizinho a cuidar dos filhos pequenos enquanto trabalhavam. Cachoeira Paulista, 1956. (Foto Botelho Netto)

Na chácara, em Cachoeira Paulista. (Foto Botelho Netto)

Aos sábados, bem cedinho, Ruth tomava o expressinho para Cachoeira Paulista, onde passava os fins de semana – mas sempre usando algumas horas do dia para escrever. Instalava uma mesa debaixo da mangueira. Os filhos a rodeavam o tempo todo, acompanhando seu martelar nas teclas da máquina Olympia. Levava dinheiro para casa, dava atenção a todos. No domingo à tardinha voltava para São Paulo.

Nessas viagens semanais de trem, entre Cachoeira Paulista e São Paulo, Ruth ouviu um viajante cantarolando uma canção. Sentou-se perto e se pôs a anotar a letra. Pediu que repetisse, uma, duas, várias vezes, para memorizar a melodia. Nunca a esqueceu porque cantava sempre, de modo a impedir que escapasse da memória. Ensinou-a aos filhos e todos a identificavam como "Jovelina, a canção da mãe". Ela nunca soube quem era o autor. Talvez o mesmo viajante que a cantarolava, melancolicamente, sentado no banco de pau do expressinho.

Muito branca e bonitinha é a casinha,
onde Jovelina mora
Que saudade do Retiro
quando o trem fazendo giro
vai caminho a Juiz de Fora.
Quantos ais minha alma solta
quando o trem fazendo a volta
me separa de Retiro
E transpondo a serrania
faz crescer minha agonia
alongando meu suspiro

Se és santa de Retiro, meu amor
qualquer dia deixo o trem
e sem que ninguém me veja
baterei na sua igreja
para te adorar também

Da casinha lá do alto é quase um salto
de onde sempre eu vou parar.
Quanta vez ardendo em febre
peço a Deus que o trem se quebre
para sempre ali ficar.
Toda coberta de zinco
mesmo assim parece um brinco
quem me dera ali morar
que o prazer de um lindo sonho
dá-lhe a cor de um céu de outono
Em telhado de luar

Vou mudar minha casinha, meu amor
para as plagas federais
Lá serás a flor primeira
e o teu ninho em Madureira
será feito entre rosais.

Meu amor fecha a casinha
e vem sozinha.
Vem comigo passear.
Vamos juntos para o rio
repousar num doce estio
de uma tarde à beira-mar
Jovelina vem ligeira
que o trem é de carreira
sem rumor nem escarcéu
que o bondoso maquinista
perderá tudo de vista
para nos levar ao céu.

Muito anos mais tarde, Ruth pediu ao confrade da Academia Paulista de Letras, maestro Júlio Medaglia, que pusesse em pauta musical a melodia. Ocupado, o amigo não pôde cumprir a promessa em tempo e ela não viu a canção escrita.

Ruth numa reunião da Academia Paulista de Letras. Atrás, o maestro Júlio Medaglia. São Paulo, 2010. (Foto Márcio Scavone - Acervo Instituto Ruth Guimarães)

Com o tempo, rotina estabelecida, sentiu-se mais segura e nos levou a todos para passar uma temporada em São Paulo. Fomos morar no bairro do Cambuci, no primeiro andar de um prédio velho. Havia uma escada longa, alta demais para as minhas perninhas de menino. Mas, no topo da escada, abria-se um quintal, porque a outra face do prédio dava para a rua de cima. Então era assim. Morávamos num prédio e tínhamos quintal como quem mora numa casa.

São Paulo, da garoa, parecia ter certa concentração climática no Cambuci, onde fazia frio quase sempre. Lembro-me de minha mãe descendo a escada para comprar casacos do velho Jaime, judeu errante que visitava o bairro, equilibrando enormes cabides. Homem sério, mas estranhamente divertido, com um sotaque carregado. Uma vez, mamãe contou-lhe que um jovem galo de sua criação tinha nascido com uma crista esquisita, diferente, parecendo chifres. Jaime coçou a cabeça, desconfiado:

- "Galíneo com chífaros? Ixa vida!"

Pois fazia frio no Cambuci. Inversamente, fazia muito calor em Cachoeira Paulista.

Juca, aos seis ou sete anos, como Judá e Rovana mais tarde, não sabia falar. Era o primeiro dos portadores da síndrome de Alport, e Ruth e Zizinho apanhavam ainda para descobrir as trilhas que levassem ao entendimento com ele.

Puseram-no em uma escola regida por padres e freiras, todos alemães, especialistas em linguística, gente preparada para lidar com desvios da fala. Num dia, perto do horário da saída, Zizinho foi pegar o filho na escola e deixaram-no ficar do lado de fora da sala, ouvindo as lições do dia. Espiando pelo vidro da porta, viu o padre-professor mostrando a maquete de um aeroplano para a classe atenta. E explicava, com forte sotaque germânico, como devia ser pronunciado o nome daquele instrumento de transporte:

- "Avion! Avion!".

E a criançada tentava galgar os tremedais de suas dificuldades para repetir aquele nome. Nisso, irrompe na sala de aula o padre-diretor, possivelmente para um recado qualquer, e testemunha o esforço do padre. Faz um ar piedoso e corrige o colega: "No no avion. Aviáo!" (Bem, como dizia Ruth, os padres também têm direito à sua cota de erros.)

Juca, possivelmente o mais inteligente dos três deficientes, foi quem teve os efeitos mais graves da síndrome. Era o mais surdo, o que teve mais dificuldade de comunicação e em quem a falência renal se manifestou mais cedo. Aos 15 teve uma nefrite que evoluiu para nefrose e em dois anos o matou. (Judá morreria do mesmo mal, trinta e sete anos depois, e Rovana, um ano depois de Judá.) Comunicava-se por meio de muitos gestos e de uma fala engrolada que os irmãos e os pais acabavam entendendo. Em razão de deficiência mais acentuada, frequentou escolas e clínicas a que Judá e Rovana não tiveram que ir. Por essa razão, ficou de certa maneira excluído de convivência mais intensa com eles.

Juca inventou xingamentos. Xingar é uma necessidade de expressão, dizia Ruth, dentro da sua psicologia do inconsciente coletivo. Pronunciar xingamento promove desabafo e é por isso elemento integrante da comunicação. Em suma, xingar tem função social. Nunca usávamos palavrões, era um acordo dos meus pais. Mas havia um código de expressões permitidas, como porcaria, caramba e alguns outros. Pois Juca xingava. Arranjou um "pacaluca" que ninguém jamais decifrou, mas que serviu muito bem para o propósito. Não importava o significado, mas a carga emocional que levava. Mais tarde o xingo recebeu variações – Judá o transformou em "macalica". Outro xingamento com que Juca apareceu um dia: "boleda". Muito depois da morte dele, foi a vez de Judá aparecer com um "talama", variação de caramba, e "didididо", que podia ter algum parentesco com "fedido".

Aos poucos, Zizinho se recuperou e no final de 1963 foi declarado livre da tuberculose. Ainda precisou de tratamento para fortificar-se e seguiu religiosamente as prescrições do tio Darwin. Tomava dois ovos crus pela manhã, recebeu várias séries de injeção de vitamina B12. E tomava um vinho fortificante preparado pela Chica do Matorino, da família Prado. Durante esse tempo, não parou de estudar e aprender. Voltou a fotografar e seu trabalho artístico em preto e branco foi reconhecido na região. Era chamado para registrar eventos sociais de relevo, na época, como as festas de 15 anos de filhas de fazendeiros e empresários, reuniões políticas, formaturas. Começou a levar dinheiro para casa, atenuando um pouco a jornada de Ruth.

No início de 1963, a convite de Lenita Miranda de Figueiredo, que editava a Folhinha, Ruth começou a publicar, aos domingos, contos infantis curtos, da tradição popular.

Em 03 de outubro de 1963, convidada pelo ex-colega de universidade, Emir Macedo Nogueira, jornalista e editor-chefe da Folha de S. Paulo, iniciou uma sequência de publicação de crônicas semanais, que manteve até 12 de março de 1966.

Publicava às quintas-feiras. Alternados, publicavam crônicas, também, no mesmo espaço, em outros dias da semana, Pe. Vasconcelos, Carlos Heitor Cony e Cecília Meirelles.

(A seguir, reproduzimos a primeira e a última crônica assinada por Ruth naquele jornal.)

Eu tinha uns sete anos, no começo de 1963. Papai chegou da rua e flagrou a mim e ao Rubinho discutindo por causa de uma maçã. Foi salomônico. Disse que decidíssemos qual de nós cortaria a maçã em dois pedaços; o outro escolheria a metade que quisesse. A fruta foi repartida exatamente na metade.

Naquele fim de ano, como era de costume, os irmãos de Ruth e Jarbas, o irmão de Zizinho, com os filhos todos, se reuniram na velha casa da chácara, para as festas de Natal e passagem de ano. Mário Celso tinha se casado com Elza em 1961 e estava com César Augusto, bebê de um ano e pouco. Foi o último encontro de fim de ano, porque a vida levaria todo mundo para outros caminhos.

Foram dias festivos. A casa tinha um varandão para o quintal. Dezembro quente, as chuvas vinham fortes e o rio Paraíba bufava, se derramando pela várzea e inundando o pasto contíguo ao terreno. A água, às vezes, chegava até a beira da varanda. Os primos aprontavam. Umas das "especialidades" era construir jangadas, com troncos de bananeira amarrados com cipó, para navegar até o meio do pasto alagado, onde havia um pé de ingá. Mais de uma vez a jangada virava,

Café

SANTOS — O tipo 4, estilo Santos, foi cotado ontem ao preço de Cr$ 1.694,50 por 10 quilos e o mercado funcionou estavel.

RIO — Este mercado funcionou ontem firme, com o tipo 7 cotado ao preço de Cr$ 800,00 por 10 quilos.

PARANAGUÁ — O tipo 4, mole, foi cotado nesta praça, ontem, ao preço de Cr$ 1.180,00 por 10 quilos, com o mercado funcionando calmo.

FOLHA DE S. PAULO

Um jornal a serviço do Brasil

Cambio

O mercado de cambio em São Paulo funcionou ontem, ligeiramente procurado.

Os bancos continuaram a operar com as taxas de Cr$ 600,00 (compra) e Cr$ 620,00 (venda) para o dolar, e de Cr$ 1.674,50 e de Cr$ 1.727,55 para a libra.

No mercado negro, registraram-se negocios na base de Cr$ 1.150,00 (compra) e Cr$ 1.200,00 (venda) por dolar.

Ruth GUIMARÃES

A galinha dos ovos azuis

— *Mercado?*

Goiano calmo levantou-se. Olhou no sentido da distancia a rua que ia embora reta, perfeita, espaçosa, longa, se perdendo nos longes.

— Senhor segue toda a vida. Quando não tiver mais o que seguir, vira às direitas. E' lá.

Era.

Menino carregador havia derrubado a cesta no chão, e a dona da compra reclamava, sem pressa nem raiva:

— 'tá dando sopapo na cesta, por isso derrama.

— Tô dando não. Senhora encheu cesta demais, uai!

O mercado central de Goiania se estende acachapado, em estilo moderno, pois não há nada antigo nessa cidade de vinte e poucos anos. Uma face, a que tem a porta principal para a bela Avenida Anhanguera está toda arborizada com coqueiros geriva.

Alem do mercado principal há os distritais, distribuidos pelos setores Leste, Oeste, Norte, Sul da cidade. O bairro de Campinas conta tambem com um bom mercado distrital, e há ainda as feiras nos dias de semana, menos na segunda, em Vila Nova, Vila Coimbra e Vila Operaria. Na feira de Vila Coimbra, as terças-feiras, aparecem os cesteiros, com as belas cestas feitas de cipo imbe trançado a mão, artesanato herdado do indio caraja.

O veiculo mais usado em Goiania é a carroça, para o transporte de cargas. Há carroças s i m p l e s, puxadas pelo melancolico burro sozinho, carroças puxadas por três burros, usadas para o transporte de material de construção. Na porta do mercado não poderia, pois, faltar a carroça, para o carreto de compras. Elas se estendem na face Anhanguera e, em frente, num larguinho onde fica o bebedouro dos animais.

O que caracteriza o mercado goiano, alem dos produtos tipicos da região, é a fartura. Há ali uma larga, esplendida, consoladora fartura. Montões de frutos pelo chão e nas caixas. Verdura viçosa, agressiva, de folhas carnudas, uma enormidade. E, sobretudo, muitas, muitas flores. Moças saem do mercado com flores nas cestas ou, liricamente, com ramalhetes nos braços.

No mais, a paisagem é a mesma do Brasil inteiro. Não falta o nordestino, com um punhado de redes enxadrezadas nas costas, nem o realejo moendo musiquinhas perdidas, nem a barraquinha de badulaques, que essa é internacional. E tambem não faltam para desgosto nosso, imensas fitas, ilustrando-nos sobre diversas coisas silenciadas.

Mas, para que não percamos a coragem, nem a esperança, nem a paciencia, vemos em frente, na fileira dos açougues, os estaleiros pejados de carne de sol. Carne de boi goiano, de boi do planalto, das brasileiras boiadas que, em grande parte, descem pelo corredor boiadeiro para o Sul.

Entre as mais curiosas coisas do mercado goiano estão os ovos azuis. Pensavamos que fossem de alguma ave de grande porte como o mutum, ou jacutinga, mas não, eram de galinha mesmo. Lá estava muita g e n t e comprando ovos azuis.

— De galinha?

— Galinha preta, comum, caipira, dá em qualquer lugar.

— Quem sabe será de alimentação...?

— Não. E' galinha que come milho, capim, comida cozida, igual as outras.

— E' de admirar.

— Admiração por que, uai?! Galinha põe ovo branco, põe ovo vermelho, pode pôr ovo azul tambem.

Só fazendo o comentario goiano: Uai!

Primeira crônica de Ruth Guimarães no jornal Folha de S. Paulo. 03/10/1963 (Arquivo Folha)

Café

SANTOS — O tipo 4 estilo Santos foi cotado ontem a Cr$ 6 200 por 10 quilos e o mercado funcionou calmo.

RIO — O tipo 7 safra 1964 65 foi cotado ontem a Cr$ 4.500 por 10 quilos e o mercado funcionou sustentado e inalterado.

PARANAGUA' — O tipo 4 mole foi cotado nesta praça ontem, ao preço de Cr$ 5.800 por 10 quilos, e o mercado funcionou calmo.

FOLHA DE S. PAULO

Um jornal a serviço do Brasil

Cambio

MERCADO LIVRE	Compra	Venda
Banco do Brasil	Cr$ 2 200	Cr$ 2 220
Bancos — Dolar	Cr$ 2.200	Cr$ 2 220
MERCADO MANUAL		
Dolar	Cr$ 2.200	Cr$ 2 220

Ruth GUIMARÃES

Viagem no tempo

Parodiando Wells, é só acionar uma alavanca, isto é, comprar um bilhete na Estação Rodoviaria, para, num salto subito, viver a maravilhosa aventura, no tempo. E, para completar a ilusão, quando chegar ao seculo passado, não ler os jornais. São Luis do Paraitinga ficará por muitos anos ainda como está, com seu ar de velhinha doce que se embala na rede de taboa, amarrada com embira. Tem os predios antigos, lindos, coloniais, com os janelões imensos e um misterio, um silencio, uma paz, um rio que desliza muito manso, uns verdes em torno, à espreita, e uma gente que fala cantando sem pressa. La para trás, fica a serrania nos longes, Serra-do-Mar. Antes de chegar, numa estrada que é direitinho um saca-rolha, está o ponto mais alto de toda a região, no espigão, que é um esplendor. A cidade é boca de sertão. E, sendo boca de sertão, é um escoadouro de produtos sertão-dentro, um ponto de encontro de roceiros calados, vindos de não sei que fins do mundo, de grotões desertos, de vertentes onde Judas perdeu as botas.

As coisas que esses homens e mulheres silenciosos aprenderam! Como sabem tecer e trançar balaios e esteiras e redes e covos e cestos e peneiras. E modelar o barro, como oleiros primitivos, aquecendo-os [illegible] mão, a modos de vasos e panelas, de figurinhas de presepios, de santos de feição ingenua. As peças de [illegible], especie de miniatura de [illegible] de barro são muito apreciadas nas cidades, para servirem de cinzeiro e de enfeites. E pelas crianças então, la mesmo no povoado sossegado, nem se fala. Dia de semana, o mercado é um deserto. O [illegible] quebrado, um chafariz todo de ferro, caido a um canto, tem ar de abandono. Dia de "sabado" ou de domingo, vira formigueiro, de formiga correição, que é a mais desinquieta. Enche de gente que é um despropósito, uma

é um despropósito, uma

imundicie. Em torno dele, os burros filosofam de manso, mastigando milho do bornal. Os jacás e balaios vêm cheios de cada coisa engraçada, gente! Tanta coisa engraçada e fora de moda, aparece, vinda do sertão. A burrada com as bruacas e os sirigotes. Tropeiro de cócoras ao pé do seu fogão de três estacas, onde ferve no ar, a panelinha preta de três pés. Aparecem umas velhinhas e umas mulheres [illegible], [illegible] no silhão de banda. O [illegible] de cócoras [illegible].

Chegar a São Luis é como ter voltado no tempo para trás. Ainda estão ali, com a mesma feição e as mesmas cores, o casarão de cem anos e a casa onde nasceu Oswaldo Cruz. E sobrados e mais sobrados, [illegible] cansados ladeiras. E aquela rua calçada de grandes pedras irregulares. Como o seu avô ou bisavô, há cem ou duzentos anos, e [illegible] Antoninha Maluta modela o barro; como seu [illegible], o balaieiro corta o bambu e trança as peneiras; como a sua gente sertaneja, Benedito [illegible] tece a palha. Clementina [illegible] trabalha a [illegible] para fazer os santos. É desses artesanatos velhos como o homem no mundo, que vive muita gente na velha-velha cidade. Duvido que qualquer deles saiba que existem atos institucionais e outras frioleiras. Nem sabem se o Amazonas fica pra lá ou pra cá de Taubaté. Não vivem menos nem pior por isso. Trazem-nos a pureza, o encanto, o [illegible] encanto das artes primitivas.

*

As opiniões emitidas nos artigos assinados não representam necessariamente o ponto de vista do jornal, podendo até ser contrarias a este. A opinião do jornal acha-se expressa nos editoriais e nos comentarios não assinados.

Última crônica de Ruth Guimarães no jornal Folha de S. Paulo. 12/03/1966 (Arquivo Folha) porque a deixavam virar, e todo mundo tinha que voltar caminhando, com água pelo peito. Ao chegarem a casa, tinham sanguessugas nas pernas e nas virilhas. Maria, mãe de Zizinho, tinha um remédio infalível. Misturava à urina do penico (usado à noite e guardado embaixo da cama) um tanto de fumo de bitucas de cigarros, deixava curtir uns minutos e depois pincelava o líquido sobre as sanguessugas. Essas se desprendiam imediatamente e caíam ao chão.

Outra diversão dos moleques era mais maldosa. Chamavam as primas Sônia e Míriam, mais rechonchudas, de Jamanta e de Baleia. E disparavam para cima da mangueira – a velha mangueira plantada pela velha Honória no começo da velha chácara. Lá em cima ninguém os alcançava, mas depois as lambadas de palmas de São Jorge cantavam nas pernas dos fedelhos.

A chácara era, inteira, um pomar. Mangueiras, pelo menos seis (espada, rosinha, coquinho) – a mãe de todas era a grandona, de copa imensa, de quase noventa anos antes. Amoreiras, várias. Goiabeiras, muitas, da branca e da vermelha. Laranjeiras, pés de mexerica. Costumávamos dizer que cada um tinha a sua árvore de fruta.

Eu gostava da pitangueira. Marcos do abacateiro. Olavo da laranjeira. Rubinho das bananeiras. Rovana e Judá das amoreiras. Marta cuidava do caramanchão de maracujás roxos bem docinhos. Vivíamos todos com a cara suja de sumo de fruta. E havia cana. Mamãe se sentava num banco e, com toda a paciência, descascava e cortava roletes, depois dividia em quatro e entregava para a primeira mão estendida. E eram muitas mãos para atender. Fazia o mesmo com laranjas, descascando e entregando conforme a vontade do freguês: uma cortada na tampa, outra inteira, com os gomos pelados.

Bem mais tarde, aposentada, mamãe resolveu plantar árvores mais exóticas, de frutos que não tínhamos na infância: lichia, abio, jaca.

Molecada apanhando frutas. Cachoeira Paulista, 1964. (Foto Botelho Netto)

Ensino pela literatura

Não me lembro exatamente que ano foi. Ruth pretendeu ensinar literatura de um modo lúdico para os seus alunos do ginásio Valparaíba. Escolheu um conto de Eça de Queiroz, chamado "Suave Milagre", e resumiu-o num poema, que foi usado como peça de teatro para cinco personagens. Os ensaios eram feitos na casa da chácara, fora do horário de aula. Os alunos adoravam apresentar a peça. De tanto observar os ensaios, os filhos passaram a participar e a declamação passou a ser quase um passatempo para a família. A veia poética de Ruth, que jamais arrefeceu, embora ela nunca tenha publicado um livro de poemas, está demonstrada nessa adaptação.

O Suave Milagre

Eça de Queiroz (adaptação de Ruth Guimarães)

Por esse tempo, no caminho da Judeia,
Jesus ia espalhando a luz da nova ideia.
Da aurora redentora a doce claridade
de graças inundava a cega humanidade.
O sol da redenção surgia, finalmente,
levando ao mundo inteiro o Deus onipotente.
Corriam à porfia os nobres e os plebeus,
a ouvir cheios de fé a santa lei de Deus.
Então Cristo pregava às multidões pasmadas
da nova religião as práticas sagradas.

E o povo, atento, ouvindo
aquela voz divina,
solícito acolhia
a celestial doutrina.

Das ermas solidões
às grandes serranias,
há muito que chegara
a fama do Messias.

Vivia, nesse tempo, em tosca habitação,
erguida em quatro paus, no meio do Indostão,
uma pobre mulher com seu filhinho enfermo,
faminto, triste, enfraquecido,
e já chegando ao fim da penosa existência.

Era tanta a pobreza,
era tanta a miséria dessa gente,
que a mesa, há dias, não se punha.

Naquela solidão,
não havia quem desse um pedaço de pão
para matar a fome àqueles desgraçados,
que viviam ali, a sós, desamparados.

E a pobre criancinha
de fome definhava,
assim como definha a flor
sem o orvalho etéreo e matutino.

A mãe,
a pobre mãe desfeita em pranto,
na sua dor atroz, no seu martírio santo,
que as mães sofrem somente e que ninguém exprime,
cumpria com carinho o seu dever sublime -
o seu dever de mãe.

Era atroz!
Naquela solidão,
não havia quem desse um pedaço de pão...

Um dia, por acaso,
um peregrino errante,
vindo de longes terras,
de um país distante,
parou por um momento à porta da choupana,
a fim de descansar.

E esteve longo tempo na cabana,
ouvindo a triste narração,
daquela que vivia imersa na aflição
de um penoso viver.

E o bom do peregrino
começou a falar nesse Rabi divino;
desse piedoso e doce filho de Belém,
que viva pregando as práticas do bem.
Solícito, aliviando o mal da humanidade,
com o bálsamo eficaz da sua caridade.

"Ele é bondoso e meigo,
amigo das crianças.
Ao pobre que padece
ele enche de esperanças,
nas almas derramando a sua divina luz.
A um sinal de Jesus,
um doente se levanta,
um surdo torna a ouvir,

um cego cobra a vista.
E já se viu coisa até então não vista:
do sepulcro surgir,
de Cristo por mandado,
alguém que ali jazia,
há dias sepultado."
Algum tempo falou ainda o peregrino
e depois, pôs-se a caminho.

Apenas o estrangeiro partiu da habitação,
o doente, que estivera atento à narração,
que não perdera uma só palavra
de tão longa história,
que ainda tinha inteira na memória,
começou a dizer:

"Oh! mãe!
Se eu pudesse
fazer com que Jesus ouvisse a minha prece...
Ele é bondoso e meigo, amigo das crianças.
Ao pobre que padece ele enche de esperanças,
nas almas derramando a sua divina luz.
Eu quero ver a Cristo. Eu quero ver Jesus!"

"Mas, filho meu, não posso.
A minha triste sorte há de levar-me em breve
ao chão da sepultura.
E vê bem!
Qual seria a tua desventura,
se eu chegasse a morrer longe de ti.
Demais,
os homens hoje são piores que animais.

Sem conhecer ninguém,
por todos desprezada,
eu nunca chegaria ao fim dessa jornada.
E tu, nesta choupana,
entregue ao sofrimento,
sem ter quem te alcançasse
um pouco de alimento,
de fome, e de miséria,
ó filho, morrerias.
E, depois, para quê?
Talvez que esse Messias
já nem exista mais.
Ele veio do Céu,
e Deus o reclamou.
Paciência, filho meu!
Não penses mais em Cristo.
Cristo já morreu..."

"Eu quero ver Jesus..."

Nisto,
abrindo a porta vagarosamente,
tão manso,
e tão de leve que ninguém notou,
com a alegria na face resplendente
Jesus entrou no quarto e disse:

"AQUI ESTOU."

Lembro-me de que havia um intervalo entre aulas, no meio da tarde. Papai, todo carinhoso, preparava um chá bem quente, colocava num bulinho de prata, arrumava um prato com torradas e em geral era eu que ia levar a encomenda para ela. Às vezes calculávamos mal o horário, e eu chegava ao colégio ainda antes de tocar o sinal para o intervalo. Os alunos achavam bonito chegar o filho da professora com o lanche dela.

Num dia, era aula de leitura. Os alunos deviam ler um trecho selecionado que a professora discutiria em seguida. Todos abriram seus livros e se debruçaram sobre o texto. A classe estava em silêncio. Ruth passeou pelos corredores entre as fileiras de carteiras e parou ao lado de Marcelo.

– O que o senhor está lendo aí?

Não havia como esconder. Aberto dentro do livro, o gibi da Turma da Mônica. Marcelo tentou balbuciar alguma coisa, mas não lhe ocorria o que dizer.

Calmamente, a professora recomendou:

– Aproveite e aponte, no texto da sua revista, dez pronomes pessoais do caso oblíquo e dez pronomes pessoais do caso reto.

Disse e retomou a caminhada pela sala. Não admoestou, não censurou. Apenas fez com que o aluno aproveitasse o seu momento lúdico para dele extrair aprendizado.

Esse depoimento foi dado por Marcelo Sors, hoje com 49 anos, um bem-sucedido professor de história do Sistema Objetivo de Ensino, na cidade de Cachoeira Paulista. O momento educativo vivido com a professora Ruth Guimarães ainda é marcante, quase 40 anos depois.

O exemplo trazido aqui ilustra a vocação de Ruth Guimarães para o magistério. Uma educadora que, bem antes de Paulo Freire, entendia que o aprendizado devia se dar em qualquer lugar, tanto na sala de aula quanto debaixo de uma mangueira. Observa-se, na produção intelectual de Ruth Guimarães, não só o amor pela literatura, mas o incessante pendor para a educação. Pesquisadora dedicada ao registro de manifestações folclóricas, publicou várias reportagens para a Revista do Globo, de grande importância da década de 1950 até meados da de 1970.

Professora de língua e literatura portuguesa por 35 anos, são numerosos os exemplos dessa disposição integral para o ensino. No Vale do Paraíba e nas cidades de São Paulo, Suzano, Mogi das Cruzes, Ferraz de Vasconcelos e Ribeirão Pires, todas no estado paulista, foram milhares de alunos, dentro ou fora da sala de aula, entre os anos de 1950 e 1985.

Régis de Morais, inspirado poeta hoje residente em Campinas (SP), aos 16 anos frequentava a chácara onde Ruth Guimarães residira por boa parte da vida, em Cachoeira Paulista, para mostrar os primeiros textos poéticos que produziu. Recebeu da professora incentivos que aguçaram seu espírito crítico e sua tendência para a poesia.

Ainda, houve outra iniciativa pedagógica que merece registro. O depoimento me foi dado pessoalmente pelo protagonista dessa situação. Por volta de 1967, Ruth Guimarães conseguiu da prefeitura de Ribeirão Pires um ônibus para levar uma classe de último ano de ensino médio para conhecer o Instituto Tecnológico de Aeronáutica (ITA), em São José dos Campos. A visita despertou num aluno tamanho entusiasmo que este decidiu, no mesmo dia, começar a estudar para ingressar naquela instituição. Luciano Humberto Lampi alguns anos depois se tornaria engenheiro aeronáutico pelo ITA e cursaria doutorado na Universidade de Poitiers. Lampi atuou na Embraer por 17 anos, em diversos cargos, nas áreas de engenharia, produção, planejamento e informática, e relata, com orgulho, que foi Ruth Guimarães quem lhe deu a oportunidade de descobrir sua vocação.

Severino Antônio Moreira Barbosa, festejado educador com dezenas de livros publicados, também elegeu Ruth Guimarães como sua tutora educacional. Foi aluno dela no ginásio (equivale hoje ao Ensino Fundamental 2), em Cachoeira Paulista. Ele se lembra de tarefas inusitadas dadas pela professora. Uma delas foi pedir a cada aluno recolher, na cidade, 50 apelidos de pessoas. A ideia era estimular a criançada a compreender a identidade e os costumes do seu lugar. Uma técnica pedagógica simples e ao mesmo tempo refinada. Mocinho, Severino passou muitas e muitas tardes debatendo literatura com a mestra e seu marido, o Zizinho retratista –, como se diz no interior – e um devotado amante da literatura e da história da arte. Aliás, foi Ruth quem fez o marido retomar cursos formais, depois de casados. Como contamos, ele foi aluno dela na antiga Escola Normal Valparaíba, em Cachoeira Paulista, entre 1954 e 1956. Mais tarde, aos 53 anos, Zizinho foi recuperar o atraso escolar causado por traumas familiares importantes, cursando Letras e tornando-se, também ele, professor de língua e literatura portuguesa.

Severino Antônio, com 70 anos, educador e escritor, dedicou o seu romance "Arte em noites de vagalumes" para Ruth e Botelho: mestres de literatura e de vida.

Em artigo publicado no volume 14 da revista Mulheres e Literatura ressaltou a representatividade cultural da obra de Ruth Guimarães:

> *"Uma obra vasta e plurívoca, de mais de quarenta volumes, de diferentes gêneros, com muitas dualidades: ao mesmo tempo regionalista e cosmopolita, feminina e universalista. Uma obra multifacetada, mas com uma concepção unitária de cultura e de literatura, que permanece coesa pela existência inteira.*
>
> *Uma das mais expressivas dualidades pode ser assim apresentada: de um lado, a romancista de "Água Funda", escrito aos vinte e um anos, e publicado em 1946, por Edgard Cavalheiro, autora que se reconhece e reitera sua identidade no pertencimento à literatura regionalista, à cultura caipira do Vale do Paraíba; de outro lado, a tradutora erudita, a latinista que faz uma admirada tradução de "O asno de ouro", de Apuleio, estudada em diversas universidades, tradutora também de autores clássicos franceses, como Balzac e Daudet, assim como autora de um dicionário de mitologia grega, adotado em muitas faculdades.*
>
> *Mesmo no campo específico de sua narrativa, há fecundas polaridades, faces diferentes e complementares, nunca*

dicotômicas, que propiciam chaves interpretativas que ampliam o diálogo e o reconhecimento da complexidade de sua criação. Uma das chaves é a que reconhece a dualidade de sua linguagem, unidade da diversidade, em oculta harmonia: a contadora de histórias do Vale do Paraíba, em especial de Cachoeira Paulista, traz a linguagem caipira, a fala viva das personagens; traz também, quase sempre na voz dos narradores, uma linguagem de feição clássica da língua portuguesa, que se espelha e inspira em Machado de Assis – não nas digressões, mas na concisão machadiana, autor que é a referência maior no cânone da autora, que leu Dom Casmurro aos nove anos de idade, do começo ao fim, "embalada pela música de suas frases".

Como educadora, aplicava em casa a pedagogia do trabalho. Ensinou aos filhos o valor do trabalho desde cedo. Cada qual tinha a sua obrigação. Varrer a casa e o quintal, estender roupas, ajudar a lavar a louça, lavar verduras, ir à mercearia para pequenas compras. Às vezes brincava, citando São Paulo: "Quem não trabalha, que não coma!".

Ruth e filhos no preparo da refeição. Cachoeira Paulista, por volta de 1952. (Foto Botelho Netto)

A terapêutica do passeio

Zizinho e Ruth estabeleceram, desde sempre, um tratamento caseiro infalível para os filhos, todos eles, deficientes ou não. Era a terapia do passeio. Não havia mau humor nem manha que resistisse à sempre nova frase do "vamos passear?" Ou "paquiá", como Rovana diz, em sua pronúncia irregular (dialeto "rovanês", segundo Júnia). Talvez que, aos seus ouvidos pobres, a prolação da palavra esteja correta. Pode ser que a palavra seja bem formulada, na cabeça dela, e, por causa da sua articulação torta, o resultado seja diverso. Nós outros é que não sabemos, quem sabe?, ouvir direito o que ela fala. Por exemplo, pronuncia banena e não banana, patata e não batata. A má pronúncia parece ser fruto de uma impossibilidade física. Tanto que jamais escreveu como fala e nunca errou a grafia de banana ou de batata.

Curiosamente, a pronúncia defeituosa resultou em quase a mesma fonética nos três irmãos malfalantes, Rovana, Judá e Juca. Talvez tenham aprendido uns com os outros os segredos para uma comunicação suficiente e criaram assim tipicidades. Ou seria traço da síndrome comum aos três?

Uma vez, num passeio com Judá e Rovana, Júnia encontrou uma amiga de escola. Conversaram um pouco, despediram-se, seguiram o passeio. Judá, curioso, perguntou quem era a moça. Júnia respondeu: "Minha amiga." E repetiu, escandindo bem as palavras para se fazer entender: "Mi-nha a-mi-ga." Judá entendeu claramente, e replicou: "Ah! Menina sua minha amiga!"

A estratégia educativa do passeio sempre foi uma terapia familiar. Desde que começaram a entender o mundo, os irmãos sabem que passeio faz parte do aprendizado. Pescar camarão de água doce com peneira, no riachinho da fazenda do Carlomagno, é passeio. Nadar no rio pedregoso perto da represa de Cachoeira Paulista. Tirar leite de vacas na fazenda do tio Carlos Fontes. Assistir a TV na casa da Tia Marcianinha. Visitar a tia Norinha, em Itajubá. Fazer compras no supermercado (Judá, muito grandalhão e muito infantil, ao ser informado que era dia de compras, trovejava: "Oba! Compá cumida!"). Tomar sorvete na praça (Júnia comparece a cada três ou quatro páginas dos diários de Rovana, tomando sorvete). Assistir a peças no Teatro do Taib, no Bom Retiro ou no Teatro do Sesc, na Avenida Paulista (Judá vivia pedindo para ir ao "tinhato"). Acompanhar a mamãe nas exposições de folclore que promovia como parte do seu trabalho de ativista cultural. Ajudar o papai a fazer fotos de casamento. Ver espetáculos musicais no Ibirapuera. Dançar carnaval ("tavão", em "judaico" o dialeto de Judá). Ir de ônibus para Guaratinguetá, Cruzeiro ou Lorena. Visitar as tias-professoras na Apae. Ir levar um bule de chá quentinho para a mamãe, no intervalo das aulas, no colégio estadual onde lecionava. Passeio é tudo isso – e melhor ainda se houver batatas fritas. Mas também serve sorver um sorvetinho...

Passeio equilibra, revigora, melhora o humor, faz o cego cobrar a vista, o aleijado voltar a andar, o triste ficar menos triste. Cura calo, coceira, preguiça, até dor de barriga. Ninguém briga em dia de passeio. É uma doçura, uma civilidade que só vendo!

Beleza de invenção, essa.

No começo de 1964, recebeu a visita de uma equipe da Encyclopédie Française de la Pléiade, para uma entrevista sobre o seu trabalho. Ruth Guimarães é até hoje a única escritora latino-americana a ter seu nome registrado num verbete da publicação. (Foto Botelho Netto)

Marta

Zizinho era especialista em dar apelido aos filhos. Marta era Batatinha, quando criança. Depois que cresceu, detestou o apelido. Era uma criança alegre, de uma inteligência assombrosa. Aluna que deslumbrava os professores. Menina ainda, produzia poemas de altíssima qualidade. Primogênita, era a luz da vida dos pais. Zizinho divulgava o seu trabalho, identificando-se como o dono da "Foto Marta". Porém, Marta apresentava uma preocupante oscilação de humor, no início da adolescência. Era tomada de alegrias epifânicas, seguidas de períodos de depressões de profundidades abissais. Os pais souberam logo, mas não contaram aos outros filhos, que ela havia herdado a esquizofrenia do avô Christino.

Aos nove anos fugiu de casa. Procura daqui, pergunta dali, ninguém dava notícia do seu paradeiro. Telefone não existia. Quando necessário, era preciso ir até a central telefônica, no centro de Cachoeira Paulista, pedir uma ligação e esperar. Normalmente a conexão levava de quatro a cinco horas para ser completada. Marcava-se um horário e ficava-se esperando. Mais rápido era pegar o trem – já que Zizinho supôs que Marta teria ido para a casa dos avós e padrinhos, Antonio e Maria, em Suzano. Sim. Lá estava ela, mimada e protegida. Não se queixou de nada, apenas se deixou levar de volta para Cachoeira.

Era meio madrasta, para com os irmãos. Eu era quem a enfrentava, e às vezes até levava uns tapas, pela ousadia. Eu não compreendia a razão pela qual nossos pais a toleravam tanto. Só vim a descobrir mais tarde a agonia deles por saberem da condição mental dela.

Aos 14 anos, começou a namorar escondido. Os pais conheciam o rapaz, bem mais velho que ela, pouco afeito ao trabalho e muito amigo da cachaça, de ocupação principal ponta esquerda do Cachoeira Futebol Clube. Proibiram veementemente o namoro. Marta esperneou, chorou muito, teve ataques de raiva. Escreveu longos poemas lamentando sua desdita, falando de amor perdido. Afinal, os pais cederam. Podiam se encontrar, desde que fosse na praça principal, sempre com um dos irmãos acompanhando. Era eu, sempre, o escolhido. Tinha oito anos. O rapaz tentava me agradar, comprava balas, às vezes me lançava um olhar ameaçador. Eu relatava em casa o encontro. Não via nada de errado. Mas meus pais viram, não sei bem o quê. Tornaram a proibir o namoro, dessa vez firmemente. Marta ficou de castigo, o pai a acompanhava à escola e ela não podia sair de casa à noite. (Mesmo assim, uma vez vi, escondido, Marta sair de fininho para o quintal, alcançar o portão e ficar abraçada com o rapaz, meio oculta pela cerca viva. Beijaram-se, e foi o primeiro beijo que vi. Nunca contei a ninguém.)

De algum modo, meus pais descobriram e intensificaram a vigilância. Era novembro de 1964, Marta se queixou de mal-estar e não quis ir para a escola. Ruth preparou um chá, mediu a temperatura pondo a mão na testa da filha, nada aparentemente com que se preocupar. À noite Marta gemeu, no sono. Pela manhã, não estava melhor. Ruth foi se preparar para levá-la ao médico, sempre o tio Darwin, nosso anjo. Abriu o guarda-roupas, puxou o vestido que estava por cima e tomou um susto. O vestido ramado, de flores vermelhas e brancas, tinha dois furos paralelos, como se tivessem sido queimados com ponta de cigarro aceso. Alerta, puxou a colcha de sobre o corpo da filha. A cintura estava enrolada com um pano. Um pano manchado de sangue. Foi uma correria. Não me lembro bem de como tudo aconteceu. Tenho na memória a cena de meu pai fechando as portas e janelas da casa e depois me ver no trem, com meus irmãos e minha mãe. Não perguntei nada, mas sabia que algo sério tinha acontecido. Rubem, com 13 anos, era calado e se considerava cheio da autoridade de mais velho, então não conversava. Com dois anos mais que eu, o Juca não sabia falar e não entendia bem o mundo. Abaixo de mim, dois anos mais novo, o Judá também era surdo-mudo. Depois vinham o Marcos, ainda muito pequeno, com quatro para cinco anos, a Rovana, também surda-muda, com três, e o Olavo com um ano e meio.

Desembarcamos na Vila Matilde e ficamos instalados na casa da tia Júlia, na época já separada (abandonada) de João Borges, aquele mesmo da "manteiguinha"... Pouco víamos meu pai e apenas sabíamos que a Marta estava doente, no Hospital das Clínicas, e que ele era acompanhante dela. Mamãe também ia visitá-la, quase todos os dias.

Adultos conversam e pensam que crianças não entendem o que dizem. Escutando, compreendi tudo.

Meu pai tinha resolvido comprar uma garrucha de dois canos, calibre 22, uma arma pequena, depois que uns assaltantes pularam a cerca da chácara e tentaram arrombar a porta dos fundos. A porta resistiu e os bandidos desistiram, mas meu pai ficou muito assustado. Comprou a garrucha e sequer chegou a usar. Tinha ideia de atirar para o alto, caso houvesse alguma tentativa parecida de invasão.

Marta havia encontrado a garrucha escondida numa caixa, em cima do armário. E, não se sabe o quanto de consciente foi isso, apontou para a barriga e apertou os dois gatilhos ao mesmo tempo. Por orientação do tio Darwin foi colocada numa ambulância e levada imediatamente para o Hospital das Clínicas.

Para nós, crianças, estávamos em férias, na casa dos tios. Passamos as festas de fim de ano, ganhamos presentes, brincamos muito com primos, da parte do pai, que até então não conhecíamos. Para meus pais, deve ter sido uma agonia que durou pelo menos três meses. Uma das balas perfurou algumas alças do intestino de Marta. A outra ficou alojada ao lado da coluna. Essa nunca foi retirada, e os médicos avisaram que bala se move dentro da gente, e que a qualquer momento podia comprometer-lhe os movimentos. Nunca aconteceu.

Marta foi, gradativamente, se recuperando, ainda internada, o pai ao lado dela, sempre. Ruth tratou de enquanto isso arranjar a burocracia para conseguir remoção do emprego de professora da rede estadual, de Cachoeira Paulista para São Paulo ou cidade próxima. Tinha título universitário, livros publicados, portanto sua pontuação era disparada na frente de todos os candidatos, nos requisitos de remoção.

Conseguiu vaga para o Colégio e Escola Normal Estadual de Suzano. Novamente a cidade, porque ali estavam os pais de Zizinho, apoio das horas incertas. Alugou uma casa no bairro Jardim Imperador, em Suzano, e nos mudamos por volta de fevereiro de 1965.

Marta ao lado de Solano Trindade, grande amigo de Ruth. Embu das Artes, 1964. (Foto Botelho Netto)

Marta na sala de aula, em Suzano, em 1965. (Foto Botelho Netto)

Casa nova e nova rotina

O Jardim Imperador era um bairro de ruas de terra e Suzano uma terra de muito barro, pela constante garoa. Para chegar à escola, tínhamos que caminhar um bom pedaço, porque não havia transporte público regular. Eu ia para a escola de manhã. Voltava perto do meio-dia, ajudava minha mãe a preparar o que faltava, juntava os mais novos e todos almoçávamos. Depois, uma ajeitada na louça e nas panelas e íamos, eu e ela, para a sala. Ela se postava diante da máquina de datilografia, com uma pilha enorme de livros para consulta. Escolhia alguns livros – os de leitura mais simples – e me passava. Meu papel era ir lendo e anotando os personagens que apareciam nas narrativas. Meu predileto era uma edição da Odisseia, com a história da Guerra de Troia. Para cada personagem eu fazia uma ficha, identificando se era deus, semideus, herói, centauro, ninfa, dríade, tritão etc., e dando alguns detalhes de sua trajetória. Não devo ter ajudado muito no trabalho do livro, mas ganhei um aprendizado e uma disciplina de trabalho inesquecíveis.

O livro custou a Ruth dois anos de trabalho.

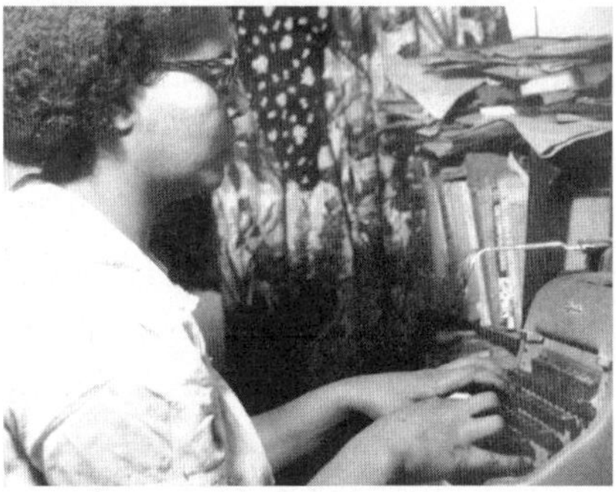

Ruth em Suzano. 1965.
(Foto Botelho Netto)

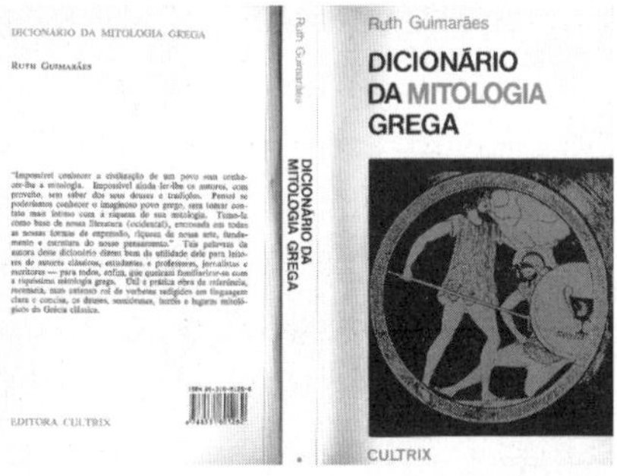

O "Dicionário de Mitologia Grega" foi publicado em 1972. Durante muitos anos foi material de pesquisa na USP.

Ao fim do primeiro ano, uma parte dos originais do livro foram entregues e a Editora Cultrix pagou pelo trabalho. Ruth recebeu como forma de adiantamento de direitos autorais e usou o dinheiro para dar entrada numa casa, no bairro do Sesc, em Suzano.

Casa boa, quintal enorme. Ruth e Zizinho plantaram árvores, fizeram horta. Aos fins de semana, ele juntava a molecada e nos divertíamos no quintal. Construímos uma cabana de pau a pique, uma casinha de verdade que servia para brincarmos.

Marta voltara para casa. Alegrinha como sempre, estudiosa. Ia bem na escola, estava ocupada com atividades culturais que meus pais incentivavam para que não caísse em desequilíbrio, escrevia poesias. Fez amigos, parecia não ter ficado ranço algum dos acontecimentos. Os irmãos encaravam com naturalidade a rotina familiar, até porque não tinham clareza dos detalhes – as informações foram sendo aos poucos assimiladas e compreendidas. Marta arranjou namorados, dançava nos bailes (foi ela que me ensinou a dançar, quando eu tinha meus 12 anos, ao som de boleros de Nat King Cole). Muitas vezes andava comigo abraçada, enlaçando minha cintura, eu com a mão no ombro dela. Sentia-me um mocinho.

Aprendi a cozinhar, menino ainda, para ajudar minha mãe, porque meu pai não tinha o menor talento para o fogão – era capaz de, fervendo água, deixar queimar... E também porque as prestações da casa precisavam ser pagas e o casal tinha que dar um jeito de aumentar a renda. Ruth foi dar aulas em mais uma escola, o colégio estadual Dr. Felício Laurito, em Ribeirão Pires. Saía de casa muito cedo e só voltava depois das onze da noite. Zizinho tinha trabalhos de fotografia e passava o dia fora. Mas se ocupava com outro compromisso: levar o Juca, o Antonio José, para escolas ditas especializadas. O diagnóstico oferecido pelos médicos era de afasia cerebral, talvez devido a um acidente de parto, e foi com essa informação que, durante vários anos, os pais tentaram lidar com ele.

Entre meus 12 e 13 anos, fui estudar à noite, porque passei a ter o encargo de acompanhar o Juca, de manhã, até Sociedade Pestalozzi, em São Paulo (hoje a instituição se chama Associação Brasileira de Assistência e Desenvolvimento Social – ABADS), que funcionava na Alameda Cleveland. Pegávamos o trem das 5h53, na estação de Suzano, depois de pegar um ônibus do Sesc até lá. Descíamos na estação Roosevelt, no Brás, tomávamos o ônibus "45 Estações" e o Juca entrava em aula às 8 horas. Eram aulas práticas, de trabalhos manuais com madeira, papelão etc. Juca precisava se socializar e aprender a aprender. Para mim, voltar para casa era inviável, porque o tempo para ir e voltar coincidia com o horário de saída do Pestalozzi, ao meio-dia. Portanto, depois de deixar o Juca, eu ia para a Biblioteca Mário de Andrade e pesquisava material para tarefas da escola ou simplesmente ficava lendo. Depois de algum tempo, procurei outra ocupação para preencher o tempo e consegui treinar na academia de luta livre do Ted Boy Marino, um argentino galã muito famoso que aparecia na televisão, como herói das batalhas no ringue. Não tinha dinheiro, então fazia faxina na academia para pagar as aulas, que no fim se resumiam a quarenta minutos, uma hora de treino. Pelo menos aprendi a lutar.

Juca era muito inteligente. Comunicava-se com os irmãos, sempre todos davam um jeito de o compreender. Comportava-se normalmente, como qualquer criança. Brincava, ajudava em pequenas tarefas, brigava, às vezes, como toda criança. Eu costumava levá-lo a um cinema caseiro que funcionava no centro comunitário do bairro onde morávamos, em Suzano. Ele entendia o contexto dos filmes, divertia-se com as palhaçadas, comovia-se com situações. Portanto, tinha entendimento do mundo. Adiante, neste livro, voltaremos a falar dele. (Sempre havia um imbecil a imitar a fala tosca do Juca, num bullying insuportável. Entrei em brigas por isso.)

O diagnóstico de afasia foi desmentido em pouco tempo, porque Judá nasceu com os mesmos problemas. E depois, Rovana. Foram três filhos excepcionais (termo politicamente correto da época) entre os nove. Mas nenhum médico atinava com a compreensão correta do mal que os acometia.

Zizinho deu apelido ao Rubem de Rabecão; é de se adivinhar que ele odiava. Antonio José foi "Juca Pinduca-Ladrão-de-Açúcar". Eu era Joaco, jeito espanhol de dar diminutivo a Joaquim. Apelidou de Amarelo o Judá – porque era o mais aloirado de todos os irmãos e porque adorava essa cor. Ao Marcos, deu o apodo de "pretinho que nem o fuminho do pito da nhá Dita" – virou Pito. Rovana só ganhou o diminutivo de Vaninha, mas o apelido não pegou. Olavo era Gordo – obviamente porque era rechonchudo.

Olavo era arteiro. Inventava mil e uma. Logo que aprendeu a falar, havia uma propaganda na TV, na época, do Frigorífico Eder. Apareciam na tela um boi e um porquinho. O boi perguntava ao porquinho: "O que você vai ser quando crescer?". E o porquinho respondia: "Salsicha Santo Amaro, ué!". Gostávamos de brincar, perguntando ao Olavo o que ele queria ser quando crescesse. Ele dizia sempre: "Tchatchitcha Tanto Amaro, ué!".

Ele assistia a desenhos do Super-Homem na televisão (a primeira que tivemos foi uma ABC – A Voz de Ouro, em 1965) e chamava o herói de "Titorómi". Por volta dos três anos, tanto insistiu que Ruth bordou um S enorme no peito de uma camiseta azul. Olavo não tirava o uniforme. Um dia subiu no muro e pulou lá de cima – queria voar como o Super-Homem. Não se machucou, mas deu um belo susto na gente.

No Sesc, onde a família viveu entre 1965 e 1969, Rubem, o Rubinho, não participava de praticamente nada na casa. Era o verdadeiro moleque. Mau aluno, com frequência faltava às aulas para jogar futebol. Dele, Ruth contava uma passagem da infância.

Nosso filho número dois, o Rubinho, se lhe perguntávamos se estava com medo, franzia a testa e o nariz e repetia: medo...

com um ar da mais absoluta incompreensão. Outras palavras, ele assimilava depressa. Risadinha, pra tirar retrato, e ele fazia caretas mostrando alguns dentinhos. Sabia o que era dodói, áua, dandá. Mas medo... O que é isto? parecia dizer com aquela carinha franzida. Fomos ao litoral, ao Guarujá. Estávamos na praia e veio aquela onda verdosa, de crista branca, num chuá medonho, parecia quase em cima da gente. Rubinho – tinha três anos – correu, agarrou minha mão e gritou: Mamãe! Medo!"

Outra história dele, de pequeno, era contada com frequência pelo pai, entre risadas. Dizia que Rubinho, com uns cinco anos, foi levado a almoçar na casa dos avós Antonio e Maria. Rubinho viu a mesa, farta, cheia de pratos variados, arregalou os olhos e disse para a avó:

- Ô vó, eu vou repetir, viu?!

Em 1966, nasceu Júnia, a caçula. Um bebê sorridente, de boa paz. Eu era o responsável por ela, enquanto meus pais trabalhavam. Dava banho, trocava fraldas, preparava mamadeira. Marta cuidava dela, também, quando estava em casa. A ela, quem deu o apelido foi a mãe. Era Junipa, Junipipa, bem carinhosamente. Mas uma amiga desde a infância radicalizava: chamava-a de Junítica Paralítica.

Para uma excursão que organizou com alunos do Colégio Estadual de Suzano, em 1967, Ruth conseguiu um ônibus da prefeitura, na gestão de seu amigo Paulo Portela. O passeio era no pico do Jaraguá. Chegando, o ônibus estava estacionando, e ela percebeu um burburinho no fundo do ônibus e foi ver o que havia. Um dos alunos, de uns 15 anos, estava exibindo uma Beretta, pequeno revólver calibre 22. Sem alarde, disse ao moço apenas isto:

- Essa arma fica comigo. Na volta, peça ao seu pai que vá à escola que entrego a ele.

Não havia como não obedecer a ordem clara, tranquila e definitiva, acompanhada de um olhar de censura. O rapaz obedeceu, sem graça, e entrou numa enrascada – tinha pegado o revólver do pai, escondido.

Marta e Júnia, 1967, Suzano.
(Foto Botelho Netto)

Olavo, 1966, em Suzano.
(Foto Botelho Netto)

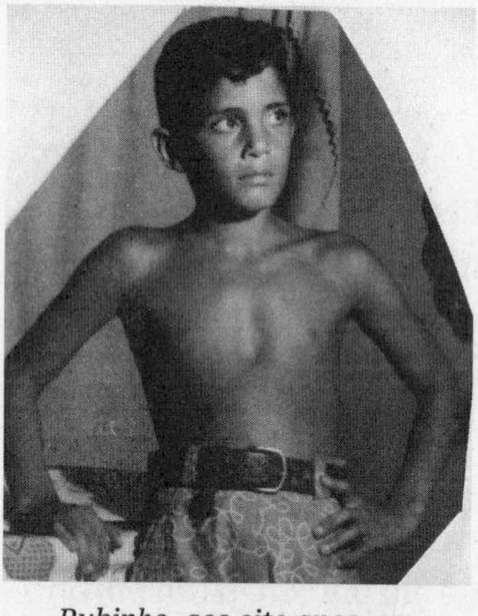

Rubinho, aos oito anos, em 1959. Cachoeira Paulista.
(Foto Botelho Netto)

Zizinho e seis dos filhos. Suzano, 1968. Em pé, atrás, Rovana e Olavo. Júnia, chupando dedo, Joaquim Maria, Antonio José, Marcos e Judá.
(Acervo da família)

Viagem ao sul

Em janeiro de 1968, Ruth organizou uma viagem para a classe de seus alunos, formandos do segundo grau, do Colégio Estadual Dr. Felício Laurito, de Ribeirão Pires. Ela, três outros professores e meu pai alugaram um ônibus, com o motorista Pepe. Botaram lá dentro um fogão, um saco de batatas, um saco de arroz e um saco de feijão e iniciaram a jornada, que duraria 30 dias. Fizera contato com escolas, quartéis e instituições educacionais, para conseguir alojamento gratuito. A viagem foi uma verdadeira aula de vida para os alunos, que puderam conhecer culturas diferentes, sotaques e saberes, e teve importância fundamental para a formação dos que participaram da expedição. Foi uma lição de vida, de convivência e de fraternidade.

Hospedagem do grupo em Porto Alegre, na Escola Superior de Formação e Aperfeiçoamento de Quadros – EsFAQ (atual Academia de Polícia Militar). (Foto Botelho Netto)

Ônibus alugado para a viagem de formatura da classe de 1967 do Colégio Estadual Dr. Felício Laurito, de Ribeirão Pires. (Foto Botelho Netto)

Primeira etapa do passeio: Caverna do Diabo, em Eldorado Paulista. Pepe, o motorista, é o homem de óculos e camisa branca. (Foto Botelho Netto)

Hospedagem do grupo em Torres, Rio Grande do Sul, 1968. (Acervo Instituto Ruth Guimarães)

Érico Veríssimo

Uma das paradas programadas da excursão era Porto Alegre, no Rio Grande do Sul. Ruth, além de professora, continuava a colaborar com o jornal Folha de S. Paulo, e seu editor, o jornalista Emir Macedo Nogueira, sabendo dos planos dela, pediu-lhe que entrevistasse Érico Verissimo. O romancista fora aclamado Intelectual do Ano pela União Brasileira de Escritores – UBE. Receberia o Prêmio Juca Pato em cerimônia que ocorreria em São Paulo, em março de 1968. O prêmio tinha patrocínio do jornal.

Assim, em janeiro de 1969, Ruth reencontrou-se com o velho amigo, na casa dele, em Porto Alegre. Veríssimo fora um dos primeiros escritores a aclamar o romance "Água funda", publicado em 1946, como um dos mais importantes lançamentos daquela geração regionalista de escritores. A matéria foi publicada, com o título "Dois dedos de prosa com o Intelectual do Ano".

Com Érico Veríssimo, em casa dele, em Porto Alegre, 1968 (Foto Botelho Netto)

Mudanças

Juca começou a ter crises renais, mais ou menos em 1967. Os médicos recomendaram que ele fosse afastado do clima frio e úmido de Suzano. Sol parecia ser o melhor remédio e sol era o que mais tinha em Cachoeira Paulista. Ruth, além das aulas em colégios estaduais, continuava prestando serviços à Editora Cultrix, não era possível se afastar do trabalho. A família precisou ser dividida.

Ruth continuou em São Paulo e com ela ficaram Marta e Rubinho, ambos com os compromissos escolares.

Zizinho levou todos os outros para Cachoeira Paulista, para a chácara que o sol aquecia. Eu, aos 13 anos, fui com a comitiva principalmente para ser apoio do meu pai e cozinheiro. Estudava de manhã e voltava em tempo de preparar o almoço. Também me cabia cuidar de lavar as roupas, fazer compras, organizar a casa. Aos sábados, ajudava meu pai, entregando fotografias. Ruth ia para Cachoeira todos os fins de semana. No final de 1968, passou pela chácara o jornalista Audálio Dantas, então editor da Revista Quatro Rodas. Estava planejando uma edição especial, comemorativa, exclusivamente sobre a Bahia, e queria que Ruth e Zizinho fossem a repórter e o repórter fotográfico, para cumprir quatro pautas em Salvador. Seria um dinheiro muito bem-vindo. Aceitaram e fizeram os preparativos.

Zizinho tinha feito a cobertura de vários festejos e enfiou-se no laboratório para deixar todas as fotografias prontas para entrega, o que garantiria dinheiro para que eu administrasse as despesas da casa nos vinte dias que passariam viajando. Marta estava trabalhando em São Paulo e ia a cada 15 dias para Cachoeira, de trem, para acompanhar o andamento. Numa dessas visitas, que durou alguns dias, Marta relatou, numa carta para a mãe, no dia 13 de janeiro de 1968 (estava com 19 anos incompletos), um relatório de como estava a família. A carta é longa, em verdadeiro testamento. Selecionei alguns trechos.

Mãe:

Estou saindo de Cachoeira hoje. Pulando esta semana, vou na outra.

As crianças estão tristinhas (Júnia principalmente) e fizeram uma festa quando cheguei. A casa, na maior desordem, na maior desordem ficou. Caí na bobagem de arrumá-la e foi só conseguir ajeitar-lhe a feição e já a roupa suja se amontoava pelos cantos, já a molecada cortava papel e trazia lixo de fora para dentro. Achei melhor fazer o grude e levá-los a passear. Foram dois dias e meio de idas ao jardim e ao cinema. Para isto fizemos alguns milagres. Não havia dinheiro em casa. O meu era o chorado da condução e olhe lá! Começamos a contar os miúdos e afinal... Era desenho do Walt Disney: como se poderia perder?!

Avisei Dona Maria Vendeira que os pedreiros só serão pagos na sua volta. Explica-se: o Joaquim não recebeu nenhum dinheiro de retrato nesses dias. Os principais devedores, um está viajando, outro é festeiro e disse que não pode pagar (gastou o dinheiro em rojão...).

(...)

O Joaquim não precisa muito do juizinho que a senhora mandou. Toma conta direitinho das crianças embora não consiga substituir a mãe no coração delas. Mas preciso fazer uma caveira deste tamanho do Rubinho. O Marcos sofre-lhe nas unhas, porque, se obedece ao Joaquim, o Rubinho lhe bate. Se obedece ao Rubinho, não pode nem piscar; é só correr daqui e dali levando pescoção.

(...)

Sabe que a senhora fez mal em deixar o Rubinho em Cachoeira? O Joaquim, além de tomar conta das crianças, é obrigado a aturar-lhe os caprichos e a defender-se dele, a limpar as sujeitas que ele faz e aturar-lhe os amigos.

A senhora largou, desnecessariamente, uma carga demasiado pesada nos ombros do Joaquim.

E o Juca? Adivinhe as novas... O danado está copiando que é uma beleza, depois de ser considerado incapaz de aprender a escrever. Já escreve: Antonio José, mamãe e papai, sem erros. E anda atrás da gente que nem um engana-tico, levando um caderno e um lápis. Parece o Judá, quando começou a aprender a escrever com a Vera.

No início de 1969, Ruth foi laureada com o Troféu Piraquara, uma honraria concedida ao intelectual do Vale do Paraíba que tivesse se destacado pelo trabalho em prol da cultura. A cerimônia foi realizada na cidade de Guaratinguetá.

Mas a família não podia ficar separada. Era por demais custoso e principalmente prejudicial para o equilíbrio dos filhos. Por isso, toca todo mundo a voltar para Suzano, em 1969.

Ruth Guimarães e o Troféu Piraquara, concedido pelo Instituto de Estudos Valeparaibanos. 1969. (Foto Botelho Netto)

parte 8

crônicas

A casa da chácara já era outra. Juntando esforços e economias, Ruth e Zizinho foram esticando a habitação, construindo mais um banheiro, acrescentando um quarto, improvisando um cômodo em laboratório de fotografia. A casa, meio Frankenstein, virou um labirinto. Ninguém se incomodava com preciosidades estéticas. Era uma casa funcional, espaçosa, perfeita para as férias. E a família ficava quase acampada, com esteiras e colchões espalhados pela sala grande, que virava quarto coletivo.

E foi nas férias...

Em 1970, mês de julho, quando as mangueiras começam a florir para explodir em frutos a partir de novembro, Ruth e Zizinho aproveitaram as férias escolares e seguiram com a família inteira para a chácara. Já éramos os nove irmãos. Os dias eram alegres, com piqueniques em fazendas, Zizinho nos levava para pescar camarão de rio com peneiras, íamos de trem até Queluz, para nadar nos remansos do rio Paraíba do Sul. À noite, Zizinho tocava violão e todos cantávamos. Ruth, com voz de contralto, entoava "Chapéu de páia", de Florêncio e Raul Torres, "Prece ao vento", de Alcyr P. Vermelho, Fernando Luiz e Gilvan Chaves. Também tinha tango, cantigas de carnaval, todo mundo cantando, até os irmãos que não sabiam falar, balbuciando como podiam.

Fazíamos jogos de mímica. Jogávamos jogos infantis de baralho, "rouba monte", "mau-mau", "burrinho".

Numa sexta-feira, Marta não voltou para casa. Tinha saído à noite para ir à praça Prefeito Prado Filho, que o povo chamava de jardim. Foi uma noite tensa para o casal, que começou muito cedo, no dia seguinte, as buscas, as indagações. Não havia pistas. Severino Antonio, mocinho, filho de Arthur Moreira Barbosa, amigo de Ruth desde a adolescência, frequentava a chácara para aprender sobre literatura, e já amigo, acompanhou a agonia do casal e apoiou como pôde. Tínhamos uma kombi velha, modelo 1958, e saíamos, Rubinho ao volante e eu, pesquisando, assuntando. Os mais novos não percebiam nada e seguiam vida normal, brincando.

O fim de semana passou sem notícias. Na noite de domingo, estávamos todos instalados nas camas e nos colchões espalhados pela casa. Apenas Rubinho não estava na casa improvisada da chácara, porque cumpria o serviço militar em Guaratinguetá e dormia no quartel.

Não descobri a cabeça. Tremia embaixo do lençol, ouvindo o choro desesperado do meu pai. Minha mãe o consolava, e não a ouvi soluçar. Não me atrevi a indagar o que teria havido. Adivinhava algo ruim, desde que, meia hora antes, ouvira baterem à porta e vi, espreitando pelas frestas da coberta, dois soldados da Polícia Militar cochichando com eles. Meu coração de mocinho, naquela noite infinita, temia, e uma tristeza grandona apertava minha garganta. Meu pai chorou, desoladamente, a noite inteira. Eu, petrificado na cama, esperava. Esperei.

Estremecido pela angústia do meu pai e pelos sussurros incompreensíveis, mas certamente consoladores de minha mãe, eu passava em revista as possibilidades mais trágicas. Acompanhara a angústia dos meus pais entre o desespero da busca e a tentativa de não assombrar os filhos. Tinham procurado manter o equilíbrio e a aparência de serenidade, embora não escondessem estarem profundamente preocupados com o sumiço da filha mais velha.

Às cinco e meia da manhã, senti tocarem meu ombro, de leve, e a voz forte do meu pai, triste muito, a chamar: "Joaco, acorda!" Pulei da cama, olhando, entre temeroso e assustado, para ele. Com ar controlado, ordenou sem explicar, que eu tomasse o trem das seis e fosse até a casa do tio Rubem, em Lorena, para informá-lo de que a Marta tinha sido encontrada morta.

Meu coração parecia bater nos ouvidos, enquanto punha a roupa e corria para o banheiro, para lavar o rosto. Tomei uma caneca de chá com leite que mamãe preparava, desalinhada num roupão, cabisbaixa, pensativa. Saí para a estação e me lembro que, da porta, olhei para dentro da casa, onde podia ver meus outros irmãos ainda dormindo. Olhei, com pena, acredito hoje. E pensei que era a última vez que olhava para aquela sala e veria aquele amontoado de irmãos com a mesma serenidade com que dormíramos na véspera. Nossa vida ia mudar. Eu não imaginava quanto, não me atrevia a antecipar nada. Imagens embaralhadas da Marta povoavam minha cabeça e eu chegava a sentir remorso das discussões que tivera com ela, enfrentando suas pequenas tiranias de irmã mais velha.

O trem balançava, mas nem sei se me senti incomodado. Concentrei-me na tarefa de mensageiro, tentando antecipar como falaria com meus tios sem causar muito alarme. Não tínhamos telefone, aliás poucas famílias tinham telefone. Ensaiei um pouco o discurso. Desisti. Na hora veria como fazer. Na paisagem, fora do trem, voavam vacas e cupins, à velocidade do trem em vetor inverso, como se estivessem correndo para trás, sumindo assim que passavam pelo umbral da janela do trem e sendo substituídos por outros que pareciam perseguir os anteriores. O capim e as poucas árvores, quando eu mirava um ponto fixo mais à frente do primeiro plano, transformavam-se em riscos borrados e fora de foco, na manhã ainda cinzenta de névoa e de tristeza.

Tio Rubem telefonou para Itajubá e avisou Tia Norinha. Informou o vô Antônio, em Suzano, que repassaria o recado para os tios Mário Celso e Jarbas. Por último falou com o tio Paulo, então coronel da Polícia Militar comandando a Baixada Santista. Todos vieram.

Hoje, algumas lembranças ficam desfalecidas na memória. Recordo que arrumei uma gagueira que me perseguiu por muitos dias. Eu tinha quinze anos.

Tio Darwin e tia Clarinha, nossos anjos, levaram a nós todos para a granja, apelido do lindo sítio que possuíam no meio do mato. Lá, deixaram uma empregada e uma cozinheira para nos servir. Foi uma forma de livrar Ruth e Zizinho de preocupações caseiras, de modo que pudessem escorar-se um no outro, no luto.

No entanto, a vida seguia e oito filhos precisavam deles. Uma semana depois, voltamos todos para Suzano, para finalizar o ano letivo. Ruth foi providenciar a remoção para Cachoeira Paulista. A decisão, que já sondava a cabeça dos dois, foi porque Juca estava com reumatismo infeccioso e começou a tomar remédios. Precisava de clima seco e quente para amenizar o sofrimento. Em novembro de 1970 a família inteira voltou a viver na casa da chácara.

Naquele mesmo ano de 1970, Zizinho decidiu cursar a Faculdade de Letras. As circunstâncias da vida trabalhosa o haviam impedido de fazer um curso superior. Prestou exame vestibular para a Faculdade Teresa D'Ávila - Fatea, em Lorena, submeteu-se ao "trote" como qualquer calouro e começou a frequentar. Ruth era professora, nessa escola, lecionando Literatura Comparada. O colega de classe predileto de Zizinho foi o já amigo Severino Antonio, com quem estreitou laços de amizade e de simpatia intelectual.

Inquietos, Ruth e Zizinho arranjaram outra ocupação, além das aulas e da fotografia. O jornal Valeparaibano, de São José dos Campos, pretendia lançar um suplemento cultural, que se chamou Anexo, e nomeou um editor, Ênio Puccini, um marchand de muito bom gosto, que convidou Ruth e Zizinho para serem os editores-adjuntos, além de produzir reportagens e artigos. Eu mesmo publiquei resenhas de livros no suplemento.

Ao mesmo tempo, Ruth fazia reuniões, na mesa que ficava embaixo da mangueira copada, com o marido, com Severino Antonio e alguns convidados. Conversando, consolidaram a ideia de criar em Cachoeira Paulista uma academia de letras. Definiram o conceito, os propósitos, o regulamento. Depois saíram a convidar intelectuais da cidade para compor a nova agremiação. A Academia de Letras de Cachoeira Paulista seria fundada oficialmente por Ruth em 1972.

E logo era quase julho de novo. 1971. Na realidade uma quinta-feira santa, 17 de junho. Eu tinha estado na piscina do Clube Literário de Cachoeira Paulista. Era, talvez, o único dos irmãos que aprendera a nadar. Chegando quase à esquina da chácara, por volta das cinco da tarde, percebi o alvoroço. Gente apressada, alguém me falou, de passagem: "O João de Deus viu ele pular, viu?" Quem pulou? Pulou aonde? A entrada em casa me fez reviver um sobressalto. Já não sei quem me contou que Rubinho estava sentado no parapeito da ponte sobre o Rio Paraíba e caíra. Ou pulara. Desgostoso com a namorada, com a impossibilidade de continuar carreira militar, com não sei mais o quê. Mamãe acha que ele se matou. Em mim, novo remorso: eu sabia nadar, mas não estava ali para salvar o meu irmão. Mas superei essa sensação pouco tempo depois. Era absurdo assumir culpa por um acidente ou decisão de outrem. Eu tinha 16 anos. Ruth, 51.

Ruth não se entregou à lamentação. Não se conformou, mas trabalhava para sublimar as dores. Decidiu criar em sua própria casa o Museu de Folclore Valdomiro Silveira, inaugurado em 2 de outubro de 1971. Transformou duas salas da casa em ambiente de exposição de artesanato, peças decorativas e utilitárias da tradição do Vale do Paraíba, bandeiras de folias do Divino, muitas fotografias de tipos

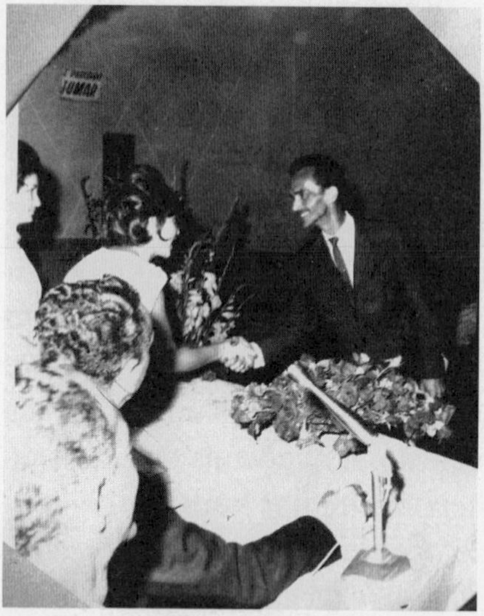

Formatura de Zizinho, 1973. Lorena.
(Foto Acervo Instituto Ruth Guimarães)

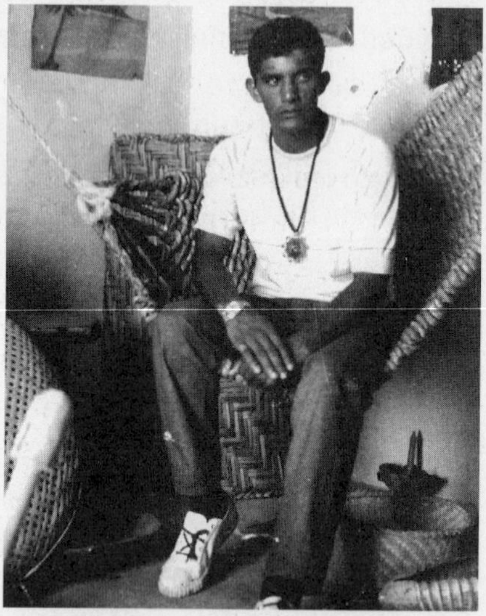

Rubem, aos 19 anos. Cachoeira Paulista, 1971. (Foto Botelho Netto)

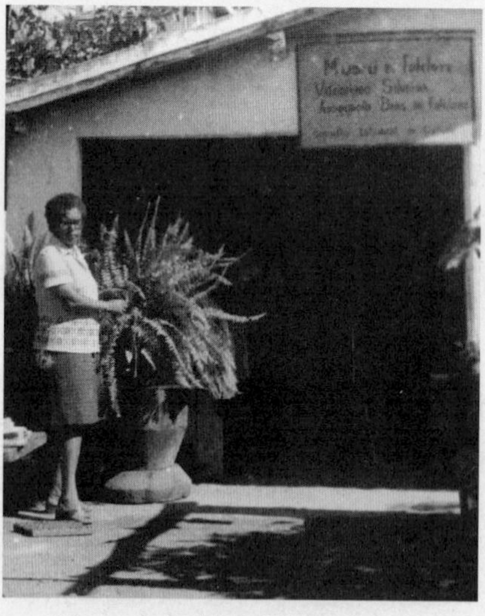

Museu do Folclore Valdomiro Silveira. Cachoeira Paulista, 1971.
(Foto Botelho Netto)

populares, festas tradicionais como a queima do Judas. Foi, à época, o único museu do país a exibir manifestações folclóricas ao vivo.

Mas Juca começou a perder vitalidade e alegria. Pouco mais de um ano depois, seu corpo começou a inchar, por causa de retenção de líquido.

Passou a tomar duas injeções por dia, Plasil e Lasix, mais dois comprimidos que não me lembro para que serviam. Meus pais combinaram uma rotina com o farmacêutico e amigo Zé Osvaldo – farmacêutico é nomenclatura dada, no interior, ao dono da farmácia, que não era necessariamente um técnico. Ele chegava, na hora do almoço, armava uma espiriteira onde uma porçãozinha de álcool era incendiada para fazer ferver a água e esterilizar a seringa e as agulhas. Aplicava a injeção, trocava dois dedos de prosa e ia embora. Voltava no fim da tarde e repetia a liturgia, para a segunda aplicação. Eu tinha 15 anos. Olhando aquilo, decidi aprender eu mesmo a aplicar as injeções no meu irmão. Algumas instruções, um pedido de orientação ao farmacêutico, duas visitas à Santa Casa e comecei a fazer as injeções. Seriam dois anos de aplicações diárias, manhã e tarde.

Retendo líquido em razão da falência renal, o que lhe deixava o corpo totalmente inchado, Juca sentia muitas dores. Mal caminhava, nos últimos meses de vida. Não havia mais onde aplicar injeções naquele corpo surrado de picadas. Eram uma espécie de tortura, pra mim e pra ele, as injeções. Ele chorava, irritava-se comigo, esmurrava-me fracamente com os punhos miúdos, buscando me impedir de furar de novo seus músculos magros por debaixo do inchaço. Chorava. Eu me apiedava, imensamente, bi-diariamente. Uma vez ele cambaleou, sentiu falharem as pernas. Ligeiro, segurei-o pelos braços e o levantei ao colo. Não me esqueço mais da marca dos meus dedos, carimbados profundamente sobre a pele intumescida, no lugar onde o segurei.

Estava com nefrose.

Não resistiu. Morreu pacificamente, como viveu. Não vi minha mãe chorar, não lhe ouvi lamentações. Apenas, durante dias, eu a surpreendi sentada, quieta, na cama onde Juca passou seus últimos dias. Eu tinha 17 anos e a casa me parecia vazia.

Ficou mais vazia em novembro, porque minha mãe precisou ser internada às pressas na Santa Casa de Cachoeira Paulista. Tinha dores terríveis por causa de pedras nos rins. O cirurgião foi o Dr. Aurelino Ferreira Júnior, seu antigo aluno do curso ginasial. No primeiro procedimento descobriu uma fístula no estômago e providenciou encaminhá-la diretamente para o Hospital dos Servidores do estado de São Paulo, na capital. Ficou internada e sofreu várias cirurgias. Corrigiram-lhe a fístula, mas precisava retirar um rim, o que não podia ser feito em seguida porque havia riscos decorrentes de aplicação de anestesia geral tão seguida.

A rotina, na casa, virou de ponta cabeça. Eu tinha me tornado o filho mais velho. Continuava indo à escola pela manhã. Ao voltar, preparava o almoço, agora já contando com ajuda dos irmãos mais novos, na mesma filosofia de Ruth: "trabalho de criança é pouco, mas quem não aproveita é louco". Zizinho trabalhava muito com fotografia e estava ensinando ao Marcos, então com 13 anos, os segredos de laboratório, a maneira de cortar o papel, as misturas químicas, os tempos de revelação, fixação e lavagem, a secagem. Mais tarde ele aprenderia a operar as máquinas também e foi ser parceiro do pai nos trabalhos de fotógrafo. Júnia, embora com apenas seis anos, atuava como condutora de Judá e de Rovana nas brincadeiras e nas tarefinhas de varrer a casa, arrumar camas e, principalmente, brincar. Olavo, meio preguiçoso, só participava dessa última ocupação.

Ao menos uma vez por semana eu ia até a Rodovia Presidente Dutra, pedia carona e ia para São Paulo. Era um tempo em que não era perigoso pedir carona. Visitava minha mãe de surpresa, conversava bastante com ela, sempre levando uma carta amorosa do meu pai. Na cabeceira da cama, livros, papel e caneta. Mesmo internada, continuava trabalhando. Estava escrevendo um livro, para a José Olympio Editora, encomendado pelo Ministério da Educação, a quatro mãos com Bernardo Élis, da Academia Brasileira de Letras. (O livro foi publicado em 1974).

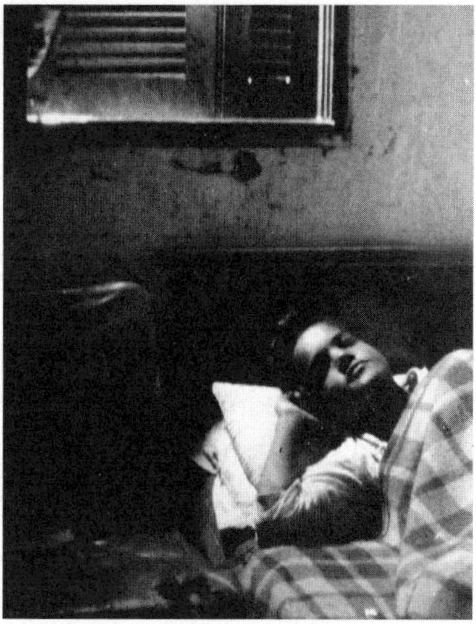

Juca. Cachoeira Paulista, 1972. (Foto Botelho Netto)

Livro escrito no hospital, entre 1972 e 1973.

Durante mais ou menos duas horas de visita, ela me contava do andamento do seu tratamento, eu relatava os acontecimentos domésticos. Uma vez ela me contou que havia morrido, na mesa de operação. Disse que estava num lugar sereno, como se o mundo fosse líquido, numa temperatura morna e agradável, e que ela ia se deixando levar, muito confortável. Nisso, ouvira o médico chamando-a pelo nome e espetando a pele dela para fazê-la reagir. Contaria, mais tarde, que morrer é uma coisa muito tranquila.

Para voltar para Cachoeira Paulista, eu fazia o caminho inverso, pegando ônibus até a saída para a Dutra e de lá esperava carona, que nunca demorava. Algumas vezes meu pai tinha dinheiro para que eu fosse de ônibus até o hospital, algumas vezes ele mesmo ia. Nossa vida prosseguia, meu pai e eu com o peito apertado, sempre, esperando.

Com meu pai trabalhando e eu encarregado de cozinhar, fazer compras, cuidar que todos tomassem banhos, coordenar a limpeza da casa, de conversar com eles sobre nossa mãe, contar histórias na hora de dormir, estava ficando impossível uma vida normal. Eu precisava também ajudar meu pai a ganhar dinheiro, e entregava fotografias que ele passava a noite toda revelando, secando, cortando. Talvez meus pais (minha mãe, mesmo internada, participava das decisões) tenham querido me poupar, não sei. Ou perceberam que nós dois não dávamos conta de atender a todas as necessidades dos menores. Arranjaram com o compadre Walter Cruz, músico e professor, e a mulher Clarice, que acolhessem os meus irmãos por um tempo. Meu pai e minha mãe eram padrinhos do Celso, um dos meninos do casal. Por alguns meses se aninharam Judá, Marcos, Rovana, Olavo e Júnia, nos beliches da casa da Rua da Raia, junto com os oito filhos dos anfitriões. Júnia tem belas lembranças dessa época. Marcos tem na memória a experiência de ter sido o responsável pelos irmãos, coisa de que se orgulha bastante. E criou-se um vínculo perene entre todas essas crianças, hoje homens e mulheres que se gostam como irmãos.

A melhor surpresa do meu aniversário de 18 anos, em 1973, foi a chegada da minha mãe, de ambulância, sendo trazida para casa. Eu tinha reunido amigos de escola para uma festinha muito modesta. O barulho do carro, numa rua raramente transitada por automóveis, chamou a atenção e saímos correndo para ver o que havia. Aí sim foi festa! Mamãe voltava para casa, depois de sete meses. Tinha 720 pontos de sutura em todo corpo. Por quase um ano, eu ainda lhe senti, no hálito, o cheiro da anestesia.

A literatura infantil e outras atividades

No início de 1972, Ruth publicou uma coletânea dos contos infantis que ouviu a vida inteira, na fazenda, nas pequenas cidades e vilarejos do Vale do Paraíba, e publicou "Lendas e fábulas do Brasil". Como prolongamento do seu trabalho de pesquisa, Ruth dedicou-se a recolher histórias infantis. Publicou o primeiro livro para crianças em 1972, pela editora Cultrix, "Lendas e fábulas do Brasil", com 24 histórias populares da Região Sudeste brasileira, que recontou deliciosamente. Sua intenção era formar leitores. E, pesquisando as tradições populares, buscava entender-se no mundo.

Lecionando em duas escolas, arranjava tempo de novas realizações. Durante os anos de 1972 a 1975, foi contratada pelo Sesc para organizar exposições sobre o folclore paulista em diversas cidades. Promoveu eventos de grande porte em São Paulo (rua Dr. Villa Nova), Santos, São José dos Campos. Entusiasmados pela ideia, prefeitos de Guaratinguetá, Lorena e Piquete encomendaram dela projetos semelhantes. Ao seu lado, sempre, ajudando na montagem e na coordenação, o filho Marcos.

Ainda em 1973, participou da criação do IEV – Instituto de Estudos Valeparaibanos, iniciativa do professor e historiador José Luiz Pasin e do professor Francisco Sodero Toledo. (A fazenda de Pasin, em Roseira, serviu durante muitos anos como centro cultural, reunindo escritores e artistas para debates culturais, exposições artísticas e lançamentos de livros.)

Naquele ano, passava pela rua em frente à chácara de Cachoeira Paulista uma mendiga aloucada, que arrastava um carrinho de material reciclável pela cidade toda, e arrastava com ela uma filha de cerca de 11 anos. A menina tinha aspecto maltratado, vivia suja, tinha um olhar comportamento furtivo e um olhar de medo. Ruth ficou com pena, falou com a mendiga, teve a anuência de Zizinho e levou a menina, vamos dizer que Biluca era o apelido, para morar em casa, com a família. A primeira providência foi mandar cortar-lhe os cabelos e acabar com os piolhos. Foi tratada como filha, matriculada em escola, participava de tudo. Foi estimulada a se envolver com leitura. Esteve com a família por um ano e meio, aproximadamente. Mas a menina tinha maus hábitos, adquiridos do ambiente nocivo em que vivia antes. Roubou cigarros, na rua, e fez Judá, Rovana e Júnia experimentarem; nenhum deles gostou – aliás Júnia vomitou a alma. Fazia mais. Embolsava trocos de pequenas compras em padaria ou mercearias. O pior foi que levou, algumas vezes, os três para a ponte do rio Paraíba do Sul. É uma ponte de arcos muito altos. Biluca liderava Judá e Rovana para subir nos arcos e descer escorregando até o nível do chão. Um risco, porque a descida era muito próxima da amurada e não era difícil que alguém caísse no rio. O cimento da ponte desgastava calcinhas da Rovana e calções do Judá. Ruth estranhou essas coisas e quis saber de Júnia o que acontecera. Júnia censurava o comportamento da Biluca, mas não dedurava. Ruth tomou outro caminho: foi seguir a criançada e viu a arte perigosa. Foi o que bastou. Conversou com o promotor público da cidade, seu amigo Emerick Levai, e decidiu interná-la no Educandário Sarah Kubistchek, à época coordenado por freiras. (Graças aos ensinamentos que recebeu na chácara, Biluca destacou-se no internato, virou monitora, evoluiu, mais tarde casou-se. Voltou várias vezes à casa de Ruth, mais tarde, para agradecer pelo que recebeu e que lhe mudou a vida.)

Por volta de 1974, o velho amigo Fenando Góes quis liderar uma campanha para que Ruth se candidatasse a uma vaga na Academia Paulista de Letras. Ela se recusou. Estava por demais ocupada. Não tinha tempo de cumprir o ritual do "chá das cinco", no prédio do Largo do Arouche.

Edição original de "Lendas e Fábulas do Brasil", Editora Cultrix,1972. O livro foi reeditado pelo Círculo do Livro em 1989 e mais uma vez em 2019 (postumamente), pela editora LetraSelvagem, de Taubaté (SP).

Com Fernando Góes, na Academia Paulista de Letras. São Paulo, 1974. (Foto Botelho Netto)

Zizinho contava que, um dia foram, ele e Ruth, para assistir, em São Paulo, a um evento literário coordenado pela escritora Ilka Brunhilde Laurito, amiga do casal, na Biblioteca Mário de Andrade. Foi um dia de bons encontros. Ao final, dirigindo-se calmamente para a estação rodoviária (que ficava em frente à atual Sala São Paulo), caminhavam pelo viaduto do Chá. Encontraram o escritor Cassiano Ricardo. Ruth o reconheceu de pronto e foi cumprimentá-lo. Cassiano se alegrou bastante com a conversa. Andava isolado do círculo literário, depois que se dedicou ao verde-amarelismo, movimento que resultou no integralismo. Foi um grato encontro. Cassiano morreria um ano depois.

Na viagem de volta de São Paulo, Ruth e Zizinho pararam num posto de gasolina, em Roseira, para tomar um café. Três jovens argentinos, em férias a caminho do Rio de Janeiro, tinham se enganado, desceram do ônibus e estavam sem saber o que fazer. Era tarde, não havia mais ônibus naquele horário. Eram um casal, Beatriz e Vitor, funcionários da sucursal da Editora Abril em Buenos Aires, e um viajante solitário, Hernán Jacinto Proto. Pediram informações. Ruth e Zizinho não tiveram dúvidas: levaram os três para a chácara. De lá veriam como seguir para o Rio. Pois os jovens gostaram tanto do lugar, da família, dos costumes, que acabaram ficando por uns dias. As crianças adoraram os três, bem-educados, vindos de uma cultura diferente e falando um idioma engraçado. Beatriz e Vitor ficaram por uma semana e depois embarcaram para continuar as férias. Hernán, um moço cheio de mistérios, não se deu por achado e foi ficando. Não falava de ir embora. Arranjou uma namorada e aí sim é que não queria deixar a casa. Foi preciso, mais de 40 dias depois, que Zizinho tivesse com ele uma conversa muito séria. O rapaz se foi – mas deixou a namorada grávida. Soubemos que reconheceu e assumiu a filha, mas não voltou mais à cidade de Cachoeira Paulista.

Em 1975, Ruth produziu, para a Editora Cultrix, o livro "Grandes Enigmas da História".

A história desse livro é longa. Em 6 de setembro de 1963, José Paulo Paes trabalhava como editor assistente na Editora Cultrix. Ruth estava se resguardando do parto do filho Olavo, nascido em 27 de julho, e recebeu a seguinte carta (reproduzida ao lado).

O livro ficou em projeto e só acabou sendo publicado 12 anos depois, não mais como "Os grandes mistérios da história", mas enigmas.

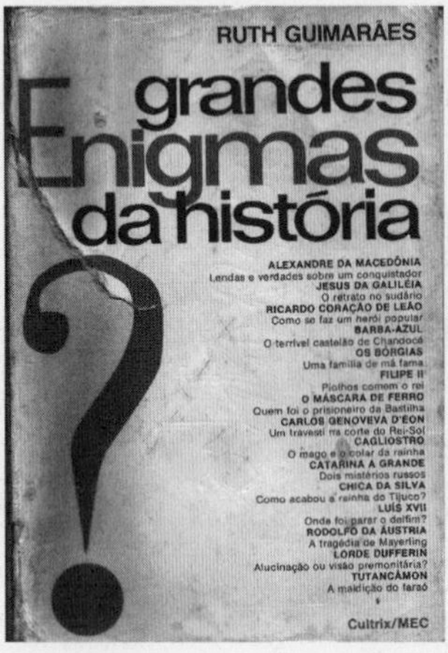

Livro de 1973

EDITÔRA CULTRIX LTDA.

São Paulo, 6 de setembro de 1963.

Querida Ruth:

Eu e Dora ficamos satisfeitos à bessa em saber que a chegada do seu oitavo ocorreu sem maiores contratempos. Imaginamos (e como!) o mêdo que você não deve ter passado. Mas o importante é que tudo corresse bem e que você já esteja novamente em forma. Temos uma lembrancinha para o Olavo, que entregaremos à sua mamãe, tão logo esta se resolva a honrar-nos com uma visita, sempre esperada e sempre benvinda.

Ótimo que tudo tivesse dado certo com a Lenita e que as Fôlhas possam agora contar com o concurso de uma cronista que - não por estar na presença dela - é das melhores que conheço.

Prolongue o seu repouso, cheire as suas laranjeiras, dê milho aos seus cabritos e cuide das suas galinhas. Deixe a máquina enferrujar mais um pouco. Quando estiver devidamente entediada dessa paz bucólica, volte então à liça e faça-nos "Os Grandes Mistérios da História", que os queremos publicar logo em 1964. Em todo o caso, tão logo encontre uma clareira no matagal de suas preocupações maternas, aproveite para me escrever duas linhas dizendo quando espera poder entregar-me os originais dos ditos enigmas, ou quando pensa irromper por estas brenhas urbanas.

Até essas duas linhas, então. Um milhão de venturas ao Olavo, um abraço de parabens ao pai dêle, um beijo na filharada, e o abraço (duplo, meu e da Dora) do

José Paulo

RUA CONSELHEIRO FURTADO, 520 — TEL. 37-8551 — SÃO PAULO

Carta de José Paulo Paes, sobre o livro "Grandes Mistérios da História".

Durante os anos de 1974 e 1975, Ruth integrou a Subcomissão de Folclore do Conselho Estadual de Cultura, num mandato em que se dedicou ao estudo, pesquisa e divulgação do folclore paulista, ao lado de Rossini Tavares de Lima e Inezita Barroso. Participava de reuniões em São Paulo, duas vezes por semana, no Museu da Casa Brasileira, na Avenida Faria Lima. Eu era quem dirigia o carro da família para levá-la aos encontros. Foi convidada por Ernani da Silva Bruno e José Mindlin.

Antes disso, em 1974, fundou uma corporação educativa, a Guarda Mirim de Cachoeira Paulista. Reuniu crianças pobres, deu-lhes uniforme e treinamento de disciplina – a condição era estarem frequentando escolas. Não recebeu nenhum apoio público, apenas parcerias de empresas e voluntários. A sede era a sua própria casa, na chácara. Estabeleceu um regulamento, uma rotina de treinamentos. As atividades diárias incluíam aulas de datilografia, noções de arquivo, exercícios de ordem unida para desenvolvimento de disciplina, aprendizado de instrumentos de fanfarra, noções de trabalhos administrativos e leitura. Também ensinou práticas de higiene e deu aulas de reforço. Zizinho dava aulas de leitura e de introdução à fotografia. Firmou convênios e os participantes que se destacavam eram aproveitados em empresas da cidade como mensageiros, estafetas, auxiliares de escritório. Muitos meninos e meninas foram resgatados da pobreza, contratados pela prefeitura, pelo Instituto Nacional de Pesquisas Espaciais, Caixa Econômica Estadual, lojas de comércio e empresas de serviços. Obteve colocação, como estafetas, para muitos meninos e meninas que em casa não tinham família que os apoiasse por falta de condições educacionais e financeiras. A família toda se envolvia. Os filhos de Ruth também entravam nos treinamentos, como participantes ou, no caso dos mais velhos, como instrutores. Marcos, por exemplo, formou uma fanfarra. Olavo ajudava. Júnia chegou a sargento da Guarda Mirim e era oficial muito respeitada.

E havia os passeios educativos e recreativos. Eu já trabalhava e construía carreira como jornalista, e pouco participei.

O deputado federal Cunha Bueno, eleito em 1978, assumiu em 1979 a Secretaria de Estado da Cultura e convidou Ruth para realizar uma série de ações culturais como as que havia promovido anos antes. Ela se empenhou na organização de um cadastro de artesãos, grupos de catira, folia de reis, jongo, congada, contadores de histórias e cantadores de calango, o desafio paulista. Criou uma exposição itinerante e percorreu todo o Vale do Paraíba, Baixada Santista e região do Vale do Ribeira, por quatro anos. Em 1980, levou vários grupos de dança folclórica para se apresentar no Programa Viola, Minha Viola, da TV Cultura, apresentado por Inezita Barroso, sua antiga colega na Comissão Estadual de Folclore.

Treinamento de integrantes da Guarda Mirim de Cachoeira Paulista. 1978. (Foto Marcos Botelho)

Grupo de congada. Programa Viola, Minha Viola. TV Cultura, 1980. (Foto Botelho Netto)

Ruth compareceu a um evento do Museu da Imagem e do Som, em São Paulo, no ano de 1977. Era uma palestra do folclorista sergipano Paulo de Carvalho Netto, autor do romance picaresco "Meu tio Atahualpa", que Ruth fazia questão de prestigiar. Júnia, então com 11 anos, foi com ela. À entrada, Ruth encontrou Rachel de Queiroz, sua amiga antiga, que havia acabado de ser eleita para a Academia Brasileira de Letras. Ruth a cumprimentou pela eleição, em especial pelo fato de ter sido a primeira mulher a ingressar na ABL. Rachel encarou Ruth, muito séria, e disse:

- Você é quem deveria ter sido a primeira mulher na ABL, Ruth!

Ruth respondeu que havia sido convidada a se candidatar àquela vaga, mas recusara, porque tinha muitos encargos de família e não teria tempo de participar das reuniões, até porque as sessões eram no Rio de Janeiro.

Escrevia sem parar. Entre 1979 e 1980, publicou crônicas semanais no jornal "O cachoeirense", de Cachoeira Paulista.

Em 1981, Olavo começou a trabalhar em São Paulo, Júnia queria se preparar para o vestibular da Escola de Belas Artes, Judá e Rovana precisavam de contato com atividades artísticas e de oportunidades de crescimento. Ruth pediu transferência para lecionar num bom colégio da Avenida Engenheiro Armando de Arruda Pereira, no bairro do Jabaquara. Zizinho prestou concurso na prefeitura de São Paulo e foi ser diretor num colégio do bairro Valo Velho. Marcos, já então casado, ficou morando na chácara, cuidando da casa. Sem a participação de Ruth, a Guarda Mirim foi dissolvida. Até aquele momento, já havia encaminhado pelo menos 120 meninos e meninas.

Desde 1974, quando publicou "O mundo caboclo de Valdomiro Silveira", ficou amiga dos filhos do escritor, Júnia Silveira Leal e Miroel Silveira, este um famoso diretor de teatro. Um homem interessante, simples e surpreendente (faleceu em 1988). Em 1982, Ruth e Zizinho moravam, com os filhos, num prédio cuja porta de entrada ficava na Rua Dona Adma Jafet, na Bela Vista. O apartamento era no primeiro andar, e a cozinha dava para um quintal que ficava na rua de cima. Ali, Ruth fez uma horta e criava galinhas e patos. Portanto, era quase como morar numa casa, em pleno centro de São Paulo. Miroel ia visitar a amiga com certa frequência, porque andavam ensaiando um projeto juntos, e sabia do gosto dela pelas coisas do interior. Um dia, ele apareceu com uma sacola de feira, de lona, com quatro galinhas dentro. Uma chegou morta, sufocada pelo peso das outras. Era uma pessoa capaz dessas gentilezas.

O projeto de ambos era escrever uma peça de teatro juntos. O texto, Ruth escreveu. A direção ficou a cargo de Miroel e a música foi cedida por Renato Teixeira. A peça "Romaria" foi encenada muitas vezes, a partir de 1982. O texto integral foi publicado anos mais tarde, na revista "Teatro da Juventude", edição de agosto de 2002.

Peça "Romaria", publicada na revista Teatro da Juventude, da Secretaria de Cultura do estado de São Paulo.

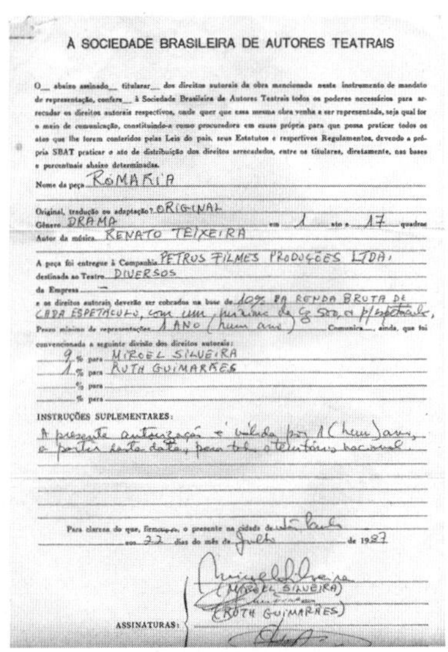

À SOCIEDADE BRASILEIRA DE AUTORES TEATRAIS

O__ abaixo assinado__ titular__ dos direitos autorais da obra mencionada neste instrumento de mandato de representação, confere__ à Sociedade Brasileira de Autores Teatrais todos os poderes necessários para arrecadar os direitos autorais respectivos, onde quer que essa mesma obra venha a ser representada, seja qual for o meio de comunicação, constituindo-a como procuradora em causa própria para que possa praticar todos os atos que lhe forem conferidos pelas Leis do país, seus Estatutos e respectivos Regulamentos, devendo a própria SBAT praticar o ato de distribuição dos direitos arrecadados, entre os titulares, diretamente, nas bases e percentuais abaixo determinadas.

Nome da peça RÓMARIA

Original, tradução ou adaptação? ORIGINAL

Gênero DRAMA em 1 ato e 17 quadros

Autor da música RENATO TEIXEIRA

A peça foi entregue à Companhia PETRUS FILMES PRODUÇÕES LTDA.

destinada ao Teatro DIVERSOS

da Empresa —

e os direitos autorais deverão ser cobrados na base de 10% DA RENDA BRUTA DE CADA ESPETÁCULO, com um mínimo de Cz$ 500,00 p/espetáculo,

Prazo mínimo de representações 1 ANO (hum ano) Comunica__, ainda, que foi convencionada a seguinte divisão dos direitos autorais:

9 % para MIROEL SILVEIRA

1 % para RUTH GUIMARÃES

___ % para ___

___ % para ___

INSTRUÇÕES SUPLEMENTARES:

A presente autorização é válida por 1 (hum) ano, a partir desta data, para todo o território nacional.

Para clareza do que, firmamos, o presente na cidade de São Paulo aos 22 dias do mês de julho de 1987

ASSINATURAS:

(MIROEL SILVEIRA)

(RUTH GUIMARÃES)

Contrato de representação da peça "Romaria" à Petrus Filmes Produções Ltda.

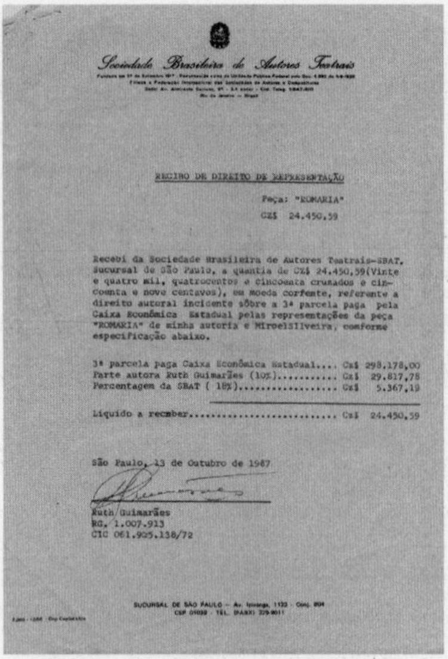

Sociedade Brasileira de Autores Teatrais

RECIBO DE DIREITO DE REPRESENTAÇÃO

Peça: "ROMARIA"

CZ$ 24.450,59

Recebi da Sociedade Brasileira de Autores Teatrais-SBAT, Sucursal de São Paulo, a quantia de CZ$ 24.450,59(Vinte e quatro mil, quatrocentos e cincoenta cruzados e cincoenta e nove centavos), em moeda corrente, referente a direito autoral incidente sôbre a 3ª parcela paga pela Caixa Econômica Estadual pelas representações da peça "ROMARIA" de minha autoria e MiroelSilveira, conforme especificação abaixo.

3ª parcela paga Caixa Econômica Estadual.... Cz$ 298.178,00
Parte autora Ruth Guimarães (10%)........... Cz$ 29.817,78
Percentagem da SBAT (18%).................. Cz$ 5.367,19

Liquido a recmber........................... Cz$ 24.450,59

São Paulo, 13 de Outubro de 1987

Ruth Guimarães
RG. 1.007.913
CIC 061.905.138/72

SUCURSAL DE SÃO PAULO

Recibo de direitos autorais da peça "Romaria".

Durante vários anos, entre 1981 e 1984, Ruth foi contratada para corrigir provas de redação da Fundação Carlos Chagas, instituição responsável pela aplicação de exames vestibulares para muitas escolas de nível superior, dentre elas Faculdade de Medicina do Triângulo Mineiro, Universidade Estadual de Londrina, Faculdade de Medicina da Santa Casa de São Paulo, Universidade Estadual de Londrina, Faculdade de Medicina de São José do Rio Preto, Faculdade de Medicina de Jundiaí, Universidade Católica de Salvador, Faculdades Unidas Católicas de Mato Grosso, Universidade Estadual de Feira de Santana, Faculdade Valeparaibana de Ensino, Faculdades Integradas de Uberaba, Universidade do Sudoeste da Bahia, Universidade do Estado da Bahia.

Ruth, desde muito jovem, tinha começado a registrar material para uma pesquisa de fôlego sobre a tradição popular da fitoterapia, a cura pelas plantas. Zizinho fotograva cada folha, cada flor, e de algumas, para o registro de todos os detalhes que a fotografia não lograva mostrar, ela encomendava o trabalho de desenhistas. Sua intenção, ao longo de muitos anos, era publicar uma enciclopédia de Medicina Popular. Durante a pesquisa, o trabalho ia sendo ampliado. Descobriu os relatos da cura pela água, as simpatias, os objetos mágicos, as rezas, os patuás e todos os hábitos e crenças do povo simples para combater males do corpo e do espírito. Afinal conseguiu publicar, pela Global Editora, em 1986, o livro "Medicina Mágica: as simpatias", que seria o primeiro de uma série. A editora, porém, teve que fazer uma reestruturação e o projeto foi abortado. (A pesquisa completa de Ruth continua inédita até o momento de publicação deste livro, e tem mais de mil páginas em busca de um editor.)

Livro sobre a medicina popular, publicado pela Global Editora, em 1986.

Em 1987, fizemos uma viagem de deslumbramento para um fotógrafo e para uma pesquisadora da flora e do folclore: fomos de carro conhecer o Pantanal do Mato Grosso. Depois de dois dias em Cuiabá, dirigi até Poconé e de lá segui a Transpantaneira até a localidade de Porto Jofre, às margens do Rio São Lourenço. Zizinho tirou centenas de fotografias e Ruth anotou muitas coisas para o seu cabedal. Na viagem de volta, no meio da estrada, o sol se pondo, tivemos um pneu furado. Fui olhar o estepe. Vazio. Atordoado, vendo a noite cair e sem uma alma passando por aquele deserto, tratei de erguer o carro no macaco hidráulico, separei os dois pneus murchos e esperei. Passou uma camionete que me deu carona. Deixei pai e mãe no carro, com o coração apertado, e fui buscar reparo para os pneus. O dono da camionete me levou até a casa de um mecânico, uns vinte quilômetros à frente. Ele arrumou os pneus e se ofereceu para me levar de volta ao lugar onde estava o carro. Cobrou um tanque inteiro de diesel pela gentileza, mas não havia como recusar. Fui ansioso. À noite circulam onças pelo pantanal, jacarés se estiram no leito da estrada para se aquecer, podia aparecer alguma cobra... Nada. Os dois estavam bem alegres, conversando e rindo, à beira de uma pequena fogueira que fizeram com gravetos apanhados no mato.

Em 1989 eu e ela fizemos um trabalho, juntos, para a Editora Pensamento, então selo da Editora Cultrix. Traduzi do inglês o livro "Buda e Jesus – diálogos", da filósofa norte-americana Carrin Dunne, e ela transformou o texto traduzido em poema.

Ruth se aposentou do magistério em 1990, aos 70 anos. Esperou alguns meses pela aposentadoria de Zizinho e então retornaram para Cachoeira Paulista, levando Judá e Rovana, os dois surdos-mudos que precisavam deles.

Retomou a Guarda Mirim e permaneceria como supervisora até 1998, quando entregou a função para uma comissão que assumiu a tarefa. Mas, mesmo aposentada, não descansava. Cuidando da chácara, plantava – tinha o dedo verde, ou seja, tudo o que punha na terra medrava. Continuava a pesquisar medicina popular e a escrever.

Em 1992, publicou "Crônicas Valeparaibanas", por iniciativa do Centro Educacional Objetivo/Fundação Nacional do Tropeirismo.

No mesmo ano, a Editora Ática, em coedição com o Cerlal, o Centro Regional para o Fomento do Livro na América Latina e o Caribe, da Unesco, publicou o livro "Contos populares para crianças da América Latina". Ruth foi convidada e participou com um conto popular no Vale do Paraíba, chamado "A sopa de pedra".

Livro "Buda e Jesus – diálogos", 1989.

Crônicas valeparaibanas, 1992.

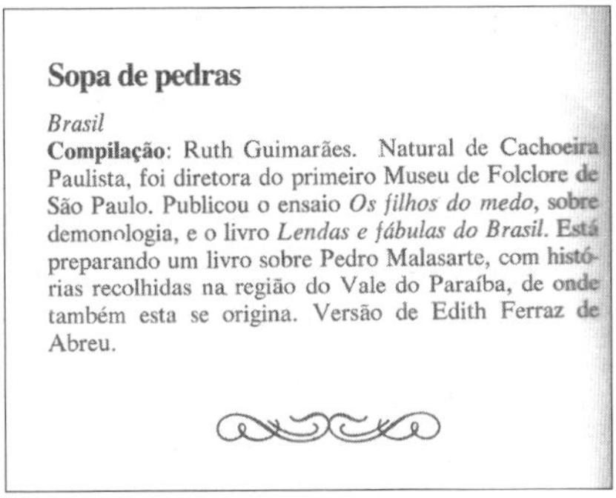
Sopa de pedras

Brasil

Compilação: Ruth Guimarães. Natural de Cachoeira Paulista, foi diretora do primeiro Museu de Folclore de São Paulo. Publicou o ensaio *Os filhos do medo*, sobre demonologia, e o livro *Lendas e fábulas do Brasil*. Está preparando um livro sobre Pedro Malasarte, com histórias recolhidas na região do Vale do Paraíba, de onde também esta se origina. Versão de Edith Ferraz de Abreu.

Em 1992, participação na coleção "Contos populares para crianças da América Latina", apoiada pela UNESCO.

No ano de 1995, eu estava implantando o departamento de jornalismo da TV Bandeirantes no Vale do Paraíba. A chamada BandVale já estava no ar e o estúdio era improvisado num quartinho onde ficavam apinhadas as câmeras, a iluminação e os operadores. Montei duas equipes de reportagem, com a experiência acumulada nos cinco anos como chefe de reportagem da TV Globo Vale do Paraíba (atual TV Vanguarda), editávamos as matérias, paginávamos e gravávamos em fita. Um motoqueiro voava para a transmissora, em Taubaté, e o noticiário ia para o ar. Eu andava preocupado em mandar dinheiro para casa, porque a aposentadoria dos meus pais não era suficiente para as despesas. Tinha escrito uma carta, com algumas confissões, e ela me respondia. Registro o texto da carta a seguir, porque mostra a potência educadora e de humanidade da minha mãe.

> *Meu menino:*
>
> *Comecei a escrever uma carta pra você, comecei outra, terminei uma terceira, e joguei as três fora. Não quero ser interpretada deste ou daquele modo. Quero ser aceita, bem simplesmente. Esta é simplesmente uma prosinha. Você é, de todos os meus meninos e meninas, o mais parecido com o pai, no modo de ver o mundo. Com uma profunda insatisfação, que era também a insatisfação da Marta e é um pouco a da Júnia. Com você ocorreu uma outra coisa. Você nasceu dotado de um fundo sentimento de justiça, e de uma disponibilidade para servir (no sentido fraterno, franciscano, de abraçar o mundo), tão raros, que jamais vi outros assim no mundo, com tal intensidade. De modo que, quando você erra foi porque procurou o bem. Procurou o bem no mal, por um impulso, bom em si mesmo, cujo fim resulta ser o que são muitas coisas na vida, e não foi analisado, porque você é tão impetuoso quanto colérico. Então a cólera se volta contra você mesmo. E porque você é justo, sofre mais com a injustiça. Essas coisas que você*

está dizendo na sua carta nós já abordamos, algumas vezes, por alto, e eu não gosto de dar conselhos. Somente falei das alternativas: ou você se constrói e se realiza, ou ganha dinheiro. Eu sou uma pobretona, escolhi, deixei uma carreira. O dinheiro que você me dá cai do céu. Eu o recebo como uma dádiva de amor, porque o amor é o único céu que não me engana. Safadeza? Você nunca fez safadezas. Salvo uns pecadilhos de segredinhos que nunca quis contar, mas que eu sei, e que pertencem a crises de crescimento. Você ganha em nós cada vez mais. Você paga sem dever, até demais, paga de mil maneiras, o meu mundo é mais completo, porque você existe. E agora leia bem o que vou escrever porque neste momento eu quero ser entendida: eu não quero que você ganhe dinheiro; eu quero que você seja feliz. Eu não preciso do seu dinheiro, preciso da sua alegria. Eu sei que você vai interpretar como uma recusa e pensar que talvez eu me sinta ofendida e não é isso. O que me vem de você é você. Você não tem medo de dar o pulo, tem? De começar de novo? De partir para a vida VIDA? De ir. Eu não sei para onde vou, nem sei por onde vou, sei que não vou por aí. Desculpe a literatura, mas o José Régio disse tão bem que não tenho remédio senão repetir. É o diacho, meu amigo Joaquim. Vai em frente. Eu quero você livre, não, não é isso, eu nada quero. Você tal como é, com suas crises existenciais, seus impulsos, seus medos, sua consciência arranhada, sua generosidade intimidada, seu ontem comandando o hoje. Imagine você sem defeito, que criatura chata não seria! Você pensando como a gente pensa, credo! Seja contra nós, querido! Nós estamos aqui. Você me chama formalmente minha mãe e eu vou assinar bem intimamente, bem carinhosamente,

Beijão da
Mamãe

Em 1996, reuniu contos que havia escrito na juventude (alguns inclusive publicados em jornais como o Correio Paulistano, entre os anos de 1956 e 1959), fez retoques e acréscimos, e publicou o livro "Contos de Cidadezinha", pelo Centro Cultural da Faculdade Teresa D'Ávila, de Lorena.

"Contos de cidadezinha", de 1996.

A introdução que escreveu para este livro é uma verdadeira profissão de fé, que vale a pena ser transcrita aqui:

> *Apenas duas palavras, dando as razões de ter escrito estes contos e que são, ao mesmo tempo, a justificação da minha presença no mundo. Eu escrevo. Outras perguntas a serem feitas, talvez não tenham resposta satisfatória.*
>
> *Quem escreve, escreve para quê, para quem? Para quando?*
>
> *Indago de mim mesma e encontro numerosas respostas, possivelmente nenhuma correta.*

Para obter honra e glória?
Para dizer tudo o que penso?
Para me aproximar do semelhante?
Para tentar derrubar o muro que separa um ser de outro ser?
Para aprender o sortilégio da vida, que, de outro modo, não alcanço?
Para justificar esta minha existência?
Para deixar impressos no mundo os traços da minha passagem?
(...)

Será, então, que escrevo para, terminado o fiar incessante do casulo, um dia emergir, ente alado, leve, cujo ambiente é a amplidão, livre afinal do cárcere que, por mim mesma, construí e fechei?

Então, será para mim mesma que escrevo?

Ah! Eu conto histórias para quem nada exige, e para quem nada tem. Para aqueles que conheço: os ingênuos, os pobres, os ignaros, sem erudição nem filosofias. Sou um deles. Participo do seu mistério. Essa é a única humanidade disponível para mim. Quem me dera escrevesse com suficiente profundeza, mas claramente e simplesmente, para ser entendida pelos simples e ser o porta-voz dos seus anseios. Daí esses Contos de Cidadezinha.

Daí essas acontecências sem eco no mundo, mas contos de explicar a vida e seus segredos, que talvez possam conter a alma imortal de cada um, seja do rústico, seja do letrado, com suas virtudes essenciais.

Não realizo o alcance do meu clamor, como não reconheço, fora de mim, gravada, a minha própria voz. Ela me parece feia, inexpressiva, não a reconheço, não é a que escuto com a garganta, minha, em mim, nas profundezas do ser. Falta-me distância, falta-me perspectiva.

Assim, este livro. Depois de passado a limpo, depois de pronto para ser publicado, dado à luz, não o perfilho mais. Fora de mim, não tem já aquela quente singularidade do instante em que eu o concebia e gestava, em paixão e silêncio. Não significa sequer o quanto vivo a vida, nem quanto a amo.

Escreverei, hoje, para hoje? Que é quanto dura uma crônica de jornal?

Para amanhã? Para daqui a um ano? Para daqui a uma década, que é quanto dura – quem sabe? – um livro?

Não sei. Realmente não sei. Continuo tecendo o meu casulo.

Contos de Cidadezinha... Que livro será esse? E nele, onde estou eu? Do que dou testemunho, certamente, é que eu estava mesmo aqui, enquanto os escrevia.

parte 9

cantares

Mamãe puxava palavras de dicionários com tranquilidade – por exemplo, a um fulano que apreciava a boa vida, dava o nome de sibarita; à pessoa estranha, de atitudes inusitadas, "estrambótica". Apesar do léxico precioso e escolhido nas suas obras escritas, e talvez pela herança vocabular da avó, tinha um repertório de termos e expressões muito peculiares, no dia a dia. E pontificava: ""Palavra que não é de povo é palavra morta." De um equipamento, roupa ou instrumento defeituoso, estragado ou roto, dizia ser "espandongado". Da pessoa que andava à toa, sem destino certo, dizia que estava a "correr coxia". A um curioso, perguntava: "que você está cheirando aí?". Ao amalucado, descompensado, "destrambelhado". Gostava de repetir alguns provérbios. "Há sempre um chinelo velho para um pé doente." E dois aforismos de resignação: "Pra hoje Deus deu, pra amanhã Deus dará"; "Não há mal que sempre dure, nem bem que nunca se acabe".

Possivelmente coisas de cidade do interior.

O amigo José Paulo Paes publicou um artigo no jornal O Estado de S. Paulo, "Uma contista do interior revive sua fala", sobre o livro.

DOMINGO, 15 DE SETEMBRO DE 1996 — *ESPECIAL·DOMINGO* — O ESTADO DE S.PAULO

LIVROS

Uma contista do Interior revive sua fala

Escritora do Vale do Paraíba volta à prosa de ficção e reata o fio interrompido do conto regional paulista, cinquenta anos depois de lançar o seu romance de estréia, Água Funda, um marco à época

JOSÉ PAULO PAES
Especial

Quem, preocupado com os rigores da moda, cuidou de acertar pontualmente seu relógio de leitor pela hora do chamado pós-modernismo, terá no mínimo por anacrônicos os recém-lançados *Contos de Cidadezinha*, de Ruth Guimarães. Neles, não há nada daquele brutalismo metropolitano, daquela fragmentação do relato, daquelas piruetas metalingüísticas e daquelas colagens de sucata da mídia com que, transformando em convenção o que um dia fora invenção, os narradores mais up-to-date vêm hoje oficiando no altar da novidade pela novidade. Diferentemente desses novidadeiros, Ruth Guimarães continua praticando a narrativa de tipo tradicional. Compraz-se em contar histórias com começo, meio e fim e, pior ainda, a fala acaipirada de seus personagens e a miúda vida interiorana sobre que ela amorosamente se debruça denunciam-lhe logo a filiação a um regionalismo dado como irremediavelmente morto pela crítica de plantão.

Que ele não morreu de todo provou-o, há dois ou três anos, o sergipano Francisco José da Costa Dantas ao retomar e atualizar a tradição do romance nordestino de 30 em *Coivara da Memória* e *Os Desvalidos*. Agora, uma ficcionista do Vale do Paraíba que desde *Água Funda*, seu romance de estréia, publicado em 1946, estava afastada da prosa de ficção, vem reatar o fio interrompido de outra tradição — a do conto regional paulista de Valdomiro Silveira, Monteiro Lobato, Ribeiro Couto e Amadeu de Queirós.

HISTÓRIAS COM COMEÇO MEIO, FIM E FALA CAIPIRA

Em comum com Costa Dantas, tem Ruth Guimarães o mesmo gosto do coloquial e a mesma capacidade de descobrir, no dia a dia da gente mais simples, as raízes da humana condição. Descoberta a que acedemos por via de uma escrita intensa, que se vale da dialogação captada por assim dizer ao vivo e do discurso indireto empaticamente sintonizado com a interioridade dos protagonistas para, em poucos traços, pôr nos diante dos olhos do espírito a humanidade de cada um.

Ruth Guimarães, que descarta o brutalismo metropolitano

Um dos *Contos de Cidadezinha* ilustra à maravilha as características da escrita de Ruth Guimarães. Refiro-me a *O Dia em que Deu a Cobra*, cuja ação se desenrola num beco de casas ocupadas por famílias de ferroviários. Embora o foco narrativo esteja centrado na figura da protagonista do conto, uma compulsiva apostadora do jogo do bicho, ele se desvia repetidas vezes para as figuras de outras moradoras do beco que lhe bisbilhotam a vida. Com isso se estabelece uma espécie de simbiose entre o indivíduo e o grupo dinamicamente figurada, no plano da escrita, pela alternância de diálogos breves entre os vários personagens com trechos de narração onisciente em terceira pessoa, mas uma terceira pessoa que se alinha, numa espécie de registro coral, com a voz do grupo.

Chamo a atenção para essa particularidade do conteúdo e da forma dos *Contos de Cidadezinha* porque ela me parece particularmente ilustrativa da felicidade com que a contista logra capturar o ethos da vida na cidade pequena. Ali, os vínculos familiares se alargam, sem solução de continuidade, até os vínculos comunitários para articular uma rede definidora dos limites da individuação. Esta se constitui dentro de padrões grupais de linguagem e de comportamento que lhe irão dar identidade social prontamente reconhecível. Para se ter uma idéia do que possa significar esse tipo de individuação, basta contrastá-lo com a anomia e o anonimato das multidões solitárias da metrópole.

Quase excusava dizer que os meios de comunicação de massa a serviço da globalização econômica vão diminuindo cada dia mais depressa as distâncias entre metrópole e interior, a ponto de o piccolo mondo evocado nos contos de Ruth Guimarães se nos afigurar, por vezes, um mundo senão já pretérito, pelo menos à beira da extinção. É de se perguntar, por exemplo, se o tipo de oferta religiosa que serve de mola propulsora à dramática de *Moleque Zé Inácio* ainda continua a ser praticado nas cidades do Vale do Paraíba.

Seja como for, o importante é a mestria de fatura e o poder de convencimento da arte narrativa de Ruth Guimarães, bem como a variedade de soluções a que recorre para dar interesse aos seus textos. Soluções que podem ir da justiça poética de *Figueira Marcada* à ironia macabra de *Descoberta*, da sondagem psicológica de *Os Castiçais de Santo Antonio* ao surpreendente remate de *Escuro*. Tais características dos *Contos de Cidadezinha*, tão bons de ler, persuadem o leitor mais sensível a pôr definitivamente em suspeição o mito de uma só hora certa no mundo da criação literária. Como o mundo real de que se propõe a ser o duplo imaginário, aquele também tem uma porção de fusos horários. Quem por ele souber viajar, verá.

■ *José Paulo Paes é poeta, ensaísta e tradutor, autor de 'A Meu Esmo' (Editora Noa Noa), entre outros livros*

SERVIÇO

Contos de Cidadezinha,
de Ruth Guimarães,
Publicações do Centro Cultural Teresa D'Ávila,
164 páginas, R$ 16,00

Resenha crítica de "Contos de cidadezinha", por José Paulo Paes. Jornal O Estado de S. Paulo, 15/09/1996.

Mas o ano de 1996 terminou com uma notícia avassaladora. Zizinho foi diagnosticado com câncer de próstata. Ficou extremamente abalado, mas tinha em Ruth o seu pilar. Dedicou-se ao tratamento, até docilmente. Fui com ele ao Hospital dos Servidores, para o primeiro procedimento de raspagem, conversamos no caminho, menos do que eu gostaria. Eu não sabia o que dizer, ele tentava e não conseguia contar de si, e fomos pelo caminho, dois meditabundos. No hospital, ele foi um forte. Brincou com as enfermeiras e funcionários, ergueu-se da cadeira com firmeza quando o chamaram. Voltamos conversando um pouco mais; talvez um alívio ou um aviso nos rondasse. Toda a sua queixa era relacionada à tristeza que sua doença causava em Ruth. Dizia: "Preciso morrer antes da Ruth; não vou suportar perder essa mulher!"

Pareceu erguer-se de novo. Continuou lecionando fotografia no Instituto Santa Teresa, em Lorena, mas via-se que perdia alegria, aos poucos. Fingia firmeza, declarava força. Porém, se consumia. Tão vulnerável, seria acometido do mal de Alzheimer, dois anos depois.

Pode-se imaginar Ruth como essa fortaleza inabalável, pronta para suportar todo mundo. Na verdade, era sim. Mas carregava um picuá de tragédias, dores que nem sempre conseguia ocultar. Júnia comentou, um dia desses, sobre uma foto da mãe: "Não gosto dessa foto. A mãe às vezes passava nas fotos a dor que ela tentava esconder, apesar do sorriso. Isso fica meio dolorido em mim."

Em 1997, Zizinho não tinha mais ânimo para estar com os alunos. Sentia-se fraco e abatido. Deixou de dirigir. Por iniciativa própria. Na última vez, ia de Lorena para Cachoeira Paulista com a Júnia no banco do carona. Pode ter sido um lapso, um deslize, uma distração. O fato é que abalroou um carro estacionado no lado direito da rua. Júnia se ofereceu para assumir o volante, mesmo sem saber dirigir direito. Ele não deixou, precisava se recuperar. Foi até a chácara, guardou o carro e nunca mais subiu ao volante.

Ao longo de 1998, decaiu, enfraqueceu física e mentalmente. Engasgava-se facilmente, por isso era defeso dar-lhe comida muito sólida. Caminhava devagar, agora bem diferente do andar apressado de toda a vida. Um belo dia apareceu com um cachorro – estranho, nunca tivemos cachorro na chácara. Havia comprado na Casa do Fazendeiro.

No final daquele ano, Júnia levou a mãe para passar um mês na França. Apesar de ter sido importante tradutora de obras literárias do francês, Ruth nunca tivera a oportunidade de conhecer a terra de Balzac. Visitou também a República Tcheca.

Zizinho ficou com os outros filhos. Seu comportamento era ilógico e por vezes se confundia, esquecia onde estava, fugia-lhe o nome das pessoas.

Meses depois, numa manhã, despertou, viu Ruth deitada ao seu lado e perguntou, atônito:

- Prima, o que você está fazendo na minha cama?!

Não sabemos dizer o tamanho do impacto que a pergunta causou a Ruth. Mas ela tomou a decisão. A partir desse dia, não quis permitir ao amado qualquer constrangimento e mudou-se para outro quarto.

Zizinho pareceu não perceber a mudança. Estava alheio, com o olhar vazio. Às vezes parecia vir à tona o brilho de inteligência, mas logo se desvanecia.

Ruth e Júnia na França, 1998. (Acervo Instituto Ruth Guimarães)

Em março de 1999, a casa da chácara testemunhou talvez o último lampejo de lucidez de Zizinho. Ruth e ele completavam 50 anos de casados e a família festejou. O velho amigo, padre Mário Bonatti, oficiou uma cerimônia religiosa simples. Ruth quis dar ao marido esse gosto, porque ele tinha sido católico praticante, na juventude. Com a vida apertada que levavam, na época do casamento, optaram pela união civil, deixando para mais tarde uma cerimônia religiosa. Ruth nem fazia questão, sem grandes simpatias pela igreja, até queria dar a Zizinho a alegria, mas as circunstâncias foram atropelando o casal e a ideia do casamento religioso foi ficando para depois e depois. De vez em quando, Zizinho pedia Ruth em casamento. Ela prometia que sim, fariam a cerimônia na igreja, e jamais chegava o tempo de concretizar a intenção. Afinal, ele desistiu e não falou mais nisso. Ruth sabia, porém, que era algo que havia ficado incompleto, para ele. Por isso decidiu aceitar presença de padre e rituais religiosos na celebração das bodas de ouro.

Quanto de consciência ele teria, durante aquela festa, não se sabe. Estava obediente como sempre, arrumado no seu terno predileto (e de pantufas, porque sentia frio nos pés), cabelos penteados, mas sem muita reação. Conseguia falar alguma coisa, muito baixo, quase em cochicho, respondendo às perguntas do padre Mário.

A essa altura, com os filhos morando fora – com exceção de Judá, Rovana e Marcos, este sem disponibilidade para presença total, Ruth se convenceu de que precisava de um cuidador para apoiá-la. Durou pouco o trabalhador. Papai se queixou a mim que o moço não tinha o mesmo carinho que os filhos demonstravam, que lhe compreendia as dificuldades, mas que não se sentia à vontade com ele. Marcos então assumiu o papel e foi o guardião da casa. Dava banho no pai, trocava suas roupas, fazia-o caminhar um pouco, todos os dias. Aos fins de semana eu desempenhava essas tarefas. Seria assim a nossa rotina diária nos dois anos seguintes. Mamãe se desdobrava na dedicação ao marido e aos filhos excepcionais. Escrevia textos e guardava, tentava organizar trechos de um livro iniciado, que se chamaria "O livro da bruxa".

A professora Olga de Sá, diretora das Faculdades Teresa D'Ávila, de Lorena, escreveu, num artigo intitulado "A bruxa de Cachoeira Paulista", um comentário sobre essa denominação de bruxa.

> *Foi o filho quem, assim, carinhosamente, a chamou. Tomo-lhe emprestada a expressão, porque gosto de "bruxas" e, sobretudo, de "bruxas" boas, que andem espalhando benemerências.*
>
> *Ruth Guimarães, além de uma bruxa bondosa, é também, "milagreira".*

No contexto de sua vida, traduzir de Apuleio a Balzac e Dostoievski, não é tarefa que se possa desconhecer. Lançar o 1º livro sobre demonologia no Vale do Paraíba (Filhos do Medo) e uma obra como Água Funda, que tem uma "fundura" de linguagem, sentida e reconhecida até por Guimarães Rosa, só pode ser mesmo ignorado pelas Editoras brasileiras, que de livro entendem pouco.

Acabou-se a era daqueles livreiros maravilhosos, tipo José Olympio, que tinham um olfato especializado em descobrir e editar os novos e valiosos autores brasileiros. Água Funda e os Filhos do Medo tiveram uma única edição e são obras raras nas bibliotecas do país!

Grande Ruth! Desprendida, como lhe ensinou a modéstia, sua madrinha, não tem em casa nem mesmo seus próprios livros. Foi árdua tarefa para o historiador e amigo comum José Luiz Pasin, rastrear suas edições. E assim mesmo o jeito foi deixar sair uma bibliografia incompleta, pedindo a amigos que ajudem a completá-la.

Ter amigos é isso aí. E Ruth os tem às mãos-cheias.

Seus livros inéditos também estão encontrando, na Gráfica Santa Teresa, um caminho para fugirem às gavetas do sítio de Cachoeira Paulista. É mesmo "correr atrás", depressa, porque senão essas preciosidades podem até desaparecer, como as outras já editadas.

Ave, Ruth! Nós saudamos em você, além da escritora, a Mãe Coragem. Mulher de Garra, cuja vida e obra educativa, no Vale do Paraíba, são um signo gritante de quanto pode uma pessoa, que luta contra condições adversas; e vence-as, supera-as, com aquele arzinho de quem não quer nada, "bruxa" mesmo, transformando sapos e venenos de cobra, num caldo de cultura e amor, que bebemos na concha de suas mãos.

Tinha, Ruth, um segundo romance em rascunho, “Um tal de Zé”. Quem seria esse Zé? Zizinho, talvez, mas a parte do conteúdo já pronto desmentia a suposição, porque os relatos nada tinham que ver com ele. Zé-Inácio, quem sabe, mas as histórias extrapolavam a experiência que ela tivera com o moleque. Esse tal de Zé poderia ser a figuração de vários Zés, vários Ninguéns que ela queria registrar. Não esclareceu nada para nós, porque estava certa de que terminaria o livro. Não tinha pressa de morrer, tinha muita coisa que fazer, portanto entregaria o livro pronto e aí todo mundo entenderia. O livro, hoje, continua incompleto. Vai ficar incompleto, porque não há talento igual ao dela para completar o trabalho, depois da sua morte. Quem se atreveria?

Porém, o livro mais adiantado era uma seleção de histórias de onça, recolhidas que o então presidente da Fundação Cultural Cassiano Ricardo, de São José dos Campos, Edmundo Carlos Carvalho, fez questão de publicar, em 2000. O livro era parte de uma coleção que ela pretendia publicar, projeto que acabou sendo adiado. Foi retomado em 2008, pela Editora Usina de Ideias.

Também estava produzindo um livro sobre o pícaro brasileiro, o Pedro Malazarte. Mas esse levaria ainda alguns anos para ficar pronto. Naquele momento, ela estava mergulhada numa pesquisa de erudição a respeito desse personagem do imaginário popular, que acabou sendo, quando finalizado, um verdadeiro monumento à nacionalidade brasileira.

O dia 9 de outubro de 2001 foi alvoroçado pelas andorinhas, passando em revoada, para perturbar sem querer o silêncio do velório. Na sala, como Ruth fez com a maioria dos filhos mortos, expôs-se o caixão aberto para o ritual de despedida. Estava triste, tristíssima, mas firme, tesa, ereta, durante metade da noite. De madrugada, alquebrou-se. Recostou-se, conduzida pela Júnia, na cabeceira da cama, meio sentada. Entrelaçou os dedos das mãos sobre o colo. E chorou. Chorou talvez tudo o que não havia conseguido até aquele momento. Perdia o amigo. Perdia o amor. Perdia o companheiro de todas as doçuras e de todas as angústias. Era a imagem da completa desolação. Permaneceu na mesma posição por horas. Pela manhã, preparamos o cortejo e saímos todos para o cemitério de Cruzeiro, onde a família comprara um jazigo para acolher o corpo do Rubinho, trinta anos antes, encontrado dois dias depois de morto por afogamento, preso num braço do Rio Paraíba, em Queluz. O jazigo passou a acomodar todos os que perdemos.

Ruth não saiu da cama. Não quis olhar o rosto querido pela última vez. Apenas se deixou ficar, num cansaço imenso, num abismo de tristeza de comover as pedras. Ficou assim por dois dias inteiros. Achamos que queria e que fosse morrer para acompanhar o amado.

Júnia e eu tivemos urgência em tirá-la do ambiente. Juntamos umas roupas, pusemos mamãe no meu carro, com o Judá e a Rovana, e seguimos para São Paulo, para o apartamento da Júnia. Essa filha tratou de buscar ocupação para todos, coisas cotidianas como ir à feira, uma ou outra visita a exposições artísticas, chamou amigos para conversar, inventou jogos, pediu ajuda à mãe – de que não precisava – para escrever uma ou outra coisa.

Nesse meio tempo, contratei um pedreiro em Cachoeira Paulista. Mandei alterar o desenho da casa da chácara, eliminando o quarto onde nosso pai permaneceu acamado, a media luz, nos últimos meses de vida, e transformando o espaço numa sala ampla, iluminada. Queríamos que mamãe não revisse o quarto moribundo, quando voltasse, que não sentisse o cheiro dos remédios nem a amônia das fraldas molhadas. Talvez lhe tenha feito bem, apesar de ter tomado um susto ao ver aquele pedaço da casa todo modificado. Reagiu como quem toma um choque, soltando um gritinho de surpresa. Nada disse. Apenas baixou os olhos, imensamente triste.

Ficou reclusa ainda, na casa, por algumas semanas. Marcos, Olavo, Júnia e eu nos revezávamos para que não estivesse sozinha. Por muito tempo, um tempo que não conseguimos contar em horas ou dias, tememos que ela perdesse a vontade de viver. Nosso temor começou a ser superado no dia em que ela se sentou em frente da máquina de escrever – uma daquelas velhas e boas máquinas de datilografia – e batucou, de uma vez só, uma crônica. Não me lembro qual foi o texto; se era desabafo ou sublimação. O que importava era ela estar produzindo. A literatura, de novo, a salvou.

No início de 2002, estava de volta à luta. A luta renhida, porque viver é lutar.

Aceitou o convite do prefeito da cidade de Cruzeiro e assumiu o posto de diretora do Departamento de Cultura – que equivale, em outras cidades, ao cargo de secretária municipal. Organizou oficinas de treinamento para preparar pessoas para aprender ofícios e gerar renda. Cadastrou artesãos, realizou encontros de grupos folclóricos, deu palestras, trouxe pessoas para dar cursos e oficinas, promoveu clubes de cinema e de leitura e exposições. Atuou, diariamente, durante seis anos. Sem qualquer mordomia. Aos 82 anos, pegava ônibus em Cachoeira Paulista, perto de sua casa, e descia praticamente em frente da Rotunda, antigo pátio de manobras da Estrada de Ferro Central do Brasil, transformado em centro cultural.

Suas viagens de ônibus ocasionaram situações de certa graça, que ela contava, divertida. Um senhor sentou-se ao lado dela, uma vez, e foi puxando conversa. Ela, educada, respondia com polidez. A certa altura, o homem perguntou:

- A senhora é viúva?

Ela respondeu que sim, mais por educação do que por vontade de conversar.

O homem:

- Eu sou aposentado e ganho bem. A senhora não quer morar comigo?

Ruth não contou da sua reação à proposta inusitada. Mas ria-se ao relatar a cara do fulano.

Em 2003, Ruth foi citada como verbete no "Dicionário de Escritoras Brasileiras", de Nelly Novaes Coelho. Alguém lhe foi entregar o volume. Achou que estava bem, que a amiga Nelly fazia-lhe justiça.

Também em 2003, Gabriel Chalita, seu conterrâneo, filho de José Chalita, um amigo de infância de Cachoeira Paulista, ocupava o cargo de secretário de Educação do governo de São Paulo. Ainda menino, Gabriel frequentava a casa dela, levava seus escritos para ela analisar, ouvia suas histórias. Foi seu admirador desde sempre, e naquele ano quis dar um presente à mestra. Fez contato com a Editora Nova Fronteira, do Rio de Janeiro, e conseguiu que fizessem uma nova edição de "Água Funda". O livro só era encontrado em sebos. Peguei uma edição original, digitei todo o texto, atualizando a ortografia, sempre em acordo com ela, e o livro foi publicado, 57 anos depois.

A partir de 2004, dedicou-se a organizar o livro que reunia cerca de 150 contos e causos sobre a figura folclórica do Pedro Malazarte. Suas anotações, muitas à mão, outras em folhas esparsas datilografadas, estavam numa pasta gorda, desbeiçada. Eu tinha, aos poucos, ao longo de muitos meses, digitado o material e compus um arquivo. Ruth se entusiasmava com o prodígio que era o computador e via o seu trabalho ganhando forma. Pensei facilitar-lhe a vida, levei um computador e a pus sentada em frente à tela, piscando a luz branca. Sem grande convicção, olhou para o teclado, teclou a letra a e descansou o dedo em cima. O computador exibiu meia tela inteira de "aaaaaaaaaaa". Ela fez um muxoxo de negativa e disse que não queria saber daquilo, não. Voltou para a sua velha máquina.

Ela foi me orientando a distribuir os contos em categorias, juntos escolhíamos títulos, registrávamos variantes de uma mesma história. Depois digitei a introdução – uma aula soberba de folclore –, imprimi tudo e mandei encadernar. Era o material para ser apresentado a editoras. Tentamos algumas, sem sucesso. Na época eu não estava com tempo de me dedicar a negociações com editoras. Foi uma funcionária da Fundação Cultural Cassiano Ricardo, de São José dos Campos, Karina Müller, quem se interessou em promover a publicação, pela JAC Editora, em 2006.

Em 2003, já Ruth havia aproveitado o material compilado para dar um curso a respeito do papel do Pedro Malazarte no folclore brasileiro, em Guarulhos, convidada pelo pesquisador Daniel D'Andrea, um estudioso da cultura popular.

No ano de 2006, o mesmo Daniel D'Andrea promoveu um lançamento do livro no Parque Municipal Júlio Fracalanza, em Guarulhos. E levou Ruth a vários encontros de contadores de histórias com estudantes, em bibliotecas da cidade de São Paulo e a um encontro na cidade de Sapucaí-Mirim.

Ruth atuou como diretora do Departamento de Cultura de Cruzeiro até o ano de 2007. Em Cachoeira Paulista, estava em progresso um movimento que censurava fortemente o então prefeito, Fabiano Vieira, por permitir que uma intelectual respeitada da cidade sequer tivesse sido cogitada para fazer a gestão da cultura da sua cidade natal. Como era que uma cachoeirense de renome fosse prestar serviços a outra cidade, praticamente esquecida pelos políticos locais? era o que perguntavam ex-alunos, professores, membros da Academia de Letras e Artes. Se o prefeito se comoveu ou foi pressionado, é difícil saber, mas o fato é que em 2007 Ruth assume como secretária municipal de Cultura de Cachoeira Paulista. Ela não se importava com títulos. Aceitou porque lhe pareceu que poderia pôr em prática uma série de iniciativas que a população carente de oportunidades culturais merecia. Principalmente, responsabilizou-se pela coordenação da participação da cidade no programa Revelando São Paulo, do governo do estado. Seguiria sendo a secretária municipal de cultura até 2012.

Segunda edição de "Água Funda", 2003.

O último livro de pesquisa folclórica. 2006

Curso a respeito de Pedro Malazarte para contadores de histórias. Guarulhos. Com Daniel D'Andrea e Jerusa Pires Ferreira. (Acervo Daniel D'Andrea)

No estande de Cachoeira Paulista, no programa Revelando São Paulo, 2007. (Foto Joaquim Maria Botelho)

Academia Paulista de Letras

Em fevereiro de 2008, morreu Odilon Nogueira de Matos, ocupante da cadeira 22 da Academia Paulista de Letras. Eram amigos. Odilon era professor da USP na época que Ruth era aluna. A notícia da vacância de uma cadeira na Academia chamou a atenção de intelectuais e ativistas culturais do Vale do Paraíba. Ocílio Ferraz, ex-aluno de Ruth, pessoa interessada em folclore, nos chamou numa noite de sábado, Júnia e eu, para uma conversa no restaurante de comida regional que ele havia fundado. Ocílio pretendia começar um abaixo-assinado com o fim de apresentar o nome de Ruth para a vaga aberta na Academia.

Em primeiro lugar, Júnia e eu telefonamos para nossa mãe, para perguntar se ela queria, se autorizava que o movimento em favor do seu nome fosse iniciado. Hesitou um pouco, mas recusou. Não tinha vontade de assumir compromisso semanal em São Paulo, morando em Cachoeira Paulista. Replicamos a ponderação ao Ocílio e ele se resignou.

Não se passaram dois meses. Numa conversa comigo, ela disse que mudara de ideia e que achava interessante, agora, participar da Academia. Por essa época, eu integrava a diretoria da UBE – União Brasileira de Escritores, e em razão desse cargo, mantinha contato estreito com a Academia Paulista de Letras e era amigo de vários dos escritores acadêmicos, vários deles admiradores da obra e da pessoa de minha mãe, como Hernâni Donato, Lygia Fagundes Telles, Mário Chamie, Gabriel Chalita, Anna Maria Martins, Renato Nalini, Mafra Carbonieri, Ignácio de Loyola Brandão, Eros Grau, Paulo Bomfim.

Numa tarde de quinta-feira, pedidas as devidas licenças, fui levá-la para visitar a Academia. Foi recebida de braços abertos, por amigos festivos e saudosos, já que ela raramente aparecia em eventos realizados em São Paulo. Lygia Fagundes Telles, velha amiga de juventude, segurando a xícara de chá com as duas mãos, para as aquecer, abriu um sorriso e indagou:

- Você está vindo para a Academia, Ruth?

Ruth não entendeu a pergunta, de imediato. Antes que pudesse responder, Gabriel Chalita perguntou:

- Você está lançando a candidatura da Ruth Guimarães, Lygia?

E ela:

- Estou sim, ué! Já não era sem tempo!

Paulo Bomfim se adiantou:

- Eu faço questão de fazer o discurso de recepção!

O que se seguiu foi quase uma aclamação, entre os presentes. Mas eram poucos, naquela tarde. Muitos acadêmicos, já velhos e adoentados, quase não compareciam às reuniões. Outros, com muitos compromissos, também não iam. E havia os que discordavam da diretoria e manifestavam o incômodo por meio da ausência. Precisávamos apresentar, a esses todos, a candidatura de Ruth. Foi o meu papel. Ajudei minha mãe a escrever cartas, enviei exemplares de livros dela para quem não tinha muita informação sobre sua obra, consegui números de telefone para pôr mamãe em contato e reavivar lembranças. Até porque estava candidato para a mesma vaga o ex-secretário de Educação do município e do estado de São Paulo, Paulo Nathanael Pereira de Souza. Ao saber da candidatura de Ruth, Paulo Nathanael foi um cavalheiro – retirou a candidatura para não disputar com ela.

A eleição ocorreu em junho de 2008, e Ruth obteve 34 dos 37 votos válidos. Tomou posse em 18 de setembro de 2008, numa bela festa realizada no Colégio Dante Alighieri.

Discurso de posse na cadeira 22 da Academia Paulista de Letras, 18 de setembro de 2008

Senhoras e senhores:

Antes que eu cometa algumas afirmações, é mister que me identifique. E o que identifica uma pessoa e o separa do resto da humanidade, talvez seja apenas um momento, que pode ser este, conforme afirmou o meu velho amigo Guimarães Rosa, em palavras para sempre lembradas.

Eu não tinha ainda dezoito anos e vim para São Paulo, para abrir caminho na vida. E isto me palpitava obscuramente escrever. Sozinha. Arranjei trabalho modesto de datilógrafa correspondente, em uma casa comercial, do outro lado do Arouche. Ali, todas as tardes, passeava Dalva de Oliveira, com seu menininho. Peri tinha dois anos. Um dia, atrevidamente, fui procurar Abner Mourão, no defunto Correio Paulistano. Não sei por que Abner me recebeu. Entreguei-lhe uns papéis, ele leu, pachorrentamente. Pôs os dois cotovelos sobre a mesa, me encarou por um momento e disse o que considerei o maior elogio da minha vida: "Foi você MESMO que escreveu isso aí?"

Até agora aquele MESMO me contenta. A vaidade e a esperança precisam de pouco, para florescerem. Pois aquele MESMO me levou a Edgar Cavalheiro, que, na época, editava um jornalzinho literário. O cavalheiro publicou o meu trabalho.

E eu ignorei completamente o isso aí...

Podeis imaginar meu alvoroço. Às seis horas saí com o jornalzinho apertado contra o peito. E pensava e ria, e andava mais depressa ou mais devagar, pensando, lembrando. Cheguei à Praça da República e de repente me lembrei que não tinha ninguém, ninguém mesmo, para mostrar o meu jornalzinho, o meu trabalho, publicado entre vinhetas.

Nesta noite de 18 de setembro, setenta anos depois, sou trazida para este cenáculo, pelas mãos benevolentes dos meus agora confrades e confreiras. Com a responsabilidade de ocupar a cadeira de número 22, ocupada antes por homens brilhantes.

Pareceu a cadeira 22 reservada para os juristas. O patrono foi jurista. Os promotores de Justiça, por seu longo contato com almas extraviadas e sofredoras, desenvolvem uma acuidade maior, parece que um sentimento mais fundo, uma inclinação para os mistérios e, consequentemente, para a literatura.

João Monteiro é o patrono da cadeira 22 da Academia Paulista de Letras. Grande responsabilidade a minha, em tocar no nome de insigne colega, que foi chamado o melhor e o maior. João Pereira Monteiro Júnior, jurista, como tantos dos nossos bons escritores, nasceu no Rio de Janeiro. Começou comerciário e bancário, na prática do balcão de vendas ou do arquivo de documentos. Resolveu estudar Direito e veio para São Paulo, com 23 anos. Matriculou-se na velha Faculdade do Largo São Francisco, onde estavam, na época, Ruy Barbosa, Joaquim Nabuco e Castro Alves, entre outros. São Paulo era então uma cidadezinha de quarenta mil habitantes, garoenta e soturna, com seu manto esfarinhento de neblina. Os lampiões de gás durariam mais uns cinquenta anos, montando guarda nas velhas ruas.

O primeiro acadêmico da cadeira 22 foi Estevão de Araújo Almeida, formado em Direito em 1886, promotor público da cidade de Campinas. Teve longa e sábia carreira de filólogo e jurisconsulto. Colaborador do jornal O Estado de S. Paulo. Deixou duas obras notáveis de Direito Civil: "O Direito de Família" e "Pareceres". Até hoje consideradas referenciais. E com isto chegamos ao terceiro jurista, este poeta, Guilherme de Almeida, que ocuparia a mesma cadeira 22 que fora do pai, Estevão de Araújo Almeida. Mas antes que falemos dele, passemos a Raimundo de Meneses, altamente consagrado e o mais premiado dos nossos escritores. Pela biografia de Clóvis Beviláqua, mereceu o prêmio do Ministério de Educa-

ção e Cultura de 1959. Pelo trabalho sobre José de Alencar, recebeu da Academia Brasileira de Letras o prêmio Joaquim Nabuco e o prêmio do Pen Clube de São Paulo, em 1968. Não é preciso discorrer mais. Tais prêmios são a consagração de um escritor.

Às vezes o retrato de corpo inteiro de uma criatura é dado por uma palavra, por um suspiro, por uma ação imprevisível. A definição de Odilon Nogueira de Matos é feita, completa e assinada pelo clube que ele inventou: Clube dos 21 Irmãos Amigos de Campinas. Aí está uma confissão, uma lhaneza, uma boa vontade, um se dispor a praticar todas as boas ações. Além do ser em disponibilidade para servir, Odilon tinha uma capacidade de trabalho realmente admirável, a par de uma simplicidade que jamais o afastava da companhia dos muitos amigos que tinha, muito além dos 21 de Campinas. Grande trabalhador o grande Odilon, historiador de alta expressão. Tinha o verbo fácil, a palavra certa. Cativava os auditórios. Argumentava brilhantemente.

Escreveu capítulos da História Colonial de Campinas (1939),
Música e Espiritualidade (1955),
Evolução Urbana de São Paulo, Café e Ferrovias (1974)
Afonso de Taunay, historiador de São Paulo e do Brasil (1977)
Páginas Catarinenses, Saint Hilaire e o Brasil (1980)
A segunda viagem de Saint Hilaire ao Brasil (1980)
e
Um pouco da História de Campinas (1985).

Como se vê, um trabalhador infatigável. Em prosa simples, escorreita, de rica expressão. Estudos trabalhosos de muita pesquisa, de muitas interpretações e conclusões onde entra o mestre. Infatigável, dissemos? Vamos pôr infatigável nisso.

Ainda não contamos as edições prefaciadas, os textuários relativos a Goiás, Minas, Sergipe, à Independência, à República, a Campinas. Ainda não contamos a partir de 1969 a continuada edição de A Notícia Bibliográfica e Histórias, publicação trimestral com mais de 140 volumes publicados. Nem os quase 1.500 artigos que constam de seu currículo Lattes. E tudo numa linguagem muito própria do assunto. Vamos dizer serena, vamos dizer simples e grandiosa, como grande música. Ele era capaz de pôr em palavras o seu sentir, o seu pensamento.

Vamos dizer que a arte de Guilherme de Almeida e a de Odilon Nogueira de Matos é, por extensão, a vida desses dois artistas. Eles são artistas da música, através da palavra. Uma para ser declamada, com sutis variações de voz, melodiosos poemas, à meia luz, no silêncio, quando a pessoa se encontra a si mesma e fala de amor dolorido, fracassado. O outro, em grandes obras, como o amor, como as tempestades, como as vergastadas do vento, e é uma penetração no grande mundo ignoto, pávido e misterioso do universo sem explicação. Um o látego do vento, outro um queixume. Música, todos dois. Forças do grande mistério de existir. Um, o poeta do amor. Outro, o operário, força do universo, isto é, o trabalho.

E descubro o grande liame entre esses dois poetas, artistas do ritmo e da melodia.

Um exprimindo-se por meio de palavras.

Outro pelo boleio rítmico das frases e ouvindo dois gigantes da música erudita: Brahms e Mozart, entregando-se à música clássica, vivendo-a, em suma.

Ao vate campineiro Guilherme de Almeida, louvor e glória. Ao poeta excelso, príncipe dos poetas, louvor e glória. Ao paulista combatente de 1932, ao idealista, ao paladino da liberdade, louvor e glória!

Ora, hoje me é dado, me é imposto falar dele, pois vou ocupar uma cadeira que foi sua.

Guilherme de Andrade Almeida nasceu a 24 de junho de 1890. Formou-se em Direito com 22 anos. Advogou, escreveu e traduziu. Publicou o livro "Nós" em 1917, aos 27 anos. Em 1920, "O Livro de Horas de Sóror Dolorosa". Em 1921 publicou dois livros: "A Dança das Horas" e "Messidor". Esses foram apenas os primeiros da lista dos mais de sessenta livros de sua fértil produção em poesia, prosa e teatro, para pessoas de todas as idades. Em 1922, em meio às travessuras da Semana de Arte Moderna, publicou "Era uma vez". Foi o primeiro modernista a entrar para a Academia Brasileira de Letras, em 1930. Na revolução constitucionalista de 1932, levou às últimas consequências o seu envolvimento, na defesa do seu ideal. Legou-nos o poema que é quase um hino cívico:

Bandeira de minha terra
Bandeira das trezes listas
São treze lanças de guerra
Cercando o chão dos paulistas

Atuou como redator, no jornal O Estado de S. Paulo, durante 55 anos. Só parou porque a morte o fez parar, em 1969. Está sepultado aqui perto, no Mausoléu do Soldado Constitucionalista, no Parque do Ibirapuera.

Aqui a amplidão. Os temas, grandiosos, universais.

Lá a suavidade, em tons menores, deslizantes, água que corre, flor que se entreabre. E, como dizia o poeta: flor e poema, devagar.

Em Odilon, daí talvez a sua preferência para os grandes temas. Sua obra é uma largueza, um espraiar, um abranger.

Eu conto num instantinho uma outra história (que é meu pecado e minha sina o ser contadeira de histórias). Pois quando eu nirvanamente adolescia, às margens do rio Paraíba, foi-me dado ler Guilherme de Almeida, e me danei a perpetrar uns versos, iguais ou quase, assim me parecia, aos do então novo príncipe dos poetas brasileiros.

Conheci Guilherme de Almeida. Eu o espiava de longe, sem coragem de dizer oi, o que eu faria hoje se fosse estudante como era, na Escola Normal Padre Anchieta, da Paulicéia. Nós o espiávamos de longe, nesse distante 1935. Ainda sei até hoje.

Soneto XXV
O nosso ninho, a nossa casa, aquela
nossa despretensiosa água-furtada,
tinha sempre gerânios na sacada
e cortinas de tule na janela.

Dentro, rendas, cristais, flores... Em cada
canto, a mão da mulher amada e bela
punha um riso de graça. Tagarela,
teu cenário cantava à minha entrada.

Cantava... E eu te entrevia, à luz incerta,
braços cruzados, muito branca, ao fundo,
no quadro claro da janela aberta.

Vias-me. E então, num súbito tremor,
fechavas a janela para o mundo
e me abrias os braços para o amor!

PEÇO QUE OUÇAM, AGORA, ESTE OUTRO POEMA.

Da janela entreaberta, de onde a graça
Da primavera desertou contigo,
Contemplo a gente que depressa passa,
Sem saber deste amor que é o meu castigo.

Não posso te esquecer, por mais que faça,
A paz da indiferença em vão persigo.
Dá-me o destino, que os caminhos traça
A saudade que dói, mas que bendigo.

Há de cessar este meu pranto. E um dia,
Se passares por mim, oh! Fugidia
Miragem do meu sonho, sem me ver,

Não inquietes minha alma, pois que o breve
Romance terminou. Pisa de leve!
Tu que passas por mim, sem me querer.

Engana, não é? A métrica e o arranjo estão perfeitos. E as rimas nos lugares certos. Pois não vale nada, este segundo poema. É meu.

De tanto copiar, decorar, declamar, eu não sabia mais o que era meu ou o que era de Guilherme de Almeida. Resolvi não escrever mais nem o meu nem o dele. E assim, por influência desse grande poeta, era uma vez uma poetisa que se acabou.

E agora, que libertei tudo o que me enchia o coração, a mim me parece que não tenho nada, que de nada disponho, a não ser da minha alegria e da minha força de existir.

Faz minutos que estou falando e não disse tudo a que vim e que é o mais importante. Que vim de longe e que me acenaram. Que me comovem esses gestos amigos de aprovação. E que demoro a confirmar, a aceitar que foi a mim mesma, a peregrina, a viandante, que esta casa de tão alta cultura abriu as portas e acolheu.

Nada mais excelso, nada mais belo e mais puro poderia me acontecer.

E assim tenho mais um pedido a fazer aos confrades e confreiras, amigos e amigas.

Que me ajudem a ver claro, a respeito do que devo, e ouso, e posso, e quero fazer, AQUI.

Posse na cadeira 22 da Academia Paulista de Letras. São Paulo, 18/09/2008. (Foto Acervo Instituto Ruth Guimarães)

Histórias de bichos

Naquele mesmo ano, lançou dois volumes de uma coleção idealizada pela Editora Usina de Ideias: "Histórias de onça" e "Histórias de jabuti", que já estavam prontas para publicação havia alguns anos. Em razão de dificuldades financeiras, a editora fechou e não foi possível prosseguir com a coleção – que teria ainda "Histórias de macaco", "Histórias da bicharada", "Histórias de sapo", "Histórias da cobra grande", "Histórias de papagaio", "Histórias de coelho" e "História de curupira".

O arte-educador popular Daniel D'Andrea, no prefácio de Compadre Jabu: Histórias de Jabuti (2008), apreende o valor indiscutível desse trabalho de Ruth Guimarães em prol da preservação e da partilha dos contos folclóricos universais às novas gerações e assim os declara: "dos contos viageiros no tempo e no espaço que, com vestes tipicamente brasileiras, se refrescam nos ares do Vale do Paraíba para continuar sua eterna caminhada pelo mundo".

> *Tal visão literário-pedagógica desse belíssimo trabalho em prol da difusão dos contos folclóricos brasileiros às novas gerações está explicitada por Ruth Guimarães no Prefácio de Histórias de Onça (2008) e deve levar-nos a reflexões mais profundas sobre a importância ontológica e filosófica deste valoroso trabalho em prol do folclore valeparaibano e que não pode, jamais, ser deixado à deriva do esquecimento: "Que continuemos pois a contar, ler e narrar contos folclóricos universais, pois que pertencem indestrutivelmente também a uma universalidade do ser. Mas que conheçamos primeiro ou conjuntamente as histórias brasileiras que nos integrarão à nossa cultura, ao nosso pensar, agir, sentir e fazer de*

brasileiros. Eles constituem ações profundas, verdadeiras e indispensáveis de brasilidade."

(O projeto, reformulado, seria encampado pela Faro Editorial, em 2020, ano do centenário de nascimento de Ruth, e constou de quatro volumes: "Contos negros", "Contos índios", "Contos do céu e da terra" e "Contos de encantamento".)

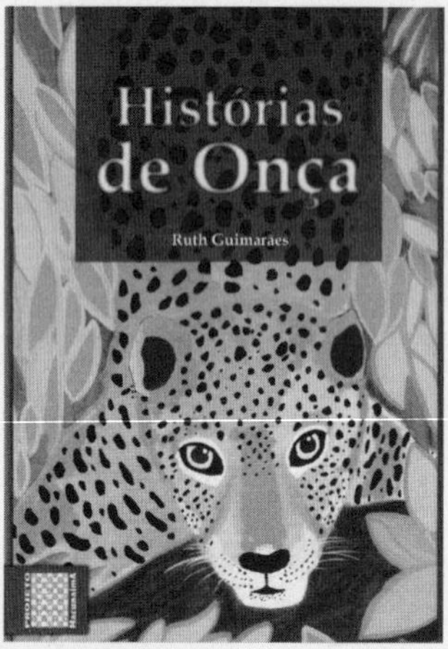

Livros infantis

Seguiria sendo secretária da Cultura da cidade de Cachoeira Paulista até 2012.

Em março de 2009, foi convidada para ser madrinha da nascente Academia de Letras de Lorena.

Naquele ano, Judá estava piorando das condições resultantes de falha renal. Estava com o corpo inchado, dormia muito mal e se queixava de não conseguir respirar direito. Era acompanhado desde menino por médicos especialistas e o consenso era de que não havia cura. A síndrome de Alport era inexorável. No fim de semana anterior ao Natal de 2009, fizemos, como era costume, a festa de fim de ano da família, na chácara – para liberar os filhos casados para participar da data com as famílias dos cônjuges. Judá se comportou bem, mas via-se o seu desânimo. Em dado momento, largou o prato e correu para o quintal. Vomitou e quase desmaiou. Mamãe não teve dúvidas: encarregou Olavo e Júnia de sair de carro com ele e providenciar internação no Hospital dos Servidores, em São Paulo. Sua recomendação a Olavo:

- Que ele não sofra!

Judá ficou internado. Começou a fazer hemodiálise. Os três que morávamos em São Paulo, Júnia, Olavo e eu, nos revezávamos para ficar com ele. Estava desgostoso, amargurado, impotente. Extravazou, uma noite, dentro da sua meia mudez, com gritos de lamúria que fizeram tremer o andar do pavilhão. Eu estava com ele, fiz o que pude para acalmá-lo. Dois dias depois, Olavo no plantão, telefonou de madrugada para avisar da morte. Era o dia 5 de fevereiro, data de aniversário do Marcos. Fizemos o enterro em Cruzeiro, no jazigo da família. Na mesma noite, voltamos para São Paulo, trazendo mamãe e Rovana, para uns dias de descanso no apartamento da Júnia.

Na manhã seguinte, data de aniversário da Tânia, minha mulher, Júnia me chamou ao telefone, bem cedo. Rovana estava angustiada, sem poder respirar direito. Precisava de atendimento médico urgente. Fui buscá-la e me dirigi ao hospital mais próximo, o Santa Isabel, na avenida Liberdade. Passou o dia inteiro fazendo exames, com máscara de oxigênio. Diagnóstico idêntico ao de Judá: falência renal. Conseguimos uma ambulância para fazer a transferência para o Hospital dos Servidores. Olavo a acompanhou enquanto eu segui, no meu carro, para adiantar a burocracia de internação. Passou mais de um mês internada, teve que começar hemodiálise. Suportou tudo com a mais ferrenha das esperanças de que iria melhorar e sarar. Recebeu alta, sob a condição de retornar diariamente para hemodiálise. A circunstância favorável era o momento de Tânia, em transição entre um emprego e outro, que assim podia ir com ela todas as manhãs. Afora a fraqueza causada pelo procedimento de todos os dias, estava até feliz, sendo cuidada amorosamente. Algumas semanas depois, conseguimos que o seu atendimento fosse transferido para o hospital Frei Galvão, em Guaratinguetá, cidade próxima de Cachoeira Paulista, de modo que podia voltar a morar com a mãe. Três vezes por semana era levada, com outros pacientes, em carro da secretaria municipal de saúde, para o processo de hemodiálise. Nesse período, tínhamos contratado uma cuidadora para ela, para poupar a mãe. Rovana viveu e morreu, acreditando com todo o otimismo de que seria normal como todas as mulheres. Seria atriz, moraria em São Paulo para trabalhar, ganharia seu próprio dinheiro. Mas não vamos nos esquecer de que também ela era portadora da síndrome de Alport – surda, quase muda, sofrendo de degeneração ocular e falência renal.

Ruth escreveu este texto em 1995:

> *"De repentemente, a partir dos 35 anos, Rovana passou a usar deliberadamente, e com muita independência, uma construção vocabular e uma interpretação particulares das palavras, a meio baseadas em tudo quanto ouviu e captou, inclusive ou principalmente a linguagem televisiva, comunicação e janela para a sociedade que a rodeia. A captação, a utilização e a criação dessa metalinguagem levam-na a soluções poéticas, inesperadas, muito pessoais, em boa parte impróprias, talvez improváveis, ou podemos dizer estrangeiras, uma vez que Rovana é estrangeira no mundo."*

Ruth dizia aos filhos, e Zizinho lhe fazia eco: "Não nos deixem presos a uma máquina, se ficarmos doentes desenganados. Mandem desligar. Entenderam?"

No sábado, dia 18 de junho de 2010, eu estava de plantão, acompanhando o calvário de Rovana, no Hospital Frei Galvão. Sabíamos,

Judá, ainda saudável. Cachoeira Paulista. (Foto Botelho Netto)

Rovana, ainda saudável. Cachoeira Paulista. (Foto Botelho Netto)

em casa, que o estado dela era terminal. Ela respirava muito mal, tinha um cateter no peito para hemodiálise pela veia cava superior, estava magra, cadavérica, alheia, delirante. Não tinha mais forças para se alimentar. O médico, com ar consolador, se aproximou de mim e consultou da alternativa de colocar uma sonda para alimentação enteral. Eu, atordoado, olhei para a minha irmã e pensei: "Não posso permitir que ela morra de fome". Autorizei. E a levaram. Horas depois, voltei para casa. Relatei a Ruth, e a reação dela foi de uma profunda e imensa tristeza. Murmurou, mais para si mesma do que para mim: "Ela não precisava desse sofrimento". Caí em mim. Eu tinha acabado de fazer exatamente o contrário do que minha mãe tinha pedido sempre – deixei a Rovana sendo mantida viva por um mecanismo, passando pelo tormento de um procedimento invasivo, terrível para a compleição dela. Não estava com mais de 30 quilos. Saí da sala, arrasado, de cabeça baixa, em silêncio. Fui para o quarto vazio da Rovana, pensativo. Minha mãe me seguiu, segundos depois. Postou-se ao meu lado. O rosto um esgar de dor contida, mas com um sublime olhar de ternura. Apenas pôs a mão no meu braço, e eu sabia que era o seu toque de compreensão e de perdão. Explodi em lágrimas, convulso, e me abracei ela.

Rovana resistiu até onde lhe foi possível. O dia 21 de junho de 2010 marcou a sua desistência de viver. A contragosto.

Ruth não quis deixar a casa velha. Ficou sozinha, com apoio de uma empregada durante o dia. Marcos morava na outra casa da chácara e instalou uma campainha cujo interruptor ficava ao lado da cama da mãe. Era para ela chamar na hora que precisasse, na hora que fosse. Aos fins de semana, Júnia e eu nos alternávamos para ficar com ela. Muitas vezes íamos juntos.

Nesses anos todos, apesar de todo o encargo de cuidar de Judá e de Rovana, Ruth se manteve cumprindo a rotina de colunista do jornal

ValeParaibano, de São José dos Campos, publicando crônicas semanais, às quartas-feiras. E, toda quinta-feira, saía de Cachoeira Paulista, num carro com motorista que a prefeitura havia designado, e ia para São Paulo, participar da sessão semanal da Academia Paulista de Letras. Idealizou projetos. Um deles era coletar, registrar e publicar mil histórias populares, que o seu confrade, o médico Raul Cutait, abraçou e combinaram de realizar juntos. Com Maurício de Souza, o desenhista, discutia uma série de gibis com histórias da tradição folclórica paulista. E com o maestro Júlio Medaglia, pautar canções que ela recolheu e guardou na memória, mas não estavam registradas em pentagrama. A mente estava lúcida e ativa, ela fazia planos e imaginava os livros que ainda ia terminar. Mas já não contava com a força física. Suas mãos tremiam, por causa dum suposto mal de Parkinson. Escrever as crônicas, semanalmente, passou a ser tarefa impossível; não conseguia martelar as teclas da máquina. Júnia, Olavo e eu fazíamos com que ela ditasse o que pensava e digitávamos, depois imprimíamos e ela corrigia, orientava para os toques finais e enviávamos para a redação. Não gostava nem um pouco do sistema, mas deixar de publicar, não senhor.

Manteve os compromissos até o ano de 2013, quando a saúde começou a lhe pregar peças. Uma vez passou mal durante um passeio, acabou internada em Guaratinguetá e deram como diagnóstico uma desidratação. Mas, como se verificou depois, o que teve foram microaneurismas não identificados na época. Em fevereiro daquele ano, decidimos que não podíamos mais deixá-la sozinha na chácara. Júnia a levou para São Paulo – vamos deixar que ela conte.

Minha mãe planejou sua morte: na passagem do ano 2000 ela iria para a cama, dormiria e não acordaria mais.

Não foi nesse ano, não foi do seu jeito, porque não, nem tudo era do seu jeito.

(Meu pai ouvia essa conversa e ficava aterrado. Dizia: "Não vou aguentar ficar sem a Ruth. Eu tenho que morrer

antes...". Realmente, o Alzheimer, combinado com um câncer de próstata, o levou em 2001.)

Minha mãe era a dona de seu destino, por que a morte não a obedeceria? Com tantos livros para escrever e histórias para contar, viveria para sempre. E as folhas foram se acumulando: em pilhas, em pastas, espalhadas pelas gavetas das escrivaninhas, das cômodas, das estantes, dos armários, em cima das mesas, perdidas embaixo de algum móvel. Papéis todos misturados: documentos pessoais, poesias, cartas, memorandos de algumas prefeituras ou governos de estado, projetos. Escritos a máquina, a mão, digitados, recortados, colados, rasgados, amassados – todos pedaços de histórias. Um dia ela ia escrever a história do tio Darwin, o livro que se chamaria "Um tal de Zé", o livro da bruxa, a enciclopédia de medicina do povo, uma edição impressa dos poemas da Marta, contar a história da Rovana e mais sei lá quantas outras coisas! Um dia.

Porque todos os dias seriam seus. Viveria eternamente. Mas a Indesejada das gentes chegou para ela também, porque nem ela (passa morte, que estou bem forte) nem ela...

Sua energia estava se esvaindo aos poucos. Nunca foi de se lembrar muito de datas, de onde tinha guardado isso ou aquilo (às vezes procurava os óculos – que estavam presos nos cabelos, acima da testa), tinha coisa mais importante no que pensar, o dia a dia não tinha importância. Mesmo assim, a partir de um certo momento, sei lá quando, começou a fazer palavras cruzadas. Detestava! Mas era seu exercício mental diário. Fazia uma chamada "recreativa". Santo Deus, o que era aquilo? Dificuldade nível indefinido! Escrevia, dava palestras, contava causos na mesa do café para quem viesse, dava aulas, jardinava. E fazia palavras cruzadas.

Quando morreu meu pai eu não sabia o que fazer com a tristeza dela. Quase nunca tinha visto essa mulher chorar, mesmo se a vida não tinha sido fácil. Achei que fosse morrer junto com ele. "Eu também achei", foi sua resposta. Inventei mil coisas, inclusive a tradução de um livro, que ela metralhou na máquina datilográfica. Um primor! Foi se levantando. Aguentou mais um tempo e enterrou Judá, mais um pouco e enterrou Rovana. Ela não queria que eu ficasse tomando conta deles, apesar de ter me dado sua curatela. "Eles são minha responsabilidade, são meus filhos. Eu vou enterrá-los." Dona do destino.

Perdeu Marta, Rubinho, Juca. Perdeu seu namorado. Perdeu Judá. Perdeu Rovana.

E foi se levantando.

A energia e o brilho eram os mesmos. Mas a vida começou a cobrar juros bem altos do seu pacto com o diabo; viver intensamente, sem precisar dormir ou descansar, sem precisar repor as energias, só indo e fazendo, sem pensar que o tempo existia, passava, estava acabando. Estava na hora de cumprir sua parte do contrato.

Ela ficou sozinha nesta casa, com uma empregada que passava o dia. De noite sua casa a abraçava e ela não queria ninguém protegendo, aliás, protegendo o que mesmo? Marcos, morando na outra casa da chácara, instalou uma campainha de emergência para ela acionar em caso de precisão. Não precisou. Não queria ninguém conversando para fazer companhia. Queria suas árvores, seus livros e seu silêncio. Via um pouco de TV, o jornal da cultura (mamãe, se no céu tiver televisão, a vó deve estar assistindo ao jornal da tv cultura, né?), e brucutu na cama! Estava com todas as suas lembranças, com todos os seus ancestrais, com toda a sua prole, não queria uma estranha em sua casa, dormindo no quarto ao lado, fuçando na sua vida. Em cada entrevista com uma candidata a cuidadora, me olhava de soslaio, fazendo um comentário bem claro quanto ao que não queria.

É.

Acho que eu também não quereria.

Deixamos pra lá.

As férias de janeiro 2013 passamos aqui na chácara, na casa velha, Maria e eu, a neta caçula, a filha da filha, a sua herdeira. Herdeira de sua imensa lucidez. A senhora se viu, e me viu, e Maria não sabia, se confundia, e ria, e ríamos.

Gostamos desta casa, mas tínhamos que ir. São Paulo era o meu trabalho, o meu apartamento, os meus amigos, a escola de Maria, os amigos de Maria. Vamos, mãe? As férias acabaram e nós fomos. Mas Ruth era como as árvores desta casa... precisava desta luz, deste sol, desta terra, deste quintal, dos seus bichos, das lagartixas que passeiam por suas paredes se escondendo no meio da unha-de-gato, das borboletas e dos passarinhos que algumas vezes entram e não sabem sair. A poluição estava embaçando seu olhar. Fechando seus ouvidos. Embora, às quintas-feiras, continuasse participando das reuniões da Academia Paulista de Letras. Joaquim Maria, também morando em São Paulo, era quem a levava e trazia.

Julho. Férias de novo. Vamos para a chácara, mãe? Vamos, Maria?

Viemos. E não pudemos mais voltar. Ruth estava no seu lugar. Enroscando seus cabelos nos galhos muito baixos que precisavam ser cortados, o vento trazia umas flores de mangueira e enfeitavam seus cabelos, a casa estava lhe dando as boas-vindas. Devagarinho ela ia dando um passeio pela casa e reconhecendo, se reconhecendo, dizendo sim, cheguei. Sim, sou eu. "Não mais a estranha de outros reflexos".

Ainda estou aqui hoje, e ela está aqui enquanto escrevo. Na casa em que nasceu.

O mês de julho passa muito rápido! Nem bem chegamos e eu já tinha que decidir se a deixava aqui, se a levava de volta para um apartamento de 50m2 sem espaço de lazer, sem um banco em um jardim, só quatro paredes, onde ela se sentava ou no sofá ou na cama. Joaquim Maria ia vê-la, conversar, estar com ela, depois do expediente. Sem Maria, que ia para a escola, sem mim, que ficava no computador por horas a fio, sem ler porque não estava à vontade nesse lugar sem lembranças, sem escrever porque tinha as mãos trêmulas pela senilidade, mal diagnosticada com um Parkinson que não existiu. Ou deixá-la nesta casa enorme, só acompanhada de ausências. Ou ficávamos, Maria e eu.

Ficamos.

Aqui Ruth lia, escrevia uma coisinha ou outra, recebia seus amigos, alunos, ex-alunos, a gente punha a mesa às 4 da tarde e sempre tinha convidados para o chá com bolo.

O tempo estava lá, espiando. Contando os dias. Chegou novembro, Ruth estava dando uma entrevista para um jornal e parou. Não falava, não se movia, só os olhos tinham ainda muito brilho. Ela apontou para si mesma e fez o sinal da cruz. Eu entendi e pedi ao jornalista que a levasse para a Santa Casa de Cachoeira Paulista. Não sei o que se deve fazer quando alguém está tendo um AVC, um infarto ou isso daí, só sei que já cheguei gritando que ela estava tendo um infarto. "Como é que você sabe?" Ué! As informações estão todas aí o tempo todo, como não saber? Nem quis brigar com a enfermeira, hoje não! Só fiquei provocando minha mãe, para que ela me respondesse, para que ela não me deixasse. "Eu vou te xingar!" foi a resposta que recebi de uma boca entortada. Reagiu!

Reagiu muito bem nos seis meses que ainda viriam. Porque ela não poderia ir sem nos acostumar primeiro com sua ausência. Sem voltar para casa e ficar ao sol no meio de suas plantas. Sem receber o carinho de seus filhos e dos amigos, sem receber as brincadeiras de Maria, que ficava do lado dela, contava histórias para ela, lia os livros de Ruth para Ruth. Maria estava lá quando ela caiu da cama, se machucou, Maria correu e alardeou para a casa toda. Cuidou. Criança atenta. As duas se sabiam.

Seu contrato acho que incluía ficar até todos entendermos. Aceitarmos.

Como Júnia contou, em novembro de 2013, Ruth sofreu um acidente vascular-cerebral na sala de sua chácara. Concedia, no momento, uma entrevista para um repórter do jornal ValeParaibano. Consciente, olhou firmemente para Júnia e fez um sinal da cruz. A filha entendeu: ela queria ser levada para a Santa Casa. O repórter, muito assustado, ajudou e ela ficou sendo atendida por alguns dias. Voltou para casa. Suportou com relativo bom-humor os tratamentos e cuidadores. Júnia esteve com ela todo o tempo, com apoio de Marcos. Olavo e eu continuávamos morando em São Paulo e íamos praticamente todo fim de semana para acompanhar.

Eis Ruth. Esperou que seus filhos especiais morressem para então deixar que a fraqueza do corpo de 94 anos incompletos a levasse, em 21 de maio de 2014. Não quis deixar o encargo para qualquer dos outros filhos.

Por ocasião de sua morte, o crítico literário Antonio Candido dedicou a Ruth, a pedido da reportagem do jornal Valeparaibano, de São José dos Campos, um texto de despedida:

Com a morte de Ruth Guimarães, a vida cultura do Brasil perde uma de suas grandes damas, o que ela de fato era, no sentido pleno das palavras. À capacidade intelectual e fidelidade à vocação, juntava uma distinção rara, realçada pela serena reserva.

Dois anos mais velho do que ela, e sendo crítico literário do "Diário de São Paulo", pude comentar a sua estreia brilhante, com o romance "Água Funda". E tive a alegria de prefaciar a reedição deste livro mais de meio século depois; sem falar na alegria que me causou, tempos mais tarde, minha participação ativa em sua posse na Academia Paulista de Letras.

A sua produção se destaca pela coerência, pela inclinação constante no rumo da cultura popular, seja tratada como estudo, seja infiltrada como objeto de ficção. Basta lembrar aquele livro de estreia e o posterior "Os Filhos do Medo". No terreno da investigação, o coroamento desse pendor talvez seja o livro erudito sobre Pedro Malasarte, o herói folclórico que ela abordou no enquadramento multicultural do tipo-matriz, o "trickster".

Nem sempre os escritores são, como pessoa, tão relevantes quanto aos seus textos. De Ruth Guimarães pode-se dizer que era. A sua integridade, a sua distinção pessoal, o corte sóbrio da sua conduta na República das Letras faziam dela uma personalidade respeitada e encantadora. Como seu amigo desde a nossa mocidade, desde os tempos da ABDE (Associação Brasileira de Escritores), posso dizer que foi sempre objeto de apreço, admiração e afeto por parte de todos nós, seus confrades.

parte 10

cântico dos cânticos

ITINERÁRIO

Pelos corredores do tempo
eu fui,
como se soubesse o caminho.
Como se distinguisse o caminho.
Como se houvesse um caminho.
E, sem saber de mim,
continuadamente
retorno ao ponto de partida.

Ruth Guimarães aos 93 anos
(Foto Joaquim Maria Botelho)

algumas fontes consultadas

ACERVO LUDOVICUS - INSTITUTO CÂMARA CASCUDO – Carta de Luís da Câmara Cascudo a Ruth Guimarães, 1948

ANTONIO, Severino. Ruth Guimarães - uma voz de muitas vozes. Revista Mulheres e Literatura, volume 15, 2015. p. 340.

ARAÚJO, Flávia Santos de Araújo. Uma escrita em dupla face: a mulher negra em Ponciá Vicêncio, de Conceição Evaristo. Dissertação de mestrado em Literatura e Cultura. Orientadora: Profa. Dra. Liane Schneider. Universidade Federal da Paraíba, João Pessoa, 2007.

ARQ. DEP. PESQ. JORNAL DO BRASIL; Eleitos; Estado de S. Paulo (23/9/62 e 21/7/71); Grande encic. portuguesa; MENESES, R. Dic. (sobre Cid Franco)

BOTELHO, Joaquim Maria (org.). Cadernos do Centro Cultural Teresa D'Ávila. Revista Ângulo, edição especial nº 137. Lorena, abril-junho de 2014. 140 páginas.

________________. O livro de Rovana – quando eu era surda-muda. São Paulo: Pasavento, 2016.

BOTELHO, Joaquim Maria e ANTÔNIO, Severino (orgs.). Ruth Guimarães: o pioneirismo de Água Funda. Campinas: Paladar, 2022.

BRITO, Mário da Silva. Diário Intemporal. Rio de Janeiro: Civilização Brasileira, 1970

BROCA, Brito. Água Funda. Jornal A Manhã, Suplemento Letras e Artes. São Paulo, 08 de setembro de 1946.

BROOKSHAW, D. Raça & Cor na Literatura Brasileira, Porto Alegre: Mercado Aberto, 1986.

CANDIDO, Antonio. Notas de Crítica Literária - "Água Funda". Jornal Diário de São Paulo, 18 de setembro de 1946.

_____________. (2014) Sobre Ruth Guimarães in Revista Ângulo. Cadernos do Centro Cultural Teresa D'Ávila, nº137. Lorena, SP.

_____________. Prefácio de Água Funda. Reedição. São Paulo: Editora 34, 2018.

CASCUDO, Luís da Câmara. Dicionário do Folclore Brasileiro. 5ª ed. São Paulo: Global, 2000.

CAVALHEIRO, Edgard. O conto paulista. In Panorama do conto brasileiro. Rio de Janeiro: Civilização Brasileira, 1959.

COELHO, Nelly Novaes. Verbete no "Dicionário de Escritoras Brasileiras". São Paulo: Editora Escrituras, 2003.

CRUZ, Adélcio de Souza. Ruth Guimarães. In: DUARTE, Eduardo de Assis (Org.). Literatura e afrodescendência no Brasil: antologia crítica. Belo Horizonte: Editora UFMG, 2011, vol. 1, Precursores.

D'ONOFRIO, Sílvio César Tamaso. Fontes para uma biografia intelectual de Edgard Cavalheiro (1911-1958). Dissertação de mestrado em Filosofia. Instituto de Estudos Brasileiros da USP, 2012. Disponível em: https://www.teses.usp.br/teses/disponiveis/31/31131/tde-30012013-215356/publico/DONOFRIO_S_C_T_Fontes_para_uma_biografia_intelectual_de_Edgard_Cavalheiro_1911_1958_SP_2012_386f.pdf

_____________________. O grupo da Baruel e a intelectualidade paulista dos anos 1940. Tese de Doutorado em História. USP, 2017. Disponível em https://ps.br1lib.org/book/4990478/077002

DUNNE, C. Buda e Jesus: diálogos. Tradução: Ruth Guimarães e Joaquim Maria. São Paulo: Cultrix, 1989.

ESCOLA DE ARTE DRAMÁTICA DE SÃO PAULO. Relatório do décimo ano letivo. 1957. Museu Lazar Segall. Biblioteca Jenny Klabin Segall. Disponível em http://bjks-opac.museus.gov.br/cgi-bin/koha/opac-detail.pl?biblionumber=108806

FERRARI, Levi. Em busca de identidade cultural. Disponível em: https://blogs.utopia.org.br/levi/2009/03/03/em-busca-da-identidade-cultural/

FOLHA DE S. PAULO. Crônica de Ruth Guimarães. Acervo. Disponível em https://acervo.folha.com.br/leitor.do?numero=1260&keyword=Ruth%2CGUIMARAES&anchor=4432838&origem=busca&originURL=&pd=c6102420555f24093865c7349b239d7d

______________. Ruth Guimarães, discípula de Mario de Andrade, toma posse na APL - 18/09/2008 - Ilustrada - Folha de S.Paulo (uol.com.br). Disponível em https://www1.folha.uol.com.br/ilustrada/2008/09/446544-ruth-guimaraes-discipula-de--mario-de-andrade-toma-posse-na-apl.shtml

FUVEST – Fundação Universitária para o vestibular. "Fuvest divulga lista de obras literárias para os vestibulares de 2023 a 2026 – Fuvest". Matéria disponível em https://www.fuvest.br/fuvest-divulga-lista-de-obras-literarias-para-os-vestibulares-de-2023-a-2026/?fbclid=IwAR3qRNWnx5eQFGT86k8YYyk1jDob6KUSYqAaVblsmaZDc5Yo-0gPlQUn14w

GAMA, Lúcia Helena. Nos bares da vida: produção cultural e sociabilidade em São Paulo, 1940-1950. São Paulo: Senac, 1998.

GUIMARÃES, Ruth. Água Funda. 1ª edição. Porto Alegre/São Paulo: Livraria Revista do Globo, 1946.

______________. Água Funda. 2ª edição revista pela autora. Rio de Janeiro: Nova Fronteira, 2003.

______________. Água Funda. Reedição. São Paulo: Editora 34, 2018.

______________. Contos de cidadezinha. Lorena: Centro Cultural Teresa D'Ávila, 1996.

______________. Crônicas Valeparaibanas. São Paulo: Centro Educacional Objetivo/Fundação Nacional do Tropeirismo, 1992.

______________. Dois dedos de prosa com o intelectual do ano. Entrevista com Érico Veríssimo. Jornal Folha de S. Paulo, 10 fev. 1968.

______________. Medicina Mágica: as simpatias. São Paulo: Global Editora, 1986

______________. Os Filhos do Medo. Rio de Janeiro, Editora Globo, 1950.

______________. Lendas e Fábulas do Brasil. São Paulo: Editora Cultrix, 1972.

______________. Dicionário da Mitologia Grega. São Paulo: Editora Cultrix, 1972.

______________. O Mundo Caboclo de Valdomiro Silveira. Rio de Janeiro: Livraria José Olympio Editora/Secretaria de Cultura, Estado de São Paulo/Instituto Nacional do Livro/MEC, 1974.

___________¬___. Calidoscópio - a saga de Pedro Malazarte. São José dos Campos, SP: JAC Editora, 2006.

______________. Histórias de Onça. São Bernardo do Campo: Usina de Ideias, 2008.

______________. Histórias de Jabuti. São Bernardo do Campo: Usina de Ideias, 2008.

______________. Leitura e brasilidade – entrevista para o Jornal "O Escritor", da UBE (União Brasileira de Escritores), nº13, abril 2013.

___________ (2014) Não é fácil ser mulata – entrevista para revista Manchete in Revista Ângulo / Cadernos do Centro Cultural Teresa D'Ávila, nº137. Lorena, SP.

___________ (2014) Discurso de posse na Academia Paulista de Letras in Revista Ângulo / Cadernos do Centro Cultural Teresa D'Ávila, nº137. Lorena, SP.

___________ (2014) Poemas in Revista Ângulo / Cadernos do Centro Cultural Teresa D'Ávila, nº137. Lorena, SP.

JAFFE, Noemi. Morre Ruth Guimarães, da Academia Paulista de Letras, aos 93 anos. In Folha de São Paulo, 21/05, 2014. Folha online.

JORNAL DE S. PAULO. Ruth Guimarães – a revelação literária de 1946. 22 de setembro de 1946.

LARAIA, Roque de Barros. Cultura: um conceito antropológico. São Paulo: Zahar Editores, 1986.

LIMA, Rossini Tavares de. Notas sobre o catolicismo folclórico em Guarulhos. Rio de Janeiro, Ministério da Educação e Cultura. Revista Brasileira de Folclore, edição n. 24, 1969, p. 131.

LUCAS, Fábio (org.). Cartas a Mário de Andrade. Rio de Janeiro: Nova Fronteira, 1993.

MARTINS, José de Souza. Discurso de posse à cadeira 22 da Academia Paulista de Letras. São Paulo, 3 de setembro de 2014.

MARTINS, Wilson. História da Inteligência Brasileira. Publicado originalmente em 1976, em sete volumes. Reedição consultada: Ponta Grossa, Paraná: Editora da Universidade Estadual de Ponta Grossa, 2010.

MELO, Luiz Correia de. Dicionário de Autores Paulistas. Edição do Quarto Centenário da Cidade de São Paulo. São Paulo: IHGSP, 1967.

MENESES, Raimundo de. Dicionário Literário Brasileiro. 2ª ed. Rio de Janeiro: Editora LPC - Livros Técnicos e Científicos Editora, 1978.

MIRANDA, Fernanda R. Silêncios prescritos. Estudos de romances de autoras negras brasileiras (1859-2006). Rio de Janeiro: Editora Malê, 2019.

MONTERO, Teresa. Todas as cartas. São Paulo: Editora do Brasil, 2019

O JORNAL, órgão dos Diários Associados. Água Funda. Rio de Janeiro, edição de 05 de maio de 1946. Artigo disponível neste endereço eletrônico: http://memoria.bn.br/docreader/DocReader.aspx?bib=110523_04&pagfis=32900

OLIVEIRA, Américo Lopes e VIANA, Mário Gonçalves. Dicionário Mundial de Mulheres Notáveis. Porto: Lello, 1967.

OLIVEIRA, Ana Paula Cianni. "Um mergulho em Água Funda e suas distintas vertentes." Trabalho de Conclusão apresentado ao Mestrado em Processos e Manifestações Culturais como requisito para a obtenção do título de mestre em Processos e Manifestações Culturais. Orientadora: Profª. Drª. Marinês Andrea Kunz, Novo Hamburgo, 2011.

PAES, José Paulo. Uma contista do interior revive a sua fala. Jornal O Estado de S. Paulo, caderno Especial Domingo, 15 de setembro de 1996.

PEIXOTO, Silveira. Vamos ler! Rio de Janeiro: Correio Literário de São Paulo. 28 de março de 1940, pp. 22-23.

PETER, Bianca. Ruth Guimarães, fada caipira da literatura brasileira. Disponível em: https://notaterapia.com.br/2018/02/18/ruth-guimaraes-fada-caipira-da-literatura-brasileira/

QUEIROZ, Amadeu de. Manicuera. Manuscrito inédito depositado no Fundo Amadeu de Queiroz da Academia Paulista de Letras, em São Paulo (Obras raras, pasta 13.2, doc. 03, p. 57-60).

RAMALHO, Américo da Costa. Recensão a: Apuleio - O Asno de Ouro. Introdução e tradução directa do latim por RUTH GUIMARÃES. São Paulo. Humanitas. Vol. 19/20 (1968). Cf. A. Costa Ramalho, "Garrett, tradutor de Catulo", Colóquio, 27, Lisboa, 1964, p. 38.

REVISTA TEATRO DA JUVENTUDE. Romaria. Ruth Guimarães e Miroel Silveira. Ano 8 - número 43 – agosto de 2002. Comissão de Teatro. Publicação bimestral da Secretaria de Estado da Cultura, Governo do Estado de São Paulo. Supervisão geral: Tatiana Belinky.

ROCHA, Sílvio do Amaral. Ruth Guimarães Botelho, uma mestra na arte de contar histórias. Site da Revista Veja. Disponível neste endereço eletrônico: https://veja.abril.com.br/coluna/augusto-nunes/imagens-em-movimento-ruth-guimaraes--botelho-uma-mestra-na-arte-de-contar-historias/

SILVA BRITO, Mário. Diário Intemporal, Rio de Janeiro: Civilização Brasileira, 1970

SILVEIRA, Alcântara (seleção, prefácio e notas). Novelas Francesas. Tradução de Leyla Perrone Moisés, Nelly Martha Donato e Ruth Guimarães. São Paulo: Cultrix, 1963.

SITE LITERAFRO. Ruth Guimarães. Disponível neste endereço eletrônico: http://www.letras.ufmg.br/literafro/autoras/434-ruth-guimaraes

SITE UOL ESCOLA. Ruth Guimarães. Disponível neste endereço eletrônico: https://brasilescola.uol.com.br/literatura/ruth-guimaraes.htm

SODRÉ, Nelson Werneck. O velho Vale. Jornal Correio Paulistano. São Paulo, 08 de janeiro de 1952.

TV CULTURA. Antonio Candido recebe o Troféu Juca Pato, da UBE. Edição de 22 de agosto de 2008. Vídeo disponível neste endereço eletrônico: https://videos.bol.uol.com.br/video/metropolis--antonio-candido-recebe-trofeu-juca-pato-0402356ED0910326

VAINER, Nelson. "Uma escritora negra que triunfa", trechos da entrevista com Ruth Guimarães publicada na Revista da Semana, Rio de Janeiro, 25/1/1947.

VIEIRA, José Geraldo. As duas águas. In Revista A Cigarra, Rio de Janeiro, agosto de 1947.

principais obras de ruth guimarães

* **Água funda.** Porto Alegre: Livraria do Globo, 1946.

* **Os filhos do medo.** Porto Alegre: Globo, 1950.

* **As mães na lenda e na história.** São Paulo: Cultrix, 1960.

* **Mulheres célebres.** São Paulo: Cultrix, 1960.

* **Líderes religiosos.** São Paulo: Cultrix, 1961.

* **Dicionário de mitologia grega.** São Paulo: Cultrix, 1972.

* **Lendas e fábulas do Brasil.** São Paulo: Cultrix, 1972.

* **O mundo caboclo de Valdomiro Silveira.** Rio de Janeiro: Livraria José Olympio; São Paulo: Secretaria de Cultura, Esportes e Turismo do Estado de São Paulo / Instituto Nacional do Livro, 1974.

* **Grandes enigmas da história.** São Paulo: Cultrix, 1975.

* **Medicina mágica: as simpatias.** São Paulo: Global, 1986.

* **Lendas e fábulas do Brasil.** São Paulo: Círculo do Livro, 1989.

* **Crônicas valeparaibanas.** São Paulo: Centro Educacional Objetivo/Fundação Nacional do Tropeirismo, 1992.

* **Contos de cidadezinha.** Lorena: Centro Cultural Teresa D'Ávila, 1996.

* **Calidoscópio: a saga de Pedro Malasarte.** São José dos Campos: JAC, 2006.

* **Histórias de onça.** São Bernardo do Campo: Usina de Ideias, 2008. v. 1. (Projeto Macunaíma).

* **Histórias de jabuti.** São Bernardo do Campos: Usina de Ideias, 2008. v. 2. (Projeto Macunaíma).

principais obras traduzidas por ruth guimarães

* **Apuleio. O asno de ouro.** Introdução e tradução direta do latim. São Paulo: Cultrix, 1963.

* **Balzac, H. Histórias fascinantes: seleção, tradução e prefácio.** São Paulo: Cultrix, 1960.

* **Balzac, H. Contos de Balzac.** Seleção, tradução e prefácio. São Paulo: Cultrix, 1986.

* **Balzac, H. Os melhores contos de Balzac.** Seleção, tradução e prefácio. São Paulo: Círculo do Livro, 1988.

* **Daudet, A. Contos de Alphonse Daudet.** Seleção e prefácio. Tradução: Ruth Guimarães e Rolando Roque da Silva. São Paulo: Cultrix, 1986.

* **Daudet, A. Os melhores contos de Alphonse Daudet.** Seleção e prefácio. Tradução: Ruth Guimarães e Rolando Roque da Silva. São Paulo: Círculo do Livro, 1987.

* **Dostoievski, F. Os mais brilhantes contos de Dostoievski.** Introdução, seleção e tradução. Rio de Janeiro: Edições de Ouro, 1966.

* **Dostoievski, F. Contos de Dostoievski.** Introdução, seleção e tradução. São Paulo: Cultrix, 1985.

* **Dostoievski, F. Os melhores contos de F. Dostoievski.** Tradução, seleção e introdução. São Paulo: Círculo do Livro, 1987.

* **Dunne, C. Buda e Jesus: diálogos.** Tradução: Ruth Guimarães e Joaquim Maria. São Paulo: Cultrix, 1989.

Esta obra foi composta em PT Serif e impressa pela Lis Gráfica
e Editora Ltda. em ofsete sobre papel Pólen Natural 80g.